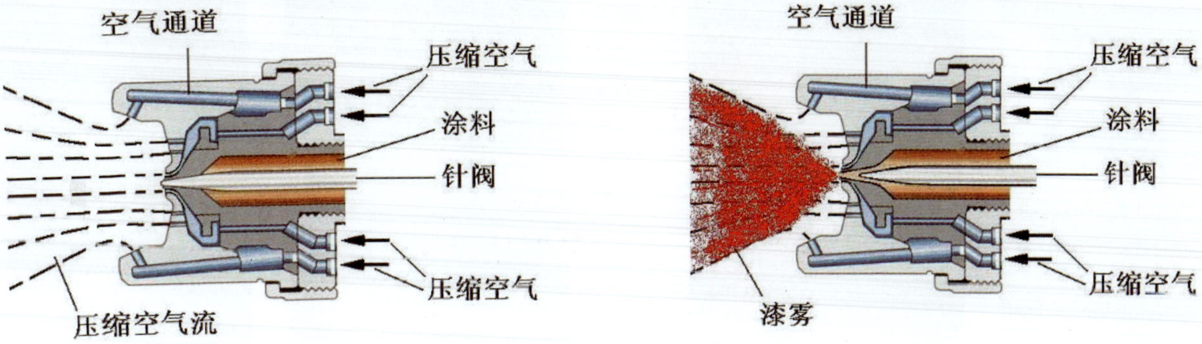


扳机半开　　扳机全开

图 3-8

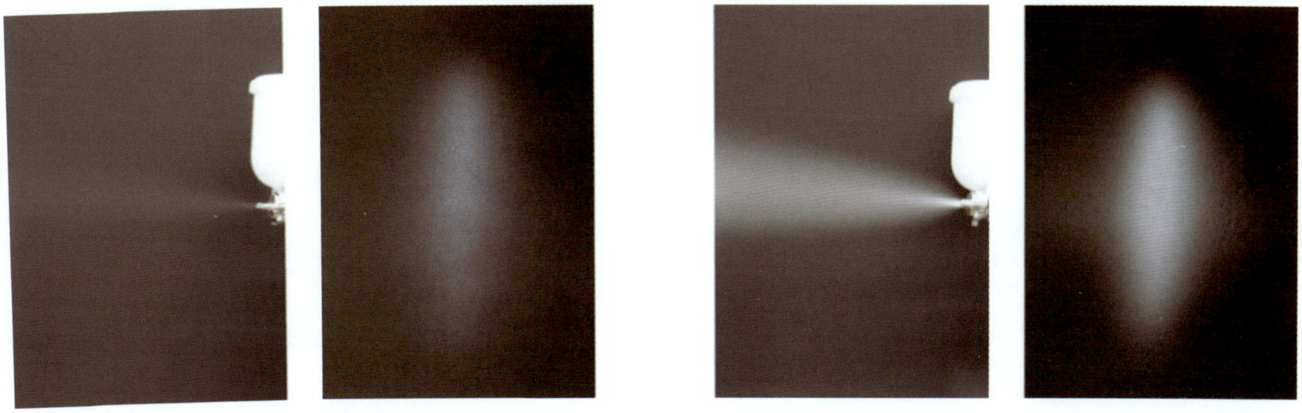

a)　　b)

图 3-11

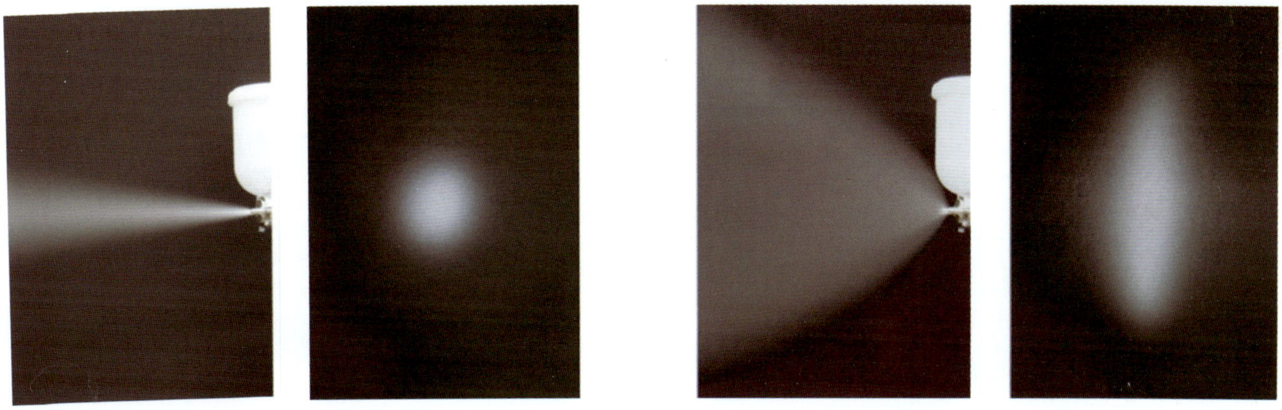

a)　　b)

图 3-13

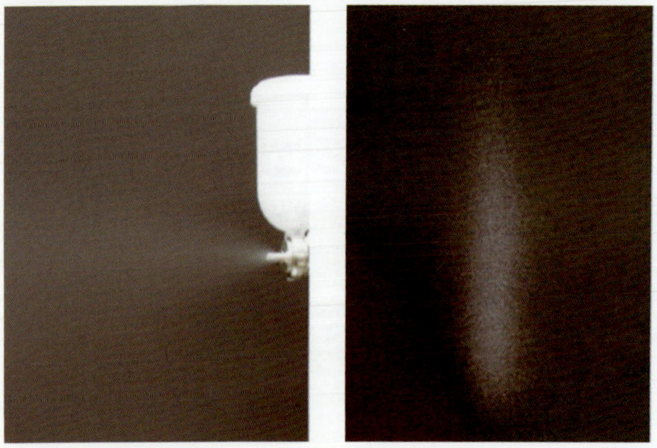

a)

b)

图 3-16

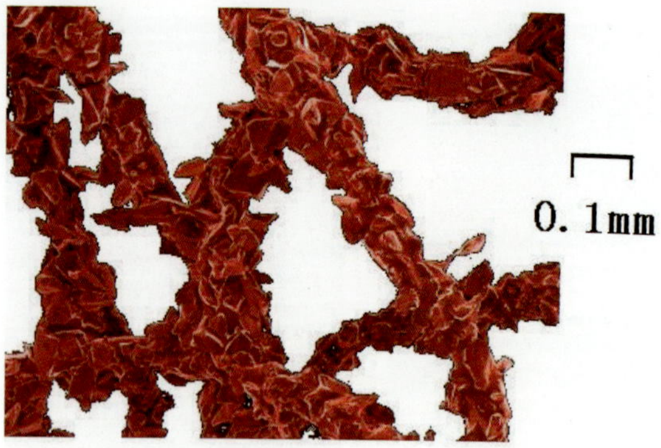


局部放大

图 3-67

图 3-68

图 3-82

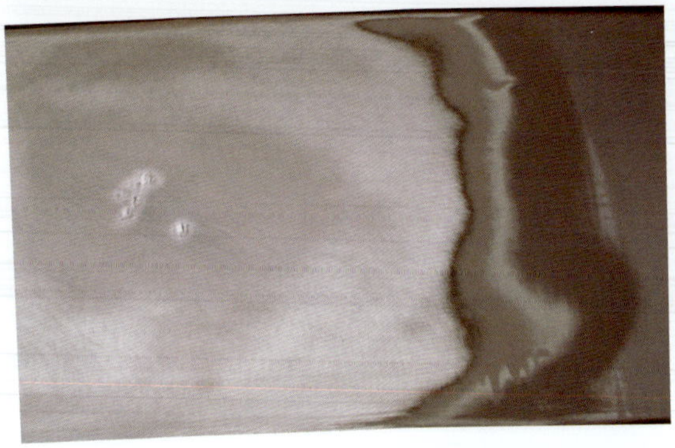

图 4-11

图 4-15

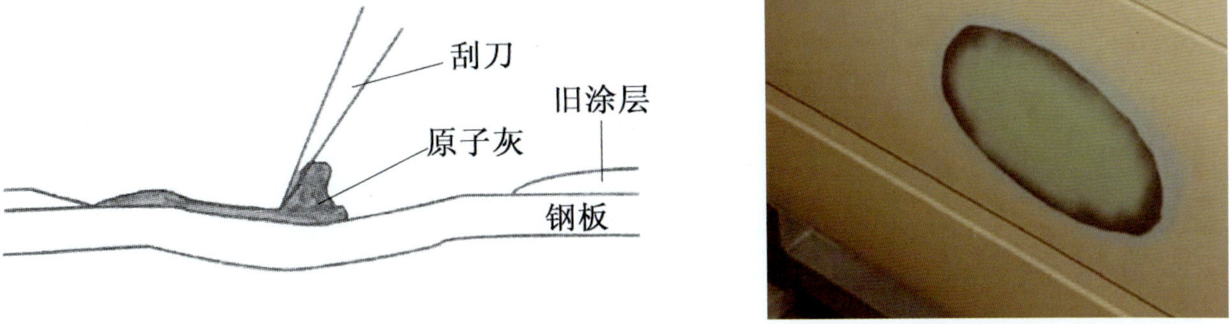


图 4-32

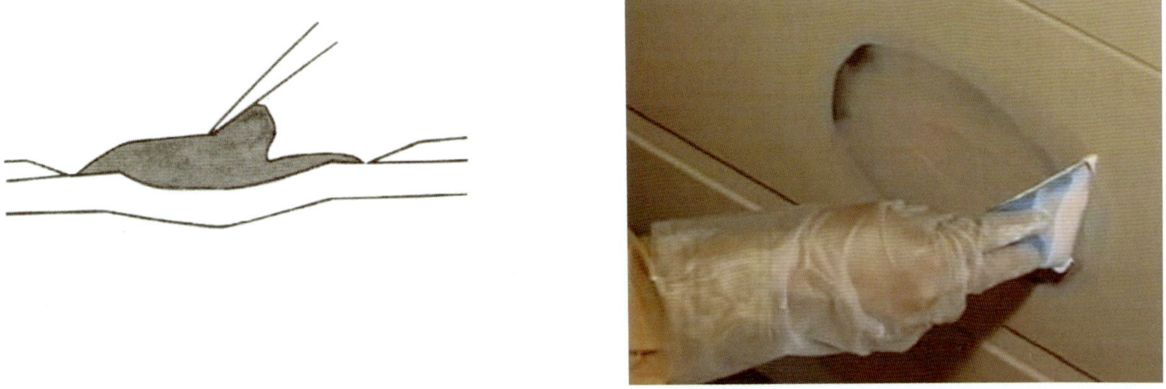

图 4-33

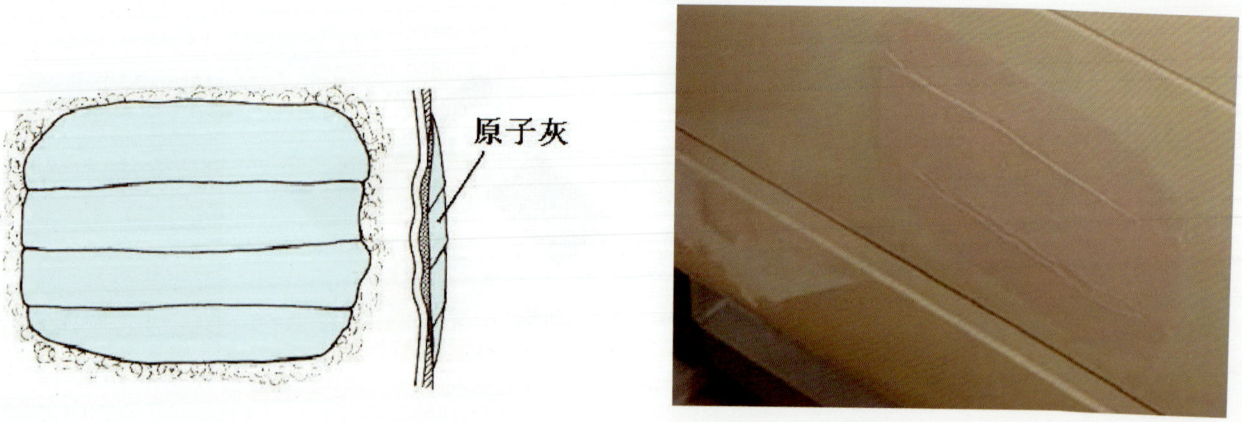


图 4-35

图 4-60

图 4-71

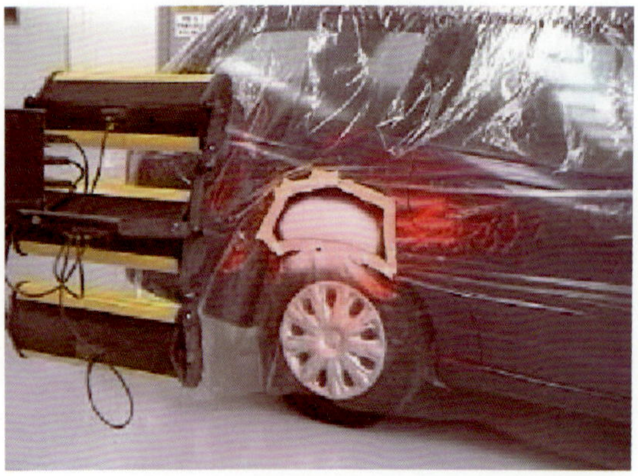

图 4-72

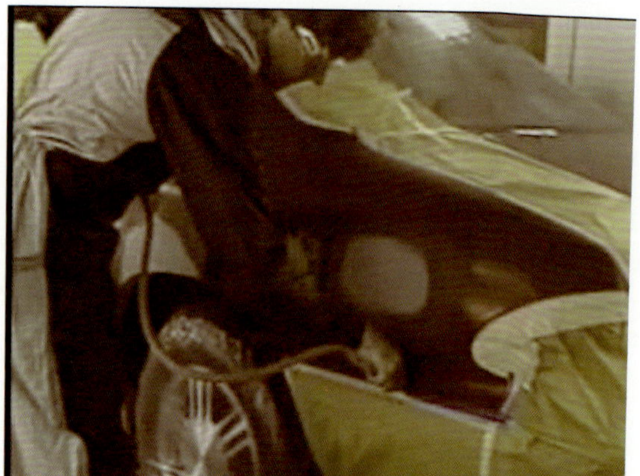

图 4-85

图 4-86

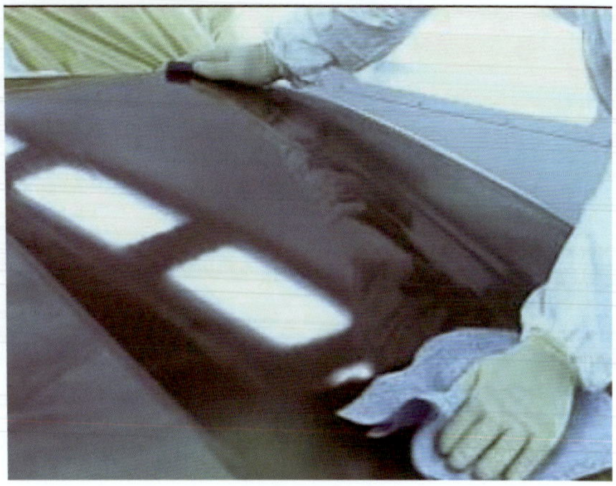

图 4-87

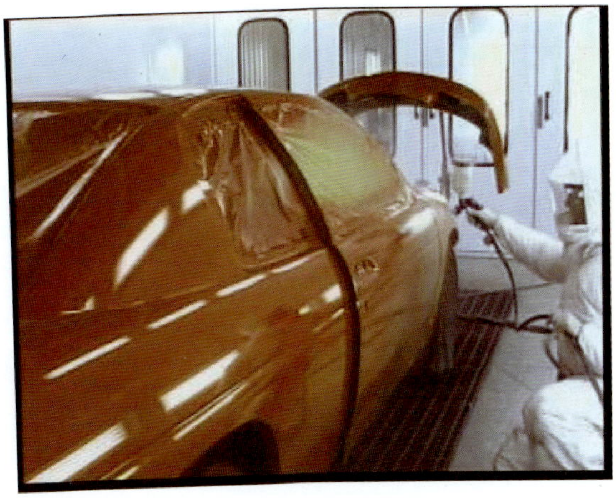

图 4-97

图 4-107

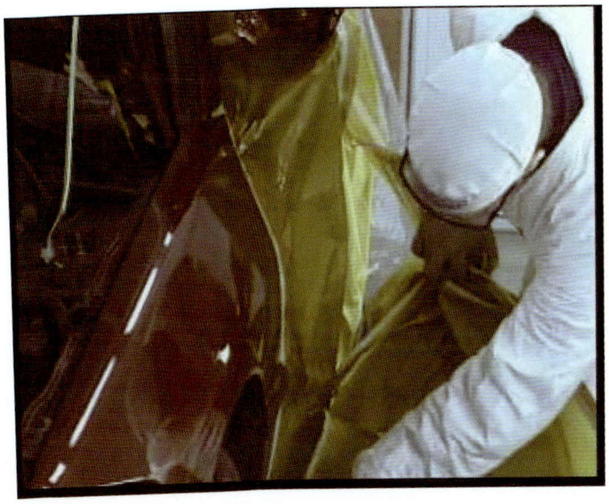

图 4-108

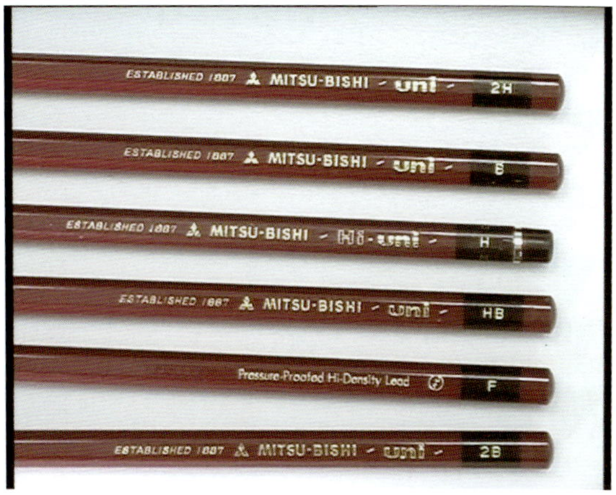


图 4-112

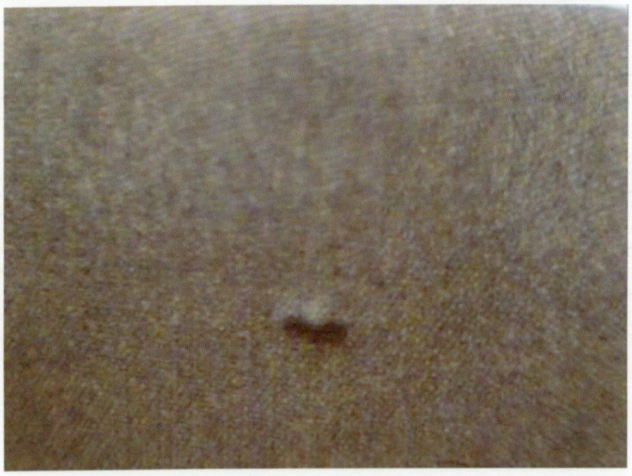

图 4-114

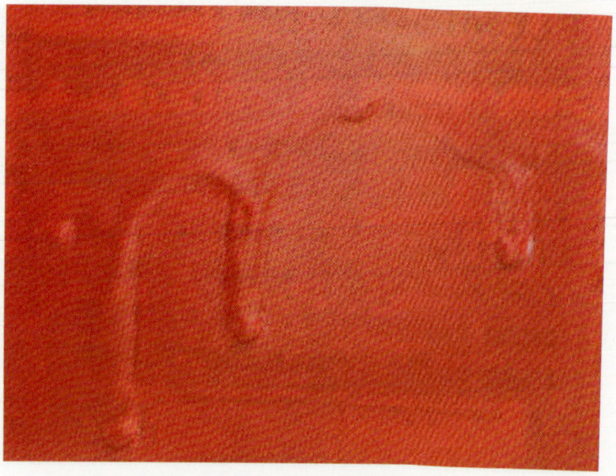

图 4-115

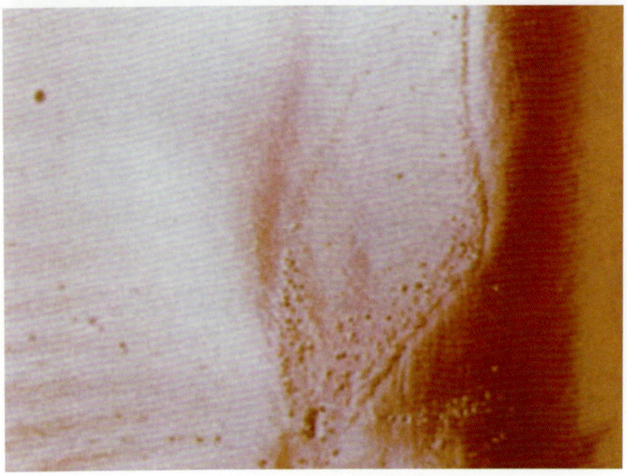

图 4-116

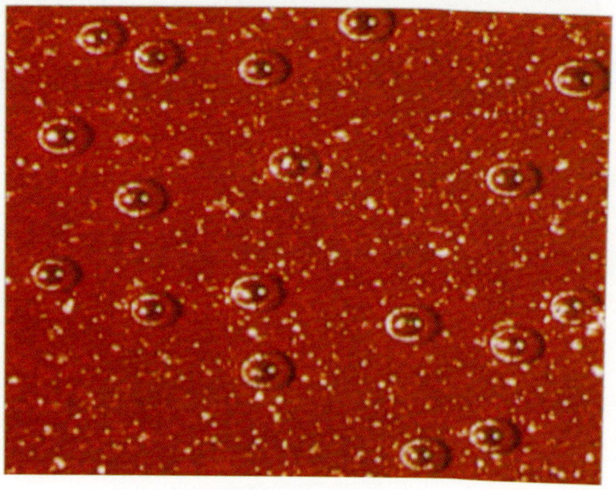

图 4-117

图 4-118

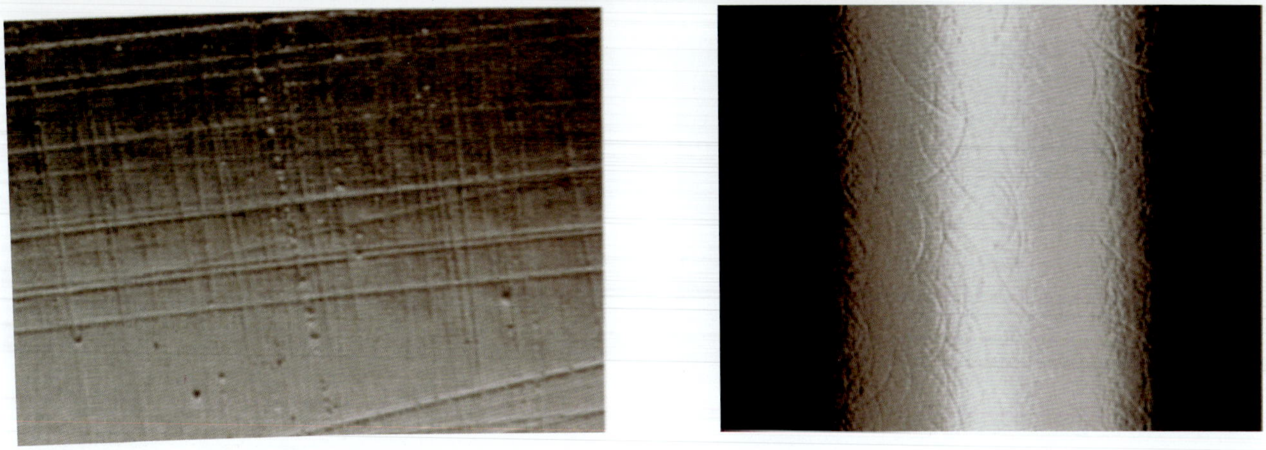

a) b)

图 4-119

图 4-120

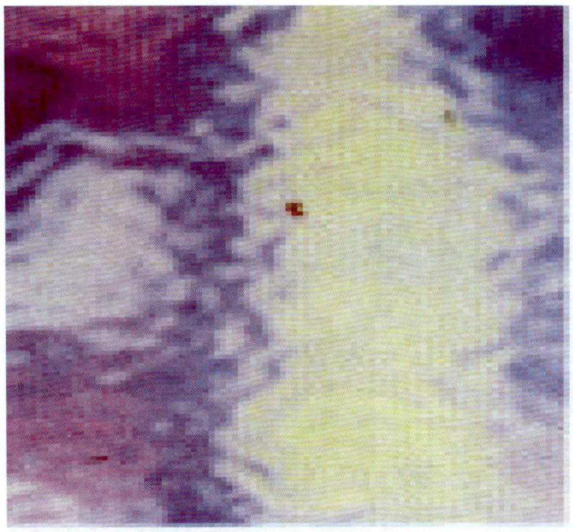

图 4-121

图 4-122

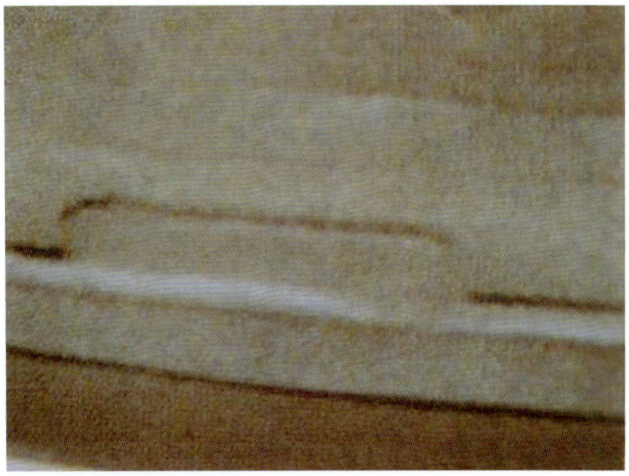

图 4-123

图 4-124

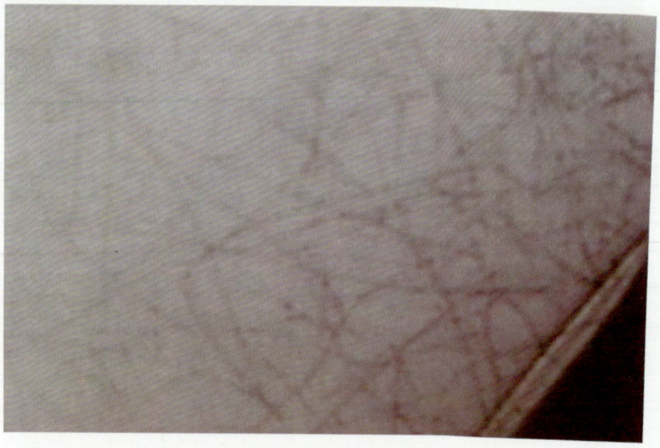

图 4-125

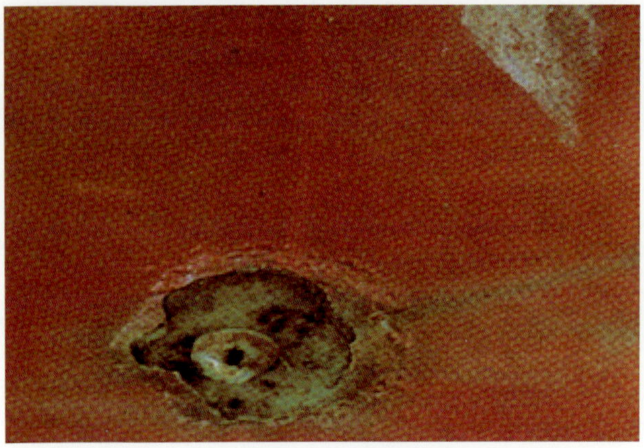

图 4-126

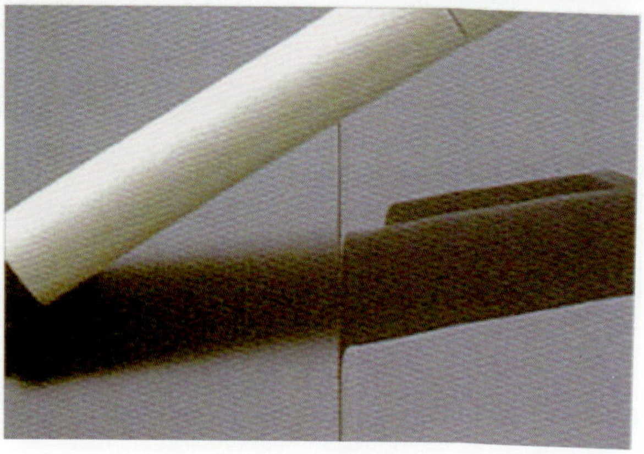

图 4-127

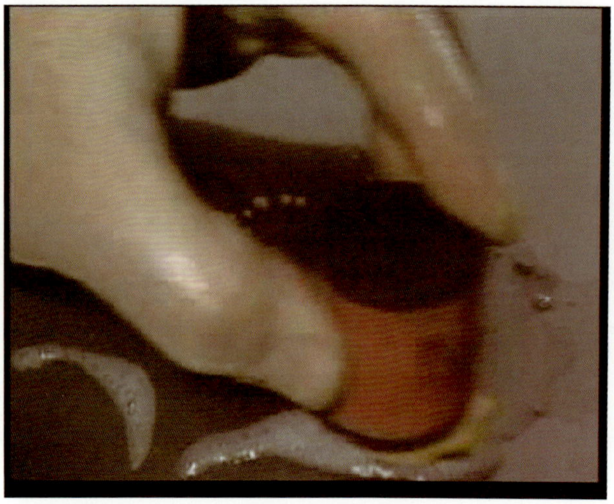

图 4-135

"十二五"职业教育国家规划教材
经全国职业教育教材审定委员会审定

# 汽车涂装技术

主　编　李　扬
副主编　王顺利　和豪涛
参　编　宋保林　吴笑伟　程建忠
　　　　袁留奎　田兴政　林　泉
主　审　宋　阳

机械工业出版社

本书编写的指导思想是满足教学和生产实际的需要，基础知识部分（单元一~单元三）完整、翔实地介绍了汽车涂装基本知识、汽车涂装安全知识、汽车修补涂装设备和工具等汽车涂装相关的内容，构建了10个学习任务。实际操作部分（单元四）主要是以汽车漆面修复工作过程为导向、漆面修复项目为载体，考虑喷漆车间工位上的岗位职责，按照岗位和职业能力培养的目标，对汽车漆面修复典型工作任务进行排序，构建了6个任务，并在每个任务下以真实工作任务（项目）作为教学内容。课程内容秉承“学习的内容是工作，通过工作完成学习内容”的原则，将原来学科系统化知识与实际汽车漆面修复工作中遇到的典型任务联系在一起，使教学内容与培养汽车漆面修复岗位职业能力相适应。

本书配有电子课件，凡使用本书作为教材的教师可登录机械工业出版社教育服务网 www. cmpedu. com 注册后下载。咨询电话：010-88379375。

本书可作为高职高专院校、成人高校、中等职业技术学校汽车类专业的教材（参考学时为108课时），也可作为培训机构用书，并可供相关工程技术人员参考使用。

**图书在版编目（CIP）数据**

汽车涂装技术/李扬主编. —北京：机械工业出版社，2015.3（2020.8 重印）

“十二五”职业教育国家规划教材

ISBN 978-7-111-49209-2

Ⅰ.①汽… Ⅱ.①李… Ⅲ.①汽车-涂漆-高等职业教育-教材 Ⅳ.①U472.44

中国版本图书馆 CIP 数据核字（2015）第 010136 号

机械工业出版社（北京市百万庄大街22号 邮政编码 100037）
策划编辑：葛晓慧 责任编辑：葛晓慧
版式设计：霍永明 责任校对：胡艳萍
封面设计：赵颖喆 责任印制：常天培
北京捷迅佳彩印刷有限公司印刷
2020年8月第1版 · 第5次印刷
184mm×260mm · 13.75 印张 · 4 插页 · 332 千字
标准书号：ISBN 978-7-111-49209-2
定价：39.00 元

电话服务 网络服务
客服电话：010-88361066 机 工 官 网：www. cmpbook. com
010-88379833 机 工 官 博：weibo. com/cmp1952
010-68326294 金 书 网：www. golden-book. com
封底无防伪标均为盗版 机工教育服务网：www. cmpedu. com

# 前　言

随着汽车工业的高速发展以及人们生活水平的不断提高，国内汽车保有量大幅度增加，城市道路也渐渐变得拥挤不堪，加上大批速成的新手们驾车经验不足，交通事故的发生率越来越高，汽车漆面维修业务量也随之快速增长，汽车涂装技术专业技能型人才的需求量也因此越来越大，是目前紧缺的技能型人才之一。因此，培养一大批懂得现代汽车涂装技术的人才越来越成为社会的迫切需求。这种需求给中、高职院校的汽车整形技术专业学生的培养带来了新的机遇，提出了新的要求。本书正是从这个角度出发，为迎接挑战，适应新形势下的汽车涂装技术中、高职人才培养需要而编写的。

“汽车涂装技术”课程是在工作岗位调研的基础上，进行工作任务分析所开发的学习领域。为了构建“汽车涂装技术”课程，按照“任务驱动”选择其内容，即按照“岗位—工作任务”进行分析研究，确定课程内容。针对社会企业对汽车涂装岗位的人才规格要求制定课程的设计目标。围绕“设计的目标”设计课程内容，使其触及的深度限定到行业当前的整体技术发展水平。其中的知识点和技能点，依据企业涂装作业过程予以确定。兼顾高职院校的学生培养层次，学生毕业后的职务晋升、岗位迁移以及进一步学习新技术的需要，予以扩展延伸。根据生产组织和教学组织的需要，安排各个知识点和技能点，通过选择典型作业项目，以项目的工艺流程为主线，按照各自的类群属性、逻辑关系，划分出若干训练环节、依序安排。在教学重点和难点的处理上，安排多次训练项目，以求由浅入深、从简到繁，最终达到熟练掌握的目的。

本课程是与行业企业专家共同设计的，共同创设与汽车涂装实际工作环境一致的学习任务，选用符合本课程内容特点和高职高专学生知识与技能养成规律的教学模式和方法。课程团队到有代表性的汽车4S店与企业高层会谈、参观企业内部情况，到汽车喷漆岗位做调查，共同分析职业岗位（岗位群）的能力，明确核心岗位汽车喷漆岗位的工作过程、工作过程中以何种方式使用工具和设备、在整个工作过程中涉及的个人责任，以及在不同企业组织形式下，对工作范畴、深度、质量方面的要求；将相互关联的漆面维修任务集合，归纳典型工作任务和职业能力要求，设计课程教学方案，确定出课程标准。在内容选择上，具有很强的针对性和适应性，充分考虑汽车涂装工作岗位所需要的知识、能力、素质，并为学生进一步深造奠定良好的基础。在教学内容的组织与安排上，遵循学生职业能力培养基本规律，以汽车涂装真实工作过程要求和步骤为依据，整合优化教学内容，按照理实一体化设计学习任务。

在本书编写过程中，力求做到按照教学规律和学生的认知规律以实际案例为切入点，并尽量采用以图代文的表现形式，降低学习难度，提高学生的学习兴趣，从而达到好教、好学的目的。全书共分四个单元，单元一汽车涂装基本知识主要介绍汽车涂装、汽车涂料和新车制造涂装；单元二汽车涂装的安全知识主要介绍个人安全与防护、车间安全和保护环境；单元三汽车修补涂装设备和工具主要介绍喷枪、打磨工具及材料、压缩空气供给系统以及喷烤漆房和烘干设备；单元四汽车修补涂装工作流程主要介绍底材处理、原子灰施工、遮蔽、中涂漆施工、面漆的涂装以及涂膜缺陷的检查和修整。

本书单元一中学习任务一和学习任务二由和豪涛编写，单元一学习任务三和单元二学习任务一、学习任务二由宋保林编写，单元二学习任务三和单元三学习任务一由程建忠编写，单元三学习任务二由田兴政编写，单元三学习任务三由林泉编写，单元三学习任务四和单元四任务一由王顺利编写，单元四任务二和任务三由李扬编写，单元四任务四和任务六由袁留奎编写，单元四任务五由吴笑伟编写。全书由李扬主编，由宋阳主审。

在本书编写过程中，得到了有关省市教育部门、人力资源和社会保障部门、T-TEP 事务局、庞贝捷漆油贸易（上海）有限公司以及一批高等职业技术院校的大力支持，在此表示衷心的感谢。同时，恳切希望广大读者对本书提出宝贵的意见和建议，以便修订时加以完善。

编　者

# 目　录

# 单元一

## 汽车涂装基本知识

### 学习目标

通过本单元任务的学习，你将了解什么是汽车涂装、汽车涂装的方法和特点、汽车涂料的组成及作用，同时了解新车制造涂装的过程。

能够：

- 知道汽车涂装的概念和功能。
- 了解汽车涂装的方法及各自的特点。
- 学习并掌握汽车涂料的组成及各自的作用。
- 正确进行汽车涂料的调配。
- 清楚新车制造过程中的涂装流程。

### 学习任务

当今社会汽车工业高速发展，汽车涂装作为汽车生产与维修工艺中的一个重要环节，也在各方面快速发展。汽车车身漆面是车辆外观装饰及防腐的直接反映，一般都希望汽车涂层具有极好的光泽度。光泽的优劣除与汽车车身外形设计有关外，还与选用的涂料与表面涂层的配套工艺有关。必须进行精心的涂装设计和具备良好的涂装环境条件，才能使表面涂层有优良的装饰性。同时，因为汽车涂装属于高级保护性涂装，所以面漆涂膜必须具有优良的耐腐蚀性、耐候性和耐崩裂性。要想得到色泽鲜艳、光泽度好、防锈能力强的油漆表面，涂料的质量是不可轻视的。新车制造涂装是汽车制造厂家在进行车辆生产制造过程中的重要环节，新车涂装工艺水平的高低、涂装质量的好坏直接影响到车辆的外观，从而影响到车辆的销售情况。

# 学习任务一　汽车涂装介绍

**知识点：**汽车涂装的概念和功能；汽车涂装的特点；汽车涂装的基本要素。
**能力点：**汽车涂装方法。

## 任务情境

随着汽车市场的发展，越来越多的汽车走进了家庭，汽车在生产制造的时候需要有一个强大的内心，同时也要有一个美丽的外表，也就是汽车的漆面，某人对汽车漆面的涂装非常感兴趣，想对这方面的知识有所了解。

## 任务分析

该任务是汽车涂装基本知识的了解，完成此任务需要熟悉汽车涂装的含义、熟悉汽车涂装的常用方法及汽车涂装的特点，同时也要了解汽车涂装的基本要素，从而对汽车涂装有所了解。

## 相关知识

### 一、汽车涂装的概念和功能

1. 汽车涂装的概念

涂装系指将涂料涂覆于物面（基底表面）上经干燥成膜的工艺。已经固化了的涂料膜称为涂膜（俗称漆膜）。由两层以上的涂膜组成的复合层称为涂层。汽车表面涂装是典型的多涂层涂装。

2. 汽车涂装的功能

汽车经过涂装后，不但可使车身具有优良的外观，而且还可使车身耐腐蚀，从而提高汽车的商品价值和使用价值。汽车涂装具有保护、装饰和特殊标志等作用。

（1）保护作用　汽车运行环境复杂，经常会受到水分、微生物、紫外线和其他酸碱气体、液体等的侵蚀，有时会被磨、刮而造成损伤。如果在它的表面涂上涂料，就能保护汽车免受损坏，延长使用寿命。这是因为，车身表面经涂装后，使零件的基本材料与大气环境隔绝，起到一种“隔绝”作用而防止锈蚀；有些涂料对金属来讲还能起到缓蚀作用，如磷化底漆可以借助涂料内部的化学组分与金属反应，使金属表面钝化，这种钝化膜加强了涂膜的防腐蚀效果。

（2）装饰作用　现代汽车不但是实用的交通运输工具，而且更像是一种艺术品。车身颜色与车内颜色相匹配，与环境颜色相协调，与人们的爱好以及时代感相适应。绚丽的色彩与优美的线型融为一体构成了汽车的造型艺术，协调的色彩烘托了汽车的造型，使汽车具有更佳的艺术美。

（3）特殊标志作用　涂装的标志作用是由涂料的颜色体现的。在汽车上涂装不同的颜色和图案区别不同用途的汽车。例如：消防车涂成大红色，邮政车涂成橄榄绿色，救护车为白色并做红十字标记，工程车涂成黄色与黑色相间的条纹等。另外，颜色在指示、警告、禁令和指路等标志中的含义作用也非常明显。

（4）达到某种特定的目的　应用涂料的特殊性能，使汽车具有特殊功用来完成特种作业或适应特定的使用条件。例如：化工物品运输车辆要在车体表面或货箱、罐仓内部涂布耐酸碱、耐油、耐热、绝缘等涂料，以防止化学品的腐蚀、渗漏等；军用汽车采用保护色达到隐蔽的作用；涂在船底上的防污漆中的毒剂缓慢渗出，可杀死寄生在船底上的海洋生物，从而延长船舶的使用寿命，并保证其航行速度；为使导弹、航天器等在飞行过程中不致被大气摩擦产生高温烧毁，在其表面涂覆一种既耐高温又耐摩擦的涂料；还有用于消声等方面的涂料。各种特殊要求，必须有各种各样的涂料去适应。

## 二、汽车涂装的发展过程

### 1. 国外汽车涂装的发展过程

1）1930 年以前，采用以刷涂和自然干燥为主的手工作坊式小批量涂装。功效低，涂装质量差，每台 20～80 工时。

2）1930—1946 年，采用空气喷涂和快速干燥为主的手工喷涂。涂料为硝基、醇酸树脂类，功效和质量相对有提高，每台 5～20 工时。

3）1946—1963 年，以提高涂层质量为主的阶段。主要表现为提高涂层的耐腐蚀性和装饰性，方法有浸涂底漆、静电喷涂和手工喷涂面漆，每台 3～5 个工时。

4）1963—1974 年，以提高生产机械化程度和增强焊缝，构件内腔耐腐蚀性为主的涂装阶段。使工人从恶劣的环境中解脱出来，每台约 3 工时。

5）1975 年以后，以进一步提高涂层的耐腐蚀性面漆的装饰性，节能和防公害为主的涂装阶段。使用阴极电泳涂料、粉末涂料、水性涂料和高固体分涂料。

### 2. 国内汽车涂装的发展过程

1）1956—1965 年，以手工操作为主，采用醇酸树脂底漆和面漆，涂装前磷化处理。

2）1966—1985 年，阴极电泳涂装阶段。但此阶段仍然以手工涂装为主。

3）1986—1995 年，阴极电泳涂装和普及涂装前磷化处理阶段。

4）1996 年以后，轿车车身的涂装技术跨入世界先进行列。引进高转速杯式静电涂装、机械手自动喷涂、全浸式磷化处理和阴极电泳涂装等。

## 三、汽车涂装方法简介

汽车涂装中涉及涂装的方法有刷涂、空气喷涂、高压无气喷涂、空气辅助高压无气喷涂、浸涂、静电喷涂、电泳涂装和粉末涂装等。

### 1. 刷涂

刷涂是指手工使用不同规格尺寸的毛刷蘸上涂料后，按一定操作方法把涂料刷涂在物体表面上，经干燥形成涂膜。

特点：设备简单，易于操作，适应性强；但质量差，劳动强度大，生产率低。

2. 空气喷涂

空气喷涂是指以高压空气把涂料吹散雾化后，涂布于物体表面上，干燥固化形成涂膜。

特点：操作方式简单，涂膜均匀，适应用于不同材质和形状的产品；但一次成膜太薄，需要多次喷涂，涂料利用率低，仅为30%~40%，飞沫污染环境，损害操作者健康。

3. 高压无气喷涂

高压无气喷涂是指把涂料加压后通过高压无气喷枪的特殊喷嘴喷出，使涂料高度雾化成细小微粒涂布在物体表面。

特点：一次成膜厚度大，涂装效率高，涂装面积大；但质量不高。

4. 浸涂

浸涂是把被涂物浸入已配置好的涂料液槽中，经一定时间后取出，干燥后形成一层均匀涂膜的涂装方法。

特点：适应于小零件大批量生产，涂膜质量不高，易流挂。

5. 静电喷涂

静电喷涂是指利用高频高压静电发生器高压直流电，把被涂工件接上正极，喷涂工具接负极，使之产生电晕放电。涂料以一定方式雾化喷出后，在电场作用下，负粒子奔向正极并吸附在物体表面，干燥形成一层牢固涂膜。

特点：利用率高达80%~90%，易实现自动化，但对非金属需要进行表面处理。

6. 电泳涂装

电泳涂装是指采用蒸馏水或离子水与专用的电泳涂料合成电泳液，在工件与泳槽之间通电，带电胶体粒子在电场的作用下游向异性电极，通过电泳、电沉积、电渗和电解等反应，使涂料牢固吸附在工作表面。

特点：使工件内腔焊缝等细微空间都能形成涂膜，提高工件的耐腐蚀能力，质量好，机械化程度高，现在厂家均采用阴极电泳涂装。

7. 粉末涂装

粉末涂装是把粉末涂料涂布在工件表面形成均匀涂膜的一种涂装方法。

特点：一次成膜厚，涂膜均匀且附着力强，涂料可回收，利用率可达95%。

## 四、汽车涂装的特点

汽车涂装的目的是使汽车具有优良的耐蚀性和高装饰性外观，以延长其使用寿命，提高其商品价值。

1. 汽车涂装属于高级保护性涂装

汽车涂层必须具备极优良的耐蚀性、耐候性和耐沥青、油污、酸碱、鸟粪等物质的侵蚀作用。汽车属于户外用品，因而要求汽车涂层适应寒冷地区、工业地区、沙漠戈壁、湿热带和沿海等各种气候条件。在国际上具有竞争能力的汽车以及汽车涂料都能很好地适应世界各地的气候条件。

2. 汽车涂装（以车身涂装为主）属于中、高级装饰性涂装

车身（尤其是轿车的车身）必须进行精心的涂装设计，在具有良好的涂装设备条件和环境下，才能使涂层具有优良的装饰性。

汽车的装饰性除车型设计外，主要靠涂装，因此汽车涂层的装饰性直接影响汽车的商品价值。汽车涂层的装饰性主要取决于色彩、光泽、鲜映性、丰满度和涂层外观等。汽车的色

彩一般根据汽车类型、汽车外形设计和时代流行色来选择。除特殊用途的汽车（如军用汽车）外，一般都希望汽车涂层具有极好的色彩、光泽和鲜映性。例如：运动型跑车的色彩多采用明快的大红色、明黄色等，给人以强烈的动感；高级轿车多采用较深的色调，给人以庄重、稳健的感觉。涂层的外观优劣直接影响涂层的装饰性，涂膜的桔皮、颗粒等是影响涂层外观的主要因素。一般要求汽车外表涂层平整光滑，镜物清晰，不应有颗粒。

3. 汽车涂装是最典型的工业涂装

汽车制造涂装流水线的生产节奏一般为几十秒至几分钟，为此必须选用高效、快速的涂装前的表面预处理方法、涂装方法、干燥方法、传送方法和工艺设备。汽车修补涂装也是如此，为恢复汽车涂层的要求，达到无痕修补的目的，汽车修补涂装也采用了与汽车制造涂装相类似的先进的涂装设备、涂料和施工工艺，因此可以达到与汽车制造涂装相同的良好效果。

4. 汽车涂装一般为多涂层涂装

汽车车身涂层如果是单涂层，则会失去装饰性，漆面会显得不够饱满，色彩干涩且达不到上述优良的保护性。因此，汽车涂层一般都是由三层以上的涂层组成的，如轿车车身的涂层就是由底涂层（主要是防锈底漆层）、中间涂层（提高上、下涂膜的结合能力，提供韧性和抗冲击能力）和面涂层（提供多彩的颜色）组成的，涂层的总厚度一般控制在150μm左右。

## 五、汽车涂装的基本要素

为使涂层满足底材、被涂物要求的技术条件和使用环境所需要的功能，保证涂装质量，获得最佳的涂层和最大限度的经济效益，必须精心设计涂装工艺，掌握涂装各要素。无论是汽车制造涂装还是汽车修补涂装，其关键是涂装材料、涂装工艺和涂装管理这三个要素。

1. 涂装材料

涂装材料的质量和作业配套性是获得优质涂层的基本保障。汽车修补涂料和汽车制造涂装是不同的，因此在选用涂料时要根据实际情况，从涂膜性能、作业性能和经济效益等方面综合衡量，汲取他人经验或通过试验确定。如果忽视涂膜的性能单纯考虑涂料的价格，有时会明显地影响涂膜质量，缩短涂层的使用寿命，从而造成更大的经济损失。如果涂料选用不当，则即使精心施工，所得涂层也不可能获得良好的效果。如内用涂料用作面漆，就会早期失光、变色和粉化；在硝基旧漆层上喷涂双组分面漆会出现咬底、开裂等现象。又如含铁颜料的涂料涂在黑色金属表面是好的防锈涂料，而涂在铝制品表面上反而会促进铝的腐蚀。

2. 涂装工艺

涂装工艺是充分发挥涂装材料的性能，获得优质涂层，降低生产成本的必要条件。涂装工艺包括涂装技术的合理性和先进性，涂装设备的先进性和可靠性，涂装环境条件和工作人员的技能、素质等。如果涂装工艺与设备选择和配套不当，则即使采用优质涂料，要获得优质涂膜也是困难的。若设备生产率低，则势必造成涂装工程的成本增高，使经济效益下降。涂装环境的好坏直接影响到涂膜的质量，高级装饰性的汽车车身涂装必须在除尘、通风和照明良好的环境下操作。涂装操作人员的技能熟练程度和责任心是影响涂装质量的人为因素，加强操作人员的培训和提高人员的素质是非常必要的。

3. 涂装管理

涂装管理是确保所制订工艺的实施和涂装质量的稳定，达到涂装目的和最佳经济效益的重要条件。涂装管理包括工艺管理、设备管理、工艺纪律管理、质量管理、现场环境管理和人员管理等。

## 总　结

我国汽车工业近几年取得了长足的进步，汽车拥有量更是以惊人的速度在递增，其中最显著的是轿车数量迅速增加，在车辆拥有量中所占比重也越来越大。各种级别轿车应有尽有，琳琅满目，各种造型、色彩缤纷的车流已构成现代都市亮丽的风景线。拥有一辆“私家车”，也已成为现代家庭追求的时尚。

汽车面漆起到保护车身不被腐蚀与美化外观的作用，是整车质量最重要的指标之一。因为喷涂油漆占轿车生产总费用的20%，而且买主首先注意到的是面漆的颜色和喷涂的质量，对买卖成交的影响很大。因此，汽车生产厂家十分重视轿车面漆技术，往往投入巨大的资金和人力去发展和改进轿车的面漆，强调抓住人们视觉的第一印象。轿车的聚氨酯防腐油漆面要求映象率高，光亮如镜。除了油漆质量外，还要有相当高要求的工场环境和工艺技术。从车辆车身喷漆至烘漆的过程中，工场内要空气清洁，不能有过量的尘埃。

在现代化工场内，油漆的调色和喷涂方式均已实现计算机化管理。由于科技的进步，今天的喷涂工艺与十几年前的喷涂工艺已有很大的区别，无论油漆的颜色、粘结性、添加剂、稳定剂、溶解系统和工艺技术均发生了变化，而且这种变化目前仍在进行中，使得轿车面漆质量得到很大的提高。

轿车能起到美化城市的作用，在于其别致的造型和漂亮的外表面。轿车的外表面80%以上是涂漆面，显然涂层质量（光泽、颜色和耐久性等）会直接影响外观，影响人们对汽车质量的评价。但无论汽车涂膜质量如何优良，在使用过程中，气候的变化以及各种原因引起的接触、擦刮甚至碰撞等诸多原因都会导致漆膜的劣化和损伤。如何保持、恢复汽车良好的外表，满足客户的要求，尤其是车主的特殊要求，越来越引起汽车修理业的重视。

## 思考问题

**一、填空题**

1. 汽车涂装具有________、________、________等作用。

2. 汽车涂装中涉及涂装的方法有：________，________，________，空气辅助高压无气喷涂，浸涂，________，________，________等。

3. 轿车车身的涂层就是由________（主要是防锈底漆层）、________（提高上下涂膜的结合能力，提供韧性和抗冲击能力）和________（提供多彩的颜色）组成的，涂层的总厚度一般控制在________μm左右。

4. 无论是汽车制造涂装还是汽车修补涂装，其关键是________、________和________这三个要素。

**二、判断题**

1. 静电喷涂是以高压空气把涂料吹散雾化后，涂布与物体表面上，干燥固化形成涂膜的涂装方法。（　）

2. 汽车经过涂装后，不但可使车身具有优良的外观，而且还可使车身耐腐蚀，从而提高汽车的商品价值和使用价值。（　）

三、简答题

1. 汽车涂装的定义?

2. 汽车涂装的发展过程?

## 拓展提高

**原车表面涂层涂料的识别方法**

1）用蘸有硝基漆溶剂的布擦拭漆面，若漆面软化或溶解时，布上粘有原漆，则为硝基漆或丙烯酸漆。如果原车涂料受溶剂侵蚀而发粘、发毛，则为自干型漆或烤漆。

2）用粗蜡打磨漆面，若布上有漆迹，则为单面漆；若未染上漆色，则为双面漆。

3）用380～350#砂纸打磨，打磨砂纸有色，则为单面漆；若打磨砂纸为白色，则为双层面漆。

用340#砂纸打磨漆面，漆层有弹性且砂纸被黏滞，则为未完全干燥的自干或烘干型漆。

# 学习任务二 汽车涂料介绍

**知识点**：汽车涂料的含义；汽车涂料的性能要求；汽车涂料的基本组成；汽车涂料的命名与分类，常用汽车修补涂料及其特性。

**能力点**：汽车涂料的调制。

## 任务情境

汽车涂料的作用不仅是装饰汽车，使汽车看起来更美观靓丽，高性能的涂料还对车身具有防腐蚀的保护作用。因此，如果汽车表面油漆层刮花了或者出现其他损坏，则切不可用劣质的油漆随便修补，否则不仅破坏美观，还会使车身的质量大打折扣。要想使汽车能够得到更好的保护，就要学习汽车涂料要具有哪些性能和汽车涂料的组成有哪些等。

## 任务分析

对于碰撞、刮蹭等事故车辆，锈斑孔洞等车身故障，修复部位要达到与未修补的部位相同的保护和装饰效果，外观上有无修补痕迹，要求非常高。对于车身良好，只是涂层已经失光、粉化等涂膜失效故障，往往采用重新喷涂等工艺，使其恢复良好的装饰性和保护性。高性能的油漆不仅是车身防腐蚀的保护层，增强车身的美感，满足人们的视觉享受，还可以延长车身的使用年限，因此学习与掌握汽车涂料的相关知识就显得十分重要。

## 相关知识

**一、涂料的含义**

所谓涂料，是指含有颜料或不含有颜料的有机高分子胶体混合物的溶液。它是一种利用植物（化学）油和漆制成的产品，被涂布于物体的表面，能够形成具有保护、装饰或其他特殊性能的保护膜。以前，人们大多以植物油脂为主要原料制漆，故有“油漆”之称。随着科学技术的不断发展，石油化学工业为制漆提供了各种人工合成树脂原料，丰富了漆的品种，提高了漆的质量，扩大了漆的使用范围，使“油漆”产品的面貌发生了很大的变化，“油漆”一词已经不能恰当地表示其真正的含义。从它们的功效来讲，用“涂料”一词来表示更为合适，因此现在已经正式采用涂料这个名词了。但在具体的涂料产品名称中，仍可以用“漆”字来表示涂料，如醇酸磁漆、硝基清漆和丙烯酸漆等。

**二、涂料的发展过程**

涂料的发展与树脂和颜料的发展有着非常紧密的联系。早在25000年前，原始的壁画就是用生土、黏土、烧焦的木炭以及动物脂肪等绘制而成的具有红色、黄色和黑色等的图案。在6000～7000年前，古埃及人用天然树胶混合有颜色的矿物质、蜂蜜及蛋白来绘制墓地中的壁画，这样就产生了更多的颜色，如红色、黄色、黑色、绿色和蓝色等；而古罗马人已开始用亮红色的颜料混合亚麻油作装饰，这是醇酸涂料的前身，同时，古罗马人所用的颜料已有白铅、白垩及赭石等；古希腊人用沥青于木船上防水。1500多年前的中国人用树胶涂布于木器表面做装饰，一般涂布30～50层，这种涂层非常耐久，如用桐油涂布在木材上的方式一直沿用到近代；古印度人和古泰国人用虫胶涂布于木器表面作保护；中世纪的油画是干性亚麻油被广泛使用的典范。在18世纪前，涂料的使用主要依赖于天然树脂和天然颜料。到18～19世纪的工业革命时期，涂料工业得到空前的发展，清漆和色漆被广泛地运用在金属表面用于防腐，而涂料的生产也开始工业化，如含铅和锰的干燥剂等。

到20世纪，随着合成树脂的出现，涂料更广泛地运用在各个领域，人类也能根据自己的需要选择不同类型和性能的涂料。20世纪20年代产生了硝基纤维素树脂，结合石油溶剂（如烃、酯、酮及醇等）和合成有机颜料被广泛地应用在汽车生产中，这个时候钛白粉取代白铅是涂料发展一个里程碑；到20世纪20年代中后期出现抗高温磁漆技术，使得汽车涂装工业上一个新台阶。

到20世纪50年代，进入了近代涂料工业发展时代，颜料和溶剂更趋于安全，丙烯酸、聚酯、乙烯及聚氨酯树脂的出现使得各种底材的涂装都得到发展；而且出现了新的施工技术（如卷涂、电泳和自动化喷涂等），涂料的发展更繁荣、更灿烂。

**三、汽车涂料的性能要求**

1. 涂料的通用要求

根据汽车的使用条件和汽车涂装的特点，汽车用涂料应满足以下要求：

（1）极好的耐候性和耐腐蚀性　要求适用于各种气候条件，涂层的使用寿命接近汽车的使用寿命（一般为10～15年），要求在苛刻的使用条件（如强烈日照、风雨侵蚀、风沙等情况）下保光、保色性好，不开裂、不脱落、不粉化、不起泡、无锈蚀现象。

（2）极好的施工性和配套性　对于汽车制造工业，要求能适应高速流水线作业；对于汽车修理，要求能适应手工喷涂的工艺要求和设备。对涂膜要求干燥迅速，能够适应“湿碰湿”的操作和烘干，要求涂层之间结合优良，不引起咬起、渗色和开裂等涂膜弊病。

（3）极高的装饰性 要求涂层色泽鲜艳和多种多样，外观丰满，鲜映性好，使人看上去舒适，这点对轿车用面层涂料尤其重要。

（4）极好的机械强度 要适应汽车行驶中的振动和石击，要求涂膜坚韧、耐磨、耐崩裂性和抗划伤性能优良。

另外，要求涂膜干燥后能够耐汽油、机油和公路用沥青等在溶剂中浸泡一定的时间后不产生软化、变色、失光、溶解或产生斑痕等现象；要求能耐清洗剂、鸟或昆虫的排泄物和酸雨等的侵蚀，与这些物质接触后不留痕迹；价格低廉，并要求逐步实现低公害化和无公害化，便于进行“三废”处理。

2. 车身不同部位涂料的要求

由于汽车涂层基本上都属于多层涂装，加之它们在汽车上的使用部位不同，所以对于汽车用涂料的某一品种来讲，并非要求都具备上述特点。汽车涂装材料根据使用的部位不同，要求也有差异。例如：汽车车身用涂料是汽车用涂料的主要代表，因此，从狭义上来讲，汽车用涂料主要是指车身用涂料，它们要兼备上述车用涂料的要求；车轮、车架等部件用的耐腐蚀涂料的主要技术指标是要求耐腐蚀性能（耐盐雾和耐水性等）好，要求涂膜坚韧耐磨并具有一定的耐机油性；发动机部件用涂料要求具备低温快干性能和良好的耐热性、耐机油性、耐汽油性；客车、轿车等内装饰件用的涂料，主要性能指标为高装饰性、耐紫外线和不粉化；蓄电池固定架应用耐酸涂料；油箱内表面用耐汽油涂料；汽车消声器、排气管等部位用耐热涂料；车身底盘下部表面用耐磨耐冲击和防声涂料；车身焊缝用密封涂料等，均有相应的技术指标。

## 四、涂料的基本组成

按所用原料性能和形态的不同，涂料由油料、树脂、颜料、稀释剂和辅助材料五大部分组成；按作用的不同，涂料由主要成膜物质、次要成膜物质和辅助成膜物质三部分组成。其中油料和树脂是主要成膜物质，是涂料的基础，常称为基料、漆料或漆基。涂料中没有这两部分就不能形成牢固的涂膜，而且涂料的性能主要取决于这两部分的性能。它既可以单独成膜，也可粘结颜料等共同成膜，并牢固地粘附在被涂物表面，因此油料和树脂等主要成膜物质又称为粘结剂或固着剂。颜料是次要成膜物质，它不能离开主要成膜物质而单独成膜，它在涂料中显著地增加很多特殊的性能，赋予漆膜一定的遮力和颜色，并能增加漆膜的厚度和韧性，提高漆膜的耐热和防锈等特殊性能。溶剂、稀释剂和其他添加剂等辅助材料是辅助成膜物质，这些物质也不能单独形成涂膜，虽然在涂料中用量一般很少，但作用极大，有助于改善涂料的性能。

1. 树脂

现在汽车所用的涂料中已经基本不含油料，多采用树脂作为主要成膜物质。树脂是多种高分子复杂化合物相互溶和而成的混合物。它是非结晶的固体或黏稠液体，虽没有固定的熔点，又不溶于水，但在受热时会软化或熔化，多数树脂可溶于有机溶剂。熔化或溶解了的树脂能与颜料均匀地相互混合，其黏着性很强。将它涂附在物面上待溶剂挥发后能形成一层光亮、坚韧而耐久的薄膜。因此，树脂是与颜料一起形成涂膜的主要物质，其性质决定涂料加工的品质和涂膜性能的好坏。

树脂按其来源的不同可分为天然树脂和人工合成树脂两大类。目前多用天然高分子化合物加工制得的人造树脂及用化工原料合成的合成树脂。人工合成树脂无论从品种、性能、产量和用途等方面都大大超过了天然树脂，现在使用的各种汽车涂料除个别品种外基本上都是由人工合成树脂作为基料的。

(1) 沥青　沥青是一种由碳、氢、氧、硫和氮等组成的复杂化合物，性状或为黑色可塑性固体，或为黑色无定形黏稠状物质，易熔融，可溶于烃类溶剂或松节油中。沥青具有独特的耐水、耐酸碱性能，电绝缘性能优良，涂膜光滑，因此被广泛用来炼制防锈、防腐涂料，多用于车辆的底盘部位。

(2) 硝酸纤维素　硝酸纤维素又称为硝酸纤维酯或硝化棉，是硝基漆的主要成分。它是将植物纤维（如棉花纤维等）经过硝酸硝化后所得到的产品。它具有良好的耐油性，在常温下能耐水、耐烯酸；但极不耐碱、不耐光、遇热易分解，且易燃、易爆。它能与多种树脂互溶，能溶于酯、酮类溶剂而不溶于醇类和苯类溶剂。

(3) 醇酸树脂　醇酸树脂是由多元醇（如甘油和季戊四醇等）和多元酸（如邻苯二甲酸酐和异苯二甲酸等）缩合而成，分为纯醇酸树脂和改性醇酸树脂两类。改性醇酸树脂又称聚酯树脂，是由纯醇酸树脂经植物油或其脂肪酸改性而成，具有极好的附着力、光泽、耐久性、弹性、耐候性和绝缘性等，因此在涂料中应用广泛，不但可以用来制造清漆、底漆和原子灰等，还可与其他树脂合用以相互提高性能。

(4) 氨基树脂　氨基树脂是由醛类与氨类缩聚而成的热固性树脂。涂料工业中常用的有两种：一种是尿素与甲醛缩聚，并以丁醇或甲醇改性而成的称为丁醇（或甲醇）改性尿素甲醛树脂，简称脲醛树脂；另一种是用三聚氰胺或取代三聚氰胺与甲醛缩聚并以丁醇或甲醇改性而成的称为丁醇（或甲醇）改性三聚氰胺甲醛树脂，简称三聚氰胺树脂。氨基树脂具有优越的保色、坚硬、光亮、耐溶剂及耐化学品的性能，但附着力差且过分坚脆，因此要与其他树脂如醇酸树脂等合用方可充分发挥各自的优点，既改善了氨基树脂的低附着力和硬脆性又提高了醇酸树脂的硬度、耐碱性和耐油性。

(5) 环氧树脂　凡分子结构中含有环氧基的聚合物称为环氧树脂，它主要是由二酚基丙烷与环氧氯丙烷在碱性介质中缩聚而成的高分子聚合物。环氧树脂具有粘合力强、收缩性小、稳定性高、韧性好、耐化学性和电绝缘性优良等优点。环氧树脂用来制造车用涂料，不但耐腐蚀方面优越，而且机械性能和弹性等都优于酚醛和醇酸树脂涂料，被广泛应用。

(6) 聚氨酯树脂　聚氨酯树脂是聚氨甲基酸酯树脂的简称，它是由各种含异氰酸酯的单体与羟基或其他活性物质反应所得的聚合物，其结构中含氨基甲酸酯基团。除此之外，根据所用原料和制漆成膜方式的不同，聚合物结构中还可以含有脂肪烃、芳香烃、酯基、酰胺基、脲基、缩二脲基和脲基甲酸基等。聚氨酯树脂性能优越，广泛用于制造防腐涂料和室内装饰涂料，并能与其他多种树脂合用制成多种性能优异的改性涂料。

(7) 丙烯酸树脂　丙烯酸树脂是由各种丙烯酸单体聚合而成，它具有保光、保色、不泛黄、耐候、耐热和耐化学品等性能，故被用来制造各种用途的涂料。

2. *颜料*

颜料是具有一定颜色的矿物质或有机物质，它一般不溶于水或其他介质（如油等），但其细微个体粉末能均匀地分散在介质中。颜料是涂料的次要成膜物质，它不仅使涂膜呈现必要的色彩，遮盖被涂物的底层，使涂膜具有装饰性，更重要的是它能改善涂料的物理及化学性能，提高涂膜的机械强度、附着力和防腐性能。有的颜料还可以滤去紫外线等有害光波，从而增强涂膜的耐候性和保护性，延长涂膜的使用寿命。例如，在有机硅树脂涂料中使用铝粉颜料，在高温下铝粉与硅形成硅、氧、铝键（=Si=O=Al=），能提高涂膜的耐高温性；在涂料中加入云母氧化铁可以防射紫外线和减弱透水性，因而能显著提高涂膜的防锈、耐候和抗老化等性能。

颜料的品种很多，按它们的化学成分可划分为有机颜料和无机颜料两大类。每大类中，按其来源的不同又可分为天然颜料和合成颜料。在涂料工业中，根据颜料在涂料中所起的主要作用不同，可分为着色颜料、体质颜料、防锈颜料和特殊效果颜料四类。

（1）着色颜料　着色颜料是指在涂料中为底漆或面漆中提供颜色的部分，根据分子结构的不同，可分为无机颜料和有机颜料，它们既可以单独使用，又可以混合使用。

1）有机颜料和无机颜料的特征。无机颜料是指分子结构为无机物的颜料，可以是天然的，也可以是合成的。常见的无机颜料有钛白粉、炭黑、铁锈红、铬黄和铬红等，一般来说无机颜料具有价格低、遮盖力好及耐候性好等优点，但其最主要的缺点是颜色较暗，不够鲜艳。虽然铬黄和铬红等无机颜料比较鲜艳，但由于其含铬和铅对环境保护及人体健康的影响非常大从而在应用上受到很多限制。例如：室内装饰、玩具及轻工业品等使用的涂料就是要求完全不含铬和铅的。目前，欧美国家的汽车修补涂料中，铬和铅是禁止使用的。

有机颜料是指分子结构为有机物的颜料，大部分的有机颜料是合成的。常见的有机颜料如偶氮红、酞氰类等。有机颜料的特点是品种繁多、颜色鲜艳，但缺点是耐候性及遮盖力较差，而且成本高。由于许多领域的涂料必须用有机的黄色或红色颜料代替铬黄或铬红，为了达到类似的鲜艳度和颜色的饱和度，涂料厂商不得不选用昂贵的有机红或黄，并且需要较多层的施工才能达到较好的遮盖，所以一般鲜艳的红色或黄色都比较昂贵。汽车修补涂料中鲜艳的红色及黄色常常价格高且遮盖力不佳就是最好的例子。在涂料的生产应用中，必须很好地结合无机颜料和有机颜料才能达到颜色、性能及成本的要求。

2）着色颜料的重要性能。着重介绍其耐候性、遮盖力和着色力。

①耐候性。很多颜料在阳光照射下会导致颜色变暗或颜色迁移（即颜色改变），涂料颜色是否容易褪色主要取决于颜料的耐候性，而颜料的耐光性又是耐候性中最重要的指标。颜料的耐光性差别非常大，一般无机颜料的耐光性比有机颜料好。颜料的耐光性是用评级的方式来表示的，同标准样品比较，耐光 8 级为最好。有机颜料中耐晒级的颜料比不耐晒级的颜料成本高许多，而汽车修补涂料的生产一定要选用耐晒级的颜料才能实现耐候性，因此优质的汽车修补涂料昂贵的价格一部分就来自对颜料的选择。

②遮盖力。涂料具有遮盖力才能遮蔽底材，而其遮盖力是由颜料提供的。颜料遮盖力的原理是颜料阻止光线通过涂膜到达下一层色漆表面，使光线返回至观察者眼中。最理想的状态是喷涂一层涂料遮蔽颜色，但实际上却做不到，尤其是汽车漆，由于其颜色多数清澈靓丽，往往需要多层喷涂才能达到遮盖效果。在汽车修补涂装中，涂装人员往往喜欢使用遮盖力好的涂料，因为使用时可以省料省时。虽然一般都喜欢遮盖力好的颜料，但有时由于涂料的特殊效果反而要求颜料有一定的通透性。例如汽车修补涂料银粉漆中，一些颜料必须透明才能体现银粉效果，因此许多用于银粉漆的底色漆色母是透明的。又如目前流行的白银色、香槟色或金色的效果，必须有一定量的透明铁红或透明铁黄才可以办到。因此，在汽车修补涂料中，并非单个色母的遮盖力越好就代表其品质越高，而应对整个调色系统的综合调色性

能做整体判断。

③着色力。着色力是指颜料形成颜色的强弱能力。一般，着色力越强的颜料，在达到最终颜色时的使用量越少，即形成最终颜色的能力越强。着色力主要取决于颜料的化学结构，也同颜料分子的形状和大小有关。在生产汽车修补涂料的色母时，化学师会尽量选择着色力强、颜色鲜艳的颜料。

（2）体质颜料　体质颜料也称为填充颜料，一般是来源于矿物质的无机物。其作用是改进涂料的物理性能、力学性能及降低成本，如提供涂料的质量固体含量、提高填充性及打磨性等。体质颜料一般没有明显的颜料效果，呈半透明的粉体，因此其本身的颜色不能提供颜色效果及遮盖力。常见的体制颜料有碳酸钙、滑石粉和高岭土等。体质颜料一般有以下功能：

1）填充性。由于体质颜料的成本比着色颜料低，因此被广泛地应用于涂料，得到相类似的质量固体含量却降低成本。在汽车修补涂料中，底漆或中涂底漆（二道底漆）的光泽及流平的要求没有面漆高，但填充的效果，尤其是中涂底漆的填充效果，则要求很高，因此体质颜料被非常多地使用来达到效果。

2）打磨性。由于体质颜料一般容易破碎，所以能提供涂料的打磨性。汽车修补涂料的底漆及中涂底漆（二道底漆）的打磨性非常重要，而涂料中的打磨性往往是由体质颜料的不同种类及含量的有机组合达到的。

3）提高涂料的黏度。当涂料中使用了密度非常大的颜料或要求黏度比较高时，化学师在设计涂料配方时考虑之一就是选用吸油量最大的体质颜料做调节。颜料的吸油量是指单位质量的颜料和油脂混合，使油脂和颜料刚好完全融合在一起所使用的油脂的多少。一般来说，吸油量越高的颜料的使用导致涂料的黏度越高。颜料的吸油量是质量控制的重要指标之一，否则可能由于颜料的吸油量不稳定而导致生产涂料时黏度的变化。

此外，体质颜料还会影响涂料的施工性、耐水性、耐磨性及耐温性等。

（3）防锈颜料　防锈颜料是涂料中主要起防锈作用的底漆等的重要组成，多为具有化学活性的物质。

金属的腐蚀机理分为化学腐蚀和电化学腐蚀。金属与接触到的介质（如氧气、氯气、二氧化硫、硫化氢等干燥气体或汽油、润滑油等非电解质）直接发生化学反应而引起的腐蚀称为化学腐蚀；不纯的金属或合金与液态介质（如水溶液、潮湿的气体）或电解质（如酸碱溶液）接触时，发生电化学反应而引起的腐蚀称为电化学腐蚀。一般情况下这两种腐蚀现象往往是同时发生的，但后者更为普遍。涂料防腐的原理有两种：一种是用物理隔绝的方法，即用与金属表面具有足够附着力的涂料将金属物体整体覆盖，使其不与外界介质直接发生接触，从而避免或减少金属化学腐蚀的发生；另一种方法是用化学侵蚀的方法，即用具有一定化学侵蚀作用的涂料涂布在金属表面，使其表面发生侵蚀作用而钝化，这样在与电解质接触时由于金属的钝化表面很难再发生电化学反应，从而达到防腐的目的。防锈涂料由于起防锈作用的侧重点不同，有的偏重于物理防锈，有的偏重于化学活性防锈，采用的防锈颜料也不尽相同。

近年还出现了一些新的防锈颜料，如磷酸锌、磷酸铁、钼酸锌、氟化铬和磷酸铬等，分别用于带锈涂料、磷化底漆、电泳底漆和预涂底漆中，也可与其他防锈颜料配合使用，使其具有更好的防锈效果。

（4）特殊效果颜料　汽车修补涂料中，银粉漆（闪光漆）及双工序或三工序珍珠漆的使用非常普遍。目前，一些汽车制造厂使用了一些特殊效果颜料，如极闪银、“变色龙”等，如雷克萨斯 062、日产 KV7 等汽车的颜色。特殊效果颜料在汽车修补涂料中的应用非常重要，下面简单介绍几种：

1）铝粉。铝被研磨得到的铝粉，包括各种粒度，从细到粗都有，为了方便使用，减少着火的危险，一般的供应状态为浆状，因此常称之为铝粉浆。铝粉是产生银粉效果的最基本颜料。铝粉又称为银粉，其颗粒呈微小的鳞片状。铝粉浆有浮型和非浮型两类。不同级别的铝粉，其耐候性也不同，汽车修补涂料中所选择的铝粉一般是具有耐候性的。由于其片状结构，在涂膜形成时铝粉形成十几层的平行结构，不但会产生闪烁的效果，还能提供一定的紫外光反射作用而延缓涂膜的老化。一般来说，越细的铝粉，遮盖效果越好，但颜色越灰暗，因此细白铝粉价格往往比较昂贵。在汽车修补涂料中，铝粉一般预先分散成液态的色母供调色使用。由于纯铝非常活泼，容易被氧化，汽车涂装中的银粉漆一般是双工序的，即需要用罩一层清漆来保护银粉，以提高涂装系统的耐候性，而单工序的金属漆将被逐步从汽车涂装领域中淘汰。

2）珠光颜料。珠光颜料在涂料中产生的效果是珍珠光泽、彩虹效果或金属光泽。其结构一般为薄片状，在涂膜中呈层状平行排列。珠光颜料有天然的和合成的，目前汽车修补涂料行业应用广泛的是“云母钛”类珠光颜料。

“云母钛”是指以云母为基片，用钛白粉进行包膜而形成的珠光颜料。当光线照射到珠光颜料上时，一部分光线透过，一部分光线反射，通过对钛白粉包膜厚度的控制可使透过和反射的光线不同而形成不同的颜色效果，如果透过紫色，则反射黄色，人眼看到的就是黄色；如果透过红色，则反射绿色，人眼看到的就是绿色。

珠光颜料一般在涂料中的分散性能较好，因此，在汽车修补涂料领域，珠光颜料色母可以是预分散成液态的色母，也可以是粉状的色母供调色使用。由珠光颜料调配的颜色一般称为珍珠漆，在汽车修补涂装中，珍珠漆一般通过双工序及三工序的施工方式来得到不同的效果。

3）干涉珍珠。干涉珍珠俗称“变色龙”，其结构与上述云母钛珠光颜料的结构不同，其颜色是通过光的干涉而形成的。干涉珍珠的价格非常昂贵，因此目前还未普及应用于汽车颜色，但可能成为一种时尚的潮流。

除以上所介绍的颜料类型外，还有其他功能的颜料，如荧光颜料、耐高温颜料等。由于这些颜料在汽车涂装材料领域应用不太广泛，因此不做详细介绍。总之，颜料在涂料中，尤其是在汽车涂料中，扮演着非常重要的角色。

3. 溶剂

凡能够溶解其他物质的物质叫做溶剂。涂料用的溶剂是一种能溶解成膜物质（油料和树脂等）、易挥发的有机液体。在涂料干燥成膜后，溶剂全部或部分挥发而不单独留存在涂层中，故溶剂又称为挥发分。

溶剂是涂料的重要组成部分，起着辅助成膜的作用。它能溶解或稀释油料和树脂，降低其黏稠度以便于施工，并改善涂料的流平性，避免涂膜过厚或过薄起皱等弊病；还能对涂料的成品在储存过程中起稳定作用，不使树脂析出或分离以及变稠、结皮等。涂料施工后，溶剂能增加涂料对物体表面的润湿性和附着力，并随着涂料的干燥而均匀地挥发减少，使被涂物面得到一个薄厚均匀、平整光滑、附着牢固的涂膜。有的溶剂本身在涂料中既是溶剂又是成膜物质，如苯乙烯在无溶剂涂料中是很好的溶剂，但又能与树脂交联成膜，提高了涂膜的丰满度，同时减少了因溶剂挥发而造成的污染。

（1）溶剂的种类　在同一个涂料配方中，往往选用多种溶剂，原因之一是各种溶剂有着不同的特征，只有各种作用的溶剂很好地结合时，涂料的稳定性、施工性、挥发性及流平性等才能有效地平衡而得到预期的效果。这些溶剂的组合中，各自的作用是不同的，一般来讲分为以下几种：

1）真溶剂。真溶剂是起溶解树脂作用的溶剂。不同的树脂体系，所使用的真溶剂是不同的，如醇酸类需要脂肪烃和芳香烃，丙烯酸需要芳香烃和酮类，硝基涂料则需酮类和酯类。

2）助溶剂。助溶剂是起促进真溶剂溶解能力作用的溶剂，例如将醇类溶剂加入硝基涂料中可以提高溶解效果。

3）稀释剂。稀释剂对于特定的树脂不会起溶剂的作用，但可以减少溶剂和产品的消耗，其作用为稀释树脂及分散颜料。对于不同种类的涂料及在不同的施工环境中，所使用的稀释剂可能有所不同。因此，在汽车修补涂料时，应选择涂料生产厂家推荐及要求使用的稀释剂，才能避免施工时出现的失误或缺陷，达到完美的施工效果。稀释剂的价格要比前两者低很多，为降低涂料的成本。大多数涂料中都含有比真溶剂便宜的稀释剂。

在施工时为了调整涂料的黏度，保证良好的喷涂雾化效果和涂膜质量，都要使用稀释剂，但稀释剂的使用量必须有一定的限度，因为溶液型涂料在储存、施工和干燥过程中都必须保持溶液状态，涂料中要保持足够的溶剂存在并使涂料中最后挥发的分子是真溶剂。如果在涂料应用的任何一个阶段中稀释剂变得过多，那么就会使成膜聚合物沉淀析出。这时，如果涂料是清漆，那么就会发混；如果是色漆，则会使涂膜的光泽降低。

（2）溶剂的功能和特性　在做涂料配方选择溶剂时，要考虑的最重要的性能是溶剂的溶解力和挥发性。

1）溶剂的溶解力。溶剂的溶解力是指溶剂溶解树脂而形成均匀的高分子溶液的能力。普通低分子溶质溶解时，溶质在溶剂的作用下克服分子或离子内部的引力而逐渐脱离溶质表面，分散于溶剂中。高分子溶质的溶解过程和普通低分子的溶解过程是非常不同的，当高分子溶质受到溶剂作用时，首先是表层的高分子被溶剂化而被溶解，形成新的表层再进行溶剂化而继续被溶解，直到形成均匀的高分子化合物溶液。其溶解没有“溶解度”的特定值概念，高分子溶液是能够以任何比例同聚合物相混溶的。

高分子溶解的理论复杂，其中比较具有代表性的有“极性相似相溶”原理，即极性树脂溶于极性溶剂，非极性树脂溶于非极性溶剂。

不同的溶剂对不同类型的树脂的溶解能力不同，只有选择正确的溶剂才能制备出高性能的涂料产品。例如：芳香烃类溶剂，即甲苯、二甲苯等，对丙烯酸类树脂的溶解力较强；硝基纤维素树脂，则应选择酯或酮类溶剂；不同油度的醇酸树脂，则可选择脂肪烃、芳香类、醇类、酮类溶剂等。因此，在进行汽车修补涂装时，不能随意选择稀释剂，否则会影响涂料的施工性能、成膜性能及干膜性能。溶剂在使用中一定要注意不可用错，如果使用错误或不当，轻则导致涂膜不光滑或影响涂膜质量，重则会导致涂料失效报废。溶剂包括醇类（甲醇、乙醇、丁醇）、酯类（乙酸乙酯、丁酸乙酯）、醚类（乙基溶纤素、丁基溶纤素）、酮类

（丙酮、丁酮、甲基异丁酮）、硝基化物（硝基乙烷、硝基丙烷）、烃类（汽油、石油醚等脂肪烃、苯芳香烃、三氯乙烯、四氯乙烯卤代烃）等。

2）溶剂的沸点和挥发性。溶剂的挥发性常用挥发速率表示。溶剂的挥发性速率同相对分子质量大小及沸点有一定的关系，相对分子质量越小、沸点越低的溶剂可能挥发速率越大，但也不完全一样。在做涂料配方时，一定要通过科学数据和实验结果选择正确的溶剂。溶剂的挥发速率是相对值。醋酸正丁酯的挥发速率标定为1，依据 ASTMD3539-76（81）的测试标准，在规定的实验仪器及实验条件下，醋酸正丁酯挥发90%所用的时间为456s，与其同样实验条件下溶剂挥发90%所用的时间比值即该溶剂的挥发速率，溶剂的挥发率越大表示其挥发越快。

溶剂的挥发率即溶剂的挥发速率，它能控制涂膜处于流体状态的时间长短。挥发率必须适应涂膜的形成，太快会影响流平，造成桔皮或干喷；太慢会造成针孔、起泡、流挂、干燥时间过长等。溶剂的沸点可以作为比较挥发速率的参考数据。溶剂可根据其沸点的高低粗略地分为三大类：低沸点溶剂（沸点在100℃以下）、中沸点溶剂（沸点在100～150℃）和高沸点溶剂（沸点在150℃以上）。低沸点溶剂在喷涂时，涂料从喷枪口到物面的过程中就能大部分挥发掉，使到达物面上的涂料的固体分和黏度都得到了必要的提高；高沸点溶剂可以用来提高涂膜的流动性，它们能使涂膜在较长时间内保持流动性；中沸点溶剂在各种场合的涂料中都能用，它们最初使涂料保持流动性，当喷涂到物面一段时间后能使涂膜较快地凝定。根据溶剂的这一特性，汽车涂料中常将稀释剂制成快干、中性和慢干等几种。快干稀释剂用于较低的环境温度条件（15℃以下）施工和环境比较差、灰尘较多的场合；慢干稀释剂用于施工环境温度较高（35℃以上）或大面积喷涂时使用；中性稀释剂使用的场合较为广泛，大部分施工条件均可使用。

3）毒性和气味。某些溶剂，如苯，对人体有积累性毒性，而另一些溶剂在空气中的浓度超过一定数值之后对人体也是有害的。溶剂一般都有不同程度的刺激性气味，可以刺激人的呼吸道黏膜，因此在使用溶剂时一定要注意安全和劳动保护。

4. 辅助材料

辅助材料又称为助剂，它虽然不是主要或次要的成膜物质，用量一般又很少，但它对改善涂料的性能，延长储存时间，扩大涂料的应用范围，改进和调节涂料施工的性能，保证涂装品质等方面都起着很大的作用。涂料的辅助材料品种很多，根据它们的功能来划分，主要品种有催干剂、防潮剂、固化剂、紫外线吸收剂、悬浮剂、流平剂和减光剂等。这些辅助材料有些是在涂料制造时就添加到涂料当中的，如悬浮剂、紫外线吸收剂等；有些需要根据施工情况进行添加，如防潮剂、流平剂和减光剂等。

（1）催干剂　催干剂是一种能加速涂层干燥的物质，多用于醇酸树脂涂料。催干剂能促进涂膜中树脂的氧化聚合作用，大大缩短了涂膜的干燥时间，尤其是在冬季施工中涂膜干燥很慢的情况下，加入催干剂后即使环境温度没有变化，干燥时间也会有明显的缩短。

（2）防潮剂　防潮剂也称为化白剂、化白水，是由高沸点的酯类、酮类溶剂组成的，将其加入硝基漆等自然挥发型涂料中能防止涂膜中的溶剂挥发时产生的泛白现象。此外，施工环境温度过低接近露点或空气湿度过高和喷涂用的压缩空气中含有过多的水分等，也会引起泛白。涂料中加入适量的防潮剂后，由于高沸点溶剂增多，可减缓溶剂的挥发速率，减少水分凝结现象的发生。

(3) 固化剂　固化剂多为酸、胺、过氧化物等物质，与涂料中的合成树脂发生反应而使涂膜干燥固化。该类型的涂料在未加入固化剂时一般不会干燥结膜，与固化剂混合后在常温下即可发生化学反应而干燥固化，若适当加温（60～80℃），则效果更好。不同树脂的涂料所使用的固化剂成分也不同，例如聚酯树脂用过氧化物作为固化剂，环氧树脂用胺类作为固化剂，丙烯酸聚氨酯类用含异氰酸酯类为固化剂等。

(4) 紫外线吸收剂　紫外线吸收剂对阳光中的紫外线有较高的吸收能力，添加在涂料当中可减少紫外线对涂膜的损害，防止涂膜粉化、老化和失光等。

(5) 悬浮剂　悬浮剂主要用来防止涂料在储存中结块。涂料中加入悬浮剂后，可使涂料稠度增加但松散易调和。

(6) 流平剂　流平剂能降低涂料的表面张力，防止缩孔的产生，增加涂膜的流平性。在喷涂时，由于被涂物表面清洁不彻底，残存有油脂、蜡渍等或由于压缩空气中含有未过滤的油分，会由于该部分涂膜表面张力增大而产生缩孔现象，俗称鱼眼、走珠。在发生此类故障时，在涂料中适量加入流平剂，会使缩孔的现象大大改善。

(7) 减光剂　减光剂具有降低涂膜光泽的作用。有时为了喷涂特殊部位，如塑料保险杠等，需要使涂料产生亚光效果，适量加入减光剂可以达到所需的要求。

## 五、涂料的分类与命名

### 1. 涂料的分类

涂料的分类方法很多，可按用途、施工方法、作用、使用效果、是否含有颜料、溶剂构成情况、成膜机理和成膜物质分类。

(1) 按用途分　涂料按用途的不同可分为建筑用涂料和工业用涂料等。建筑用涂料又可分为室内用涂料、室外用涂料、木材用涂料、金属用涂料和混凝土用涂料等。工业用涂料分类更为复杂，如船舶用涂料、火车用涂料、汽车用涂料、电气绝缘用涂料、轻工机械用涂料、金属家具用涂料和木质家具用涂料等。

(2) 按施工方法分　涂料按施工方法的不同可分为刷漆、喷漆、烘漆、电泳漆和粉末涂装漆等。

(3) 按作用分　涂料按作用的不同可分为底漆、面漆、罩光漆和腻子（原子灰）等。

(4) 按使用效果分　涂料按作用效果的不同可分为绝缘漆、防腐漆、防锈漆和有色金属防锈漆等。

(5) 按是否有颜料分　不含颜料的涂料，称为清漆（透明体）；含有颜料的涂料，称为色漆（不透明体）；含有大量体质颜料的稠厚浆状体的涂料，称为腻子（即原子灰）。

(6) 按溶剂构成情况分　以一般有机溶剂作为稀释剂的涂料，称为溶剂型漆；以水作为稀释剂的涂料，称为水性漆；涂料组成中没有挥发性稀释剂的涂料，称为无溶剂漆；无溶剂而又呈粉末状的涂料，称为粉末涂料。

(7) 按成膜机理分　涂料按成膜机理的不同可分为氧化聚合型漆、固化剂固化型漆、热固型漆（或称为烘烤聚合型漆）、挥发型漆（即溶剂挥发型漆）和其他类型漆。

(8) 按成膜物质分　涂料最广泛的是根据成膜物质来分类，以主要成膜物质为基础。若主要成膜物质为两种以上的树脂混合组成，则按其中起决定作用的一种为主。按此分类，国内涂料目前共分为17大类，见表1-1。

**表 1-1　国内涂料按成膜物质分类**

| 序号 | 代号 | 类别 | 主要成膜物质 |
|---|---|---|---|
| 1 | Y | 油脂漆 | 天然动植物油、清油（熟油）、合成油 |
| 2 | T | 天然树脂漆 | 松香及其衍生物、虫胶、乳酪素、动物胶、大漆及其衍生物 |
| 3 | F | 酚醛树脂漆 | 酚醛树脂、改性酚醛树脂 |
| 4 | L | 沥青漆 | 天然沥青、石油沥青、煤焦沥青 |
| 5 | C | 醇酸树脂漆 | 甘油醇酸树脂、季戊四醇醇酸树脂、其他改性醇酸树脂 |
| 6 | A | 氨基树脂漆 | 脲醛树脂、三聚氰胺甲醛树脂、聚酰亚胺树脂 |
| 7 | Q | 硝基漆 | 硝基纤维素酯 |
| 8 | M | 纤维素漆 | 乙基纤维、苄基纤维 |
| 9 | G | 过氯乙烯漆 | 过氯乙烯树脂 |
| 10 | X | 乙烯漆 | 聚二乙烯基乙炔树脂、氯乙烯共聚树脂等 |
| 11 | B | 丙烯酸漆 | 丙烯酸树脂、丙烯酸共聚树脂及改性树脂 |
| 12 | Z | 聚酯漆 | 饱和聚酯树脂、不饱和聚酯树脂 |
| 13 | H | 环氧漆 | 环氧树脂、改性环氧树脂 |
| 14 | S | 聚氨酯漆 | 聚氨甲酸酯树脂 |
| 15 | W | 有机硅漆 | 有机硅、有机钛等 |
| 16 | J | 橡胶漆 | 天然橡胶、合成橡胶等 |
| 17 | E | 其他漆 | 如有机高分子材料等 |

车身常用的涂料是双组分丙烯酸聚氨酯、环氧树脂、热塑性丙烯酸涂料、醇酸树脂、石油基树脂、聚酯树脂、氨基树脂和酚醛树脂。

2. 命名

（1）涂料命名原则　全名 = 颜色或颜料名称 + 成膜物质名称 + 基本名称，如大红醇酸磷漆，铁红酚醛防锈漆。

（2）涂料的编号　涂料型号由三部分组成，第一部分是成膜物质，第二部分是基本名，用两位数表示，第三部分是序号，表示同类品种中的组成，配比或用途不同，每个型号只能有一种涂料。例如：C04-Z 醇酸磁漆，“C”表示成膜物质是醇酸树脂，04 表示磁漆（基本名称），－Z 表示序号。

**六、涂料的调制**

1. 涂料调制用具

（1）调漆桶　要求干净、无异物，使用调漆棒进行涂料调制，则桶必须是圆柱形。

（2）黏度计　涂料的稀稠用涂料黏度的高低（大小）表示，计量单位为“s（秒）”。在实际生产中。常用黏度计有涂 1、涂 4 和落球黏度计，汽车修补涂料一般适宜用涂 －4 杯（涂 －4 黏度计）来测量。涂 －4 黏度计用于测定黏度在 10 ~ 150s 之间的各种涂料产品，涂 －4 黏度计的黏度测定值近似于美国福特 4 号杯的黏度测定值。涂 －4 黏度计有金属和塑料两种，上部为圆筒形，下部为圆锥形，其底部有不锈钢制的可以更换的漏嘴，圆筒上沿有杯形凹槽，可做多余试样溢出用，如图 1-1 所示。黏度计容量为 100mL。

涂 －4 黏度计的操作步骤：

1）将黏度计装置于带有两个调节水平螺钉的支架上。

2）每次测定前过滤涂料样品。将涂料试样搅拌均匀，温度调为（25±1）℃，然后静置2min以上，使试样中的空气逸出。实验前必须将黏度计用溶剂仔细擦拭干净，然后置于空气中干燥。

3）将黏度计调至水平位置。在黏度计漏嘴下面放置容量为150mL的容器。用手指堵住漏嘴孔，将涂料试样倒满黏度计。松开手指，使试样漏出，并同时开动秒表，当试样漏丝中断时，停止秒表。试样从黏度计流出的全部时间（s）即试样的黏度，如图1-2所示。

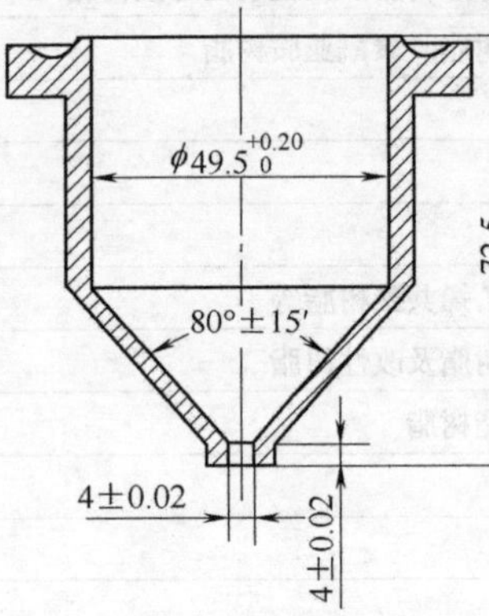


图1-1　涂-4黏度计

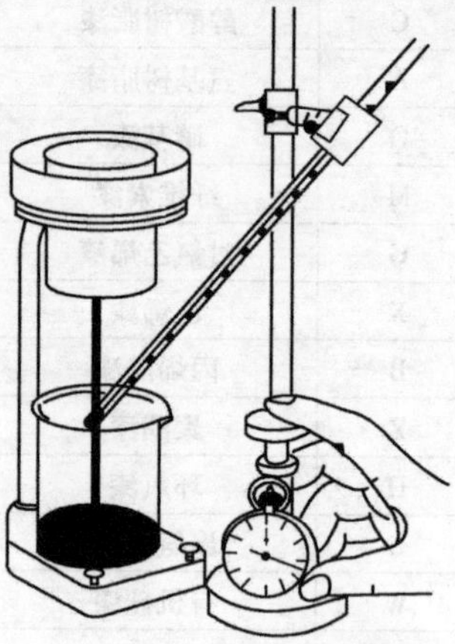

图1-2　涂-4黏度计的操作

4）用同样的方法再测试一次。两次测定值之差不应大于平均值的3%即测试结果。

（3）纸漏斗　过滤掉容易堵塞喷枪或影响涂层表面质量的颗粒物。一般用120~180目的纸漏斗过滤，素色漆和清漆应使用180目以上的纸漏斗过滤，金属漆可用120目的纸漏斗过滤，也可先粗后细两次过滤，以提高过滤速度。过滤时，不能使用硬质工具在纸漏斗内搅拌，以免损坏纸漏斗。

（4）调漆比例尺　调漆比例尺的作用是非常容易地将涂料、稀释剂和添加剂按要求的比例混合，如图1-3所示。

**2. 混合比例**

在涂料调制中，涂料、稀释剂和添加剂成分的表示方法有百分数、质量分数和比例三种。

（1）百分数　例如：某涂料中稀释剂为50%，即涂料:稀释剂=2:1。

（2）质量分数　涂料:稀释剂=4:1，即稀释率为25%。

（3）比例　4:1:1表示4份涂料、1份固化剂、1份稀释剂。

**3. 涂料的调制方法**

1）核对涂料的类型、名称、型号及品种，应与所选的涂料完全相符。开盖前摇晃或搅拌，使涂料均匀。

2）开盖后检查涂料是否变质，否则处理或更换。

3）按比例调好涂料，检查黏度，调整黏度。

4）对于双组分和多组分涂料的混合调制，采用调漆棒调制涂料—固化剂—稀释剂。

5）辅助材料的添加。

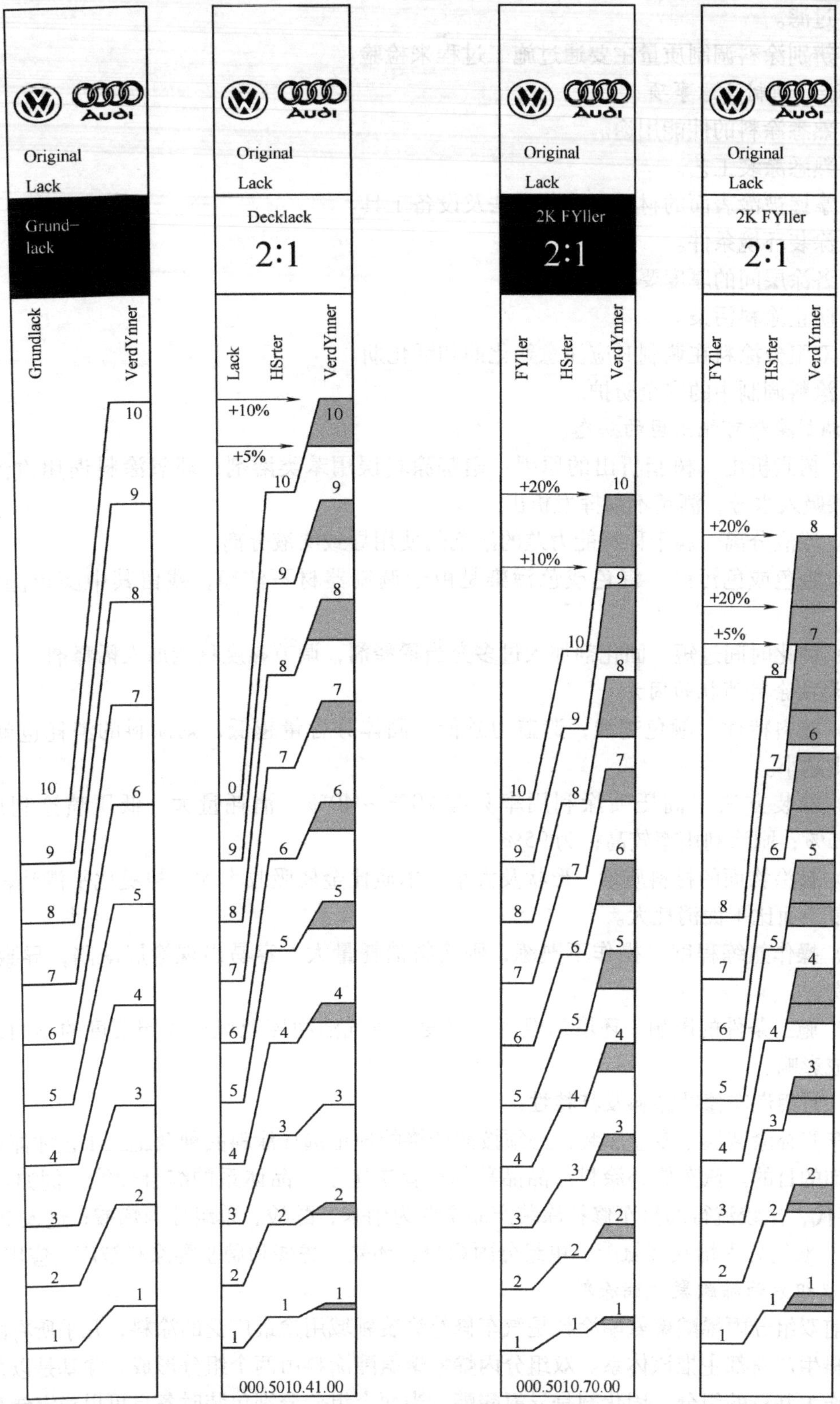
Original
Lack
Grund-
lack
Grundlack
VerdYnner
Original
Lack
Decklack
2:1
Lack
HSrter
VerdYnner
+10%
+5%
000.5010.41.00
Original
Lack
2K FYller
2:1
FYller
HSrter
VerdYnner
+20%
+10%
000.5010.70.00
Original
Lack
2K FYller
2:1
FYller
HSrter
VerdYnner
+20%
+20%
+5%

图 1-3 调漆比例尺

6）过滤。

7）辨别涂料调制质量主要通过施工过程来检验。

4. 涂料调制注意事项

1）熟悉涂料的性能用途。

2）熟悉涂装工艺。

3）掌握被涂表面的材质、涂装方法及设备工具。

4）涂装环境条件。

5）各涂层间的厚度要求。

6）防止涂料污染。

7）双组分涂料在调制时应注意熟化期和活化期。

8）涂料调制中的安全防护。

5. 调制涂料可能出现的病态

（1）树脂析出　树脂析出的原因：硝基涂料误用苯类溶剂；环氧涂料误用汽油溶剂；虫胶清漆吸入水分，酒精不断挥发析出。

（2）漆液分离　属于稀释能力差的溶剂的使用导致漆液分离。

（3）混色或色污染　混色或色污染是由于调制器材不洁净，残留其中颜色涂料而引起的。

（4）固化时间过短　固化剂加入过多充当稀释剂，调节黏度只能加入稀释剂。

6. 影响涂料消耗的因素

（1）涂料特性　颜色越浅，遮盖力越低，固体分含量越低，则涂料的消耗也就越大；反之，则越小。

（2）涂装方法　高压喷涂利用率只有 20% ~40%，消耗量大；低压喷涂利用率为 65% ~95%；刷涂利用率较高；为 95%。

（3）被涂物面的材料质量　形状及大小：木质比金属吸收率大，粗糙比平滑消耗率大，曲面、复杂面比平面消耗大。

（4）操作熟练程度　操作不熟练，则涂料消耗量大，容易出现涂层缺陷，导致返工，造成浪费。

（5）施工条件的影响　环境的温度、湿度、空气洁净度及风速和照明度的不同也会对涂料造成影响。

**七、常用汽车修补涂料及其特性**

汽车修补涂装属于专业涂装，必须按照严格的规定选择涂料品种及施工工艺才能达到保护及装饰的目的。汽车修补涂料产品品种的选择决定了产品体系的综合性能。例如：20 世纪 70 年代，比较流行的汽车修补涂装产品主要为硝基、醇酸、单组分丙烯酸；进入 20 世纪 90 年代，双组分丙烯酸聚氨酯、单组分丙烯酸、环氧、醇酸和硝基等涂料被广泛应用。

1. 双组分丙烯酸聚氨酯涂料

目前双组分丙烯酸聚氨酯涂料是汽车修补涂装领域用途最广泛的涂料，几乎所有的汽车修补涂料生产商都主推该体系。双组分丙烯酸聚氨酯涂料由两个组分形成，漆基是以羟基聚酯树脂作为基料的组分，固化剂是异氰酸酯。当两个组分分别包装时各自可以稳定储存，当两个组分以一定的比例混合时会发生化学反应而固化，化学反应的基团分别是来自聚氨酯树脂的羟基（-OH）和异氰酸酯的异氰酸基（-NCO）。

无论是饱和的聚氨酯还是丙烯酸树脂，由于含有较多的羟基，可以通过人工加工来达到各种目的，丙烯酸聚氨酯树脂可用于纯色漆、底色漆（银粉漆）、清漆及底漆中，并具有柔软性好、柔韧性强、坚硬耐久的各种涂料性能。

双组分丙烯酸聚酯涂料的特性为耐候性好，由于其结构是高分子产品经交联反应而成的，同单组分产品比较，其分子间结构更紧密，因此其耐候性能非常好，光泽高，光泽保持性好，黏度低，容易施工，流平性好，涂膜的力学性能及耐化学品性能好。其缺点为操作复杂（双组分），使用条件要求高，价格高。

由于丙烯酸聚氨酯的以上特性，使其在汽车涂装行业得到非常广泛的应用和发展，经严格施工控制的丙烯酸聚氨酯面漆系统一般可以提高3~5年的性能质量保证。

由于固化剂异氰酸酯气雾对人体的呼吸道有较大的影响，在喷涂双组分丙烯酸聚氨酯涂料时一定要严格使用安全防护用品，最好使用供气式面罩。

2. 环氧树脂涂料（简称环氧涂料）

环氧树脂在涂料领域有着广泛的应用。环氧树脂是由环氧氯丙烷和双酚A缩聚而成的，此反应非常复杂，树脂的结构不同可以制造各种性能的产品以满足不同需求。环氧树脂涂料的特性为良好的耐化学品性（包括腐蚀性强碱）、极好的附着力、良好的硬度和柔韧性，但由于其耐候性差，一般不用于面漆。

环氧树脂可以制作成单组分的高温烤漆，通过和三聚氰树脂交联可得到硬度高、耐久性好、具有一定光泽的涂层；也可以制成以聚氨树脂作为硬化剂的双组分产品，在常温下风干。

环氧树脂涂料主要应用于耐腐蚀底漆，如飞机、汽车等的涂装。由于其相对分子质量小、黏度低，可以被制成高固体含量涂料，和煤焦油树脂（即沥青）作用形成较厚的涂层，用于船舶和港湾设施的涂装；也可以用于粉末涂料，通常静电喷涂及高温烘烤形成有色涂层；还可用于水性涂料，通过被有活性的氨基树脂乳化，通过电泳涂装用于汽车底漆等。

环氧树脂在汽车修补涂装领域主要用于底漆，一般是有耐腐蚀的底漆和具有填充性的头道复合底漆。

3. 醇酸树脂涂料（简称醇酸涂料）

醇酸树脂是有醇和酸缩合而成的线形聚合物。醇类原材料如亚麻油、豆油、桐油、蓖麻油等，酸类原材料如邻苯二甲酸酐。醇酸树脂中的含量以百分数来表示，低于45%的称为短油，45%~60%的称为中油，60%以上的称为长油。长油度醇酸涂料常用于家庭装修，其特点是柔软及韧性好；中油度醇酸涂料常用于风干磁漆；短油度醇酸涂料常和三聚氰胺用于工业和汽车制造的高温烤漆中。

醇酸涂料的主要干燥机理是氧化，因此其干涂膜不被溶剂溶解。由于醇酸树脂干燥性较差，所以一般用其他聚合物改性来提高干燥性并同时提高硬度。醇酸树脂一般可用于烤漆及风干漆中。当醇酸树脂用于风干漆中需要添加干燥剂。

醇酸树脂涂料的特性为高膜厚、光泽度高、流动性好、成本低，其缺点为干燥时间长、重涂时间长、对施工环境要求高、打磨性差、用作清漆可能黄变等。

同双组分丙烯酸聚氨酯产品相比，醇酸涂料的干燥性、光泽、耐候性等都比较差，因此在高档汽车修补涂装行业，醇酸涂料已逐渐淡出市场，但在货车、低档小客车及客车的涂装和修补领域，醇酸涂料仍在被使用。经改性的醇酸可以使用异氰酸酯作为固化剂的双组分产品用于汽车修补涂装中。

4. 硝基树脂涂料（简称硝基涂料）

硝基树脂常被称为硝化纤维，其实它的正确命名为纤维素硝酸盐。其主要来源是棉绒纤维或针叶木浆通过硝酸处理，一些纤维中的羟基氢原子被硝基取代，得到可溶于有机溶剂的纤维素。

硝基纤维可溶解于酯、酮或醇醚中。在制造硝基涂料时，一定要注意很好地平衡各种溶剂以保证良好的干燥性和流平性。各种颜料都可以用于硝化纤维中，因此硝基涂料容易制作成各种颜色、各种效果的涂膜，如各种颜色的纯色漆和银粉漆等。当硝基涂料被制作成高黏度的涂料时，往往需要加入大量的溶剂才能达到施工黏度，因而降低了施工时的固体含量，必须喷涂多层。硝基涂料的成膜机理是溶剂挥发，即溶剂挥发后涂料就变干、变硬形成干涂膜。其干涂膜可溶于溶剂。硝基树脂涂料的优点为快干、对重涂时间要求低、抛光性能好；缺点是喷涂时固体含量低，耐候性不佳。由于其涂膜的可溶性及不甚理想的耐候性，硝基涂料正逐渐从汽车涂装和修补领域退出市场。

5. 热塑性丙烯酸涂料（TPA）

热塑性丙烯酸也称为风干型丙烯酸（TPA），是由甲基丙烯酸酯和乙基丙烯酸酯交联而成的，其性能取决于交联比值。此共聚物的分子结构很大，因此制成涂料后的黏度很高，往往需要使用大量的溶剂稀释才能施工。热塑性丙烯酸树脂可以溶解于酯、酮和芳香烃中。热塑性丙烯酸涂料的成膜机理是溶剂挥发形成干涂膜，而干涂膜是可以溶解于溶剂中。

热塑性丙烯酸涂料干涂膜在加热到 160～180℃时，会发生软熔现象，即涂膜会变软，而冷却后，涂膜的光泽更高。该技术在汽车原厂涂料涂装时应用，但由于其涂装工艺是低温烘干涂膜再高温烘烤，比较烦琐，所以该技术也在被逐渐淘汰。在汽车涂装领域，一般只利用热塑性丙烯酸树脂的溶剂挥发成膜性能，不用软熔技术。但由于其喷涂时固体含量低、涂膜光泽低等缺点，也逐渐被双组分丙烯酸聚氨酯技术代替。热塑性丙烯酸涂料的优点是耐久性好、涂膜不黄变，使用方便，银粉的控制性好和非常好的抛光性；其缺点为喷涂固体含量低、溶剂挥发成膜，漆膜亮度不高，必须使用低闪点溶剂，不安全，耐水性差等。

6. 其他类型涂料

除以上各种在汽车修补涂料行业常用的涂料品种外，还有如聚酯、氨基及酚醛树脂等类型的涂料在汽车原厂或修补涂装中应用。简单介绍如下：

（1）聚酯树脂　这类聚酯树脂是不饱和聚酯，溶解于苯乙烯单体中，涂膜在干燥剂的作用下通过氧化反应由聚合物和单体共聚而成。苯乙烯既用作溶剂，又参加反应成为涂膜的一部分。聚酯涂料一般固体含量高、涂膜坚固、耐磨并具有一定的光泽。

在汽车新车涂装和修补涂装领域，聚酯树脂被广泛地用在原子灰以及同氨基树脂反应形成烘烤型高厚膜底漆。

（2）氨基树脂　氨基树脂一般不单独用于涂料中。氨基树脂可以和其他含羟基树脂交联得到坚固的涂膜，一般有两种类型的氨基树脂在涂料上用途较广：羟甲基脲型氨基和羟甲基三聚氨型氨基。

羟甲基脲型氨基树脂一般和非干性醇酸树脂在烘烤 120℃的条件下形成坚固的涂膜，但涂膜的耐候性不好，只能用于室内用品涂装。羟甲基三聚胺型氨基树脂和干性醇酸或丙烯酸一起使用可以得到耐候性较好的涂膜，适合室外用品涂装。

在汽车新车涂装领域，氨基树脂常用于氨基醇酸面漆或热固性丙烯酸涂料中。

（3）酚醛树脂　由于酚醛树脂比较脆，所以一般不单独用于涂料中，但却常作为改良剂来提高其他树脂的性能。一般有以下几种用法：

1）干性油/酚醛树脂。干性油/酚醛树脂一般用作面涂罩光，干燥非常迅速，有很好的耐水性。

2）环氧/酚醛树脂。环氧/酚醛树脂通过高温烘烤（300℃，20s）快速成膜。该涂膜有非常好的耐化学品性能、附着力、柔韧性和耐磨性，一般用于管线、洗衣机内部件等。

3）聚乙烯醇缩丁醛/酚醛树脂。聚乙烯醇缩丁醛/酚醛树脂和磷酸反应用于磷化底漆中，在铝材、钢材表面有良好的附着力和耐蚀性。

## 八、涂料的干燥和成膜机理

### 1. 涂料的干燥

涂料的干燥成膜是指涂料施工后，由液态或黏稠状涂膜转变成固态的化学和物理变化过程。为了达到预期的涂装目的，除了合理地选用涂料，正确地进行表面处理和施工外，充分而适宜的干燥过程也是重要的环节，是喷涂质量体系中必不可少的程序，其掌握的好坏将直接影响到整个涂层的质量。

（1）自然干燥　自然干燥也称为空气干燥或风干，即涂膜在室温环境下干燥。它是指涂膜可以在室温条件下干燥。可自然干燥的涂料包括溶剂挥发型涂料、氧化-聚合型涂料和双组分型涂料等。自然干燥型涂料由于在自然环境下就可以固化，对促进涂膜固化的设备要求不高或不要求，因此应用广泛。但应注意，冬季如在露天作业时，常会发生涂膜干燥缓慢的现象。为了缩短涂装的施工周期，加快生产速度和效率，常在自然干燥型涂料中加入适量的催干剂以促进固化。

（2）强制干燥　在汽车涂装中，为了加快生产速度，缩短涂装施工周期，常将经过涂装的车辆放入烤房内，在一定温度（一般为50～80℃）下加速干燥，称为强制干燥。加速干燥后的涂膜在硬度、附着力等性能上表现优于自然干燥。

另一种加速干燥的方法是将自然干燥型涂料在一定温度（50～80℃）下低温烘烤。例如：醇酸磁漆在常温下完全干燥需要24h，而在70～80℃时仅仅需要3～4h。适于低温烘烤加速干燥的涂料与一般自然干燥型涂料有一定的区别。由于涂料的主要成膜物质不同，有些树脂具有热塑性，即在常温下是固体性状，而加温到一定程度时会变软，恢复或部分恢复其可塑性，以这类树脂为主要成膜物的涂料要加速干燥只能用加入催干剂的方法而不能用低温烘烤。

（3）高温烘烤干燥　有许多涂料在常温下是不能干燥结膜的，一定要在比较高的温度（120～180℃）下，涂料中的树脂才会发生化学反应而交联固化成膜，这一类涂料称为热聚合型涂料。热聚合型涂料经烘烤干燥后的涂层在硬度、附着力、耐久性、耐腐蚀、抗氧化和保光、保色以及涂料的鲜映性等方面都要比自然干燥型和加速干燥型涂料要好得多，许多高品质、高装饰性的原厂涂层多用这种涂料。

自然干燥型和加速干燥型涂料由于干燥温度比较低，又称为低温涂料。在汽车修理涂装中，由于车身上许多部件不耐高温的烘烤，所以通常采用低温涂料。而大型的汽车制造厂家在新车制造的自动喷涂流水线上通常使用高温烘烤型涂料。

（4）辐射干燥　辐射干燥的方法也称为红外线干燥法。汽车修补涂装常用红外灯来进行辐射干燥，对于小面积修补，低气温下干燥原子灰及清漆等效果显著。

（5）其他干燥方法

1）紫外线干燥。紫外线干燥又称为光固化，是感光涂料（光敏漆）的特定干燥形式。光敏漆是一种能在紫外线照射下几秒钟或几分钟内快速固化成膜的新型涂料。这种干燥技术可有效提高修补效率，适用于小修补或快修补工艺。

2）脉冲辐射固化。脉冲辐射固化是指用能量很大的脉冲辐射器的脉冲射线照射涂料使之固化干燥。

3）电子束固化。电子束固化就是指用数千伏的电子加速器获得电子能量，用高速的电子束射线或称加速电子流辐射涂膜使之固化干燥。

4）感应式干燥。感应式干燥就是将被干燥物置于电磁场内，电磁能在被干燥物内部转化成为热能使被干燥物先受热，然后传向涂膜使其干燥。

2. 涂料的成膜机理

涂料干燥成膜的过程主要有溶剂挥发干燥成膜和化学反应干燥成膜两类。

（1）溶剂挥发干燥成膜　溶剂挥发干燥成膜是指依靠涂料中的溶剂自然挥发而干燥成膜，如图1-4所示。其成膜过程是物理作用，无化学变化，加热可加速蒸发过程。干燥后的涂膜能够被溶剂再溶解，抗溶剂性能差。例如：硝基涂料的成膜过程即溶剂挥发干燥成膜。

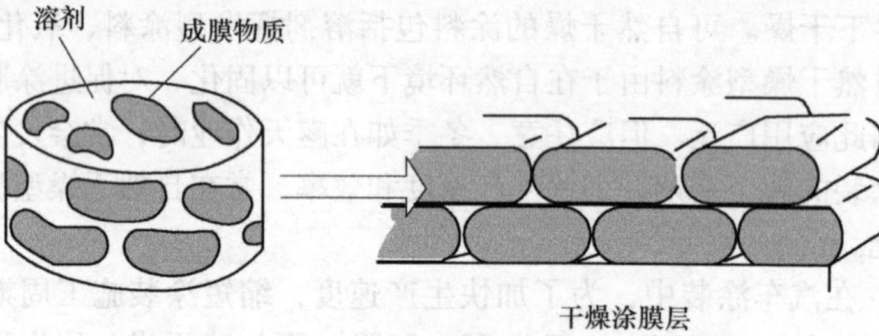


**图1-4　溶剂挥发干燥成膜示意图**

（2）化学反应干燥成膜　化学反应干燥成膜主要有氧化聚合型、双组分聚合型和热聚合型三种。

1）氧化聚合型。氧化聚合型成膜过程依靠涂料中溶剂挥发的同时，涂料中的树脂能够与空气中的氧发生反应来加快干燥过程，如图1-5所示。已干燥的涂膜的化学性能与原来的树脂的化学性能不相同。因此，涂层的特性不会受油漆中的溶剂的影响。适当加热可以加速干燥成膜过程。

2）双组分聚合型。双组分聚合型干燥涂膜的形成是依靠涂料中树脂与固化剂的化学反应形成的化学键接合（聚合）的结果，如图1-6所示。使用中涂料与固化剂必须先按照一定的比例混合后再进行施工作业，不加固化剂便不能干燥成膜。如果化学反应发生在合适的环境温度中，则各种成分混合后必须尽快使用，以免固化失效。双组分聚合型涂料广泛使用于汽车修理涂装，使用中适当加热（60~80℃）会加快反应的速度，缩短干燥时间。

3）热聚合型。如果涂料只有在达到较高的温度（120~180℃）后才发生反应，则可以使用预混合料组分。这些涂料被称为热聚合型涂料。干燥成膜后，不能被溶剂溶解，涂膜性

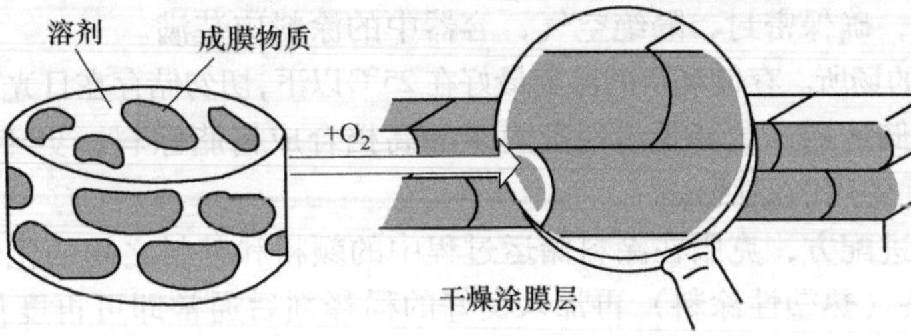


图 1-5 氧化聚合型示意图

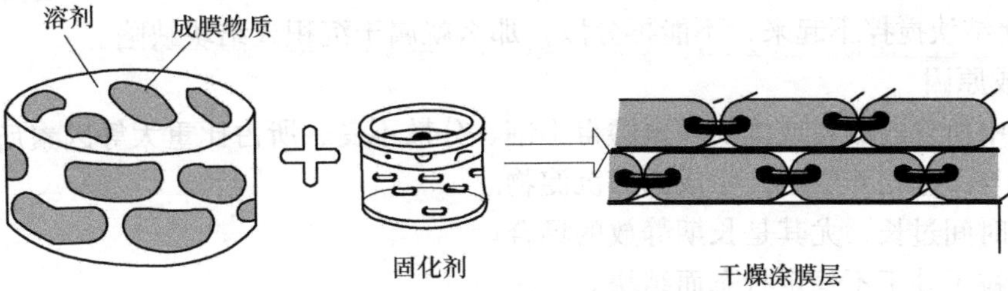


图 1-6 双组分聚合型示意图

能好。这些涂料常温下不会干燥成膜，适宜大规模的涂装生产和具有高温烘烤设备的涂装流水线上使用，通常被称为原厂漆或高温漆。

## 九、涂料储运过程中产生的缺陷及防治

汽车修补用涂料往往由于储运期过长、运输距离过远，在储运过程中受热（高于 30℃）和受冻后产生变质缺陷。如果未经补救就投入使用，则可能会影响涂装工效，产生涂膜缺陷，直接影响生产，造成经济损失。常见的涂料在储运过程中产生的缺陷有增稠、沉淀、结皮和胀气。

### 1. 增稠

罐内涂料在储运过程中变浓厚，黏度增高。超过技术条件规定的原漆许可年度的上限的现象，称为增稠。增稠有时有触变性，一经强烈振动即能恢复原来的黏度。增稠严重时，涂料呈豆腐脑状或块状的现象称为干化、结块或干涸。含颜料量少的涂料，不是因溶剂挥发失去流动性而成为胶质状的现象，称为胶化。

（1）形成原因

1）涂料容器密闭不完全或其未装满桶，造成溶剂挥发，使涂料的黏度上升、增稠。

2）空气中的氧气促进漆基氧化和聚合，使涂料胶化。

3）色漆的黏稠化的主要原因是所用颜料与漆基发生反应，使色漆增稠和凝聚产生颗粒。例如：特黑汽车面漆在储运中易增稠，是由于带酸性的炭黑能促进酸固化的合成树脂涂料增稠，甚至硬化。

4）在运输过程中遇到高温或储存场所的温度过高，热固性合成树脂涂料的漆基受热时，会使分子聚合，黏度上升，甚至胶化。

5）储存期过长，漆基的活性基团发生反应，引起黏度上升。

（2）防治方法

1）保持罐盖紧，确保密封，隔绝空气，容器中的涂料应装满。

2）存放在阴凉的场所。存储场所的温度最好在25℃以下，切勿储存在日光下、暖气和炉旁。

3）尽可能缩短储运期，尤其是活性基团多的高档合成树脂涂料，更不能长期储存，使用涂料时应遵守先进先用的原则。

4）涂料厂需改进配方，克服在涂料储运过程中的颜料和基料之间的化学反应。

注：变浓的喷漆（热塑性涂料）再加入良好的稀释剂后通常即可再度使用。而对胶化、干化或干涸的热固性涂料，因是不可逆的，只能报废。

2. 沉淀

涂料在储运过程中会产生沉淀，在使用前能搅拌分散开，细度也合格，这属于正常现象。如果沉淀结块搅拌不起来，不能再分散，那么就属于沉积或结块缺陷。

（1）形成原因

1）涂料中所含的颜料或体积颜料磨得不细、分散不良、所占比重大等因素所导致。

2）颜料与漆基相互吸附，生成固态沉淀物。

3）储存时间过长，尤其是长期静放的场合。

4）颜料粒子处于不稳定状态而结块。

（2）防治方法

1）在设计选择配方时，就应注意颜料与漆基的适应性；注意和强化颜料的研磨分散工艺；提高黏度或制成触变型涂料，防止沉淀可加防沉淀剂或润湿悬浮剂。

2）减少库存，缩短储存时间，存货先用。

3）存放在阴凉场所。

4）要定期倒转漆罐。

5）不要储存稀释过的涂料。稀释过的涂料因黏度较低，故比原漆更易沉淀。

3. 结皮

自干转化型涂料在储运过程中与空气接触的涂料表面易氧化固化的现象，称为结皮。自干型的沥青漆、油性漆、油性原子灰和干性油改性醇酸树脂涂料等，在储运中易产生结皮。

（1）形成原因

1）表面干料添加过多或用桐油制的涂料易结皮。

2）容器不密闭或桶内未装满，使涂料面与空气接触。

3）储存场所温度过高或有阳光照射。

4）储存期过长。

（2）防治方法

1）涂料中不预先加入促进表面干燥的干燥剂，在使用时按比例加入。

2）容器内应尽量装满涂料，并要密封好；如果能在装桶时通入二氧化碳或氮气，则待置换出容器上层的空气后，再加盖封存，那就更好。

3）加入抗结皮剂。常用的抗结皮剂有苯酚、邻苯二甲酚、松木油和丁醇等。

4）缩短涂料的储存期。开桶后的涂料应尽可能地用掉，未用完的可在涂料上倒些溶剂，则可保持几天不结皮。

若是已经结了皮的涂料，则应除掉，搅拌和过滤后方可使用。

4. 胀气

由于产生气体而在漆罐内形成压力的现象，称为胀气。

（1）形成原因

1）涂料过于陈旧，库存期太长。

2）分子间的化学反应。

3）储存场所温度过高。

（2）防治方法

1）漆料存放在阴凉处。

2）不要储存过多的漆料。

3）以正确的轮换方式使用。

## 总　　结

涂料是一种有机高分子胶体混合物的溶液或粉末，它涂布在物体表面上，能干燥固化形成一层薄膜，均匀地覆盖和良好地附着在物体表面上，不论其中是否含有颜料，都叫做涂料。由于过去的涂料几乎离不开植物油，故称为油漆。随着科学的发展，各种有机合成树脂原料广泛地被利用，油漆产品发生了根本变化，准确的名称应为有机涂料，简称涂料。将涂料涂布到清洁的被涂物表面上，经干燥成膜的工艺叫做涂装。

根据汽车的使用条件和汽车涂装的特点，汽车用涂料应具有极好的耐候性和耐腐蚀性、极好的施工性和配套性、极高的装饰性和极好的机械强度。

按其所用原料的性能和形态，涂料由油料、树脂、颜料、稀释剂和辅助材料五大部分组成；按作用涂料，涂料由主要成膜物质、次要成膜物质和辅助成膜物质三部分组成。树脂按其来源可分为天然树脂和人工合成树脂两大类。颜料是指具有一定颜色的矿物质或有机物质。很多汽车涂料在其溶剂成分中有两种或两种以上的溶剂，这些溶剂在涂料当中的作用是不同的。按其在涂料中的作用，一般将它们划分为真溶剂、助溶剂和稀释剂三类。涂料的辅助材料品种很多，根据它们的功能来划分，主要品种有催干剂、防潮剂、固化剂、紫外线吸收剂、悬浮剂、流平剂和减光剂等。

涂料施工后，由液态或黏稠状涂膜经过一系列化学和物理的变化转变为固态的过程，称为涂料的干燥。涂料干燥的方式主要有自然干燥、加速干燥和高温烘烤干燥三种。涂料干燥成膜的过程主要有溶剂挥发干燥成膜和化学反应干燥成膜两类。

汽车在使用过程当中常会出现碰撞、刮蹭等事故，造成车身外部覆盖件损伤和涂层的破坏，另外由于涂层年代久远，达到或超出使用年限而丧失或部分丧失其保护和装饰性，致使车身出现锈斑、孔洞等，这时就需要对车辆的涂层进行修复，使其恢复原有的状态，达到保护的目的和良好的装饰效果。

## 思考问题

**一、填空题**

1. 涂料按其所用原料的性能、形态，涂料由________、________、________、________和辅助材料五大部分组成。

2. 涂料按作用涂料由________、________和________三部分组成。

3. 颜料的品种很多，按它们的化学成分可以划分为________和________两大类。每大类中，按其来源不同又可以分为________和________之分。

4. 根据颜料在涂料中所起的主要作用不同，可分为________、________、________和特殊效果颜料四类。

5. 涂料干燥成膜的过程主要有________和________两类。

二、判断题

1. 颜料是主要成膜物质，是涂料的基础，常称为基料、漆料或漆基。（　）

2. 无机颜料的特点是品种繁多，颜色鲜艳，但缺点是耐候性及遮盖力较差，而且成本高。（　）

3. 涂料具有遮盖力才能遮蔽底材，而其遮盖力是由颜料提供的。（　）

三、简答题

1. 汽车涂料的基本组成及各组成的作用是什么？
2. 各辅助材料的作用是什么？
3. 特殊效果颜料有哪几种？
4. 说出涂料调制的流程和注意事项？

## 拓展提高

### 汽车涂料的行业现状

在我国汽车工业的历史中，随着科技进步和汽车涂层质量要求的提高，我国汽车涂料已实现了四次大的更新换代。现用的第四代汽车涂料是以第4、5代阴极电泳涂料、耐酸雨及抗划伤性的优质丙烯酸树脂涂料和丙烯酸聚氨酯涂料，面漆颜色为金属色和本色、适应轿车三层涂装体系的涂料等为代表；是近年来随轿车产品和轿车车身涂装线的引进，世界著名的汽车涂料公司在华设厂，达到国际轿车涂层标准而形成的。基于轿车产品引进的国别不同，这一代汽车涂料尚可分为日本体系和欧美体系。

从20世纪90年代开始，欧美汽车厂为环保达标采用环保型汽车涂料替代传统的有机溶剂型汽车涂料。到2001年已采用水性中涂漆、底色漆的轿车分别占总产量的份额为：北美7%和43%，欧洲32.5%和36%。其中，德国已基本实现水性化，中涂漆占80%，底色漆占93%。而在亚洲采用水性底色漆的轿车只占1.5%。

根据资料介绍，各种涂料配套的汽车涂装工艺体系只有采用水性中涂、水性底色漆的体系与双组分高固体分罩光清漆、水性罩光清漆或粉末罩光清漆才能使有机溶剂（VOC）排放量达到环保要求，这些配套涂装体系都已成熟且获得工业应用。

# 学习任务三　新车制造涂装

**知识点**：新车制造涂装定义；新车制造涂装与汽车修补涂装的区别。
**能力点**：了解新车制造涂装的流程及各工序的作用。

## 任务情境

新车制造的涂装工艺发展到现在已经达到了一个相当高的水平，对底材的防腐蚀性能和面层的装饰性都已经非常成熟。尤其是随着各种新型涂料的不断开发和涂装设备的不断完善，新车制造涂装这一工序无论从质量还是从数量等方面都达到了前所未有的高度。某人想了解新车制造过程中的涂装流程，为将来进行汽车涂装修理打下基础。

## 任务分析

新车制造涂装（主要系大工业化自动涂装生产）和修补涂装在涂装的工艺和使用的材料上有所差异，但从总的操作和处理过程上来讲并无不同。因此，了解汽车制造涂装和修补涂装的工艺过程和相互关系对更好地掌握涂装修理工艺有重大的意义。现以某款新车的裸车身涂装为例，简要介绍制造涂装的工艺流程。

## 相关知识

### 一、新车涂装简介

新车涂装是指汽车制造厂家在进行车辆制造过程中，对车辆（一般指车壳）进行涂装的工艺过程。

根据被涂物对外观装饰性的要求的不同，其涂层可分为三涂层体系（即底漆层 + 中涂层 + 面漆层，涂层的总厚度为 75 ~ 120μm）和两涂层体系（省略中涂层，涂层的总厚度为 45 ~ 65μm），对装饰性要求很高的轿车车身、旅行面包车、厢式车、大中型客车等一般采用三涂层体系。根据被涂物自身的条件及生产条件的不同，车身涂装所选用的材料会有差异，干燥条件也不同。大批量流水线生产的汽车涂装均使用高温烘干涂料，例如：小轿车车身的制造涂装生产；无高温烘干条件的小批量生产和大型特种汽车车身的涂装多采用低温烘烤干燥和自然干燥涂料。

生产线上高级轿车的车身涂装采用三涂层体系，在涂装过程中车身的运输、涂前表面处理和电泳一般采用悬挂运输方式，中涂层和面漆层涂装线一般为地面轨道式运输方式。生产节奏在 5min 以内的采用连续式，大于 5min 的采用间歇式。

不同的车型，所采用的涂装工艺有所不同。轿车的新车涂装工艺大多采用自动流水线生产，涂装过程自动化程度高、速度快、产量大。不同的轿车，生产厂家所采用的涂装流水线也有所差别，图 1-7 所示为某典型轿车（车壳）的新车制造涂装工艺过程。

### 二、新车制造涂装流程

1. 车身表面处理

在涂装前对车身进行除锈、去氧化皮、去垢、脱脂和磷化处理，以除去车身表面在生产过程中出现的氧化皮、毛刺、锈蚀、油污和焊渣等。磷化处理是一种增强车身钢板防腐能力的加工工艺。将成型的车身浸没于磷酸溶液中（或采用喷淋的方法），依靠化学反应在钢板表面形成一层致密的磷酸锌膜，这层磷化膜不易与酸、碱发生反应，从而提高了钢板的防腐性能。

车身表面处理的一般操作如图 1-8 所示，通过处理可在车体的内、外表面形成一层磷化膜。

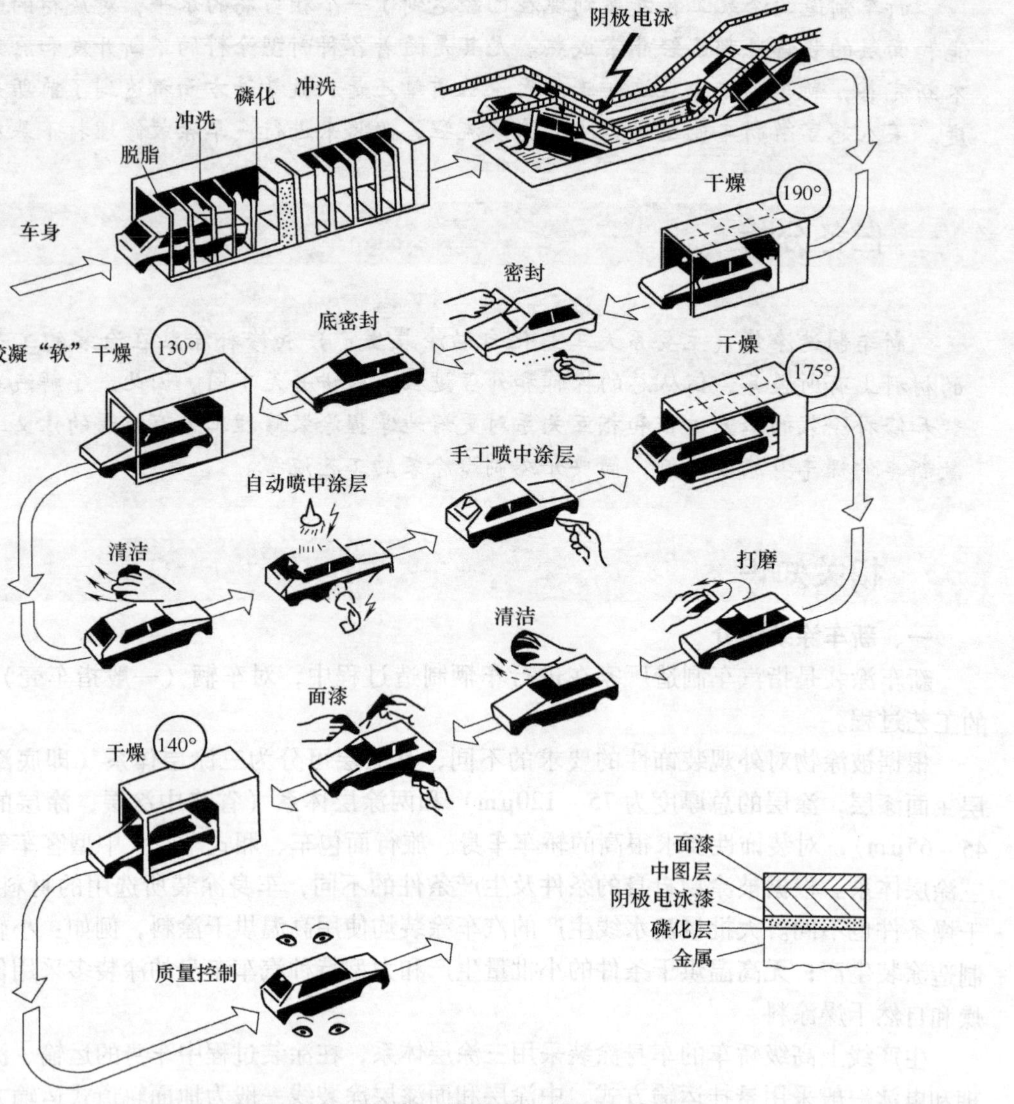


**图 1-7　某典型轿车（车壳）的新车制造涂装工艺过程**

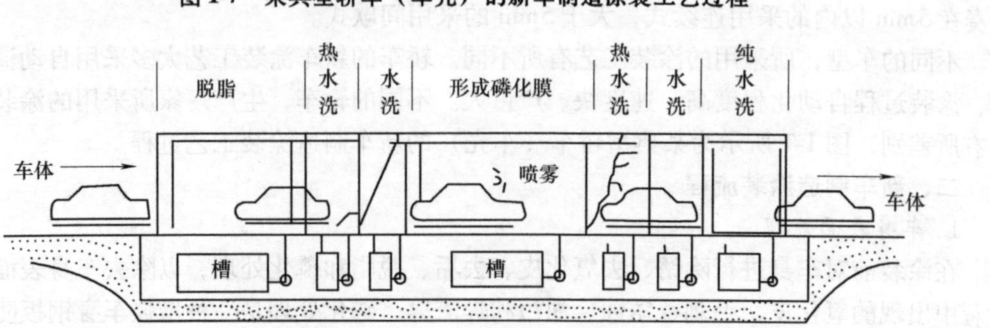


**图 1-8　车身表面处理的一般操作**

2. 电泳涂装

电泳涂装如图 1-9 所示，利用水溶性涂料在电场（一般采用 200 ~ 300V 的直流电）下产生的电泳、电解、电沉积和电渗作用，使浸在漆液中的车身被涂上漆。电泳涂装的优点是涂膜均匀、附着力强，一般涂装方法难以达到之处（内腔、凹陷和焊缝等）均能获得均匀、平整、光滑的漆膜，油漆利用率可达 90% ~95%。

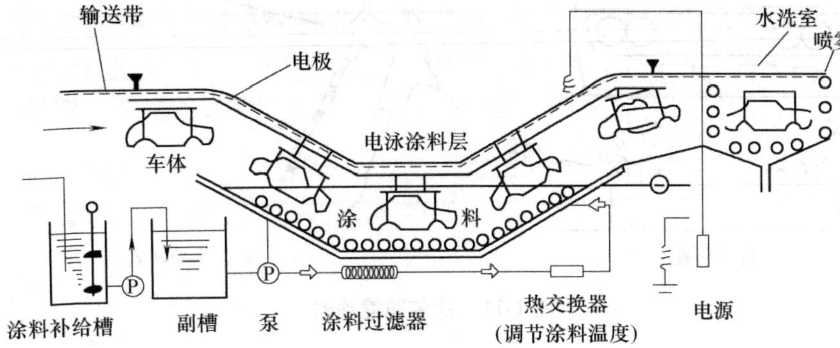


图 1-9　电泳涂装

3. 涂装密封剂、填缝胶和车底保护涂装

车身构件上有很多焊点、接缝，需要涂装密封剂，以防止车辆使用过程中水、气侵入这些部位，使车身防腐能力下降。车体接合断面涂布填缝胶，防止外部雨水、灰尘渗入车室内。涂装密封剂、填缝胶如图 1-10 所示。

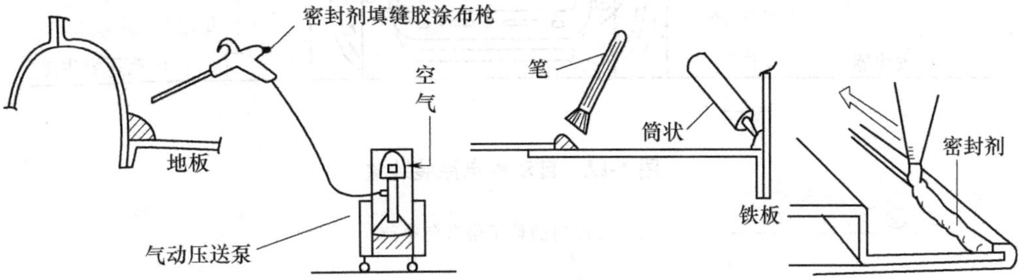


图 1-10　涂装密封剂、填缝胶

汽车底盘安装有大量运动部件，在运行过程中振动过大，同时要经受砂石撞击造成底盘部分的涂层损坏，进而造成底盘防腐能力的降低。为防止这种情况发生，需要在车身底盘部分进行防撞涂料的涂装。涂装防撞涂料如图 1-11 所示。

4. 中涂漆涂装

中涂漆涂装的作用是增强底漆与面漆之间的附着力、提高面漆的机械强度、保证面漆表面的平整度。

大多采用自动静电涂装装置，如图 1-12 所示。被涂装的工件（车身）带正电荷，涂装机（喷枪电极）带负电荷，在被涂装工件与涂装机之间形成的电场中，涂料被雾化成细粒子，并带有负电荷。带有负电荷的涂料粒子飞向带有正电荷的车身，被吸附在被涂工件的正反表面。静电涂装示意图如图 1-13 所示。

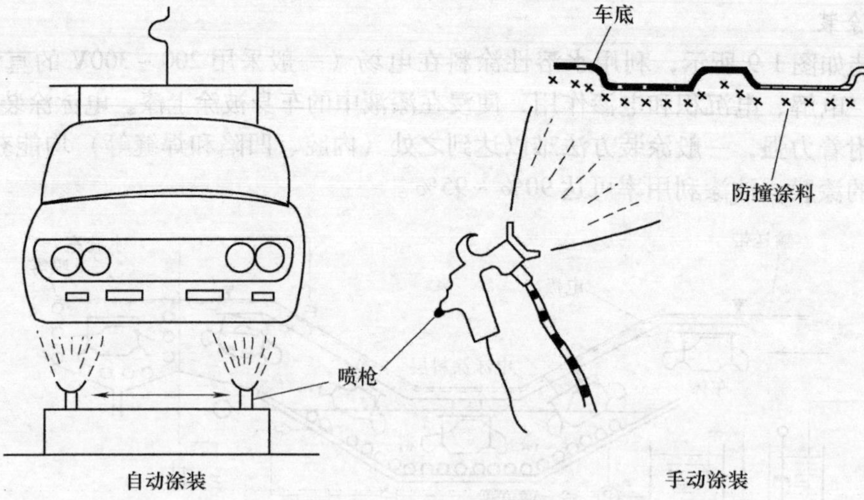


图 1-11　涂装防撞涂料

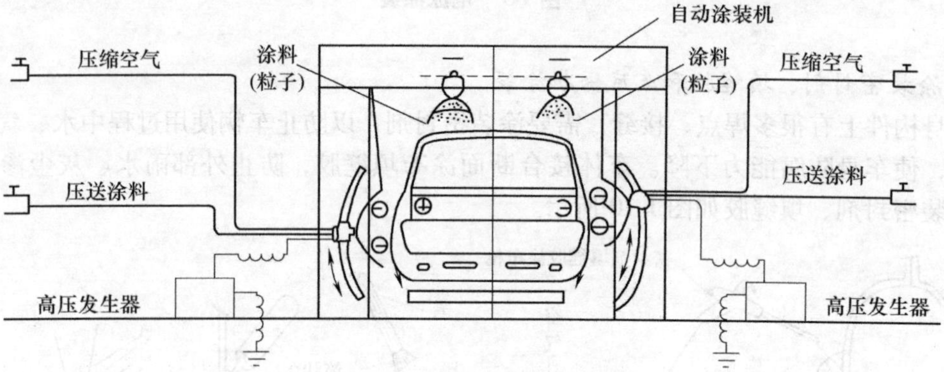


图 1-12　自动静电涂装装置

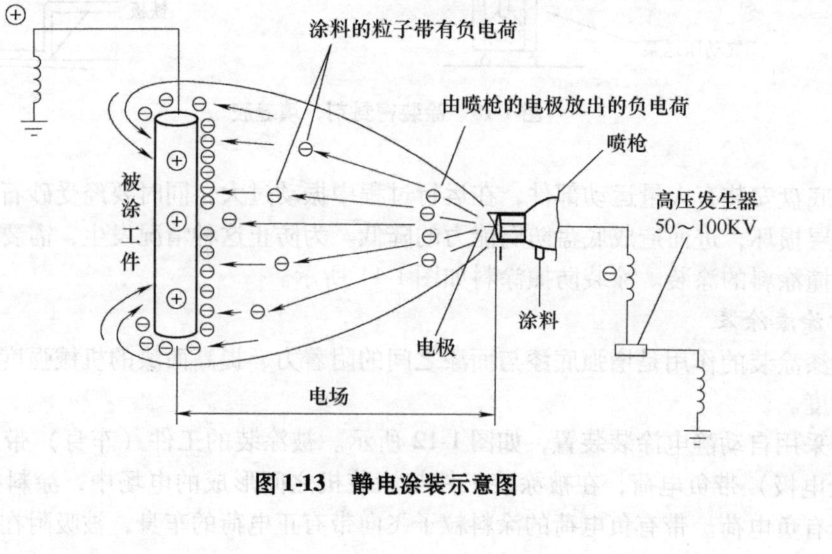


图 1-13　静电涂装示意图

进行完中涂漆涂装后的车身需要经过静置、加温干燥，然后需要进行打磨，去除涂层表面的杂质和粗糙物。在中涂漆表面形成平整表面，保证面漆与中涂漆的附着能力，为面漆提供平整的基础。多采用自动打磨机进行打磨，如图 1-14 所示。

5. 面漆涂装

面漆涂装决定车身表面涂层的最终效果，对产品质量好坏有着重要作用，并赋予车辆色彩感、美观，增加车辆商品价值。

（1）遮盖　在面漆喷涂前对不需喷涂面漆或一些有特殊要求的部位进行遮蔽，避免在喷涂面漆过程中被污染，如图 1-15 所示。

（2）清洁　使用黏尘布对车身上需要喷涂面漆的表面进行清洁，如图 1-16 所示。

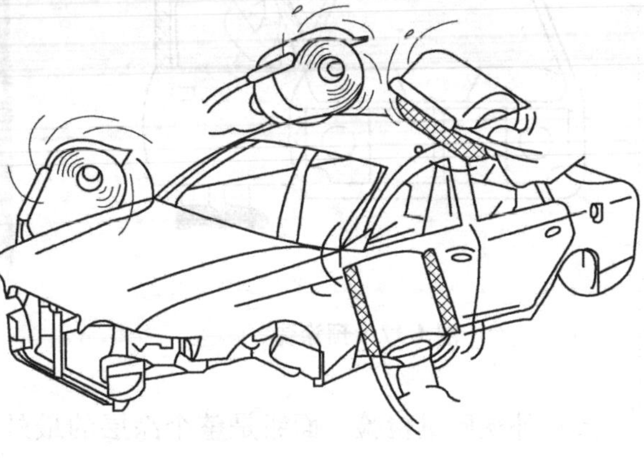

**图 1-14　打磨中涂漆**

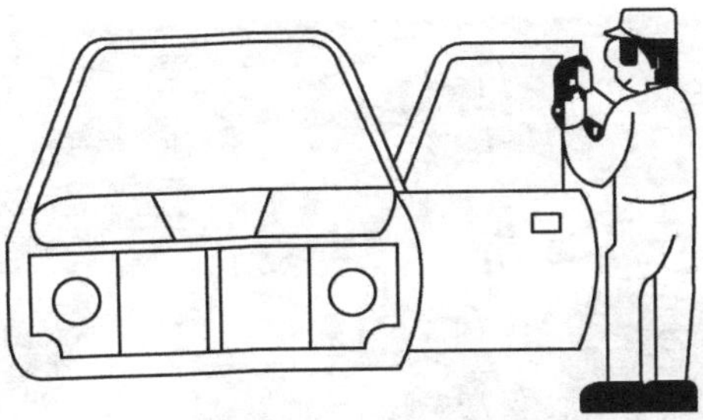

**图 1-15　遮盖**

**图 1-16　清洁**

（3）预涂装　车身上有很多部位是机械喷涂不能达到的部位，这些部位主要是车身上的一些缝隙，如车门与车身连接接缝处、车门与车身框架的重叠处等。这些部位虽然平时处于遮盖状态，但是从车辆整体美观角度出发，要求这些部位具有与车身其他部位具有同样的颜色和涂装质量。由于机械喷涂只适合喷涂较大的表面和能够使用机械臂进行喷涂的部位，因此大多数汽车制造厂家在进行自动喷涂面漆之前使用人工首先喷涂那些机械臂不能喷涂的部位，如图 1-17 所示。此时的人工面漆涂装可以称为面漆的初次涂装或面漆预涂装。

（4）面漆涂装　如图 1-18 所示，面漆喷涂根据车辆所喷涂面漆种类的不同，适当调整喷涂工艺顺序。若喷涂素色面漆（单工序面漆），则在喷涂完面漆之后就可以进行下一道工序的操作。若喷涂金属效果或珠光效果的面漆（双工序或三工序面漆），则在喷涂完底色漆后再喷涂清漆，方可进行下一道工序的操作。

（5）面漆的干燥　喷涂完面漆的车身在室温条件下静置 7 ~ 10min，以便面漆中的溶剂有足够的挥发时间。防止由于突然加温使溶剂大量快速挥发，造成涂膜破裂。当涂膜中所含溶剂已经充分挥发后，使涂装好的车身进入到高温烘烤炉中并逐渐提高温度到 120 ~ 150℃ 保持 20 ~ 30min，如图 1-19 所示。当车身涂膜已经基本干燥后，就可以进入最终质量检验工序。

图 1-17　预涂装

图 1-18　面漆涂装

（6）外观质量检验　面漆是整个涂层的最外面一层，当面漆喷涂完毕并干燥后，就需要对整个涂装质量有一个总体的检验，并对整个涂装过程进行总体评价。主要目视检查面漆表面有无划痕、灰尘颗粒、针孔和气泡，如图 1-20 所示。而对整个涂层的附着力、硬度等指标只进行抽样检测。

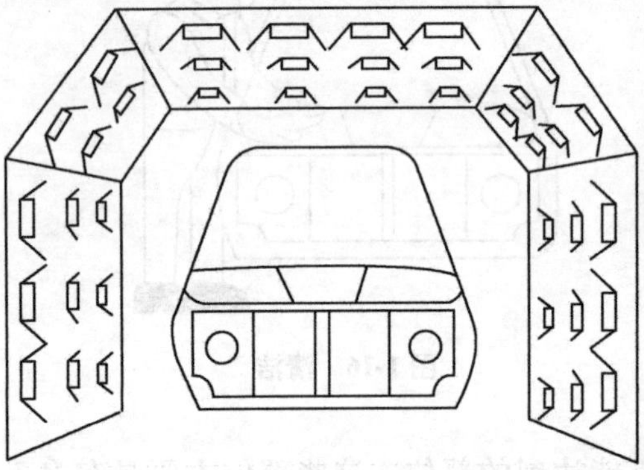

图 1-19　面漆的干燥

图 1-20　目视外观进行质量检验

## 总　　结

各大汽车公司的涂装工艺基本都是相同的，车身钢板焊接完成后进入油漆车间，首先是前处理，有水洗、预脱脂、脱脂、表调、磷化和钝化这些基本工序，主要作用是去除车身表面的油污，使车身表面形成一层平整的磷化层，以便更好地进行电泳，增加电泳漆的附着力；然后是电泳及水洗，电泳漆是在车体钢板上的第一层漆膜，它的主要作用是防腐蚀、烘干、打磨、去除电泳流挂及车身遗留的钣金和 PVC 等缺陷；再是密封胶，对车身的缝隙进行密封，防止漏水、漏气及隔声等功能。

中涂漆的主要作用是抗石击、抗紫外线、烘干、打磨、去除中涂产生的流挂和密封胶等缺陷；接着进行面漆喷涂，分为色漆和清漆，清漆主要是增加车身的光泽度、抗化学品性能、耐候性、耐腐蚀性，还有一定的硬度和柔韧性；最后是面漆外观质量检查，检查前面所有的问题和面漆存在的漆膜流挂及清漆桔皮，没问题后可以发送至总装车间进行装配。

面漆以普通本色漆和金属闪光色聚氨酯防腐油漆、珠光色漆三种为主，现在轿车多用金属闪光色漆和珠光色漆，喷涂这些面漆后再喷涂罩光清漆，可令整个车身明亮如镜。现在轿车车身的喷涂工艺一般按照这些程序进行，普通轿车车身要喷涂三层，由阴极电泳底漆、中涂和面漆组成，有些中、高级轿车车身要喷涂四～五层，由阴极电泳底漆、中涂一～二层和面漆一～二层组成，以达到较高的外观装饰性。

## 思考问题

**一、填空题**

1. 电泳涂装的优点是：________、________，一般涂装方法难以达到之处（内腔、凹陷、焊缝等）均能获得均匀、平整、光滑的漆膜、油漆利用率可达________%。

2. ________的作用是增强底漆与面漆之间的附着力、提高面漆的机械强度、保证面漆表面的平整度。

3. 原厂涂装面漆的干燥是当涂膜中所含溶剂已经充分挥发后，使涂装好的车身进入到高温烘烤炉中并逐渐提高温度到________℃保持20～30min。

**二、判断题**

1. 新车制造涂装（主要系大工业化自动涂装生产）和修补涂装在涂装的工艺和使用的材料上没有差异。（　）

2. 现在轿车多用金属闪光色漆和珠光色漆，喷涂这些面漆后再喷涂罩光清漆，可令整个车身明亮如镜。（　）

**三、简答题**

1. 说出新车制造涂装的流程。

2. 新车涂装的定义是什么？

## 拓展提高

### 新车制造涂装与汽车修补涂装

由于涂装的对象不同，涂装的目的和要求千差万别，所以采用的涂料和涂装工艺也相差甚远。按涂装对象不同，汽车涂装大体可以分为新车制造涂装和汽车修补涂装。

*1. 新车制造涂装*

新车制造涂装即新车涂装，该涂膜经过120℃高温烘烤，在涂膜干燥过程中经过熔融和二次流平，涂膜表面具有镜面光泽，并且膜质坚硬。此外，由于新车在自动化生产线上完成涂装，环境洁净，无粉尘污染，保证了新车涂膜表面的洁净无瑕疵。

汽车制造涂装包括车身外表涂装、车厢内部涂装、车身骨架涂装、底盘部件涂装、发动机部件涂装、电气设备部件涂装等内容。车身外表涂装是汽车制造涂装的重点，要求达到高装饰性和抗腐蚀的目的，并且与汽车用途相适应，具有优良的耐久性。

2. 汽车修补涂装

汽车修补涂装总的目的就是要恢复汽车原有的涂层技术标准和达到无痕迹修补的目的，根据需要修补部位和修补面积的大小可以分为重新喷涂（简称重涂或全车喷漆）局部修补（根据修补面积又可分为点修补和板修补）和零部件修补涂装。

由于汽车在使用过程中意外碰撞受损，为了恢复其外貌和装饰效果，采用压缩空气喷涂方法进行修补。因修补部位、修补面积、修补涂料以及人员操作技术水平的不同，使得修补涂装漆膜的质量存在诸多变数，涂膜表面或多或少存在瑕疵。

汽车修补涂装与制造涂装没有本质的差异，由于修补涂装多为就车修复，受车辆条件的限制不能进行高温烘烤，所以多采用低温烘烤的修补涂料或自干型涂料。从施工工艺上来讲，因修补面积一般比较小，所以采用手工涂装工艺；另外，手工操作也有利于主观掌握操作质量，更容易达到无痕迹修补的目的。汽车修补涂装常用的方法有刷涂、辊涂、手工浸涂和空气喷涂等，涂装的方法很多，各有优、缺点。一般根据被涂表面的材料、规格形状、尺寸大小以及使用的涂料的性质及对涂膜质量的要求、生产批量的大小、涂装的环境和经济价值等来综合考虑采用何种方法。

## 课外阅读

### 油漆行业专用的21种术语

1. 表干时间（surface drying time）：在规定的干燥条件下，一定厚度的湿漆膜表面从液态变为固态但其下面为液态所需要的时间。

2. 实干时间（hard drying time）：在规定的干燥条件下，从施涂好的一定厚度的液态漆膜至形成固态漆膜所需要的时间。

3. 透明度（transparency）：物质透过光线的能力。透明度可以表明清漆、漆料及稀释剂下含有机械杂质和浑浊物。

4. 密度（density）：在规定的湿度下，物体单位体积的质量。常用单位为千克每立方米（$kg/m^3$），克每立方厘米（$g/cm^3$）。

5. 黏度（viscosity）：液体对于流动所具有的内部阻力。

6. 固体含量（non-volatile matter content：solids content）：涂料所含有的不挥发物质的量。一般用不挥发物的质量的百分数表示，也可以用体积百分数表示。

7. 研磨细度（fineness of grind）：涂料中颜料及体质颜料分散程度的一种量度。即在规定的条件下，于标准细度计上所得到的读数，该读数表示细度计某处槽的深度，一般以微米（μm）表示。

8. 储存稳定性（storage stability）：在规定的条件下，涂料产品抵抗其存放后可能产生的异味、稠度、结皮、返粗、沉底、结块等性能变化的程度。

9. 相容性（compatibility）：一种产品与另一种产品相混合，而不致产生不良后果（如沉淀、凝聚、变稠等）的能力。

10. 遮盖力（hiding power）：色漆消除底材上的颜色或颜色差异的能力。

11. 施工性（application property）：涂料施工的难易程度。

注：涂料施工性良好，一般指涂料易施涂（刷、喷、浸等），流平性良，不出现流挂、起皱、缩边、渗色、咬底；干性适中，易打磨，重涂性好，以及对施工环境条件要求低等。

12. 重涂性（recoatability）：同一种涂料进行多层涂覆的难易程度与效果。

13. 漆膜厚度（film thickness）：漆膜厚薄的量度，一般以微米（μm）表示。

14. 光泽（gloss）：表面的一种光学特性，以其反射光的能力来表示。

15. 附着力（adhesion）：漆膜与被涂面之间（通过物理和化学作用）结合的坚牢程度。被涂面可以是裸底材，也可以是涂漆底材。

16. 硬度（hardness）：漆膜抵抗诸如碰撞、压陷、擦划等机械力作用的能力。

17. 柔韧性（flexibitity）：漆膜随其底材一起变形而不发生损坏的能力。

18. 耐磨性（abrasion resistance）：漆膜对摩擦作用的抵抗能力。

19. 打磨性（rubbing property）：漆膜或腻子层，经用浮石、砂纸等材料打磨（干磨或湿磨）后，产生平滑无光表面的难易程度。

20. 黄变（yellowing）：漆膜在老化过程中出现的变黄倾向。

21. 耐湿变性（temperature change resistance）：漆膜经过受冷热交替的温度变化而保持其原有性能的能力。

单元二

# 汽车涂装的安全知识

## 学习目标

通过本单元任务的学习，将了解个人安全与防护、车间安全和保护环境等汽车涂装的安全知识。

能够：

- 知道涂料的危害。
- 了解个人安全防护知识和措施。
- 学习车间安全的一般措施。
- 正确进行防火和灭火。
- 清楚安全用电常识。
- 了解涂装对环境的维护及保护措施。

## 学习任务

涂料施工中所使用的涂料和溶剂大部分都是有毒、有害物质。吸入喷涂时产生的飞漆或涂膜在干燥过程中挥发出来的溶剂气体，则会危害人体健康，对人体中枢神经系统有严重的刺激和破坏作用，会引起抽筋、头晕、昏迷等症状。因此，在涂装这些涂料时必须采取预防措施，严防吸入或接触。涂装施工的场所一定要注意灾难性事故的发生，因此要严格遵守操作规程，避免发生火灾、爆炸等事故。在进行涂装时，因所使用的材料中含有有害物质，使操作者有可能患急性或慢性的中毒、职业病、皮肤病等，因此必须加强工作环境的保护、劳动保护和工人的健康工作。

# 学习任务一 个人安全与防护

**知识点：** 涂料的危害；涂装个人防护用品。
**能力点：** 正确选择和佩戴个人防护用品；个人防护注意事项。

## 任务情境

某人欲从事汽车涂装方面的工作，但听说涂装对身体有害，具体都有什么危害？危害程度如何？是否可防护？如何防护？

## 任务分析

该任务是汽车涂装安全方面的基本知识，涂料的毒性主要是由所含的溶剂、颜料和部分基料等有毒物质造成的，进入人体后对神经组织产生麻醉作用，造成行动和语言的障碍。完成此任务需要熟悉涂料的危害、熟悉在涂装作业中如何正确地进行防护，同时也要了解各种防护用品的正确使用，从而保护自己在涂装过程中不受到伤害。

## 相关知识

### 一、涂料的危害

涂料的毒性主要是由所含的溶剂、颜料和部分基料等有毒物质所造成的。有机溶剂一般都具有溶脂性（对油脂具有良好的溶解作用）。因此，当溶剂进入人体后能迅速与含脂肪类物质作用，特别是对神经组织产生麻痹作用，产生行动和语言障碍。有机溶剂对神经系统的毒性是共性，但因化学结构不同，各种有机溶剂还有其个性，毒性也不一样，其中有毒溶剂主要有苯类、四氯乙烷、异氰酸脂等。以苯为例，在苯的浓度为 100 ~ 300mg/$m^3$ 的环境下长期工作，就可能产生程度不同的慢性中毒。

轻度苯中毒：可有头痛、头晕、全身无力、疲劳嗜睡、心悸及食欲不振等，偶尔有鼻血和牙龈出血等现象。

中度苯中毒：白血球下降到 3000 以下，红血球和血小板减少，鼻、牙龈出血频繁，皮下可出现淤血、紫斑，妇女经期延长，抵抗力下降。

重度苯中毒：白血球下降到 2000 以下，红血球和血小板大量减少，口腔黏膜及皮下出血，视网膜广泛出血，肝脏肿大，骨骼组织显著改变，多发性神经炎，再生障碍性贫血等。

## 二、个人安全防护

### 1. 呼吸系统的安全与保护

呼吸保护器有三种：防尘口罩、供气式全面罩和活性炭过滤面罩。

（1）防尘口罩　防尘口罩可以防止空气中浮游微粒被吸入，如图 2-1 所示。

（2）活性炭过滤面罩　对于喷涂磁漆、硝基漆以及其他非氰化物的油漆和喷涂量较少时，可以佩戴活性炭过滤面罩。这种面罩由一个适应人的脸型并具有的密封作用的橡胶面具构成。它包括可拆卸的前置活性炭滤芯，可以滤去空气中的溶剂或喷雾，按照活性炭滤芯的数量可分为双滤芯式活性炭面罩（图 2-2）和单滤芯式活性炭面罩（图 2-3）。呼吸器还有进气阀和排气阀，以保证呼吸顺畅。

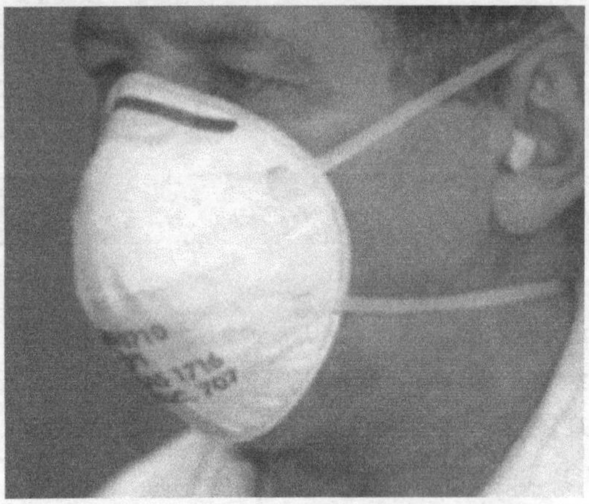

图 2-1　防尘口罩

图 2-2　双滤芯式活性炭面罩

（3）供气式面罩　供气式面罩是一种可以防止混有有机溶剂的空气通过口鼻吸入人体，可分为供气式全面罩（图 2-4）和供气式半面罩（图 2-5）。供气式面罩是利用压缩空气供气系统，通过供气软管向面罩内供应新鲜的压缩空气。空气入口必须置于空气清洁、远离喷漆的地区。主要在如下喷漆情况和环境下使用：大量和长时间喷漆；在封闭或不通风环境，如烤漆房、密封舱和油罐等。

图 2-3　单滤芯式活性炭面罩

供气式面罩根据气源的种类分为两类：自带气源和车间压缩气源。自带气源的是带一台小型无油润滑型气泵，该气可为一套或两套供气式面罩提供空气。气口必须安装在空气清新干净的地方，可以将进气口安装在车间的外墙上，远离车间操作产生的粉尘和废气。如果不得不使用车间的压缩气源，则必须配备空气过滤器，过滤掉空气中的油、水、颗粒和异味。空气供应系统中还必须配备气压调节阀和自动控制装置，当面罩内空气温度过高时会自动报警或者直接关闭压缩机，因为温度过高会导致供给空气中的一氧化碳含量过高。

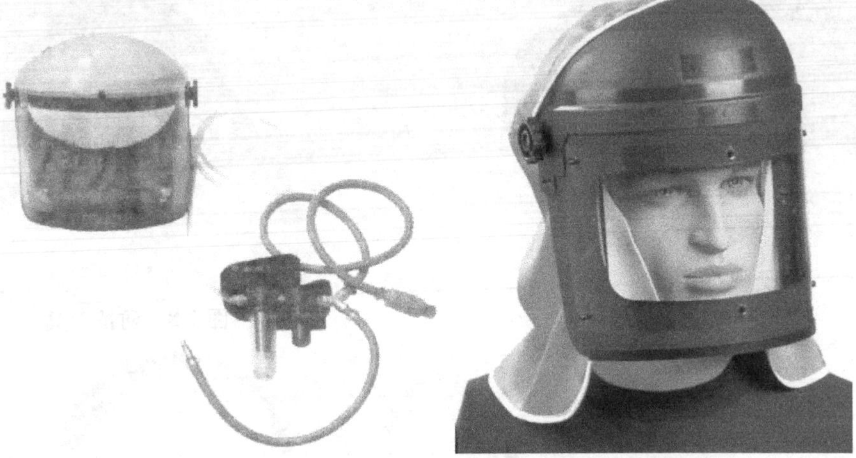

图 2-4 供气式全面罩

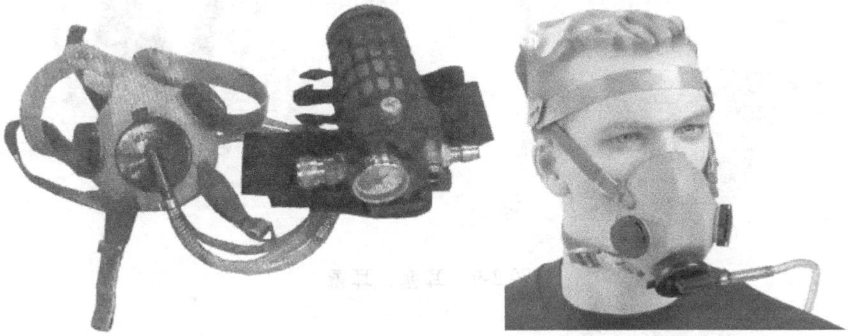

图 2-5 供气式半面罩

2. 人体其他部位的保护

（1）头部的保护 涂装作业时将长发扎结在头后，始终要戴安全帽。

（2）眼睛和脸部的保护 戴护目镜、防尘镜和防护面具，如图 2-6、图 2-7 和图 2-8 所示，防止眼睛受到灰尘、溶剂蒸气、飞行物、油漆及溶剂溅出等的损伤。焊接时，必须戴遮光镜和头罩，使眼睛和脸部不致受伤害。

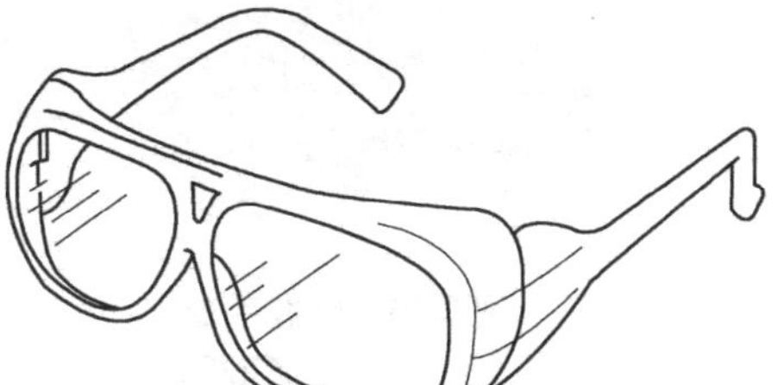

图 2-6 护目镜

（3）耳朵的保护 敲打钢板或打磨时所发出的噪声，对人们的听觉有不利的影响，重者会损伤耳膜，在涂装作业及打磨时应佩戴耳塞或耳罩，如图 2-9 所示。

（4）手的保护 在有可能接触到涂料的工作中，为防止涂料中的有害物质对手的伤害，应佩戴乳胶手套，如图 2-10 所示。在进行清洗喷枪作业中应佩戴防溶剂手套，如图 2-11 所示。在打磨等作业中要佩戴劳保手套，如图 2-12 所示。

（5）脚的保护 在钣喷作业时，应穿带有金属脚尖衬垫及防滑的安全工作鞋，如图 2-13 所示。金属脚尖衬垫可以保护脚趾不受落下的重物砸伤。喷漆时的安全工作鞋应选用非绝缘性鞋底，最好再佩戴方便鞋套或鞋罩。

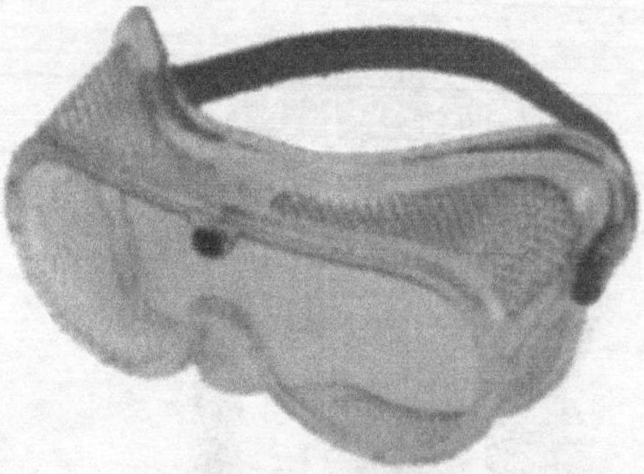

图 2-7　防尘镜

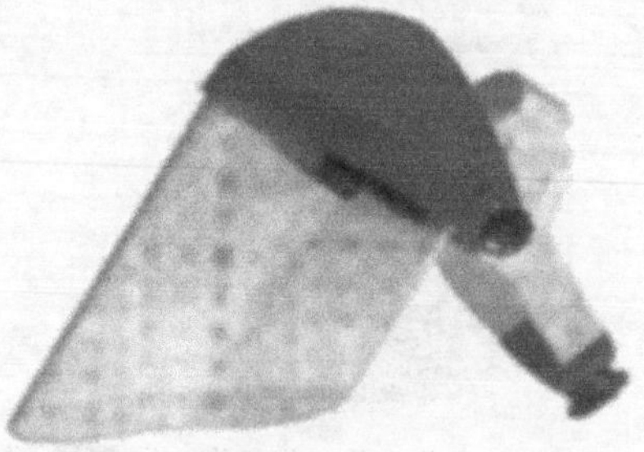

图 2-8　防护面具

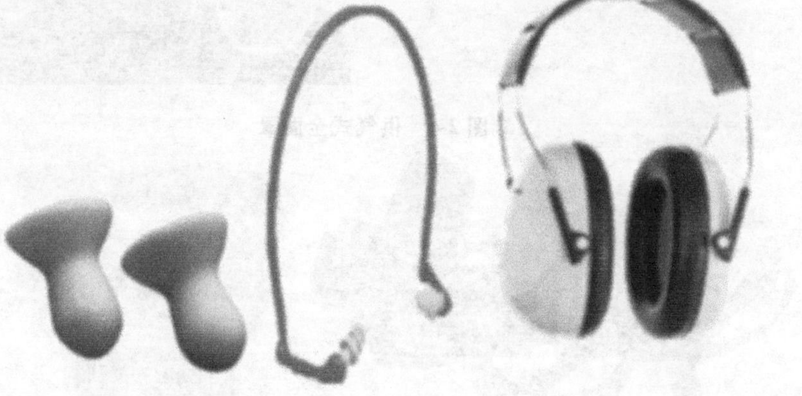

图 2-9　耳塞、耳罩

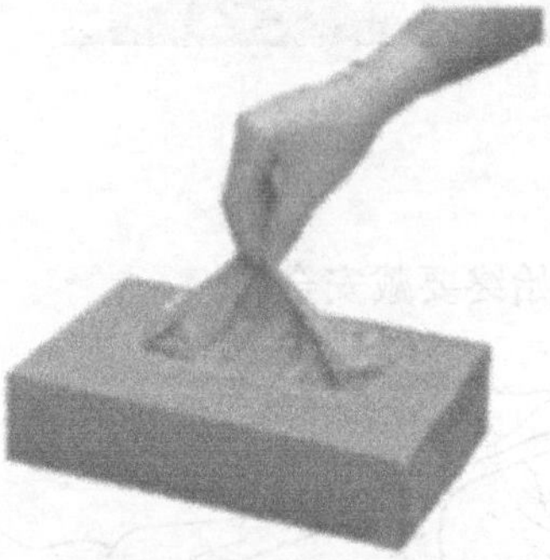

图 2-10　乳胶手套

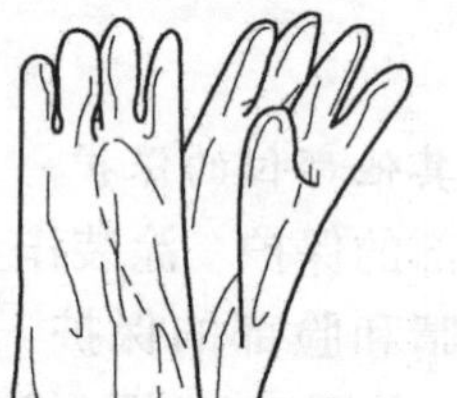

图 2-11　防溶剂手套

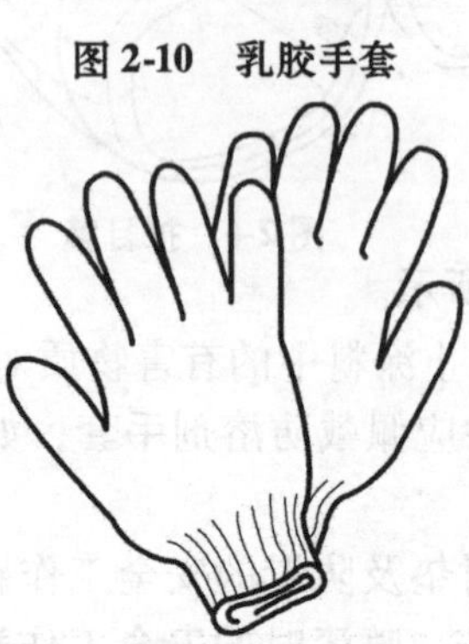

图 2-12　劳保手套

图 2-13　安全工作鞋

（6）身体的保护 按规定穿着工作服进行作业，在喷漆场地应穿清洁的喷漆防护服，如图 2-14 所示，此类工作服面料不起毛，以免影响漆面质量，同时可防止产生静电。工作服的上衣应是长袖的，袖口必须是橡胶扎口。工作裤要有足够的长度，裤脚口也必须是橡胶扎口的为好。

图 2-14 喷漆防护服

3. 个人防护措施

1）打磨等可能会接触到灰尘的工作中的防护用品有工作服、工作帽、安全鞋、护目镜、防尘口罩、耳塞或耳罩和劳保手套，如图 2-15 所示。施工作业中尽可能使用吸尘式打磨机，并在通风条件良好的场所施工。

2）可能会接触到溶剂的作业中的防护用品有工作服、工作帽、安全鞋、护目镜、活性炭面罩和乳胶手套，如图 2-16 所示。施工作业中注意确保施工场所通风良好。

在实际涂装作业中，可参照汽车修补涂装个人防护用品推荐表（表 2-1）进行防护。

4. 个人防护注意事项

为确保操作者身体健康，必须靠排气和换气来使空气中的溶剂蒸气浓度降低到最高许可浓度以下，即长期不受损害的安全浓度。有些颜料（如含铅颜料和锑、镉、汞等化合物）及车厢使用的防霉剂（如有机汞和八羟基喹啉铜盐）等均为有害物质，若吸入体内，则可能引起中毒反应。有些基料的毒性也很大，如：聚氨酯漆中含有游离异氰酸脂，能使呼吸系统过敏；环氧树脂涂料中含有的有机胺类固化剂可能引起皮炎等。为了防止发生中毒事故，涂装施工中应该注意以下几点：

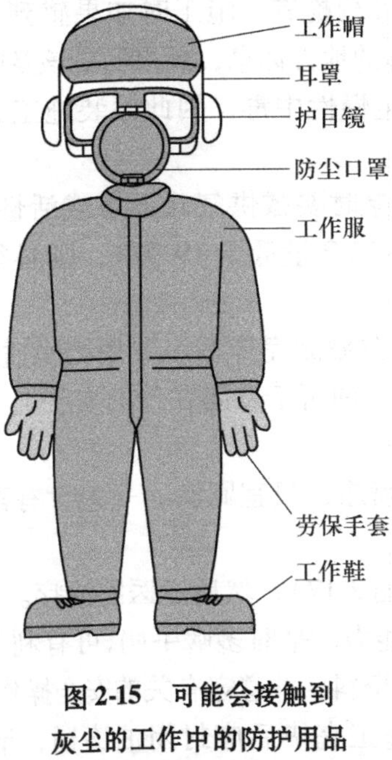


图 2-15 可能会接触到灰尘的工作中的防护用品

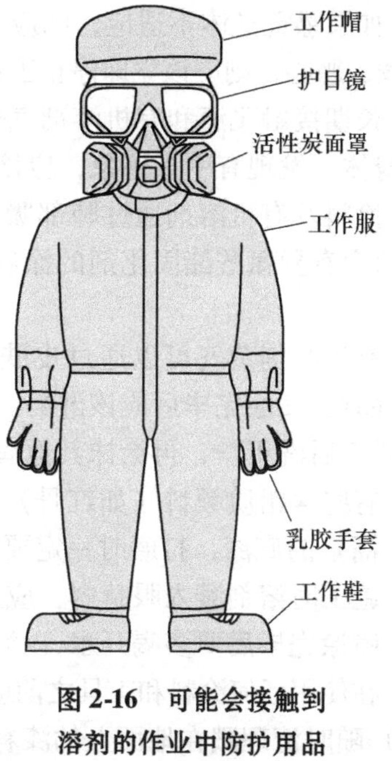


图 2-16 可能会接触到溶剂的作业中防护用品

**表 2-1 汽车修补涂装个人防护用品推荐表**

| 工序 | 棉质工作服 | 防静电工作服 | 安全鞋 | 护目镜 | 供气式全面罩 | 活性炭面罩 | 防护面具 | 防尘口罩 | 劳保手套 | 乳胶手套 | 耐溶剂手套 | 耳塞耳罩 | 工作帽 |
|---|---|---|---|---|---|---|---|---|---|---|---|---|---|
| 化学除漆 | | ✓ | ✓ | ✓ | | ✓ | ✓ | | | | ✓ | | ✓ |
| 使用除油剂除油 | ✓ | | ✓ | ✓ | | ✓ | | | | | ✓ | | ✓ |
| 使用干磨机机械除漆 | ✓ | | ✓ | ✓ | | | | ✓ | ✓ | | | ✓ | ✓ |
| 用除锈水对金属进行酸处理 | ✓ | | ✓ | ✓ | | ✓ | | | | | ✓ | | ✓ |
| 原子灰混合、刮涂 | ✓ | | ✓ | ✓ | | ✓ | | | | ✓ | | | ✓ |
| 干磨原子灰 | ✓ | | ✓ | ✓ | | | | ✓ | ✓ | | | ✓ | ✓ |
| 调漆 | ✓ | | ✓ | ✓ | | ✓ | | | | ✓ | | | ✓ |
| 混合油漆 | ✓ | | ✓ | ✓ | | ✓ | | | | ✓ | | | |
| 工作准备 | ✓ | | ✓ | ✓ | | | | | | ✓ | | | |
| 喷涂油漆 | | ✓ | ✓ | ✓ | 2K 涂料 | ✓ | | | | ✓ | | | ✓ |
| 油漆闪干或置干 | | ✓ | ✓ | ✓ | 2K 涂料 | ✓ | | | | ✓ | | | ✓ |
| 清洗喷枪 | | ✓ | ✓ | ✓ | | ✓ | | | | | ✓ | | ✓ |
| 强制干燥 | ✓ | | ✓ | ✓ | | | | | | | | | ✓ |
| 抛光 | ✓ | | ✓ | ✓ | | | | ✓ | | ✓ | | | ✓ |
| 清洁 | ✓ | | ✓ | ✓ | | | | | ✓ | | | | ✓ |

1）施工场地应该有良好的通风或者安装排风设备，使空气流通，加速溶剂气体散发，降低溶剂在空气中的浓度。室内施工时应确保空气循环良好，在喷漆间进行涂装操作时必须开动进排风系统，并在喷涂工作完成后继续开动 10min 左右，以清除喷雾和避免溶剂气体聚集。要有吸尘装置，可以及时抽走磨料粉尘。

2）如果感觉身体不适应，则应尽快报告并请医生进行检查。施工时如果感到头痛、眩晕、心悸、恶心，则应该立即停止工作，到室外空气新鲜的地方休息，严重的应该及时治疗。

3）长期接触飞漆和有机溶剂气体的人，有可能发生慢性中毒，因此涂装施工人员要定期检查身体，发现有中毒迹象，应该调离原工作岗位。

4）涂料及有机溶剂通过肺部吸入人体，因此在喷涂时要戴供气式面罩或活性炭口罩。如果喷涂含有异氰酸酯固化剂的涂料，或者空气中的氧气含量低于 19.5%，则必须戴供气式面罩。

5）有机溶剂蒸气可以通过皮肤渗入人体，因此，在喷涂完毕后，要用肥皂洗脸和手，条件允许时，喷涂完毕后应该淋浴。为了保护皮肤，施工前可于暴露在外的皮肤上涂抹防护油膏，施工后洗干净，再涂抹其他润肤霜以保护皮肤。

6）有些含铅质颜料（如红丹）毒性很大，不可以喷涂，只宜刷涂。一些含有毒重金属（如铬、镉）的底漆，打磨时一定要注意防尘。

7）施工时溶剂溅入眼睛内，应立即用清水洗冲（图 2-17），然后送医院治疗。

8）喷涂完毕后要多喝开水，以湿润气管，增强排毒能力。平时多喝牛奶，可有利于排毒。

9）在使用任何涂料和工具之前应仔细阅读有关技术资料，并遵守有关的安全操作指示。

10）随时清理溅在地面上的漆料及其他易燃品；施工完毕后应封闭油漆桶，清理工具和涂料；防护用品应专门保管；任何污染物料及纸张等必须立即置于有盖的金属容器内。

11）在使用和处理涂料时必须按照表 2-1 的要求穿戴防护用品，如图 2-18 所示。使用酸洗除锈或碱液除锈时，应戴好耐酸手套和防护镜。

**图 2-17　紧急冲眼示意图**

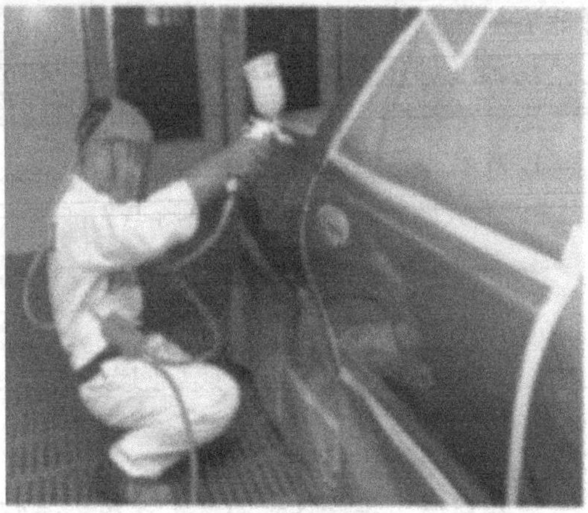

**图 2-18　安全防护用品的使用和佩戴**

12）在使用有毒、有害的涂料及辅料时必须小心，不要使其接触眼睛、口腔和其他身体裸露部分。

13）禁止在涂装车间内吸烟、饮食或存放饮料食物。

14）在工作后、饮食前必须彻底清洗双手及面部。

## 总　　结

人体内的安全防护主要是指呼吸系统的安全与防护。呼吸保护器有三种：防尘口罩、活性炭过滤面罩和供气式面罩。防尘口罩防止喷砂、打磨时灰尘被吸入，主要在打磨时用。活性炭过滤面罩在喷涂磁漆、硝基漆以及其他非氰化物的涂料时用。供气式面罩是一种可以防护吸入异氰酸盐漆蒸气和喷雾引起的过敏装置。

人体外部的安全防护主要有：头部保护，戴好安全帽才能从事干打磨或喷涂作业；眼睛和脸部的保护，操作时应戴好防尘镜或护目镜或防护面具；手的保护，在有可能接触到涂料的工作中应佩戴乳胶手套，在进行清洗喷枪作业中应佩戴防溶剂手套，在打磨等作业中要佩戴劳保手套。对工作服的要求：清洁，不起毛，以免影响质量。

另外，涂装车间应有排风装置，且工作状态要良好。涂装车间用水充足，且水质好。打磨抛光机的转盘等转动部位有保护罩，涂装时应穿戴好各种防护用具。喷涂完毕，应及时清洁所有设备，允许在喷涂现场饮食，工作完及时淋浴，定期进行身体检查等。

## 思考问题

**一、填空题**

1. 涂料的毒性主要是由所含的________、________和部分基料等有毒物质所造成。

2. 呼吸保护器有三种：________、________和________。

**二、判断题**

1. 可能会接触到溶剂的作业中防护用品为工作服、工作帽、安全鞋、护目镜、防尘口

罩、乳胶手套。 ( )

2. 施工场地应该有良好的通风或者安装排风设备，使空气流通，加速溶剂气体散发，降低溶剂在空气中的浓度。 ( )

3. 施工时溶剂溅入眼睛内，应立即用清水洗冲，然后送医院治疗。 ( )

三、简答题

1. 个人防护用品有哪些？

2. 个人防护的注意事项有哪些？

3. 涂料的危害有哪些？

# 学习任务二　车 间 安 全

知识点：工具设备的安全使用；涂料的存放和保管；防火安全知识；触电的原因和方式。

能力点：一般安全措施；灭火器的使用和灭火方法；安全用电措施。

## 任务情境

在汽车涂装车间里由于涂料及稀释剂都是易燃品，都易挥发且具有一定的毒性，涂料施工过程中还会产生大量的飞漆和粉尘，若不严格遵守安全操作规程和安全施工方法，则极易发生生产事故。事故造成的伤害是十分严重的，轻者损害健康，重者则可能引起残疾，甚至死亡。其结果不仅会伤害受害者本人，还会伤害受害者家庭，乃至整个社会。

## 任务分析

涂料施工操作中安全生产和劳动保护是防止发生火灾、防止发生伤亡事故、防止职业病、保护企业财产、保障职工身体健康的一个重要措施。涂料施工人员应该学习相关的安全技术规程，了解和掌握车间安全的一般安全措施、防火和灭火知识、安全用电常识等安全施工方法，在施工中严格执行劳动保护法规和条例。

## 相关知识

### 一、一般安全措施

1. 工具设备的安全使用

汽车涂装作业中使用工具和设备基本的安全要求：

1）手动工具要保持清洁和完好。应经常清洁沾有油污和其他杂物的工具，检查其是否有破损，以免使用时发生机械事故，伤及人身。

2）使用锐利或有尖角的工具时应当小心操作。不要将旋具、手钻、冲头等锐利工具放在口袋中，以免伤及本人或划伤汽车表面。

3）专用工具只能用于专门的操作，不能移作他用。

4）用气动或电动工具从事打磨、修整、喷砂或类似作业时，必须戴安全镜。在小零件上钻孔时，禁止用手握持，必须用台虎钳夹住。

5）必须确认电动工具上的电路开关处于断开位置后，才允许接通电源。电动工具使用完毕，应切断电路，并从电源上拔下来。

6）清理电动工具在工作时所产生的切屑或碎片时，必须让电动工具停止转动，切勿在转动过程中用手或刷子去清理。

7）气动工具必须在规定的压力下工作。

8）使用液压机具时，应保持液压压力处于安全值以下，操作时应戴护目镜。

9）手工清除铁锈、旧涂膜、焊渣及打磨时，应该戴护目镜、棉纱手套和防尘口罩，穿工作服和带钢头的防滑皮鞋。溶剂型清洗工件脱漆和喷涂时，应该戴护目镜、橡胶手套和双筒活性炭口罩，穿抗静电工作服和带钢头的防滑皮鞋。如果喷涂的是含异氰酸酯固化剂的双组分涂料，则必须戴供气式面罩。

10）施工环境要有良好的通风条件，尤其是室内施工时。在喷涂房内，充足的空气交换量不仅有利于涂层干燥，还能及时排出有害飞漆和挥发性气体。如果是干打磨，则要安装吸尘装置。

11）登高作业时，要注意凳子是否牢固，严禁穿拖鞋操作和登高，超过一定高度必须系安全带。

12）操作人员要熟悉所使用的设备（空气压缩机、通风设备及其他设备），定期检查有关设备和装置（如气筒和安全阀等）。使用空气压缩机的安全阀时，随时注意压力计的指针不要超过极限红线。

13）施工场地的易燃品、棉纱等要随时清除，并且严禁烟火。涂料库房要隔绝火源，要配备消防器材，要有严禁烟火的标志。施工完毕后，盖紧涂料桶盖，收拾工具，清除余料和棉纱，防护用品放在专用柜中。

*2. 涂料的存放和保管*

工作间内尽可能存放少量油漆，使用过的油漆罐和空的油漆罐不可以堆放在工作间，必须放回储存处或者每天工作结束后处理掉。涂料绝大多数都是易燃、有毒的物质，并有一定的保存期。存放时应该采取一定的措施，做到安全、防毒，保证涂料质量，防止存放超过保存期而造成损失。涂料在存放和保管中应该注意以下几点：

1）存放涂料的库房必须专用，不得与其他物品（特别是易燃材料）存放在一起。库房要干燥、隔热，避免阳光直射。库房要有通风口，防止库房密封使得库房内有机溶剂的浓度过高而发生危险。库房内的照明应该使用防爆灯，开关应该装置在库房外面，防止开或关时产生电火花而引起火灾。

2）库房必须远离火源，库房门口应该有“严禁烟火”的醒目标志。火柴、打火机和移动电话机不得带进库房。库房外应该放置灭火器、黄沙及其他灭火材料。

3）库房室温不得超过28℃，夏季高温时应有降温措施，取料时避开中午高温，在早、晚温度较低时取料。

4）库房内存放不同性质的涂料，应该分堆或者分层存放，以免由于牌号不明而混淆不清，造成错发而发生事故。

5）库房内不许调配涂料，涂料桶不得有缝隙，使用过的涂料桶盖必须盖紧，不准存放敞口的涂料桶。

6）库房内不准存放使用过的棉纱、纸屑。涂料空桶不可以存放在库房内，应该集中存放在通风好，无易燃物品的地方，并定期处理。

7）库房进料应该登记涂料出厂日期、进库日期和规定的保存期，做到先进先出，防止存放过期而造成涂料变质（如干化、结皮、沉淀等）。

8）对于用量小或容易变质凝结的涂料，不宜大量进货，防止造成积压。

9）通风系统是喷漆作业保护最重要的环节。汽车涂装过程中，需要使用稀释剂、清洁剂等，在打磨及喷涂作业时，会排出有毒气体或颗粒。这不仅对人身体有害，且对喷漆质量也有影响。为此，常采用换气系统进行地面抽气，抽吸磨料和喷漆、场地灰尘。良好的通风系统，可以将涂料、填料和稀料所挥发的有害气体排除出作业区，也可以将作业区内汽车排出的尾气及各种灰尘抽离出去。通风系统应当在其进气道设置空气过滤装置，滤去空气中的杂物，保持进入作业区的空气达到一定的纯净度；另一方面在其排气道也应放置过滤装置，以便将作业区的污物阻挡在过滤器表面上，使排出的气体不会污染大气，实现对环境的保护。湿过滤系统使用水作为过滤介质，喷漆区的污水的排出也要有相应的环保过滤措施，防止废渣、废液对环境的污染。

10）按可燃性不同参照有关法规分类储存。如果按闪点的不同分类，则分为一、二、三级火灾危险品。有的国家以涂料的燃点分类：燃点低于20℃的，为高度可燃性（如汽油）；燃点在20~32℃的，为可燃性；燃点大于32℃的，已不属于高度可燃性液体，有的规定燃点在55℃以上的产品标有“可燃物”的警示。

11）储存地（漆库）应备有完善的防火及灭火设备，并应考虑在此区域内装设自动喷水系统，以提高对火灾自动防护。

12）作为聚酯涂料固化剂的过氧化合物不可与其他物料共同存放，特别是硝基漆，必须避免与抹布及有机物质接触。

## 二、防火灭火

汽车涂装所用的涂料及稀释所用的溶剂绝大部分都是易燃和有毒物质。在涂装过程中能够形成漆雾、有机溶剂蒸气和粉尘，它们与空气混合积聚到一定的含量范围时，一旦接触明火，就很容易引起火灾或爆炸事故。操作人员长期接触或吸入体内会引起慢性中毒，有损操作人员的健康。因此，涂装车间一般是火灾危险场所和污染源，一定要引起人们的普遍重视。现在汽车涂装线已开始采用低污染或无污染型涂料，如水性涂料、无溶剂型涂料、高固体分涂料和粉末涂料等，逐步替代传统的有机溶剂型涂料。这些新型涂料的采用显著地降低了涂装工厂的火灾危险性和涂装公害，或使操作人员有可能远离对身体健康有害的作业区，从而达到安全防护的目的。

### 1. 防火安全

涂装作业的火灾危险性大小与使用涂料的种类、涂装方法、使用量和涂装场所的条件等有关。如果使用的不是易燃性的或不燃烧的，则火灾危险性很小或没有，如水性涂料的涂装就基本上消除了火灾危险性。可是在使用易燃性的涂料和溶剂的场合，爆炸和火灾的危险性就非常大。爆炸和火灾事故的发生造成生命、财产的严重损失，严重影响生产的正常进行。从事涂装的单位和人员必须高度重视防火安全。

（1）火灾和爆炸的原因　根据统计资料，涂装工厂发生火灾和爆炸事故的主要原因有以下几个方面：

1）气体爆炸。由于涂装作业时或烤漆房内换气不良，充满溶剂蒸气，在达到爆炸极限遇明火（火星或火花）时，就会产生气体爆炸。

2）电气设备选用不当或损伤未及时维修。例如：照明器具、电动机、开关及配线板等在危险场合使用时，若在结构上防爆考虑不充分，则易产生火花的危险。

3）在静电涂装作业时，不遵守操作规程产生火花放电而造成气体爆炸和火灾事故。

4）废漆、浓雾、被涂料和溶剂污染的废抹布等保管不善，堆积在一起易发生自燃。

5）不遵守防火规则，在涂装现场使用明火或抽烟。

（2）涂装作业中的常见火源

1）自燃火源。浸有清洁剂、溶剂、涂料等的擦拭布和棉纱若不及时清除，则化合物之间产生化学反应和热量，如果温度达到了自燃点，就会“自动着火”。

2）明火。涂装车间内严禁吸烟，禁止携带火种，严禁使用产生火种和易于燃烧的工具和设备。若必须使用喷灯、电烙铁、电焊机等，应按规定进行动火申请，并在相关职能人员的监督下，在规定的区域内操作。

3）撞击火花。用铁器敲打或者开启金属桶，铁器相互敲击或穿有铁钉的鞋子撞击铁器都容易发生冲击火花。

4）电气火花。普通的电气设备开关在切断或闭合时，会产生接触瞬间火花，电源线超负荷时也会产生过热和剧热现象，这些都是产生火灾的隐患，必须采用防爆型照明装置和电动机，插头必须有搭铁线。在使用溶剂的工作场所，禁止安装刀开关、配电箱、断路器及普通电动机。

5）静电。静电是火种的来源之一，两个良好的绝缘体之间的摩擦是产生静电的主要原因，也是发生火灾和爆炸事故的根源。涂装车间内的设备、管道和较大型的溶剂容器都必须搭铁，避免产生静电。

（3）易燃物质的燃烧特征　下面介绍易燃物质的燃烧特征。

1）闪点。可燃性液体的蒸气与空气形成可燃性混合气体，遇到明火而引起闪电式燃烧，这种现象称为闪燃。引起闪燃的最低温度称为该可燃液体的闪点。根据闪点可将溶剂和涂料的火灾危险等级分为三级：一级火灾危险品，闪点21℃以下，极易燃；二级火灾危险品，闪点21～70℃，一般易燃；三级火灾危险品，闪点70℃以上，难燃。

2）着火点。着火点是指溶剂蒸气遇火能燃烧5s以上时的最低温度，比闪点略高些。

3）自燃点。自燃点是指不需要借助火源，物质加热到一定温度后自行燃烧的最低温度，比闪点高得多。

4）爆炸范围。可燃性气体与空气混合形成爆炸性混合气体，点火即爆炸。产生爆炸的最低浓度称为爆炸下限，最高浓度称为爆炸上限。在上限和下限之间都能产生爆炸，称为爆炸范围。为了确保安全，易燃气体和蒸气的体积应控制在下限浓度的25%以下。

5）蒸气密度。蒸气密度用相同体积的溶剂蒸气与空气质量比表示。易燃性溶剂的蒸气一般比空气重，有积聚在地面和低处的倾向，因此通风换气口应该设置在接近地面处。

除上述诸特征外，在考虑危险性时还要注意挥发性、沸点和扩展性等。

（4）防火、防爆措施　由于涂料绝大多数是易挥发、易燃烧的物料，涂料本身遇火会发生火灾。而施工时挥发的熔剂蒸气与空气混合达到一定的浓度时，一旦遇到明火即会发生爆炸，造成重大损失。为了消除隐患，安全生产，施工时应该做好以下安全防火、防爆工作：

1）由于涂料在施工中有大量溶剂挥发，并且相当一部分溶剂是一级易燃品，其闪点低，极易燃烧，因此施工场地应该配备防火设备，涂料桶盖要盖紧，防止溶剂蒸发而使空气中的溶剂浓度超过规定的界限。

2）施工完毕，应该清理易燃材料，盖紧涂料桶盖，并且把材料入库。

3）清理所用过的浸有涂料、溶剂的棉纱、碎布等易燃物，应该集中存放在金属桶内，并且用清水浸没，防止材料因过热而自燃。

4）施工场地严禁明火操作和点火、吸烟，附近不得有明火，张贴警告标志（图2-19所示），消除发生火灾的隐患。

5）施工现场的电气设备必须有防爆装置，专业人员必须检查电气设备，消除隐患。必须使用防爆插座，禁止使用闸刀开关。

6）施工现场必须放置足够数量的灭火器、黄沙及其他防火器材。

7）施工场地不准堆放易燃品，出入口及其通道上严禁堆放任何货物，易燃品应放入危险品仓库。

2. 灭火器

（1）灭火器分类和型号

1）灭火器的分类。按其移动方式可分为手提式和推车式；按驱动灭火剂动力来源可分为储气瓶式、储压式和化学反应式；按所充装的灭火剂则又可分为泡沫灭火器、二氧化碳灭火器、干粉灭火器、卤代烷（1211灭火器），还有酸碱灭火器、清水灭火器等。

图2-19　警告标志图

2）灭火器的型号。常见的灭火器有MP型、MPT型、MF型、MFT型、MFB型、MY型、MYT型、MT型、MTT型，这些字母的含义如下：

第一个字母M表示灭火器；第二个字母F表示干粉，P表示泡沫，Y表示卤代烷，T表示二氧化碳；有第三个字母的，T表示推车式，B表示背负式，没有第三个的字母的表示手提式。

（2）常用灭火器介绍　下面主要介绍最常用的泡沫、干粉、卤代烷、二氧化碳四种灭火器的性能、适用范围及操作使用方法。

1）MP型手提式化学泡沫灭火器。根据国家标准，MP型手提式灭火器按所充装灭火剂的容量有6L和9L两种规格，其型号分为MP6和MP9。

适用于扑救液体和可熔融固体物质燃烧的火灾，如石油制品、油脂等物质燃烧的火灾，也适用于扑救固体有机物质燃烧的火灾，如木材、棉织品等物质燃烧的火灾；但不能扑救带电设备、可燃气体、轻金属以及水溶性可燃、易燃液体燃烧的火灾。

使用时手提筒体上部的提环，迅速跑到火场。应注意在奔跑过程中不得使灭火器过分倾斜，更不可颠倒，以免两种药剂混合而提前喷出。当距离着火点10m左右，即将筒体颠倒，一只手紧握环，另一个手扶住筒体的底圈，让射流对准燃烧物。在扑救可燃液体火灾时，如果呈流淌状燃烧，则泡沫应由远及近喷射，使泡沫完全覆盖在燃烧液面上；如果在容器内燃烧，则应将泡沫射向容器内壁，使泡沫沿着内壁流淌，逐步覆盖着火液面。切忌直接对准液面喷射，以免由于射流的冲击，反而将燃烧的液体冲散或冲出容器，扩大燃烧范围。在扑救固体物质的初期火灾时，应将射流对准燃烧最猛烈处。灭火时，随着有效喷射距离的缩短，使用者应逐渐向燃烧区靠近，并始终将泡沫溅射在燃烧物上，直至扑灭火灾。使用灭火器时应始终保持倒置状态，否则会中断喷射，不可将筒底朝向下巴或其他人，否则会伤害自己或他人。

灭火器不可存放在高温的地方，以防碳酸氢钠分解出二氧化碳而失效；严冬季节要采取保暖措施，以防冰冻；应经常疏通喷嘴，使之保持畅通。

灭火器使用期在2年以上的，每年应送有关部门进行水压试验，合格后方可继续使用，并在灭火器上标明试验日期。每年要更换药剂，并注明换药时间。

MPT型化学泡沫灭火器的使用范围、灭火方法及注意事项与手提式基本相同。

2）MT型二氧化碳灭火器。二氧化碳灭火器利用其内部所充装的高压液态二氧化碳本身的蒸气压力作为动力喷出灭火。由于二氧化碳灭火剂具有灭火不留痕迹、一定的绝缘性能等特点，因此适用于扑救600V以下的带电电器、贵重设备、图书资料、仪器仪表等的初期火灾，以及一般的液体火灾；不适用于扑救轻金属火灾。

灭火时只要将灭火器的喷筒对准火源，打开启闭阀，液态的二氧化碳立即汽化，并在高压作用下迅速喷出。

应该注意二氧化碳是窒息性气体，对人体有害，空气中的二氧化碳含量达到8.5%就会使人呼吸困难，血压增高；二氧化碳含量达到20%～30%时，会引起呼吸衰弱，精神不振，严重的会窒息死亡。因此，在空气不流通的火场使用二氧化碳灭火器后，必须及时通风。在灭火时，要连续喷射，防止余烬复燃，不可颠倒使用。

二氧化碳是以液态存放在钢瓶内的，使用时液体迅速汽化而吸收本身的热量，使自身温度急剧下降到-78.5℃左右。利用它来冷却燃烧物质和冲淡燃烧区空气中的含氧量以达到灭火的效果。因此，在使用中要戴上手套，动作要迅速，以防止冻伤。如果在室外，则不能逆风使用。

二氧化碳灭火器应放置在明显的、取用方便的地方，不可放在采暖或加热设备附近以及阳光强烈照射的地方，存放温度不要超过55℃。

定期检查灭火器钢瓶内二氧化碳的储存量，如果质量减少1/10，则应及时补充灌装。在搬运过程中，应轻拿轻放、防止撞击。在寒冷季节使用二氧化碳灭火器时，阀门（开关）开启后不得时启时闭，以防阀门冻结。

灭火器每隔5年送专业机构进行一次水压试验，并打上试验年、月的钢印。

3）MF型手提式干粉灭火器。干粉灭火器是以高压二氧化碳作为动力，由喷射筒内的干粉进行灭火，为储气瓶式。它适用于扑救石油及其产品、可燃气体、易燃液体、电气设备的初期火灾，广泛应用于工厂、船舶、油库等场所。

按充装的干粉质量来定，MF型灭火器的型号可分为MF1、MF2、MF4、MF5、MF8和MF10；按充装物质的不同，又可分为碳酸氢钠干粉灭火器和磷酸铵盐干粉灭火器两种。

碳酸氢钠干粉灭火器适用于易燃、可燃液体以及带电设备的初期火灾；磷酸铵盐干粉灭火器除可用于上述几类火灾外，还可用于扑救固体物质火灾，但都不适宜扑救轻金属燃烧的火灾。

灭火时，先拔去保险销，一只手握住喷嘴，另一只手提起提环（或提把），按下压柄就可喷射。扑救地面油火时，要采取平射的姿势，左右摆动，由近及远，快速推进。在使用前，先将筒体上下颠倒几次，使干粉松动，然后开气喷粉，则效果更佳。

灭火器应放置在干燥通风的地方，防止干粉受潮变质；还要避免日光暴晒和强辐射热，以防失效。存放环境温度在 -10 ~55℃。

MF 型灭火器要进行定期检查，如果发现干粉结块或气量不足，则应及时更换灭火剂或充气。MF 型灭火器一经打开启用，不论是否用完，都必须进行再充装，充装时不得变换品种。灭火器每隔 5 年或每次在充装前应进行水压试验，以保证耐压强度，检验合格后方可继续使用。

推车式干粉灭火器的使用方法和维护保养与手提式干粉灭火器相同。

4）MY 型手提式 1211 灭火器。1211 灭火器利用装在筒内的氮气压力将 1211 灭火剂喷射出去进行灭火。它属于储压式一类，1211 是二氟一氯一溴甲烷的代号，分子式为 CF2CLBr，它是我国目前生产和使用最为广泛的一种卤代烷灭火剂，以液态灌装在高压钢瓶内。1211 灭火剂是一种低沸点的液化气体，具有灭火效率高、毒性低、腐蚀性小、久储不变质、灭火后不留痕迹、不污染被保护物、绝缘性能好等优点。

1211 灭火器主要适用于扑救易燃、可燃液体、气体及带电设备的初期火灾；扑救精密仪器仪表、贵重的物资、珍贵文物、图书档案等初期火灾；扑救飞机、船舶、车辆、油库、宾馆等场所固体物质的表面初期火灾。

1211 灭火器按充装灭火剂量可分为 0.5kg、1kg、2kg、3kg、4kg 和 6kg 六种型号规格。

使用 1211 灭火器时，首先拔掉安全销，然后握紧压把进行喷射。但应注意，灭火时要保持直立位置，不可水平或颠倒使用，喷嘴应对准火焰根部，由近及远，快速向前推进；要防止回火复燃，零星小火则可采用点射。如遇可燃液体在容器内燃烧时，可使用 1211 灭火剂的射流自上而下向容器的内侧壁喷射。如果扑救固体物质表面火灾，则应将喷嘴对准燃烧最猛烈处左右喷射。

1211 灭火器应存放在通风、干燥、取用方便的地方，储存处的环境温度为 -10 ~45℃；不得存放在采暖或加热设备附近以及阳光强烈照射的场所，以免变质失效。

每隔半年检查一次灭火器上的压力，压力表指针指示在红色区域内，应立即充灭火剂和痰气。每隔 5 年或再次装灭火剂前，应进行相当于压力 1.5 倍的水压试验，合格后方可继续使用。

3. 灭火方法

所有的火灾都可以通过抑制三个基本因素，即热、燃料和氧气来实现灭火。大多数灭火的原理是降低燃烧物的温度和隔离空气。要有效地使用灭火器，必须将灭火器对准火焰的底部进行喷射灭火。灭火器应定期检查，并安放在车间合适的地方。

(1) 灭火的基本方法

1）移去或隔离已经燃烧的火源，熄灭火焰。

2）隔绝空气，切断氧气，使火焰窒息，或者将不燃烧的气体（如二氧化碳）喷射到燃烧的物体上，使空气中的氧气体积下降到16%以下，熄灭火焰。

3）用冷却法把燃烧物的温度降低到着火点以下，即可灭火。

（2）灭火器的使用

1）把灭火器手柄上的销子拔出来，这是一个固定销，防止平时意外压下手柄，如图2-20所示。

2）喷嘴对准火焰的底部，距离火焰约3m，如图2-21所示。

3）用力压下灭火器的手柄，喷射出灭火剂。如果松开手柄，灭火器就停止喷射。移动喷嘴，前后吹扫火焰的底部，如图2-22所示。火焰扑灭后，要仔细观察，防止火焰复燃。

图2-20 把灭火器手柄上的销子拔出来

## 三、安全用电

安全用电是企业经营管理的基本原则之一，安全促进生产，生产必须安全。随着生产技术的发展和生活水平的提高，电能在生产和日常生活中得到了越来越广泛的应用，人们接触电的机会也随之增多。如果认识和掌握了电的性能及安全用电的知识，便可利用电能来造福；相反，如果没有掌握安全用电的知识或违反电气操作规程，不仅会造成停电、停产、损坏设备和引起火灾，而且容易发生触电事故，以致影响生产、危及生命。因此，研究触电事故的原因和预防措施，提高安全用电的技术理论水平，对于确定安全用电、避免各种用电事故的发生是非常重要的。

图2-21 喷嘴对准火焰的底部

图2-22 移动喷嘴，前后吹扫火焰的底部

### 1. 触电对人体的伤害

所谓触电，是指电流以人体为通路，使身体的一部分或全身受到电的刺激或伤害。触电可分为电击和电伤两种。电击是指电流通过人体，造成人体内部器官伤害，这是十分危险的；电伤是指电流对人体外部造成的局部伤害，如电弧烧伤、电烙印等。

触电的伤害程度与通过人体电流的大小、频率、时间的长短、人体电阻以及通过人体的途径等因素有关。其中，电流是触电伤害的直接因素，通过人体的电流越大，致命的危险也就越大。一般观察，通过人体1mA的工频电流就会使人有不舒服的感觉；50mA的工频电流就会使人有生命危险；100mA的工频电流则足以致人死亡。

通过人体电流的大小决定于人体电阻以及所触及的电压高低。当人体电阻一定时，作用于人体的电压越高，通过人体的电流则越大。人体电阻通常在0.8～100kΩ，若人体电阻以800kΩ计算，当触及40V电压时，通过人体的电流是50mA。这个电流通过人体就有生命危险，因此规定36V以下的电压为安全电压。我国确定的安全电压规范是36V，24V，12V。例如：机床上的照明、移动的手持电器，一般都采用36V电压。

2. 触电的原因和方式

（1）触电的原因　造成触电事故的原因很多，常见的有以下三种：

1）忽视安全操作，违章冒险。

2）缺乏安全用电的基本常识。

3）输电线或电气设备的绝缘损坏，当人体无意间触及带电的裸露线或金属外壳时，就会触电。

（2）触电方式　触电的方式分为单相触电和两相触电。

1）单相触电。单相触电是指人体站在地面上，人体某一部位触及一相带电体的触电事故。大部分的触电事故都是单相触电。此时，人体承受220V的电压作用或电流通过人体进入大地，再经过其他两相搭铁电容或绝缘电阻流回电源，当绝缘不良或搭铁电容很大时也有危险。

2）两相触电。两相触电是指人体同时触及两根相线，此时加在人体的电压是380V线电压，其触电后果最为严重。

3. 安全用电措施

为了防止触电事故的发生，可采用以下安全措施：

（1）电气设备的保护搭铁　保护搭铁就是将电气设备的金属外壳与搭铁体之间可靠连接。采用保护搭铁后，当某相因绝缘损坏而碰壳时，这时若有人触及带电的外壳，则人体相当于搭铁电阻的一条并联支路。由于人体电阻远远大于搭铁电阻，所以通过人体的电流很小，从而保证了人体安全；反之，若不搭铁，则当人体触及带电的外壳时，就会有电流通过人体，造成触电事故。

（2）电气设备的保护接零　保护接零就是将电气设备的金属外壳与零线可靠连接。采用保护接零后，若电气设备内部一相绝缘损坏而碰壳，则该相短路，其短路电流很大，将使电路中的保护电器动作或使熔丝熔断而切断电源，从而消除了触电危险。可见，保护接零的防护作用比保护搭铁更为完善。

目前，生产中和家庭中单相用电器（如电烙铁和洗衣机等）应使用三脚扁插头和三眼扁插座。正确的接法应把用电器的外壳用导线连在中间长的插脚上，并通过插座与保护零线相连。绝不允许把接在用电器的零线直接与设备的外壳相连，必须由电源单独接一零线到设备的外壳上，否则可能会引起触电事故。

（3）保护用具　保护用具是保证工作人员安全操作的用具。只有正确使用保护用具，才能保证工作人员的人身安全。保护用具有绝缘棒、绝缘手套、绝缘胶鞋、绝缘台、绝缘垫、检电器（如电压指示器和电笔等）、警告牌和保护眼镜等。

（4）电气设备的绝缘要求　电气设备的金属外壳和导电线圈之间的绝缘好坏通常用绝缘电阻来衡量。根据电气设备的绝缘要求规定，固定电气设备的绝缘电阻不能低于0.5MΩ；可移动的电气设备，如手提式电钻、台式风扇的绝缘电阻不能低于1MΩ；潮湿地方使用的电气设备的绝缘电阻还应更高些，以保证安全。电气设备的绝缘性能是随着使用年限的增长、温度升高和湿度增大而下降的，因此要定期用摇表（兆欧表）测量电气设备的绝缘电阻。绝缘电阻不符合要求的电气设备不能继续使用，必须进行保养和修理。

应该指出，对于长期搁置的电气设备，在使用前都必须用摇表测量其绝缘电阻，不可冒然使用，以免发生事故。

4. 安全用电注意事项

1）检修电气设备或更换熔丝时，应首先切断电源，并在电源开关处挂上“严禁合闸”的警告牌；在没有采取足够的安全措施的情况下，严禁带电工作。

2）使用各种电气设备，应采取相当的安全措施。例如：使用手提式电动打磨机时，必须戴上橡胶手套或站在绝缘垫上。

3）电热设备应远离易燃物，用毕即断开电源。

4）判断电线或用电设备是否带电，必须用验电器，如测电笔（一般在250V以下使用）等，进行检查和判断，不允许用手去摸试。

5）电气设备（空气压缩机、电气工具和照明设备）发生故障时，应立即切断电源并报告，由专业人员进行检修。

6）电线或电气设备失火时，应迅速切断电源。在带电状态下，不能用水和泡沫灭火器灭火，否则会使人触电。这种情况可用黄沙、二氧化碳灭火器和1211灭火器进行灭火。

7）发现有人触电时，首先应使触电者脱离电源，然后进行现场抢救。

8）使用电动工具操作时，应该检查工具是否搭铁，电线要用胶管保护，在潮湿场地操作，必须穿胶皮鞋，戴橡胶手套。无保护装置的电动设备不要使用。

9）施工场地的照明设备必须有防爆装置，涂料仓库照明开关应安装在库房外面。

## 总　　结

涂装施工的场所一定要注意灾难性事故的发生，因此要严格遵守操作规程，避免发生火灾、爆炸等事故。施工场所严禁吸烟，不准携带火种入内；如果必须动用明火，则只能在规定的安全区域内进行。涂装施工中，将有大量的溶剂挥发与空气混合，如果室内溶剂气体浓度达到一定的程度，则一遇火种就会产生燃烧或爆炸，因此工作场所必须具有良好的通风。按防爆等级规定安装电气设备，凡能产生电火花的电器和仪器禁止在工作场所使用；各种电器都应符合防爆要求；在直接使用溶剂的场所禁装刀开关，配电盘、熔断器和普通电动机等安装在室外。浸有涂料、溶剂和清洁剂等的棉纱、清洁布等揩擦物，如果不及时清理而长期堆积，则由于化学反应会逐渐升温以致达到燃点而自燃。因此，上述物品必须放在指定的地点，定期销毁，更不允许与涂料、溶剂混放在同一场所。施工现场应避免积存过多的涂料和稀释剂，并不得将盛放涂料、溶剂的容器开口放置。施工现场必须备有足够的灭火器材并定期进行检查和更换。一旦发生火警应及时报警，并立即切断电源、关闭运转的设备和邻近车间的门窗，防止火势蔓延并组织扑救。

涂装产生火灾和爆炸事故的外因有气体爆炸；电气设备选用不当或损坏后未及时维修，有产生火花的危险，从而发生爆炸；废漆、漆雾、遮盖物被涂料或溶剂污染的抹布保管不善，堆积在一起自燃；不遵守防火规则，在涂装现场使用明火和抽烟等。

防火安全措施有涂装车间的物件应尽量采用防火材料，涂装车间采用相应的消防措施，所有电气设备和开关都应有防爆装置。金属设备应搭铁，防止静电。涂装车间严禁烟火，储存涂料应远离工作区的地方。擦过溶剂和涂料的棉纱，破布应放置在专用铁箱中，及时进行处理。涂装过程中，应尽量避免敲打碰撞。喷漆应在符合安全技术要求的喷漆房内进行。

灭火方法：移去或隔离火源，使之熄灭；隔绝空气使之窒息；用冷却法使被燃物体的温度降低到着火点以下即可灭火。

安全用电措施包括电气设备的保护搭铁、电气设备的保护接零和正确使用保护用具，同时还要学习和掌握安全用电注意事项。

## 思考问题

**一、填空题**

1. 汽车涂装所用的涂料及稀释所用的溶剂绝大部分都是______和______。

2. 库房必须远离火源，库房门口应该有“______”的醒目标志。

3. 所有的火灾都可以通过抑制 3 个基本因素，即______、______、______来实现灭火。

**二、判断题**

1. 用气动或电动工具从事打磨、修整、喷砂或类似作业时，必须戴安全镜。（　）

2. 必须确认电动工具上的电路开关处于断开位置后，才允许接通电源。（　）

3. 使用液压机具时，应保持液压压力处于安全值以下，操作时应戴护目镜。（　）

4. 不需要借助火源，物质加热到一定的温度后自行燃烧的最低温度称为闪点。（　）

5. 清理所用过的浸有涂料、溶剂的棉纱、碎布等易燃物，应该集中存放在金属桶内，并且用清水浸没，防止材料因过热而自燃。（　）

**三、简答题**

1. 工具设备的安全使用方法？

2. 如何正确进行涂料的存放和保管？

3. 易燃物质的燃烧特征有哪些？

4. 防火防爆措施有哪些？

5. 如何进行灭火作业？

6. 说出安全用电的措施和注意事项。

# 学习任务三　保护环境

**知识点：** 涂装对环境的危害；保护环境的措施。

**能力点：** 选择环保型涂料；废气的处理方法；废水的处理方法。

## 任务情境

在汽车涂装作业过程中，总要排出有害气体、污染的液体或固体废渣。这些排出物如果不经处理，则将严重污染环境，同时也会危害施工作业人员的健康。某汽车维修企业需要制定环境保护措施，防止在生产中对环境的污染，同时也让员工知道如何正确地进行各种废弃物的处置。

## 任务分析

汽车维修企业的涂装车间使用酸、碱和其他易燃涂料等物质处理被涂件时，如果操作不当，很容易发生人身和设备事故。另外，在涂装过程中产生废气、废水和废弃物“三废”污染环境，因此涂装车间是工厂的公害防治重点。因此，从事涂装工作的技术人员和管理人员必须全面熟悉涂装安全和采用有效的办法控制污染和灾害的发生。

## 任务实施的相关专业知识

### 一、对环境的危害

涂装车间所使用的涂料及溶剂等绝大部分都是有毒物质，在工作中形成漆雾、有机溶剂蒸气和粉尘等，操作人员长期接触和吸入体内会引起慢性中毒，有损健康。若将它们排放到室外，则将导致大气污染。有些具有光化学反应性的溶剂在受到阳光中的紫外线照射后能形成毒性更大的物质，会造成公害。在进行涂装时，因所使用的材料中含有有害物质，使操作者有可能患急性或慢性的中毒、职业病、皮肤病等，因此必须加强工作环境的保护、劳动保护和工人的健康工作。

涂料对环境的影响主要有以下几个方面：涂料中有机物的挥发、废涂料的排放、稀释剂的处理等。

1. 涂料中有机物的挥发

汽车维修企业生产对环境污染最严重的是挥发性有机化合物的排放。因为挥发性有机化合物主要是有机溶剂，对人类和动植物的危害很大，在太阳光的照射下有机溶剂与空气中的氧化氮反应生成臭氧（$O_3$），人们吸入臭氧含量超过一定限量的空气时会导致严重的呼吸道疾病，损伤肺部功能。空气中的臭氧层是不同的概念，距离地球表面 40km 的同温层富集了臭氧，称为臭氧层，臭氧层能够过滤太阳光中波长为 240 ~ 320nm 的紫外线，这种紫外线会引起人们患皮肤癌和破坏地球植被。制冷设备中使用的制冷剂氟利昂就会破坏臭氧层，为保护臭氧层，很多国家制定的环境保护法禁止一些化合物的使用。但是，如果地球表面距离其上方 10km 处的对流层中臭氧的含量超出一定的限量，那么就会引起人体呼吸道疾病。

2. 废涂料的排放

废涂料的处理也是汽车维修企业的重要工作。若将废涂料直接排放，则会通过大气、土壤及下水道对地表及人类赖以生存的水源造成极大的破坏。例如：涂料中溶剂的挥发影响大气，在土壤中影响植物的生长，排放至下水道中影响河道的生物链，水中残留的重金属对人体有直接的危害等。当涂料排放至下水道中形成工业废水，工业废水分为两类；第一类废水是指含有会在环境或者动物体内积累，对人体健康产生长远影响的有害物质的水；第二类废水是指含有对人体健康产生的影响小于第一类的有害物质的水。我国对两类工业废水的排放均有严格的标准。

3. 稀释剂的处理

汽车维修企业清洗喷枪及清洁工具所使用过的稀释剂也是产生环境污染源的主要因素。稀释剂使用后直接排放会导致有机物的挥发。另外，沾染了涂料的废弃物可能对环境产生不良影响，也应正确处理。

**二、保护环境的措施**

对汽车维修企业所使用的涂料对环境的影响有了正确的认识后，应该针对各种情况采取相应的措施保护环境。

1. 对有机物排放的环保措施

挥发性有机化合物的英文缩写是 VOC（VolatileOrganicCompound），欧洲和北美国家都制定了严格限制 VOC 排放的环境保护法。欧美国家的许多知名公司也在积极采取各种措施，如自 20 世纪 80 年代起，美国通用汽车公司就开始采用化学方法解决喷涂车间的空气污染问题，用水吸附喷涂车间的飞漆和废气中的有机溶剂，吸附水经过过滤，分离出漆渣，再把吸附水导入特种细菌培养砂槽内，水中的混合溶剂就被细菌吃掉一部分，从而降低了空气中的溶剂量，减轻了空气污染。再如 21 世纪初，世界上最大的汽车涂料供应商 PPG 公司开发出更安全及环保的 Enviro-Prime2000 电泳底漆，用金属钇替代涂料中重金属铅，一年可减少约 100 万 kg 的使用量，从而获得 2001 年度美国环境保护署颁发的绿色化学挑战奖。目前，在汽车维修行业采取以下措施可以有效降低 VOC 的排放：

（1）选择固体含量高的涂料　可以通过选择固体含量高的涂料来降低涂料中有机溶剂的使用。这是世界发达国家的潮流，也必将对中国的汽车维修行业带来重大影响。

（2）选择好的喷涂设备　通过对喷涂设备的选择来降低涂料的浪费，如 HVLP（高流低压）喷枪的使用可以提高涂料的使用率而达到降低 VOC 的目的。德国 ABAG 研究院（Baden Wurttemberg Waste Disposal Consultant Agency，废物处理顾问协会）研究了采用不同喷涂技术保护环境和节省用量的可行性。采用 HVLP 喷枪可以大大降低溶剂的散失，即降低 VOC，同时经济效益也很可观。但是，我国汽车维修企业为什么没有普遍使用 HVLP 喷枪呢？原因有以下几点：HVLP 喷枪价格比较高；汽车维修企业的空气压缩系统供气量不足，或者压力不稳定；用 HVLP 喷枪会提高空气消耗量，喷涂速度比传统喷枪速度慢 5%～10%，离工件距离是 13～17cm，而传统喷枪距离是 18～23cm。由于一些涂装工使用 HVLP 喷枪时仍旧按照传统喷枪工艺操作，达不到好的效果，阻碍了 HVLP 喷枪的推广。

随着对环境保护工作重视程度的不断提高，环保喷枪也会得到广泛的应用。另外，无气喷涂和静电喷涂能更好地降低 VOC，但是目前在一般汽车维修企业还没能得到应用。

（3）使用水性涂料　水性涂料是降低 VOC 的最佳方法之一，由于水性涂料技术目前还存在一定的局限，难以在各个领域推广，如汽车修补涂料的单工序纯色面漆就很难通过使用水性涂料达到和溶剂型涂料一致或接近的效果。但在底色漆领域，水性涂料则被广泛运用。水性底色漆的主要溶剂是水，因此产品体系中的 VOC 同传统的溶剂型底色漆相比有显著的下降。通过实践证明，与传统的溶剂型产品体系相比，若结合溶剂型底漆的产品体系，则可降低50%的VOC；若结合水性底漆的产品体系，则VOC可降低达72%。

由此可以看出，就修补而言，若使用传统的溶剂型底漆，则即使是将清漆由中固体含量型上升为特高固体含量，其VOC下降幅度也仅为37%；若使用水性底色漆结合高固体含量的清漆，则VOC下降幅度可达64%。因此，在双工序的面漆体系中，使用水性底色漆是降低喷涂体系VOC的最佳方法。

2. 废气的处理方法

废气的处理方法有活性炭吸附、催化燃烧、液体吸附和直接燃烧等。

（1）活性炭吸附法　利用活性炭作为物理吸附剂，有机物吸附在活性炭表面，使废气净化。具有吸附能力的物质还有氧化硅和氧化铝等，其中以活性炭应用最广泛。将活性炭装入容器内，废气从一端进入容器，通过活性炭吸附后从容器的另一端排出净化的空气。使用过的活性炭可以再生，方法有蒸汽脱附，即将水蒸气通入活性炭层中干燥后再使用，还可以用减压脱附和高温燃烧脱附等。当然脱附介质还要经过处理，才可以排放。还有把使用过的活性炭直接燃烧掉更换新的活性炭的处理方法，此法最为简便，但成本较高。

（2）催化剂燃烧法　这种方法是利用催化剂使废气中可燃物质在较低温度下氧化分解成二氧化碳和水，使废气净化。催化燃烧过程是指废气进入预热室升温至起燃温度的50%左右，然后通过催化剂层进行催化燃烧，完成废气净化。起燃温度是催化剂的重要活性指标，与废气类别、浓度有关。如果用铂和钯作为催化剂，甲醇气体在100℃左右开始燃烧，酯类、酮类、其他醇类和碳氢化合物等在200℃开始燃烧，在300℃以上时几乎所有的有机溶剂气体都能完全燃烧。

（3）液体吸附法　用吸收液吸收废气中的有机溶剂使废气净化。溶剂分为溶于水的、微溶于水的和不溶于水的。溶于水的有甲醇、丙酮、丁醇和醚类等；微溶于水的有乙酸乙酯、乙酸丁酯等；不溶于水的有苯、甲苯和二甲苯等。涂装作业废气中含甲苯和二甲苯最多，可以用柴油或机油洗涤吸收。洗涤吸收装置一般做成塔式，常用的有填料塔、喷淋塔和斜孔塔三种。

（4）直接燃烧法　直接燃烧法是将含有有机溶剂气体的混合气直接燃烧生成水和二氧化碳，放出的热量还可用于涂膜干燥，是一种经济、简便的废气处理方法。

3. 对工业废水的处理

废水排放标准分为三个等级，等级数越大，排放要求越低。废水处理标准也分三个等级，但是等级数越大，处理力度越大。

（1）一级处理　一级处理主要是预处理，用机械方法或者简单的化学方法使废水中的悬浮物或者胶状物沉淀分离，中和溶液的酸碱度。

（2）二级处理　二级处理主要是解决可以分解或氧化的有机物和部分悬浮固体物的污染。常采用生物化学分解废水中的有机物，或者添加凝聚剂使悬浮固体物凝聚分离。经二级处理后水质明显改善，大部分可以达到排放标准。

（3）三级处理　三级处理是深度处理，主要处理难分解的有机物。处理方法有活性炭吸附、离子交换、电渗析、反渗透和化学氧化等。通过三级处理，废水达到地面水、工业用水或生活水的水质标准。

4. 废弃物的处理

所有废物必须分类处理，危险废弃物需由具备当地环保局认可资质的废物处理中心，经由固体废物管理中心审批同意后进行处理，并需登记备案。

1）浸蘸溶剂的抹布、棉纱、废纸或其他可燃物会产生热量，引起自燃，因此要浸没在水中，储存在密闭容器中，必须抛弃时应投入隔开的有盖的金属容器内（图2-23），并于每日工作完后或换班时清理出喷漆场地，或送往厂房外面的安全区，以避免其自燃。

2）严禁向下水道倒入易燃溶剂或涂料，应收集回收处理或送往锅炉房当燃料处理。

3）喷漆室的废漆渣绝不可与其他产品混合并储存，深埋或当燃料处理。

4）过氧化物的抛弃应绝对小心，以防引起火灾。

5）异氰酸硬化物的残渣需以砂、土或其他无化学变化的物质吸取后，置于密封的容器中。含异氰酸基的涂料和固化剂要废弃时，应先中和，用90%的水稀释，再用5%尿酸溶液及2%的洗衣粉中和。中和后，应放置24h以上，瓶盖应打开，如此产生物质变化，才不会污染环境。

6）空的漆桶比装满油漆的桶更具爆炸的危险，绝不允许堆积在工厂内，必须每天处理。

图2-23 有盖的金属容器

7）在搬运和涂装过程中应尽量避免敲打、碰撞和摩擦等动作，开桶应使用非铁质的工具，不穿带钉子的工作鞋，以免发生火花或静电放电，而引起着火燃烧。

8）涂装中的废涂料、粉尘、废抹布、废纸和废溶剂等经分类及循环使用后无法再使用的一般采用直接燃烧法，在专用焚烧炉集中烧掉效果好、方法简便。

9）国内一些汽车维修企业一般用沉淀和漂浮等分离方法处理湿打磨、水帘净化废气等产生的废水，达到初步净化后排放；用活性炭吸附法净化废气；用直接焚烧法处理废物。

## 总　结

汽车修补涂装产生的公害主要以大气污染为主，废水、废渣为辅。

1. 大气污染

涂装排出的废气中对大气产生污染的主要有以下三种物质：能成为光化学烟雾的有机溶剂，如二甲基；放出恶臭的涂装挥发成分，即热分解和热反应生成物，如丙烯醛；涂装喷雾粉尘。

2. 废气处理

废气的处理方法有活性炭吸附、催化剂燃烧、液体吸附和直接燃烧等。汽车修补涂装的处理方法有催化剂燃烧法、活性炭或油吸附法。

3. 废弃物处理

常见废弃物有废涂料、废溶剂、废渣和废的涂装用具遮盖物。处理方法主要是焚烧处理，但必须注意：焚烧炉应设置有黑气体吸收装置，焚烧后的有害灰必须另行处理，焚烧时要注意个人卫生，防护安全，防止焚烧爆炸。

## 思考问题

**一、填空题**

1. 涂料对环境的影响主要有以下几个方面：________、________、________等。

2. 废气的处理方法有________、________、________和________等。

**二、判断题**

1. 水性底色漆主要溶剂是水。（　　）

2. 空的漆桶比装满油漆的桶更具爆炸的危险。（　　）

**三、简答题**

1. 涂装废弃物应如何处理？

2. 对有机物排放的环保措施是什么？

## 课 外 阅 读

### 喷涂施工场所的安全

喷涂施工的场所一定要注意灾难性事故的发生，因此要严格遵守操作规程，避免发生火灾、爆炸等事故。从事涂装工作的人员在工作中一定要注意下列事项：

1）施工现场必须备有足够的灭火器材并定期进行检查和更换。

2）一旦发生火警应及时报警，并立即切断电源、关闭运转的设备和邻近车间的门窗，防止火势蔓延并组织扑救。

3）在使用任何涂料和工具之前应仔细阅读有关技术资料，并遵守有关安全操作指示。

4）室内施工时应确保空气循环良好。在喷漆间进行涂装操作时必须开动进、排风系统，并在喷涂工作完成后继续开动10min左右，以清除喷雾和避免溶剂气体聚集。

5）在使用和处理涂料时必须穿戴防护工作服。在进行除锈、打磨、喷涂等工作时，必须戴防护眼镜和过滤面具，防止沙砾、漆雾等损伤眼睛和呼吸系统。使用酸洗除锈或碱液除锈时，应戴好耐酸手套和防护眼镜。使用双组分涂料，特别是含异氰酸脂固化剂的涂料时，必须在密封及有良好的通风系统的喷漆房内进行，操作人员必须戴活性炭过滤呼吸面具或供气面具。

6）在使用有毒有害的涂料及辅料时必须小心，不要使其接触眼睛、口腔和其他身体裸露部分。如有接触应马上用大量清水洗涤，并请医生处理。

7）禁止在涂装车间内吸烟、饮食或存放饮料食物。

8）在工作后、饮食前必须彻底清洗双手及面部。

9）随时清理溅在地面上的漆料及其他易燃品；施工完毕后应封闭油漆桶，清理工具和涂料；防护用品应专门保管；任何污染物料及纸张等必须立即置于有盖的金属容器内。

10）如感觉身体不适应尽快报告并请医生进行检查。

单元三

# 汽车修补涂装设备和工具

## 学习目标

通过本单元任务的学习，将了解喷枪、打磨工具及材料、压缩空气供给系统、喷烤漆房、烘干设备等汽车修补涂装常用的设备和工具，并学会如何正确使用这些设备和工具。

能够：

- 了解喷枪的类型、结构和工作原理。
- 学习并掌握喷枪的调整和操作以及喷枪的维护和故障排除。
- 了解并掌握打磨工具及材料的种类和正确使用。
- 清楚压缩空气供给系统的组成及各自的作用。
- 学习喷烤漆房和烘干设备的结构及正确使用。

## 学习任务

要想进行汽车修补涂装作业，首先要了解和掌握汽车修补涂装作业常用设备和工具的正确使用，汽车修补涂装设备主要包括喷枪、打磨工具及材料、压缩空气供给系统、喷烤漆房、烘干设备等。这些设备和工具都有哪些分类？它们的工作原理是什么？如何进行正确的操作？在使用过程中有哪些注意事项？以上这些则是本单元的学习任务。

# 学习任务一 喷　　枪

**知识点：** 喷枪的类型；喷枪的结构和工作原理；喷枪的调整。
**能力点：** 喷枪的正确操作及注意事项；喷枪的清洗和维护；喷枪的故障排除。

## 任务情境

某人对汽车修补涂装比较感兴趣，想了解汽车修补涂装中油漆是用什么工具雾化后均匀地喷涂于工件表面上的，并且想学习如何正确地使用空气喷枪，为将来学习汽车修补涂装打下基础。

## 任务分析

该任务涉及的是汽车修补涂装中最常用到的工具——喷枪，喷枪是涂装修补的关键设备，是将涂料雾化后均匀涂布在物体表面的一种喷漆工具，其质量对涂装修补的质量影响很大，了解和掌握喷枪的正确使用对于进行高质量的汽车修补涂装是非常必要的。

## 相关知识

### 一、喷枪类型

喷枪的功能是利用压缩空气对进入喷枪的涂料进行雾化，形成雾状射流，雾状化的涂料在喷流中被分裂成微小且均匀的液滴喷覆在车身表面，形成厚度均匀且有光泽的薄膜。

喷枪的类型和规格较多，适用于不同场合的喷涂，但其基本功能和原理是一致的。按涂料供给方式分：重力式（上壶式）喷枪（图 3-1a）；虹吸式（下壶式、吸上式和虹吸式）喷枪（图 3-1b）；压力式喷枪（图 3-1c）。

1. 重力式喷枪

涂料罐位于喷枪的上方，涂料由于重力流向喷嘴，如图 3-2 所示，空气帽气孔的大小及数量影响涂料的雾化，涂料靠喷嘴的负压及重力喷出，喷出量较大，因而喷出的涂层更湿润，因此，对于相同的喷涂产品，重力式喷枪使用较小的喷嘴即可达到与吸上式喷枪相同的效果，此种喷枪适合喷涂固体含量大的涂料，如二道浆。

优点：涂料黏度不变，喷漆量不变；涂料罐的位置可使喷涂操作自由度大，施工容易。

缺点：涂料罐在喷嘴上方，影响喷枪的稳定性；涂料罐容量小（一般在 500mL 左右），不适合喷涂较大的面积。

2. 虹吸式喷枪

压缩空气流在空气帽处产生真空，如图 3-3 所示，产生虹吸现象，称为文丘里（Ventu-

a)　　　　　　b)　　　　　　c)

图 3-1　喷枪类型

ri）效应。负压促使涂料从涂料罐流向喷嘴，空气帽气孔的大小及数量影响涂料的雾化，喷嘴较空气帽稍向前凸出。

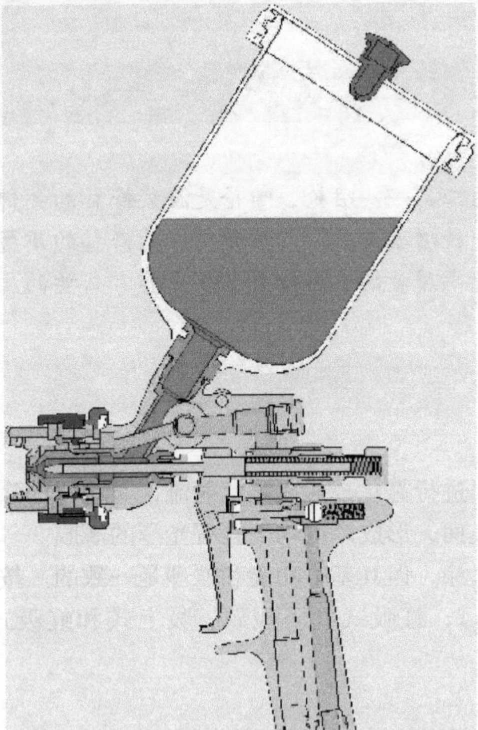

图 3-2　重力式喷枪

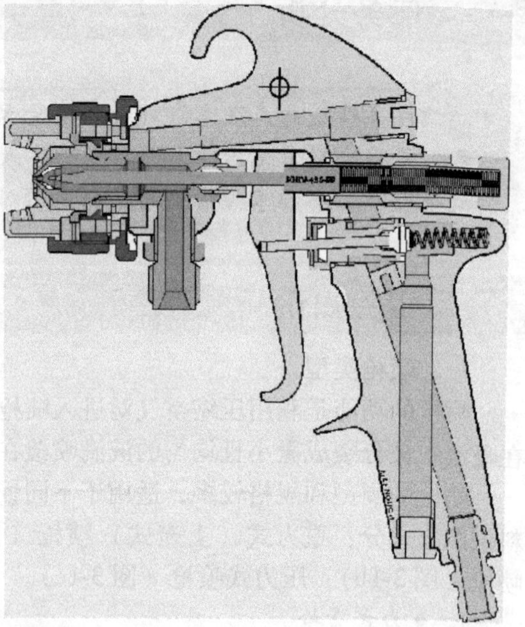

图 3-3　虹吸式喷枪

优点：喷涂稳定性好，便于向涂料罐中添加涂料或变换颜色。

缺点：喷涂水平表面困难；涂料黏度变化对喷漆量影响较大，涂料罐容量比重力式大（一般在 1200mL 左右），因而操作人员易疲劳。

**小知识**

文丘里效应（Venturi effect）：当风吹过阻挡物时，在阻挡物的背风面上方端口附近气压相对较低，从而产生吸附作用并导致空气的流动。

3. 压力式喷枪

喷枪上没有储液罐，涂料用软管与一个压力储料罐连接，压缩空气作用于储液罐上，其难点在于涂料压力与喷枪空气压力的协调，如图 3-4 所示。

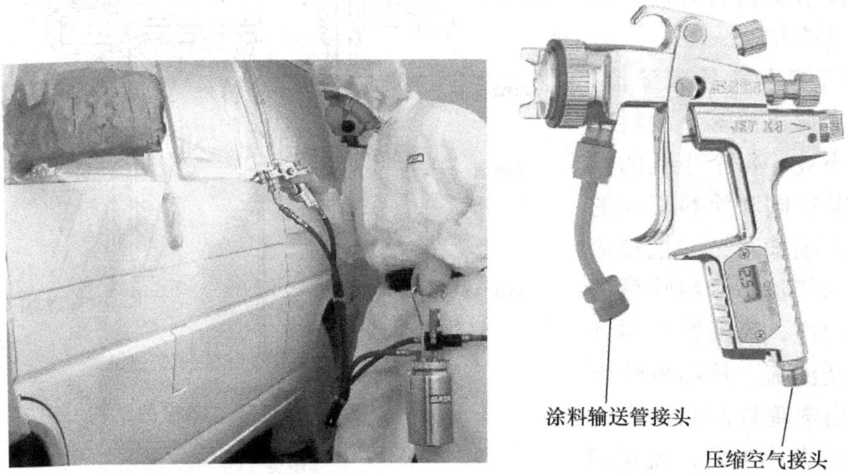


图 3-4 压力式喷枪

优点：涂料罐容积大，喷涂大型表面时不必停下来向涂料罐中添加油漆；也可使用高黏度涂料。

缺点：不适合小面积喷涂，变换颜色及清洗喷枪需要较多时间。

## 二、喷枪结构和工作原理

1. 喷枪的结构

典型的喷枪由枪体和喷枪嘴组成。枪体由压缩空气阀、气压调整旋钮、喷幅调整旋钮、流量调整旋钮、涂料罐、涂料通道、空气通道、扳机和压缩空气接头等组成。喷枪嘴由空气帽、喷嘴、喷嘴针阀组成。重力式喷枪的结构如图 3-5 所示，虹吸式喷枪的结构如图 3-6 所示。

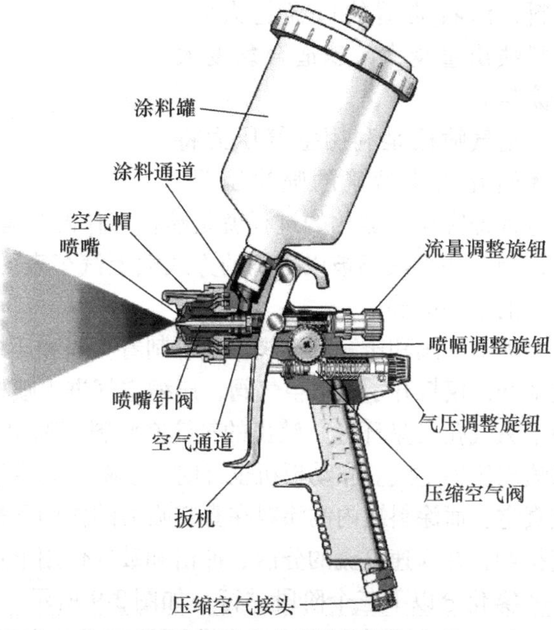


图 3-5 重力式喷枪的结构

2. 喷枪的工作原理

空气帽引导压缩空气撞击涂料，使其雾化成有一定直径的漆雾。空气帽上有三个小孔，分别为中央气孔、雾化气孔（辅助孔）和喷幅控制气孔（侧孔），如图 3-7 所示。中央气孔位于喷嘴末端，产生喷出涂料所需的负压。雾化气孔可促进涂料的雾化，一般有 4 ~ 10 个，它促进漆液雾化，对喷枪性能有明显的影响，孔越大越多，雾化能力越强，能以较快的速度喷涂大型工件；孔小或少，则需要的空气少，雾形小，涂料雾化程度差，喷涂量小，但便于小工件的喷涂或低速喷涂。喷出空气量的多少与涂料雾化好坏有很大关系。喷幅控制气孔喷出的气流可控制喷雾的形状，一般有 2 ~ 4 个，当扇形调节旋钮关上时，喷雾的形状是圆形，当调节旋钮打开时，喷雾的形状变成长方形。

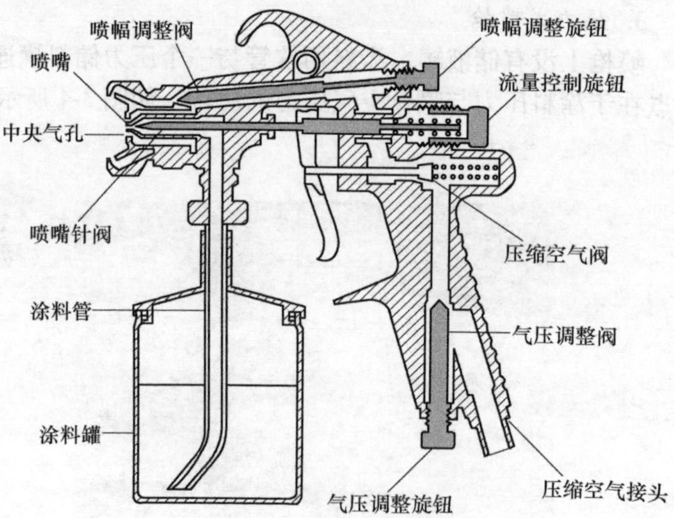


**图 3-6　虹吸式喷枪的结构**

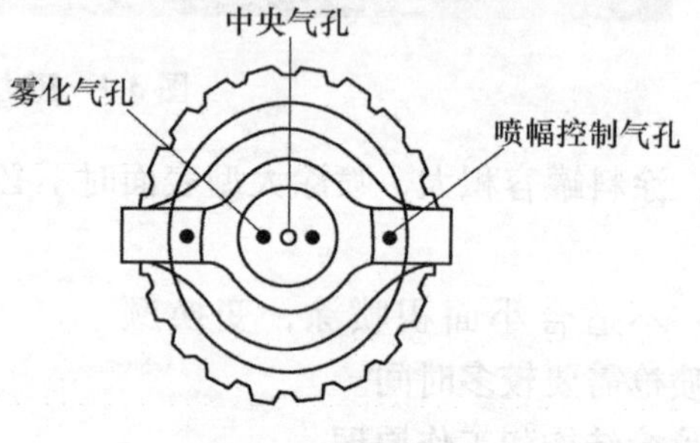


**图 3-7　空气帽结构**

气帽把压缩空气导入漆流，使漆流雾化，形成漆雾。涂料喷嘴上有很多小孔，每个小孔的作用不同。喷嘴针阀和涂料喷嘴的作用都是控制喷漆量，并把喷流从喷枪中导向气流。涂料喷嘴内有喷嘴针阀内座，喷嘴针阀顶到内座时可切断漆流。从喷枪喷出的实际漆量由喷嘴针阀到内座的涂料喷嘴开口大小决定，流量控制旋钮可以改变扳动扳机时喷嘴针阀离内座的距离。涂料喷嘴有各种型号，可以适应不同黏度的涂料，涂料喷嘴的口径越大时，涂料喷出量越大，越适合黏度大的涂料。

空气喷枪是利用空气压力将液体转化为小液滴的喷涂工具，该过程即雾化。雾化的过程就是喷枪工作的过程，雾化使涂料成为可喷涂的细小且均匀的液滴，当这些小液滴被以正确的方式喷上汽车表面后，就会结合形成一层厚度极薄的、像镜子一样的平整的膜。

喷嘴针阀和压缩空气阀分别控制着涂料和压缩空气的通道。扳机为两段式控制，当扣压扳机半开，仅打开了压缩空气阀，压缩空气进入喷枪内的空气通道，到达空气帽各气孔喷出，其中中央气孔（呈环形）喷出的气流在涂料喷嘴出口处形成局部真空，但此时喷嘴针阀没打开，只喷出压缩空气。扣动扳机全开时，喷嘴针阀后移打开涂料出口，由于在涂料喷嘴出口处已形成真空，而涂料罐内的涂料在真空吸力的作用下被推向已打开的涂料喷嘴，并喷出与压缩空气流接触，在高速气流的分散、冲击和破碎作用下形成扇形漆雾，如图 3-8 所示（参见彩图）。

雾化分以下三个阶段进行，如图 3-9 所示。

第一阶段，涂料由于虹吸作用从喷嘴喷出后，被从环形口喷出的气流包围，气流产生的

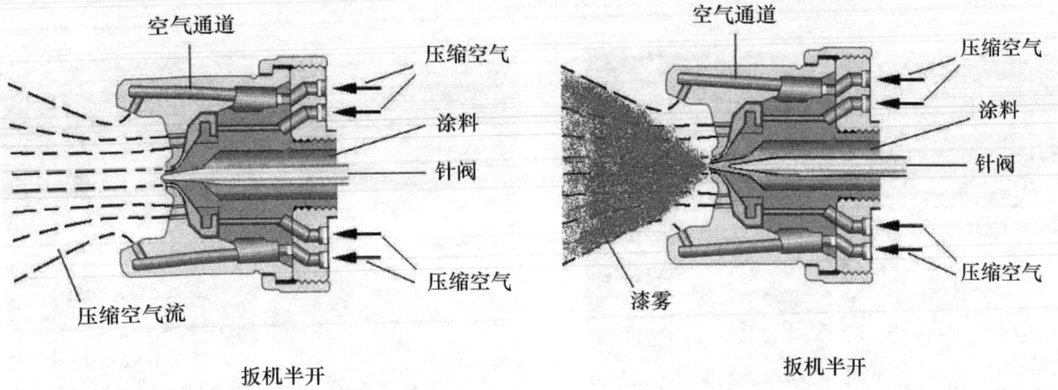


**图 3-8 喷枪的工作原理**

气旋使涂料分散。

第二阶段，涂料的液流与从雾化气孔喷出的气流相遇时，气流控制液流的运动，并进一步使其分散。

第三阶段，涂料受从空气帽喷幅控制孔喷出的气流作用，气流从相对的方向冲击涂料，使其成为扇形液雾。

### 三、喷枪的调整

喷枪的调整是指喷雾扇形区域的调节，喷雾扇形取决于空气和雾化的涂料液滴的混合是否合适（就像发动机的工作取决于空气和燃油的混合是否合适）。涂料的喷涂应平稳，喷涂出的湿润涂层应没有凹陷或流泪现象，在一般情况下要想获得合适的喷雾扇形，有三种基本调节方式。

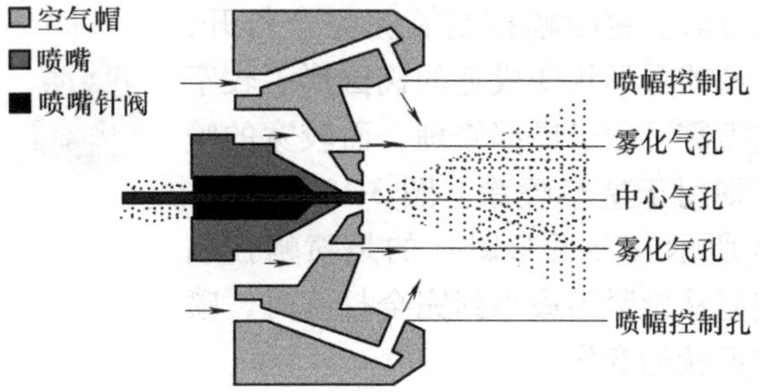


**图 3-9 喷枪的雾化**

1. 调节涂料流量

流量调整旋钮在拧出时漆流量增大，在拧进时漆流量减小。在操作时，流量调整旋钮应按具体要求进行调整。流量过大将使油漆流出过多，易造成流挂、漆膜过厚和雾化不良等；流量过小将使油漆流出量过小，易造成失光、漆膜过薄、遮蔽力低等缺陷，如图 3-10 和图 3-11 所示（参见彩图）。

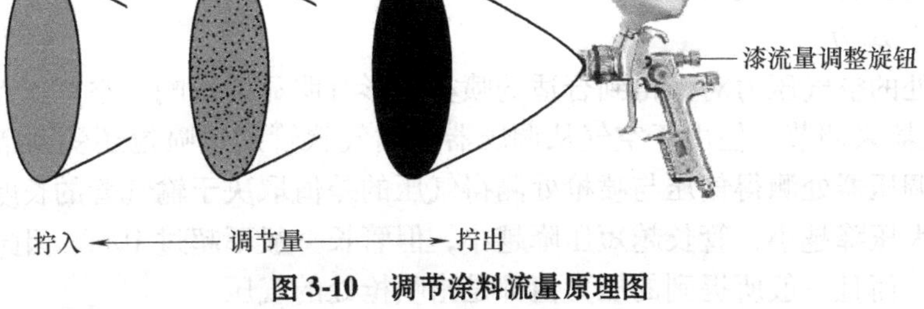


**图 3-10 调节涂料流量原理图**

a)　　b)

**图 3-11　调节涂料流量实际图**

a）拧入流量调整旋钮　b）拧出流量调整旋钮

2. 调节喷雾扇形

通过调节喷幅控制旋钮可以调节喷雾直径的大小。调节喷雾形状时，将喷幅控制旋钮旋紧到最小，可使喷雾的直径变小，形状变圆。将喷幅控制旋钮完全打开，可使喷雾形状变成宽的椭圆形。较窄的喷雾可用于局部修理，而较宽的喷雾则用于整车喷涂。图 3-12 和图 3-13 所示（参见彩图）的是喷幅控制旋钮从旋紧到最小到完全打开时，喷雾形状的变化。

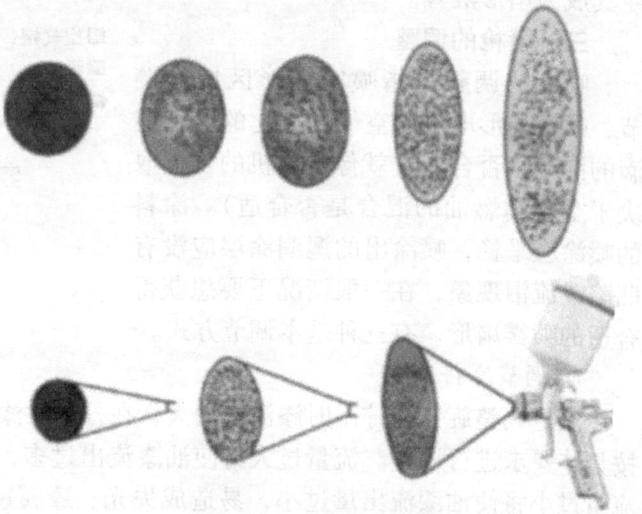

**图 3-12　喷幅控制旋钮从最里拧到最外的雾形变化情况**

雾束方向的改变是通过调节喷枪的空气帽来实现的，如果将空气帽上的犄角调整为左右对称，则喷出的是垂直雾束；如果空气帽上的犄角呈上下对称，则喷出的是水平雾束。在涂装施工作业中，如果喷枪上下移动，则使用水平雾束；如果喷枪水平移动，则使用垂直雾束。喷涂过程中，应根据被喷涂面的部位和喷枪的移动方向随时调整喷幅方向，但要在调整后将空气帽锁紧。

3. 调节空气压力

喷枪喷嘴处的空气压力对于得到合适的喷雾扇形有明显的影响。空气压力的调节一般可通过分离/调压器来调节，但由于空气从调压器经输气软管到达喷枪还受到摩擦力作用，因此存在压降。调压器处测得气压与喷枪处测得气压的差值取决于输气管的长度和直径，一般来说，孔径越大压降越小，管长越短压降越小，但管长一般不超过 10m。因此，应该在喷枪处测量气压值，而且一般所提到的压力值都是指喷枪处的气压。

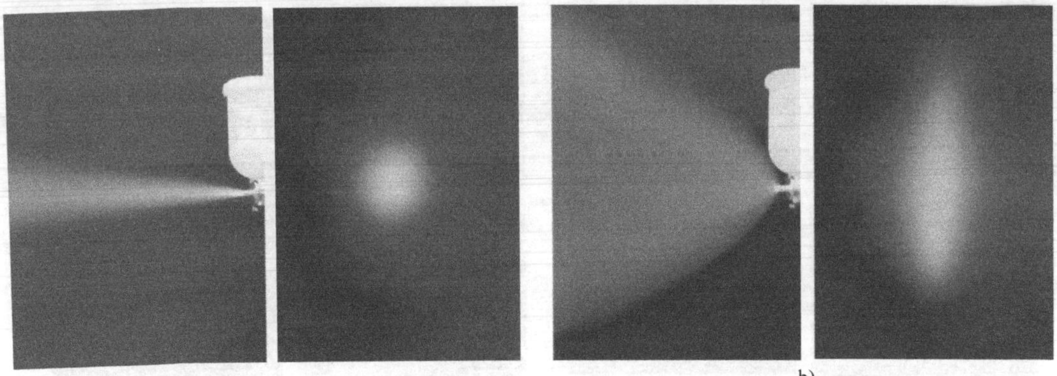

a) b)

**图 3-13 扇形控制旋钮调整时的雾形变化情况**

a）扇形控制旋钮拧紧时 b）扇形控制旋钮拧松时

测量气压的最可靠的方法是使用一块插在喷枪和输气管接头之间的气压表，如图 3-14 所示。有些喷枪本身就带有气压表，如图 3-15 所示，可用来检查和调节喷枪处的压力值，而大多数喷枪的气压表是可选件，建议在生产实际中应使用气压表。

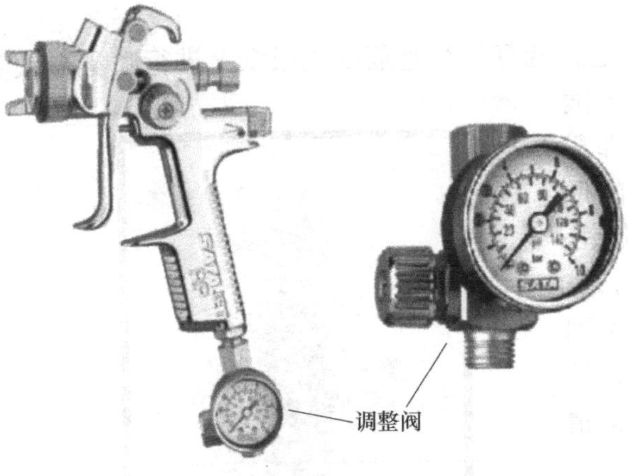


**图 3-14 带压力表的调压阀**

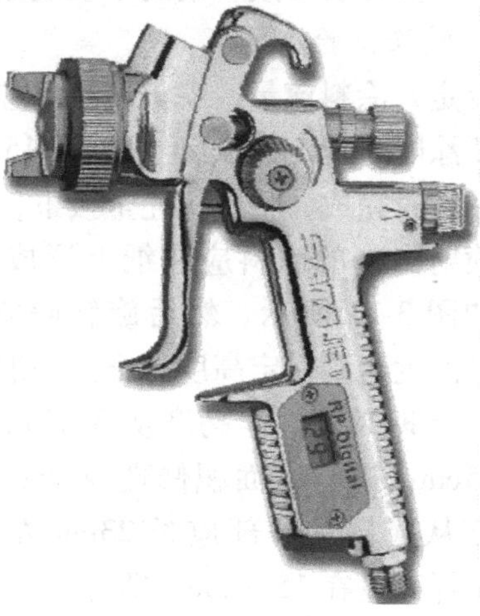

**图 3-15 带内置式数字显示式压力表的喷枪**

最佳的喷涂压力是指获得适当雾化、挥发率和喷雾扇形宽度所需的最低压力。压力过高会产生过多弥漫的喷雾，从而导致用料量增加而涂层流动性降低，因为在涂料到达喷涂表面之前已有大量的溶剂被挥发掉了，易产生桔皮等缺陷。如果压力过低，则会使涂层的干燥困难，因为大多数溶剂都保留下来了，因此容易产生起泡和流挂，如图 3-16 所示（参见彩图）。不同涂料喷涂时，所需的空气压力都有最佳值。

选择正确的喷涂气压与多种因素有关，如涂料的种类、稀释剂的种类（快干和慢干）、稀释后的黏度等。在喷涂操作时尽量使液态物料雾化，同时又要求液态物料中所含溶剂尽可能少地挥发。一般调节压力为 0.2～0.35MPa，或依据喷枪的调试情况而定。要养成严格遵守油漆厂商产品说明书所提供的施工参数的良好习惯，以便达到理想的效果。合适的喷涂气

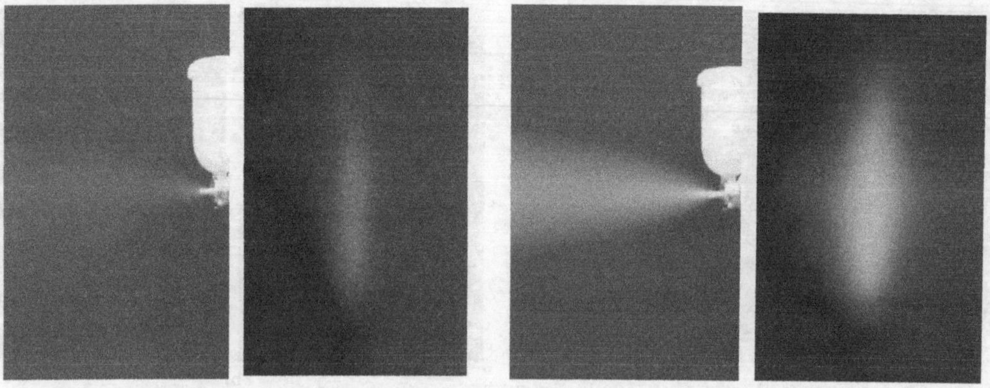

a)　　　　　　　　b)

**图 3-16　空气压力控制旋钮调整时的雾形变化情况**

a）空气压力调小时　b）空气压力调大时

压能获得适当的喷雾、喷幅和最低要求的挥发率。压力过低可能会导致雾化不好，油漆像雨淋一样喷涂到构件的表面，容易产生流挂、针孔、起泡等现象，而压力过高可能会导致过度挥发，严重时会形成所谓的干喷现象。

4. 喷涂试验

设定好涂料流量、喷雾扇形和空气压力后，就可以在遮蔽纸或报纸上进行喷雾形状测试。喷涂时喷枪与测试纸相距为 15 ~ 20cm。试验应在瞬时完成，将扳机完全按下，然后立即释放。喷射出来的涂料应在纸上形成长而窄的形状，如图 3-17 所示。然后旋转喷雾扇形旋钮，使试样高度达到一定高度为止。一般情况下，进行局部修理时，试样高度从底部到顶部应达到 10 ~ 15cm；进行大面积修理或全身修理时，试样高度从底部到顶部应长 23cm 左右；通常情况，试样高度在 15 ~ 20cm 即可。

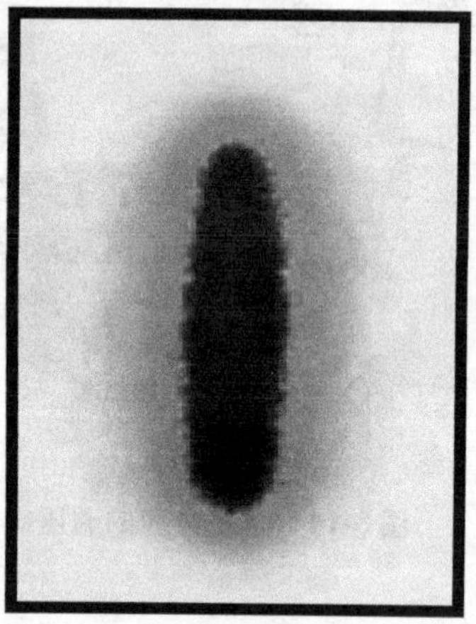

**图 3-17　喷涂试验形状**

如果涂料颗粒粗大，则可以旋进涂料流量控制旋钮 1/2 圈以减少流量；如果喷得太细或过干，则旋出涂料流量控制旋钮 1/2 圈，以达到调节涂料喷出量的目的。进行这种喷涂测试，既可以确定涂料雾化是否均匀，又可以确定涂料雾化的颗粒是否足够小，以保证合适的流动性。

完成以上测试后，还应测试涂料分布是否均匀，松开空气帽定位环并旋转空气帽，使犄角处于竖直位置，此时喷出的图案将是水平的。再喷一次，按住扳机直到涂料开始往下流，这叫做“流泪”，检查流泪的长度。如果所有的调节都合适，则流痕的长度应大致相等（图 3-18a）；如果流痕两边长、中间短（图 3-18b），则是喷雾形状调得太宽或气压太高，将喷幅控制旋钮转回 1/2 圈或增加流量，反复进行这两项调节，直到流痕的长度相等；如果流痕中间比两边长（图 3-18c），则说明涂料流量太大，调节流量控制旋钮，直到流痕的长度相等。

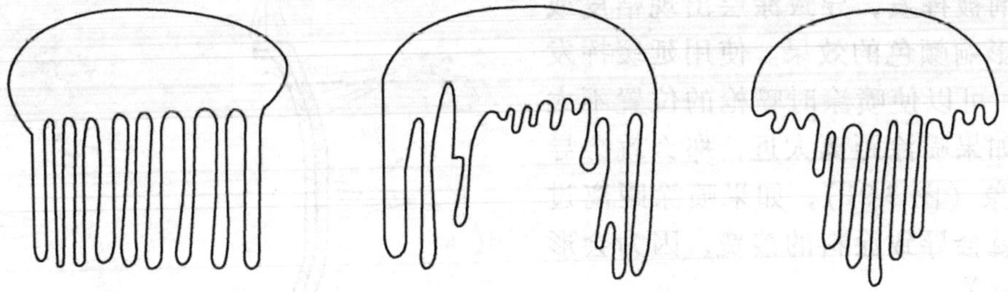

a)　　b)　　c)

**图 3-18　涂料雾化质量**

a）合适的喷涂图形　b）分离的喷涂图形　c）中间过重的喷涂图形

## 四、正确的喷枪操作

对喷涂工作而言，要想获得良好的效果，正确的喷枪操作是非常重要的。主要有如下要领：

1. 喷枪在移动过程中与被喷件的角度

为了便于操作，操作人员应以一字步或丁字步站立，在喷枪移动过程中，不论是横形的喷雾还是纵形的喷雾，在上下移动或左右移动时，均要保持喷枪与工作表面成 90°直角，并以与表面相同的距离和稳定、一致的速度移动，否则漆膜可能不均匀。绝不可由手腕或手肘作弧形摆动，否则被涂构件的漆雾流厚薄不均，厚处可能出现流挂，薄处可能出现露底，一部分漆雾在空气中流失。只有在小面积喷涂时才允许喷枪作扇形摆动，因为这时要求漆膜中间厚、两边薄，如图 3-19 和图 3-20 所示。

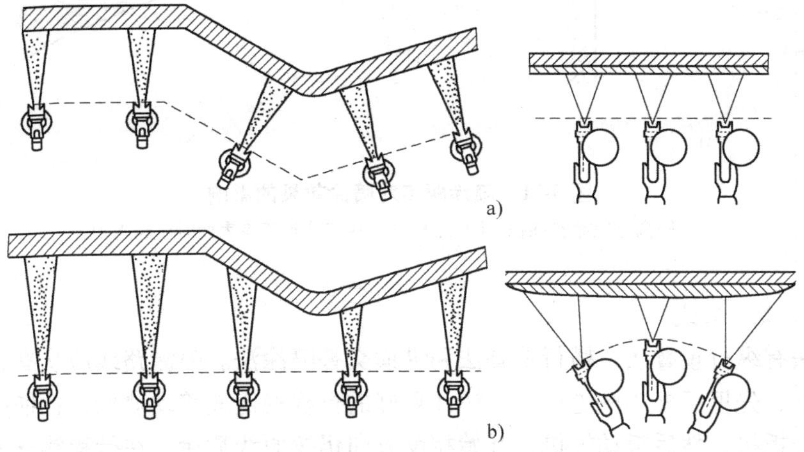

a)

b)

**图 3-19　喷枪与喷涂表面的角度（水平方向）**

a）正确　b）不正确

2. 喷枪嘴与待喷件之间的距离

喷枪与待喷件表面保持适当的距离非常重要，一般情况下距离 20cm 左右（可按油漆供应商提供的工艺条件操作），如果喷涂距离过近，那么喷涂气流的速度就较高，从而会使涂层出现波纹；如果距离过远，那么就会有过多的溶剂被挥发，导致涂层出现桔皮或发干，并影响颜色的效果。使用延缓挥发的稀释剂，可以使喷涂时喷枪的位置不太重要，但如果喷涂距离太近，那么就会导致流泪现象（图 3-21），如果喷涂距离过远，那么就会导致涂料的浪费，因为会形成飘散的喷雾。

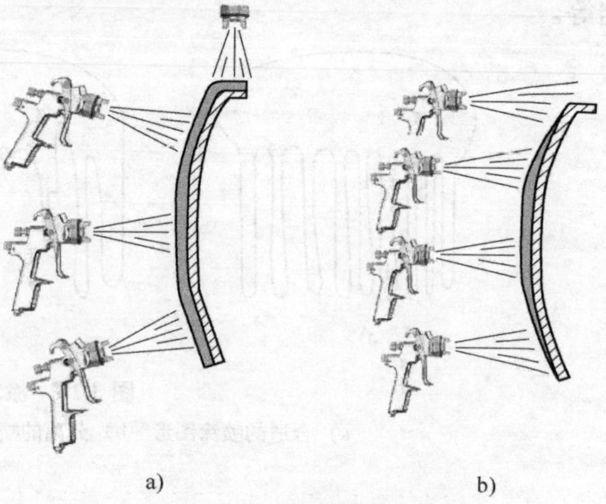

图 3-20　喷枪与喷涂表面的角度（竖直方向）

a）正确　b）不正确

3. 喷枪移动的速度

移动喷枪的速度应稳定，喷枪的移动速度与涂料干燥速度、环境温度和涂料的黏度有关。移动速度过快，会使漆膜粗糙无光，漆膜流平性差；移动过慢，会使漆膜过厚而发生流泪。因此，速度必须一致，否则漆膜厚薄不均。喷涂过程中绝对不能让喷枪停住不走，否则会产生流挂。使用干燥较慢的涂料，可适当提高移动速度。

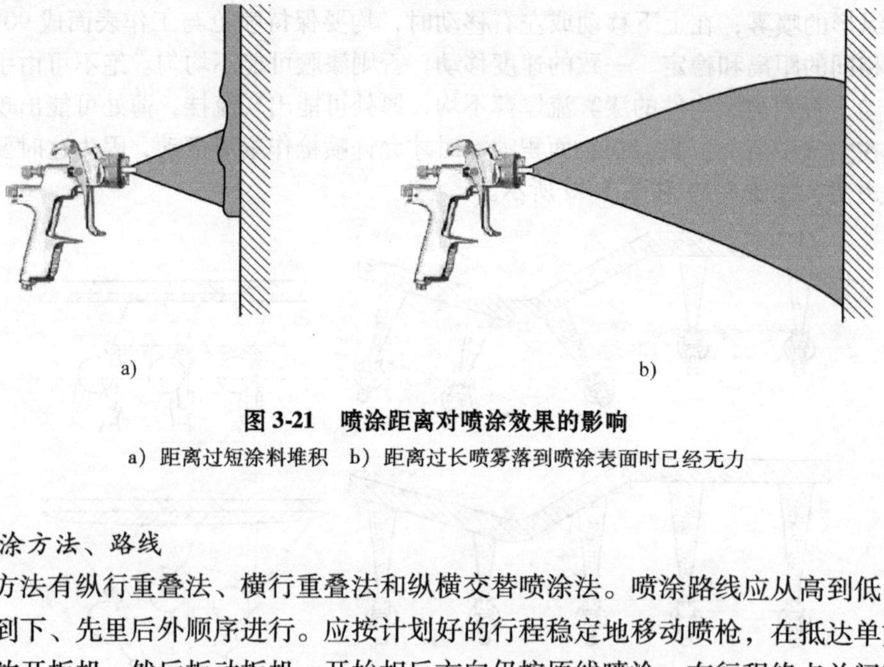

图 3-21　喷涂距离对喷涂效果的影响

a）距离过短涂料堆积　b）距离过长喷雾落到喷涂表面时已经无力

4. 喷涂方法、路线

喷涂方法有纵行重叠法、横行重叠法和纵横交替喷涂法。喷涂路线应从高到低、从左到右、从上到下、先里后外顺序进行。应按计划好的行程稳定地移动喷枪，在抵达单方向行程的终点时放开扳机，然后扳动扳机，开始相反方向仍按原线喷涂。在行程终点关闭喷枪可以避免出现流挂，并把飞漆减少到最少。难喷部位（如拐角或边缘）要先喷，要正对被喷涂部位，喷枪距离要比正常距离近，所有边缘和拐角都喷好后再喷水平表面。对竖直面板通常从板的最上端开始，喷嘴与上边缘平齐。喷枪第二次单方向移动的行程与第一次相反，喷嘴与第一次行程的下边缘平齐，雾形的上半部与第一次雾形的下半部重叠，重叠幅度应第二层与上一层重叠约 1/3 或 1/2（图 3-22）。下半部喷涂在未喷涂过的区域。应一直与前次喷涂部分的“湿边”混涂，开始喷涂的搭接处选择要合适，可避免出现双涂层和流挂。各涂层之间要留出几分钟的闪干时间。

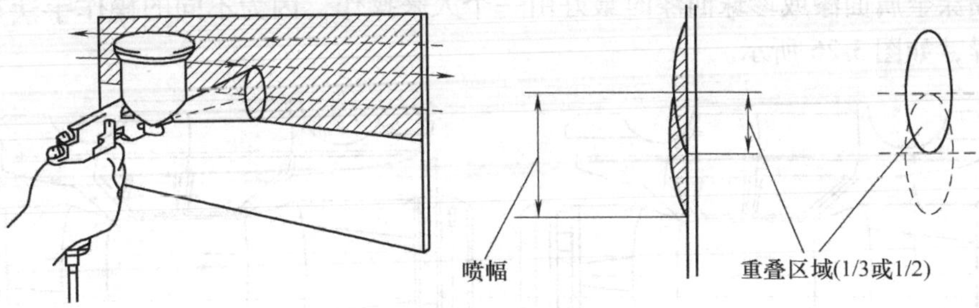


图 3-22　喷幅重叠情况

5. 不同板件的走枪顺序

无论是什么形状的板件，安装于什么位置，走枪时基本均按照从上到下、从左到右、从内到外、先边角再平面的原则。

（1）车门　首先喷涂车门框的顶部，然后下移直至车门的底部。如果只喷涂一个车门，则首先应喷涂车门边缘；喷涂门把手时应该特别小心，因为该点的油漆太多将会导致流挂，如图 3-23 所示。

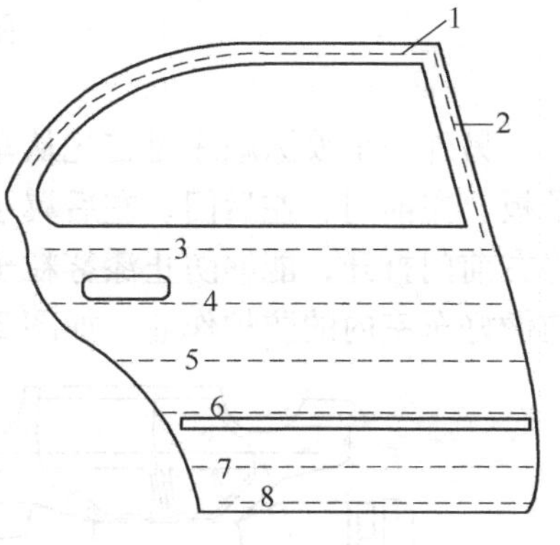


图 3-23　车门喷涂的走枪顺序

（2）前翼子板　前翼子板的翻边和发动机罩的边缘应该首先喷涂，然后是前照灯周围部分、面板的穹起部分，最后是面板的底部，如图 3-24 所示。

（3）后翼子板　首先喷涂边缘，然后施工人员站在面板的中间，以一个长的、连续的行程喷涂面板。如果无法一次完成，那么就把这个区域分成两个部分。使用这种方法时，一定要特别注意中间的重叠。如果重叠的油漆太多，则会发生流挂，如图 3-25 所示。

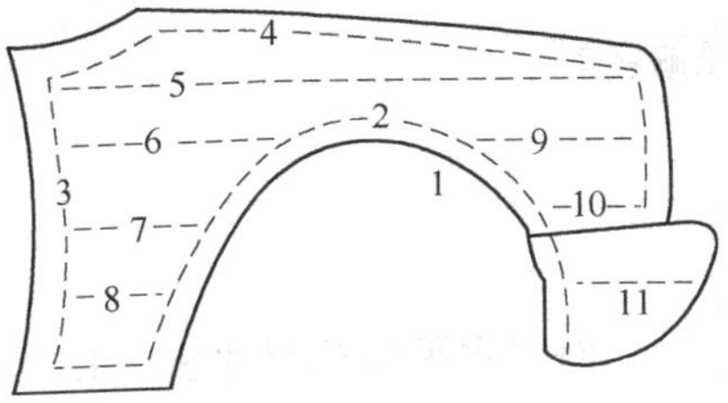


图 3-24　前翼子板喷涂的走枪顺序

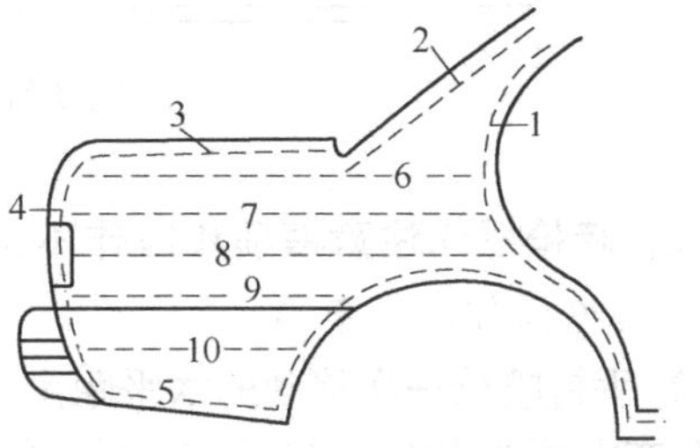


图 3-25　后翼子板喷涂的走枪顺序

（4）整车喷涂　通常，在横向通风式喷漆房里，离风源最近的地方首先喷涂，从而能保证附在喷漆表面的漆雾最少，使漆面更光滑。首先对车顶盖喷涂，然后是左侧或右侧车门，下一步是同侧的后翼子板，接着是行李箱盖和后围板。对汽车另一侧的喷涂是从后翼子板开始，然后是车门和前翼子板、发动机罩、前裙板、门窗框，最后对另一侧的前翼子板喷涂。

在下向通风式喷涂房里，多用首先喷涂车顶，然后喷涂车前部，围绕车身一圈后在车后部完成接缝的方法喷涂。如果由两名喷涂施工人员共同操作完成整车喷涂，那么效果会更好。但在喷涂金属面漆或珍珠面漆时最好由一个人来操作，因为不同的操作手法可能会引起颜色的差异，如图 3-26 所示。

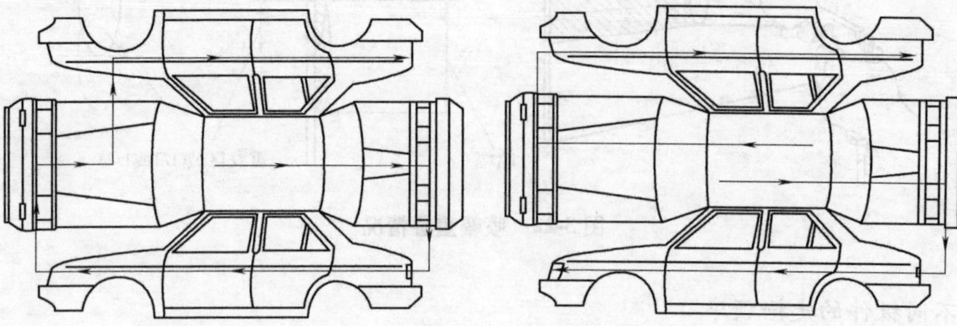

一名施工人员时的喷涂顺序　　　　两名施工人员时的喷涂顺序

**图 3-26　整车喷涂的走枪顺序 1**

另外一个喷涂顺序是首先从车顶开始，依次是右前门、右前翼子板、发动机罩、左前翼子板、左前门、左后门、左后翼子板、行李箱盖、右后翼子板、右后门。在喷涂右后门时可将右前门打开，能够防止漆雾粒子飞到已经略干的右前门涂面，避免产生粗粒现象。但要提前做好车室内的防护作业，如图 3-27 所示。

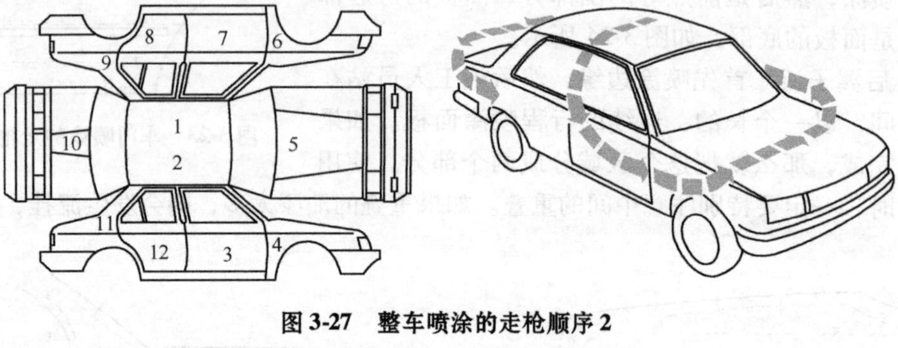


**图 3-27　整车喷涂的走枪顺序 2**

## 五、喷枪操作注意事项和操作不当带来的问题

1. 喷枪操作注意事项

1）手持喷枪一次移动的水平距离为 100～150cm，如果面层水平喷涂尺寸超过 150cm，就需要分两次移动喷涂。两次喷涂应有 10cm 的“湿边缘”重叠。在重叠区操作时，应掌握好扣动扳机的时机与力度，以免产生双涂层或形成涂料流挂现象，最后喷涂应位于表面的下缘。

2）喷涂时不要转动，喷枪的运动不要呈曲线形，否则会造成漆膜不均匀。喷漆时唯一可以转动的情况是进行局部喷涂时要求边缘处比中间厚时。

3）喷涂终了时应松开扳机，然后在反向喷涂开始时再扣下扳机。也就是说掉头时应先松开扳机再扣下扳机。这样有利于避免流挂，减少多余的喷雾，节省涂料。扣扳机的正确操作分四个步骤（图 3-28）：先从遮蔽纸上开始走，扣下扳机一半，仅放出空气；当走到喷涂表面的边缘时，完全扣下扳机，喷出涂料；当走到另一头时，松开扳机一半，涂料停止流出；反向喷涂前再往前移动几厘米，然后重复上述操作步骤。

4）边角这些难喷涂的部位应先喷涂。直接对准这些部位，以使两侧平面喷涂均匀。喷涂距离应比一般的近 3 ~ 5cm，或将喷雾扇形控制旋钮旋进几圈。如果离得较近，则移动速度应快一些，以使漆膜厚度保持一致。喷涂完所有边角后，就可以开始喷涂平面或接近平面的部件了。

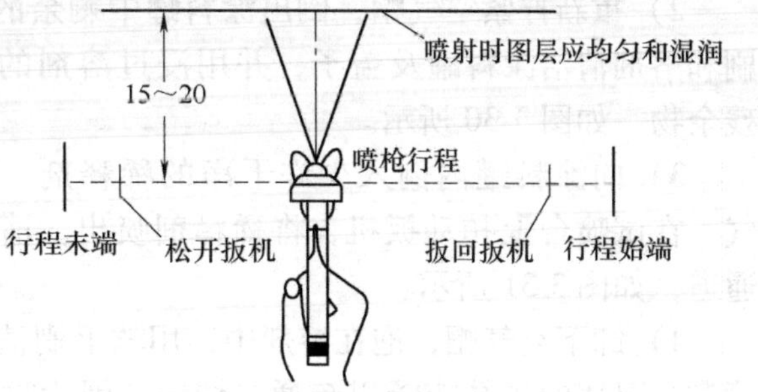


图 3-28 扳机的正确操作过程

5）喷涂表面非常窄的时候，应更换喷涂图案较小的喷枪或空气帽，而不必重新调节。喷涂图案较小的小修补喷枪易于操作。另外，降低气压和涂料流量后，小心操作也能使用大号喷枪。

6）持续来回操作，每走到头应松开扳机，并降低喷涂图案一半的距离。最后一趟应使喷雾的一半低于已喷涂平面。对车门而言，喷雾的下一半就喷空了。上述步骤是针对单涂层的，对于双涂层，应在此基础上重复上述操作。一般而言，良好的喷涂面层是由双涂层或多涂层涂料组成的，在两个涂层之间应有一段快速挥发的时间，即溶剂挥发以使涂层稍微变干的所需时间，一般为几分钟。这期间可以观察到涂层外表稍微变暗。

2. 喷枪操作不当带来的问题

（1）倾斜　主要是由于喷枪与被喷涂表面不垂直，这样因倾斜造成漆膜厚度不均匀，飞漆过多，出现砂状和桔皮。

（2）走弧线　喷枪移动路线与被喷涂表面不平行，而是两端喷枪距离较远，中间却距离较近，结果也是使漆膜厚度不均匀，飞漆过多，出现砂状和桔皮现象。

（3）移动速度不当　太快时油漆不能均匀覆盖表面，太慢则容易出现流挂。

（4）重叠不当　行程重叠不当，结果使漆膜厚度不均，色调不一，出现流挂。

（5）过量喷涂　每一行程开始或结束时，不能很好地控制扳机，结果导致或是开始时扳扳机过早，或是行程结束时松扳机过晚，以致行程开始或结束时产生许多飞漆，并使油漆堆积过厚。

（6）覆盖不当　喷涂到构件边缘时不能准确地控制扳机，或行程结束覆盖范围不适合，造成漆膜厚薄不均匀。

以上各项漆面缺陷，只要掌握操作要领，经过不断实践是容易克服的。

**六、喷枪的清洗和维护**

不注意维护和清洗是喷枪发生故障的主要原因。使用后应立即清洗喷枪及其附件，往磨损表面添加润滑剂，小心操作，不要扔或摔，对于维护喷枪是非常重要的。

1. 喷枪的清洗

（1）虹吸式喷枪的清洗

1）卸下涂料罐，吸料管仍留在涂料罐内不要撤出，把空气帽松开 2 ~ 3 圈，在空气帽前罩一块折叠多层的擦拭布，并用手压紧，然后扣动扳机，用压缩空气逆向冲洗喷枪，使喷枪内的涂料回流到涂料罐中，如图 3-29 所示。

注意：使用的气压要低，当涂料罐还装在喷枪上时，不要进行上述操作，否则涂料会从罐内飞溅出来。

2）重新拧紧空气帽，倒出涂料罐中剩余的涂料，用毛刷和溶剂清洁涂料罐及盖子，并用浸过溶剂的擦拭布擦掉残余物，如图 3-30 所示。

3）向涂料罐内倒入少许干净的稀释剂，接上压缩空气，在试喷台上扣动扳机，将稀释剂喷出，清洗喷枪内的通道，如图 3-31 所示。

4）卸下空气帽，泡在溶剂中，用软毛刷清洗空气帽及喷嘴，阻塞的小孔应予以疏通。切记，因为这些小孔都是精加工钻出的，决不能用钢丝或钢钉这样的东西清理这些小孔，以免出现损伤，如图 3-32 和图 3-33 所示。

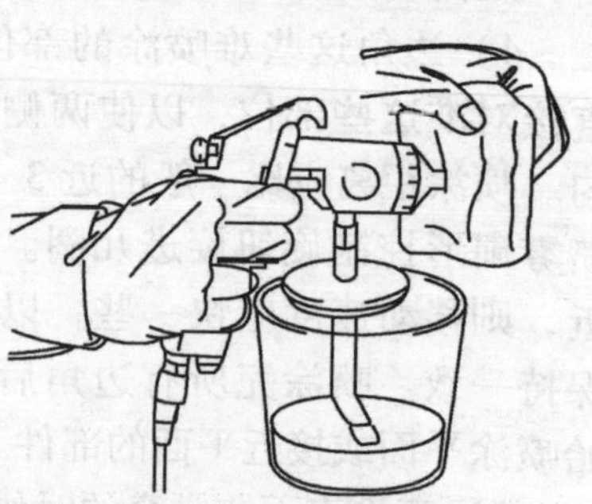

**图 3-29　虹吸式喷枪的清洗 1**

**图 3-30　虹吸式喷枪的清洗 2**

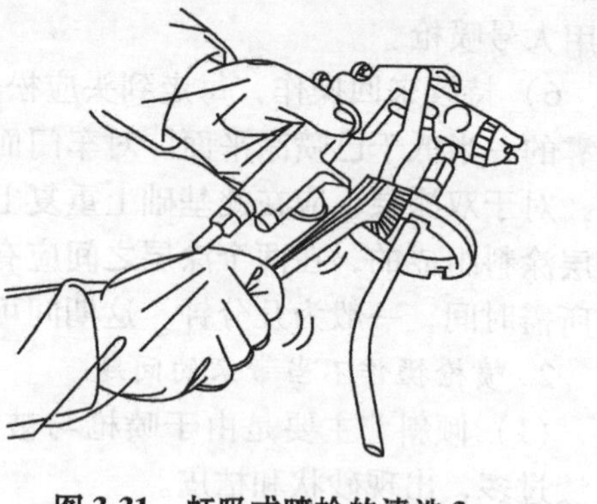

**图 3-31　虹吸式喷枪的清洗 3**

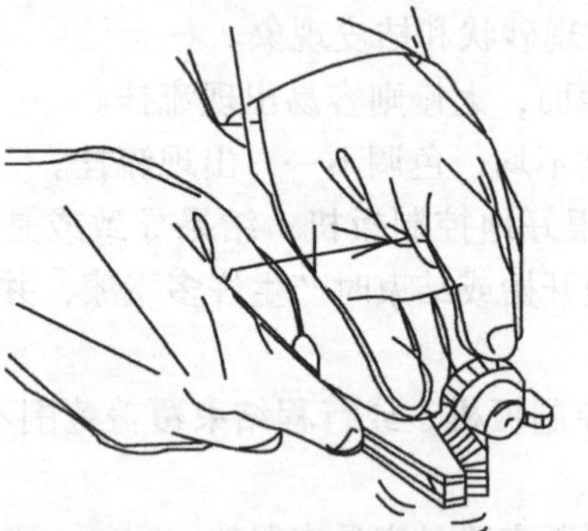

**图 3-32　虹吸式喷枪的清洗 4**

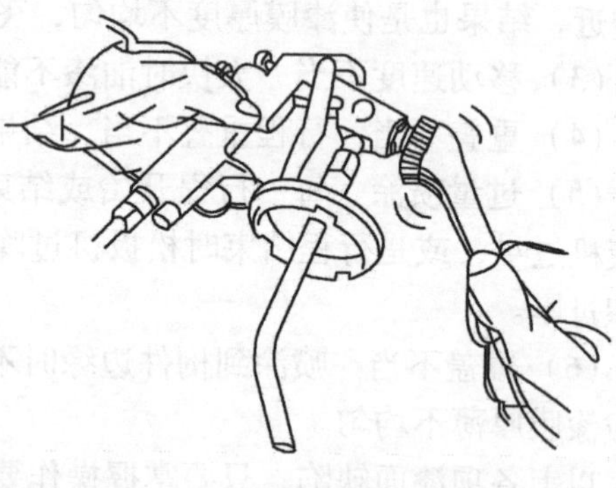

**图 3-33　虹吸式喷枪的清洗 5**

5）用浸过溶剂的擦拭布擦拭喷枪体，擦掉所有涂料痕迹；再用干净的擦拭布擦拭喷枪外表，并仔细装复喷枪。

6）清洗结束后，对喷枪中有相对运动的部位进行必要的润滑。

（2）重力式喷枪的清洗　喷枪使用后应及时清洗，否则容易出现喷枪堵塞现象，影响下次使用。清洗重力式喷枪的一般步骤：

1）倒出涂料罐中剩余的涂料，并注意剩余涂料的回收处理，防止造成环境污染。

2）接上压缩空气，在试喷台上扣动扳机，清除喷枪中残留的涂料，如图3-34所示。

3）将适量的稀释剂导入涂料罐中，试喷数次。

4）在空气帽前罩一块擦拭布，并用手压紧，扣动扳机，用压缩空气逆向冲洗喷枪，如图3-35所示。

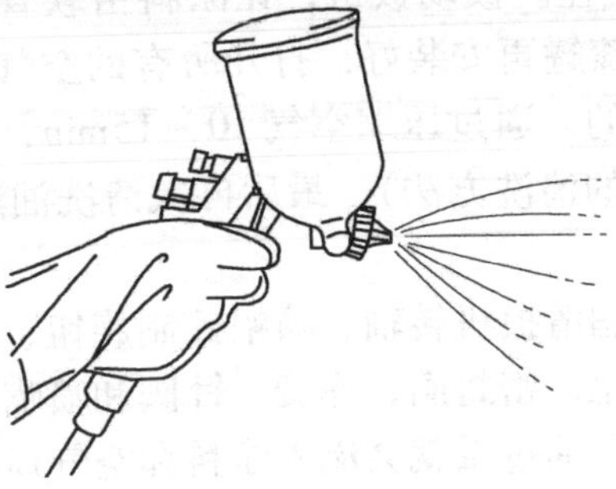

图3-34　重力式喷枪的清洗1

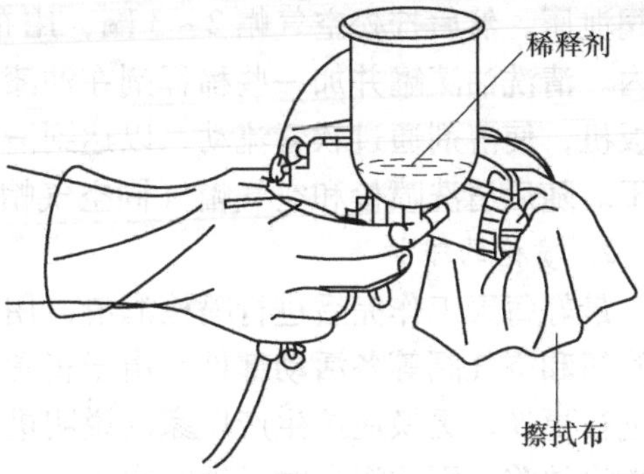


图3-35　重力式喷枪的清洗2

5）用毛刷清洗干净涂料罐，并用干净的擦拭布将涂料罐擦拭干净，如图3-36所示。

6）空气帽、喷嘴及喷枪体用软毛刷和清洗剂清洗。

注意：不能用硬的物品去疏通喷孔或其他零件表面，不要碰伤喷嘴，如图3-37所示。

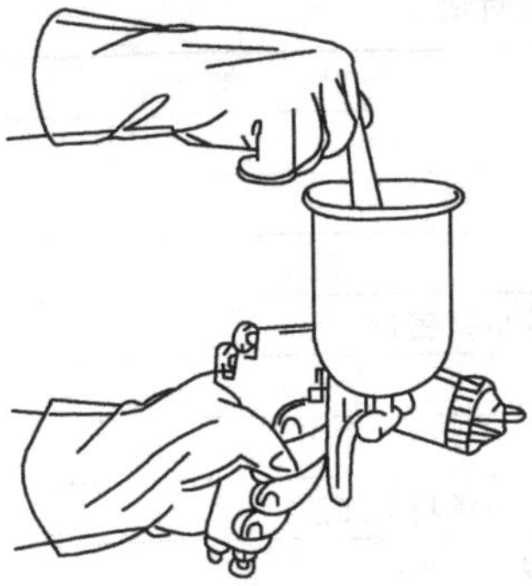

图3-36　重力式喷枪的清洗3

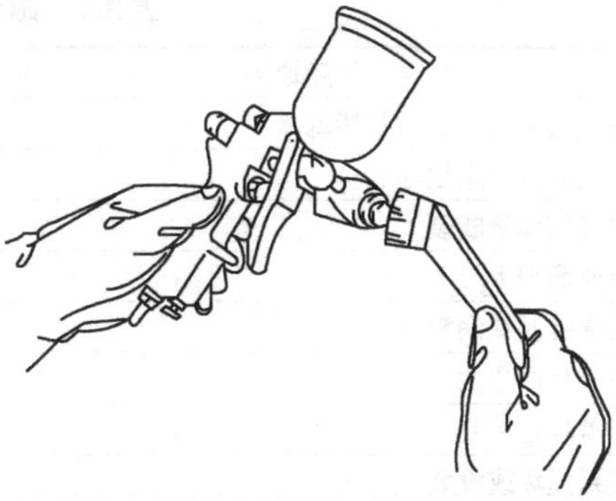

图3-37　重力式喷枪的清洗4

7）用干净的擦拭布擦拭喷枪外表，并仔细装复喷枪。

8）清洗结束后，对喷枪中有相对运动的部位进行必要的润滑，一般滴少许轻质润滑油。一般润滑部位有扳机支承销、压缩空气阀和各调整旋钮等。

目前，在一些地区和单位已开始使用喷枪自动清洗机，结合人工手洗来清洗喷枪，清洗效果非常好。在美国空气污染严重的地区，如南加洲，需要使用封闭式喷枪清洗设备。喷涂设备包括喷枪、储料杯、搅拌器和滤网，都要放到喷枪清洗/再循环利用机器的大桶内。盖上桶盖，然后打开气动泵使清洗桶内的清洗液旋转，从而清洗各部件的内部和外部。不用1min，该设备就能清洗干净各部件。喷枪自动清洗器可节省漆工的时间。与传统的手工清洗方式相比，自动清洗器可节省更换涂料操作10min的时间，该清洗器增加了漆工的安全，因为皮肤不再接触到那些有损伤的溶剂。该系统的设计上，底部有一个螺塞，可容易地将废液排掉。仔细阅读使用说明，搞清楚操作细节和应使用的正确溶剂。

注意：如果喷枪在使用完后不立即清洗，那么喷嘴就会部分或完全堵上，导致喷枪喷出来的喷雾分裂（喷出干燥的涂料碎片）或喷雾形状不对。对加有添加剂的双组分油漆，尤其如此，因为在使用后如果不立即清洗，那么双组分油漆就会在喷枪的内部硬化，从而无法清除。

（3）压送式喷枪的清洗　对于压送式喷枪，先关闭油漆罐的压缩空气，从泄压阀或调压阀泄压，然后拧松空气帽2~3圈，用布把空气帽盖住。扳动扳机，让涂料由软管回到漆罐内。清洗油漆罐并加一些稀释剂在油漆罐内，把油漆罐再安装好，打开所有的空气阀，扣动扳机，使溶剂通过软管流动，以达到清洁软管的目的，通过压缩空气10~15min，将软管吹干。随后清洗喷枪和空气帽（同空气帽和虹吸喷枪的清洗方法），最后再次清洗油漆罐。

2. 喷枪的维护

最好每天工作完后进行喷枪润滑，用轻质润滑油润滑扳机转轴、喷幅控制旋钮、涂料控制旋钮和空气阀等各活动部件。由于正常的磨损和老化，密封圈、弹簧、针阀和喷嘴必须定期进行更换，更换应按生产厂家的说明进行。由于润滑油过量就会流入涂料和空气通道，造成喷涂缺陷，因此润滑时必须非常小心，润滑油和涂料混合后就会降低喷涂质量。

不要把整把喷枪长时间泡进清洗液中，这样会使密封圈硬化，并破坏润滑效果。

## 七、喷枪的故障排除

1. 喷枪漏气

喷枪漏气的故障原因及对策见表3-1。

表3-1　喷枪漏气的故障原因及对策

| 故障原因 | 对　策 |
|---|---|
| 空气阀或阀座被污物堵塞 | 清洗 |
| 空气阀或阀座损坏 | 修理或更换 |
| 空气阀弹簧断裂 | 更换 |
| 后座磨损太松 | 拧紧垫座或更换密封 |
| 喷嘴针阀缺润滑油 | 加润滑油 |
| 喷嘴针阀弯曲 | 更换 |
| 压盖螺母太紧 | 松开一点，在填料上加油 |
| 密封损坏或没装 | 更换或安装 |

2. 漆液泄漏

漆液泄漏的故障原因及对策见表3-2。

表3-2　漆液泄漏的故障原因及对策

| 故障原因 | 对　策 |
|---|---|
| 前座垫磨损，喷嘴端部磨损或裂纹 | 拧紧喷嘴，更换有裂纹的喷嘴 |
| 喷嘴针阀或喷嘴损坏使喷嘴针阀无法到位 | 修理或更换 |
| 喷嘴堵塞，喷嘴针阀封闭不严 | 取下喷头清洗 |
| 螺母太紧 | 松开一点 |
| 压紧螺母松动 | 拧紧螺母 |
| 喷嘴针阀弹簧断裂 | 更换 |
| 垫圈损坏 | 更换 |
| 喷嘴针阀填料缺油 | 注油，然后拧紧螺母 |

3. 雾束顶部或底部太大

雾束顶部或底部太大（图3-38）的故障原因及对策见表3-3。

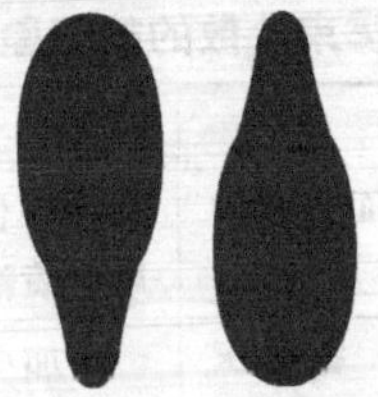

图 3-38　雾束顶部或底部太大

表 3-3　雾束顶部或底部太大的故障原因及对策

| 故障原因 | 对　策 |
|---|---|
| 漆料喷嘴顶或底部堵塞 | 清洗 |
| 空气帽或漆料喷嘴被污染 | 清洗 |
| 犄角气孔部分堵塞 | 清洗 |

4. 雾束不稳、时大时小

雾束不稳、时大时小（图 3-39）的故障原因及对策见表 3-4。

表 3-4　雾束不稳、时大时小的故障原因及对策

| 故障原因 | 对　策 |
|---|---|
| 出漆孔堵塞 | 清洗 |
| 喷杯中涂料不够 | 加足涂料 |
| 喷枪倾斜角度太大 | 减小倾斜角度或增加喷杯中的涂料 |
| 喷杯上空气出口被堵 | 清洗 |
| 连接喷杯或压料罐的管道破裂或安装不紧 | 紧固所有接头，更换损坏管道 |
| 喷嘴松动或喷嘴座损坏 | 拧紧喷嘴或更换喷嘴座 |
| 涂料黏度太大 | 稀释涂料，或改用压送式 |
| 喷杯与枪体间的连接螺母松动、污染或损坏 | 拧紧、清洗或更换 |
| 填料缺油或喷嘴针阀螺母松动 | 加轻质润滑油、拧紧 |
| 空气压力过低、漏气 | 提高空气压力，修理漏气处 |
| 密封螺塞漏气 | 旋紧密封螺塞，使密封垫压缩，补偿磨损 |

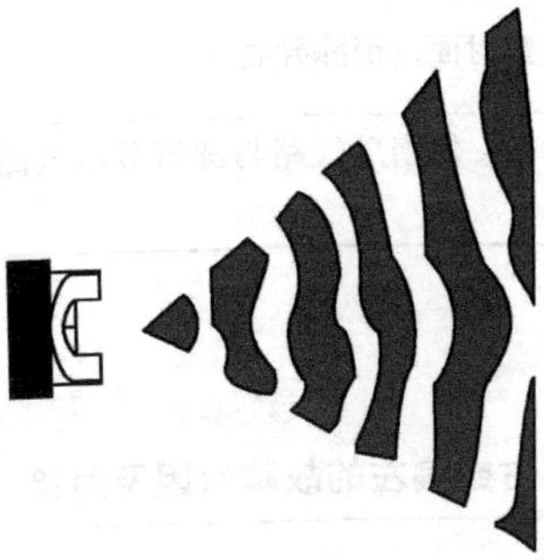

图 3-39　雾束不稳、时大时小

5. 雾束集中

雾束集中（图 3-40）的故障原因及对策见表 3-5。

图 3-40　雾束集中

表 3-5　雾束集中的故障原因及对策

| 故障原因 | 对　策 |
|---|---|
| 对扇形喷幅而言，供漆量太大 | 减少供漆量，将雾束控制阀开大些 |
| 对压送式喷枪，空气帽选小了 | 换大一些 |
| 对于压送式喷枪，空气压力太小 | 增加空气帽中雾化空气的压力 |
| 喷嘴尺寸太大 | 更换尺寸小些的 |

6. 雾束分散

雾束分散（图 3-41）的故障原因及对策见表 3-6。

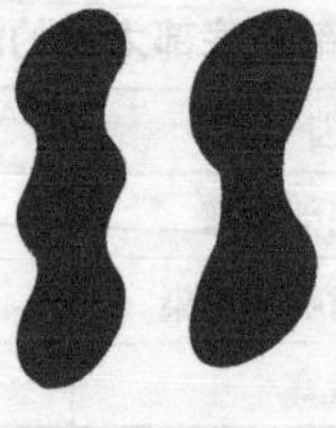

图 3-41　雾束分散

表 3-6　雾束分散的故障原因及对策

| 故障原因 | 对　策 |
| --- | --- |
| 对于扇形喷幅而言，供漆量太小 | 增加供漆量或减小一些扇形喷幅 |
| 对压送式喷枪，雾化压力太高，供漆量不足 | 增加些压料的压力，同时降低雾化压力 |
| 喷嘴尺寸太小 | 更换尺寸大些的喷嘴 |

7. 漆雾无圆形雾状

漆雾无圆形雾状的故障原因及对策见表 3-7。

表 3-7　漆雾无圆形雾状的故障原因及对策

| 故障原因 | 对　策 |
| --- | --- |
| 气流喷嘴和喷嘴的安装密封面有余漆，影响扇形和圆形雾状气路畅通 | 检查气流喷嘴和喷嘴密封面，消除异物 |
| 喷嘴与枪体密封面扇形雾状气路和圆形雾状气路串通 | 检查喷嘴与枪体密封面，使扇形气路与圆形雾状气路各自隔绝密闭 |

8. 雾束偏右或偏左

雾束偏右或偏左（图 3-42）的故障原因及对策见表 3-8。

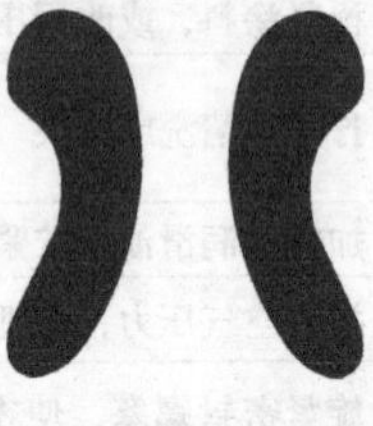

图 3-42　雾束偏右或偏左

表 3-8　雾束偏右或偏左的故障原因及对策

| 原　因 | 对　策 |
| --- | --- |
| 犄角右边或左边部分堵塞 | 清洗 |
| 漆料喷嘴右边或左边被污染 | 清洗 |

## 总　结

喷枪的类型按涂料的供给方法分为虹吸式、重力式和压力式三种，涂装修补常用虹吸式和重力式，按涂料罐的安装位置常称为下壶枪和上壶枪，小修补时多用上壶枪。为了获得最佳的修补效果，在不同的涂层和情况下要使用不同的喷枪。建议每人配备四把喷枪，一把用于底漆、中涂层喷涂，一把用于面漆、清漆层喷涂，一把用于银粉漆喷涂，还有一把小修补喷枪用于点修补时使用。如果这些喷枪保持良好的清洗和工作顺序，就会节省大量换枪时的调整和清洗时间。

喷枪由枪体和喷枪嘴组成。枪体又由压缩空气阀、气压调整旋钮、喷幅调整旋钮、流量调整旋钮、涂料罐、涂料通道、空气通道、扳机和压缩空气接头等组成。喷枪嘴由空气帽、喷嘴和喷嘴针阀组成。空气帽把压缩空气导入漆流，使漆流雾化，形成漆雾。喷枪的调整是指喷雾扇形区域的调节，主要包括涂料流量、喷雾扇形和空气压力的调节，然后进行喷涂试验检查调整效果。对喷涂工作而言，要想获得良好的效果，正确的喷枪操作是非常重要的，一定要注意喷枪的“速度、距离、角度、走枪”这几个要点。不注意维护和清洗是喷枪发生故障的主要原因。使用后应立即清洗喷枪及其附件，往磨损表面添加润滑剂。

## 思考问题

**一、填空题**

1. 按涂料供给方式喷枪可分为：________喷枪、________喷枪和________喷枪。

2. 空气帽上有三个小孔分别为________、________、________。

3. 喷枪的调整是指喷雾扇形区域的调节，主要包括________、________和________的调节，然后进行喷涂试验检查调整效果。

**二、判断题**

1. 下壶枪适合喷涂固体含量大的涂料。（　）

2. 中央气孔位于喷嘴末端，产生喷出涂料所需的负压。（　）

3. 当扇形调节旋钮关上时，喷雾的形状是长方形，当调节旋钮打开时，喷雾的形状变成圆形。（　）

4. 最佳的喷涂压力是指获得适当雾化，挥发率和喷雾扇形宽度所需的最低压力。（　）

**三、简答题**

1. 喷枪的类型及各自的特点是什么？

2. 喷枪的结构和工作原理是什么？

3. 如何正确调制喷枪？

4. 喷枪的正确操作及注意事项是什么？

5. 喷枪的清洗和维护要点是什么？

6. 如何排除喷枪的故障？

## 拓展提高

### 环保型喷枪

环保型喷枪又称为HVLP喷枪，意为高流量低气压式喷枪，即使用大量空气，在低气压下将涂料雾化成低速的小液滴。它与传统喷枪的区别在于其材料传递效率非常高。

传统喷枪主要利用高压气体将涂料“吹”成小液滴，在这一过程中，将产生大量多余的喷雾。高压系统的转化效率受多余喷雾的影响，小液滴被“吹”起来又被弹了回去，即回喷现象非常明显。相反，HVLP喷枪将涂料分解成小液滴的气压不超过70kPa。当涂料流入气流后，由于没有反弹现象，减少了弥漫的喷雾，因此传递效率有了很大的提高。HVLP喷枪适用于任何可用喷枪雾化的液体溶剂材料，包括双组分涂料、氨基甲酸乙酯、丙烯酸漆、环氧树脂、磁漆、清漆、着色涂料和底层防锈涂料等。

高传递效率可以很好地保护环境，还可以有效地提高车间的工作环境以及喷涂的质量。多余的喷雾不但使工作场合的环境有害健康，而且降低了能见度，从而导致操作容易出错和工作效率下降。多余的喷雾是喷涂操作返工的主要项目之一，因此减少了多余的喷雾就节省了大量的时间。HVLP喷枪的材料传递效率一般是传统喷枪的2倍左右，传统喷枪的材料传递效率在35%～40%，而HVLP喷枪的材料传递效率高达65%以上，这样喷漆间的维护与用料费用都相应地降低了许多。

HVLP 喷枪和传统喷枪的操作基本相同，但有一些细微的差别。例如：HVLP 喷枪离喷涂表面应该近一些，因为漆流的速度较慢，喷涂时应距离 15～20cm，距离过长会导致喷涂发干且漆膜厚度不够。气压在 150～200kPa 就能使涂料很好地雾化。

许多人第一次使用 HVLP 喷枪时都会注意到 HVLP 喷枪的喷雾速度要比传统喷枪喷涂慢，但漆膜厚度通常比传统喷枪要厚一些。这是因为达到所需厚度的喷涂次数要少，可以提高工作效率。有时喷涂速度较慢，主要是因为气源的压力不足，并非所有系统在实际情况下都能达到额定供气压力。而且 HVLP 喷枪工作时非常安静，好像工作效率不高，因它不像传统喷枪，工作时好像轮胎泄漏一样。

# 学习任务二　打磨工具及材料

**知识点：** 打磨机的分类及各自的特点；打磨材料的种类和打磨介质；手工打磨工具。

**能力点：** 打磨机的正确使用；手工打磨工具的正确使用。

## 任务情境

在汽车修补涂装中，打磨是关键的一步。准备喷涂表面时可按以下几步进行打磨：在喷涂新的外涂层之前，必须清除干净开裂或剥落的涂层和小面积锈蚀，否则，这些状况会继续恶化，并最终破坏新的涂层；喷涂过底漆层和中涂层的部位必须打磨光滑和平整；必须对整个需要整修的表面进行磨伤打磨以提高新涂层的附着力。干净的、打磨过的表面对提高附着力是非常重要的。

## 任务分析

打磨在大多数汽车修补涂装程序中是一道标准的工序，汽车修理行业用到的“打磨”这个术语是指在整个喷涂过程中喷涂最后颜色涂层之前的一个工作阶段。因此，打磨是使车身表面光滑、平整，获得良好附着效果必需的一步，而涂敷原子灰和进行打磨的工作也是如此。每一位汽车涂装工都知道，颜色涂料不能填平粗糙表面的区域，因此学习和掌握打磨工具及材料非常重要。

## 相关知识

### 一、打磨机的分类

打磨机能够降低操作人员的劳动强度及提高涂装质量。打磨机的种类很多，根据形状来分有圆盘式和板式；机器打磨可以利用电力驱动，也可以利用压缩空气驱动，根据动力来分有电动和气动。由于喷漆车间内有易燃物品，要尽量减少电动工具的使用，所以主要采用压缩空气驱动的气动打磨机。气动打磨机是利用粘附砂纸对表面进行打磨的设备，根据砂纸及运动方向有单作用打磨机、双作用打磨机、轨道式打磨机和往复直线式打磨机，适用于不同的工作需要。

1. 单作用打磨机

单作用打磨机如图 3-43 所示，打磨盘垫绕一个固定的点转动，砂纸只作单一圆周运动，用于粗打磨工作，可用于清除铁锈、旧涂层、较厚的原子灰层的打磨操作。换上抛光盘也可用于涂膜抛光。打磨盘垫做单向圆周运动，盘面中心和边缘存在速度差，造成打磨不均匀及产生圆形磨痕，因此在操作时不能把打磨盘垫平放在打磨面上，而是利用旋转边缘约 3cm 作为打磨时的打磨面，操作时要轻微倾斜，以保持最佳的打磨效果。

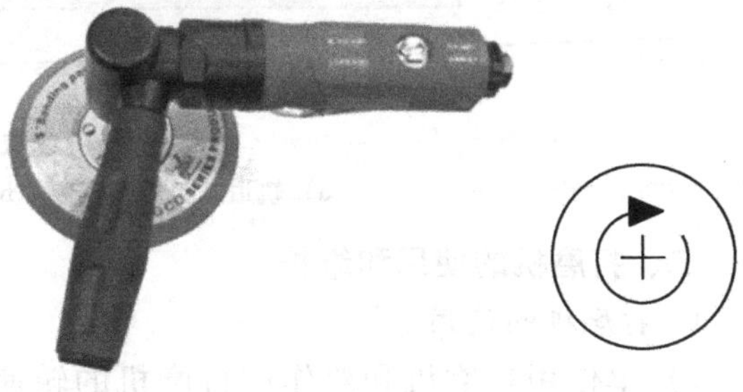

a) b)

**图 3-43 单作用打磨机**

a）单作用打磨机实物 b）单作用打磨机打磨轨迹

2. 双作用打磨机

如图 3-44a 所示，双作用打磨机的旋转轴是偏心轴，使得打磨盘垫在运转中做双重圆周运动（图 3-44b），旋转时产生振动，可避免单向旋转时产生的圆形磨痕。一般在粗磨时使用单圈圆周运动打磨机，工作效率高、质量好。

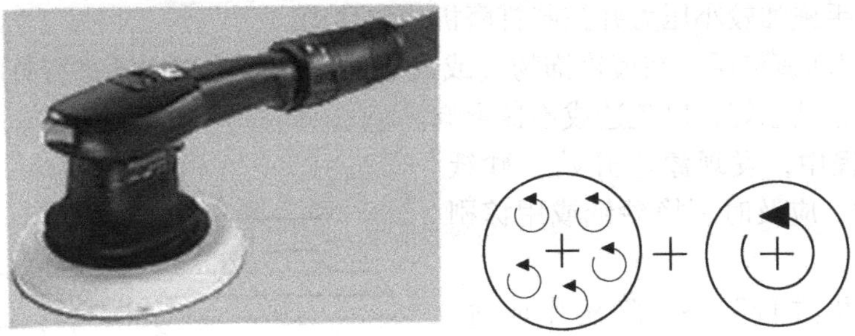

a) b)

**图 3-44 双作用打磨机**

a）双作用打磨机实物 b）双作用打磨机打磨轨迹

3. 轨道式打磨机

如图 3-45a 所示，轨道式打磨机的打磨盘垫和砂纸都呈矩形。运转时，轨道式打磨机在直线轨迹上产生移动并作圆周运动（图 3-45b），由于打磨操作平压在打磨面上，各部的运动均匀，而不易产生划痕缺陷，主要适用于原子灰的打磨。

4. 往复直线式打磨机

往复直线式打磨机是一种长板式打磨机，只是简单的前后运动，砂纸安装在底板上靠来回直线运动研磨物面，一般适用于要求平整度的打磨工作。

a)

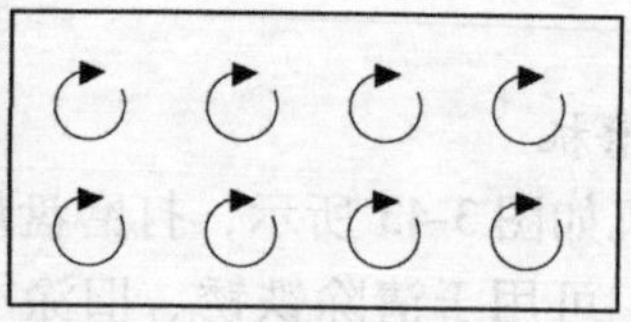

b)

**图 3-45　轨道式打磨机**

a）轨道式打磨机实物　b）轨道式打磨机打磨轨迹

## 二、打磨机的使用和维护

1. 打磨机的使用

1）单作用打磨机和双作用打磨机的转速在 2000～6000r/min 之间，砂垫直径在 13～23cm 之间，可用于清除原有的涂层。重型的打磨机有两个手柄，为的是控制更平稳。使用打磨机时，一定要平稳运动，切勿在某一部位长时间停留，以免产生许多难以消除的磨痕。使用气动打磨机时，可以放在打磨表面上起动，但应注意最好放在低速档起动。

2）轨道式打磨机除砂垫旋转外，整个砂垫还可以做摆动。它既可以进行局部环形打磨，又可以同时进行往复直线打磨。使用时必须将整个轨道式打磨机压平在打磨面上，才不会留下磨迹。

3）操纵气动打磨机时，气压应调到 450～490kPa 范围内。操作时，用一只手握住打磨机手柄，另一只手施加较小压力并控制打磨机均匀移动。

4）为了不损坏镀铬层，在镀铬饰物（或嵌条）外 2cm 范围内不进行打磨。打磨前应将这些部位用防护带粘贴好，以免造成不良影响。

5）打磨过程中，发现漆渣开始在砂纸上结块或起球时，应及时更换砂纸或用棕刷将漆块刷掉。

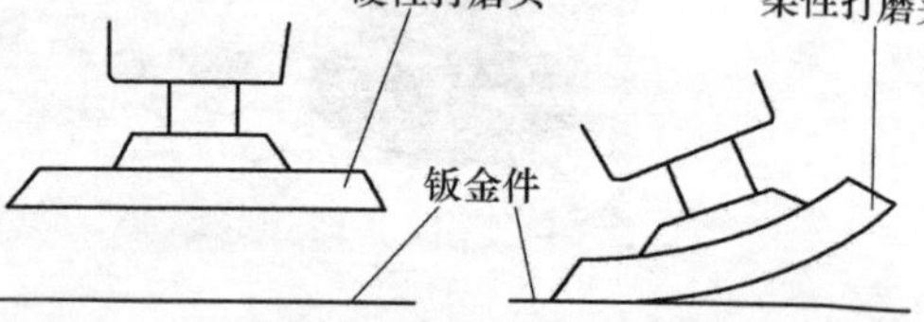


**图 3-46　硬性打磨头与柔性打磨头的正确使用**

6）用打磨机进行除漆、除锈作业时，如果使用硬性打磨头，则要保持与漆膜表面相平行，否则会在金属表面留下划痕；如果是柔性打磨头，则应使打磨头与漆膜部分接触，如图 3-46 所示。

2. 打磨机使用时的注意事项

1）操作时要戴防尘口罩、防护眼镜和棉纱手套，穿工作服及防护鞋。

2）检查打磨机托盘的品种及规格是否与当前操作所要求的性能相一致。使用与磨盘或衬垫尺寸相符合的砂纸。

3）检查气源或电源是否在规定范围。

4）电插头插入电源插座前，仔细检查打磨机的电源开关是否处于关闭状态。

5）更换托盘时，认真按照说明书的要求进行。

6）操作之前应检查每个螺钉、螺母是否松动或脱落。

7）使用的压缩空气压力在0.6MPa以下，防止气压太高造成损坏。压缩空气应无水分，防止水汽造成打磨机内部生锈加速机件磨损，而造成缩短打磨机的使用寿命。

8）打磨机连续使用30min应适当休息，防止过载运转，导致缩短打磨机的使用寿命或直接造成损坏。

9）操作时发生异常或不正常振动，应关机检查。

10）在连接压缩空气管时，要注意避免脏物流入。

3. 打磨机的日常维护

1）在打磨工作完毕时，打磨机还未完全停下前，不要放下打磨机，以免接触其他物体造成无谓的损伤。

2）打磨工作完毕后，应把砂纸取下，清除打磨机上的灰尘和污物，不能因贪图方便而用溶剂浸泡清洗。

3）每天工作完毕后，应用专用工具把专用润滑油或用标准自动变速器油代替，由进气口（或按说明书进行）注入少许，并让打磨机低速运转一下。

## 三、无尘干磨设备

无尘干磨设备可将80%~90%的打磨灰尘吸进回收装置里，有效解决了灰尘污染，能够顺应双组分涂料打磨工艺的要求，简化了喷涂准备步骤，缩短了修补时间，比手工水磨提高工效2~3倍，降低了成本，减小了产生喷涂缺陷的隐患；能避免产生污水，符合国家关于环保的要求，同时保护了喷漆车间员工的健康。目前一些大型汽车维修企业多采用该种打磨方式，而且是以后应大力推广的打磨方式。

1. 无尘干磨设备的类型

无尘干磨设备的类型有移动式、固定式和简易袋式三种。

（1）移动式干磨设备　移动式干磨设备使用方便、移动灵活，吸尘效果好，覆盖面积大，设备成本低，但在施工中供气吸尘管道及电缆需要拖在地面上，如图3-47所示。

（2）固定式干磨设备　固定式干磨设备又称为悬臂式干磨设备，该设备的气路、电路布置方便，施工中没有拖在地上的气管、电缆，施工工位整洁，吸尘效果好，设备使用寿命长，维修方便，但其成本较高，因其固定，施工时覆盖面积受影响，如图3-48所示。

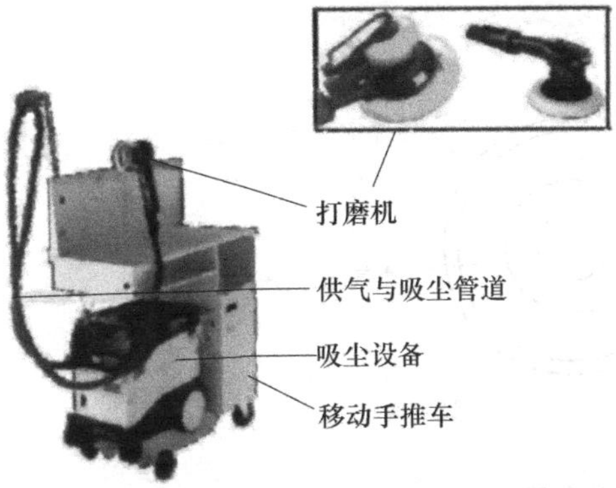


图3-47　移动式干磨设备

图3-48　固定式干磨设备

(3) 简易袋式干磨设备　简易袋式干磨设备如图3-49所示，简易袋式吸尘属于被动式吸尘，成本低，打磨机直接连接压缩空气管道，便于连接使用。吸尘所需的真空由转轴上附加的叶轮旋转产生，将打磨灰尘吸附到集尘袋中，其吸尘功率受打磨机转速的影响，吸尘效果相对差些。

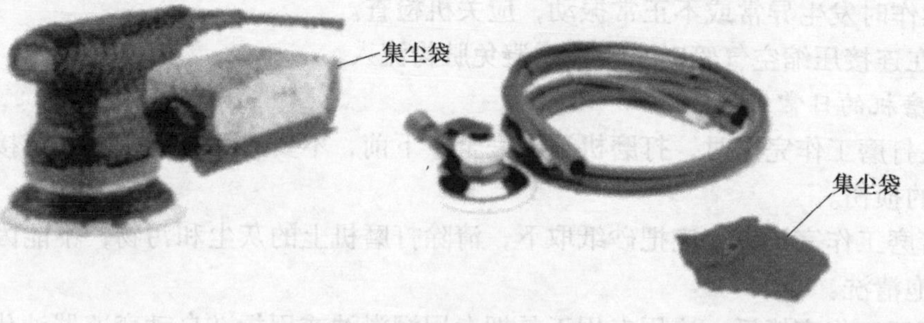


图3-49　简易袋式干磨设备

2. 无尘干磨设备的组成

无尘干磨设备主要由打磨工具、供气与吸尘管道、吸尘设备、磨垫、打磨材料和辅助设备等组成。

(1) 气动打磨机　气动打磨机在打磨机的分类里已介绍。

(2) 供气、回气与吸尘管道　移动式无尘干磨设备和固定式无尘干磨设备的气动工具的连接需要三个管道：压缩空气的输入、输出以及吸尘管。这三个管道有分开布置的，如图3-50所示；也有综合布置的，如图3-51所示。

(3) 吸尘设备　吸尘设备依靠真空吸尘作用吸收打磨作业中产生的固体微粒，改善作业环境，如图3-52所示。

图3-50　供气与吸尘管道

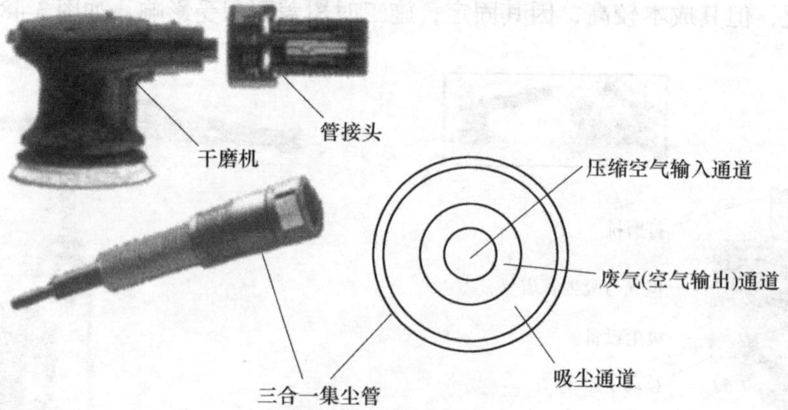


图3-51　综合布置套管

(4) 磨垫　打磨垫是使用无尘干磨设备操作中必不可少的工具，用于电动、气动研磨机的打磨垫称为托盘。有以下两种托盘：

1）快速搭扣式干磨托盘。此托盘由母粘扣带制成，配合干磨砂纸，特殊蘑菇头设计能紧扣砂纸，装卸快速、方便、牢固，打磨时省时省力，如图3-53所示。

图3-52 吸尘设备

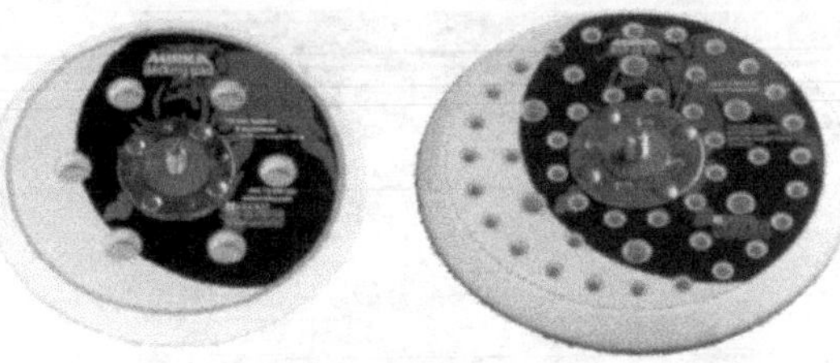

图3-53 快速搭扣式干磨托盘

2）软托盘。软托盘同样与搭扣式漆面干研磨砂纸配合使用，主要用于中涂底漆打磨等后续较细研磨。软托盘安装于打磨机托盘上，以保护托盘。磨垫上依靠尼龙搭扣安装干磨砂纸。打磨不同材料时，应使用不同的磨垫。打磨原子灰时，应采用硬磨垫；打磨中间漆层时，应采用软磨垫；打磨具有较大弧度的表面时，应采用超软磨垫，如图3-54所示。

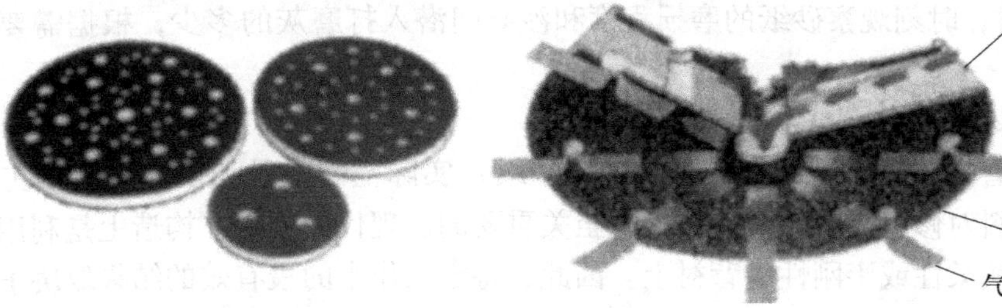


图3-54 软托盘

## 四、手工打磨工具

手工打磨工具的效率低、劳动强度大、设备简单，不受施工条件和工作形状的限制，一般用于批量小、形状不规则的表面的打磨或旧漆层的清除。

### 1. 手工打磨垫

手工打磨垫有硬橡胶制、中等弹性橡胶制及木板制。目前由于汽车维修行业的迅速发展，打磨垫由过去操作人员自己制作，发展到市场上开发出了各种需要的专用打磨垫。

硬橡胶打磨垫使用时要外垫水砂纸，一般用于湿磨原子灰层，把物面高凸的原子灰部分打磨掉，使物面达到平整的要求。硬橡胶打磨垫的长短大小对磨平原子灰层有一定的影响，自制的打磨垫一般取厚2~3cm橡胶块裁剪成11.5cm×5.5cm的长方形，此打磨块适用于一张水砂纸竖横裁剪成4份，即每份尺寸为11.5cm×14cm，既有利于水砂的充分利用，又灵活方便，是汽车维修施工人员较普遍使用的操作工具。对于大面积波浪形物面的原子灰层，可适当使用加长的打磨垫（也可用平整的木板代替），如图3-55所示。

中等弹性橡胶垫是一种辅助打磨工具，利用其柔软性外包水砂纸打磨棱角和形状多变部位。海绵垫适用于漆面处理，如抛光前漆面处理磨平颗粒、桔皮等，不易对漆面造成大的伤害。长条形快速打磨板主要用于打磨原子灰表面，打磨方向应与板的长度方向一致，不可反向操作，砂纸不能松动，如图3-56所示。

**图3-55 硬橡胶打磨垫**

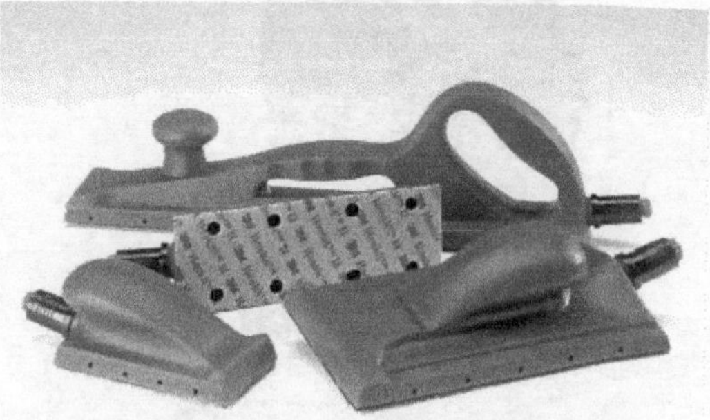

**图3-56 长条形快速打磨板**

2. 手工打磨工具的正确使用

1）根据打磨区的形状，所处的位置及打磨的质量要求选择合适的打磨垫块。

2）打磨时，砂纸应按打磨块的尺寸裁剪或折叠，采取一定的方式固定。

3）打磨时，打磨块应沿短轴方向移动，打磨的幅度宽且均匀。

4）打磨块的底面必须完全与打磨区接触，且用力不要过大。

5）打磨时，时刻观察砂纸的磨损程度和沙砾间潜入打磨灰的多少，根据需要及时清洁或更换砂纸。

**五、打磨材料**

因为在打磨的操作过程中，打磨材料（砂纸）实际上起的是切割和平整的工作，所以选择合适的磨料对修整工作的质量而言是至关重要的。现代的砂纸在构造上是利用附着剂将磨粒粘接到一块柔性或半刚性的背衬上。因此，特定工作中的最有效的结果取决于选择和制造合适的磨粒、附着剂与可用背衬的组合，而对于车身修理人员来说，则必须选择合适的砂纸并正确使用才能获得最佳的维修效果、材料使用效率和最好的表面涂层效果。

砂纸是汽车维修中经常使用的打磨材料，用于除锈、砂磨旧涂层、原子灰及漆面处理。砂纸是用不同细密的磨料粘接于纸上，制成各种规格的砂纸。磨料粘接牢固程度是砂纸质量的一个重要标志。操作人员选择合适的砂纸规格并正确使用才能产生最佳的效果。

1. 磨料的种类

制造砂纸的磨料根据原料可分为氧化铝、金刚砂（碳化硅）和锆铝三种。根据磨料在底板上的疏密分布情况可分为密砂纸和疏砂纸两种，密砂纸上的磨料几乎完全粘满磨料面，用于湿磨；疏砂纸的磨料只占磨料面面积的50%～70%。

（1）氧化铝磨料　氧化铝磨料是一种非常坚韧的磨料，能很好地防止破裂和钝化。根据粗细不同的选择，氧化铝磨料可制成用于除锈、清除旧涂层、打磨原子灰层、打磨新旧涂层的砂纸。氧化铝磨料硬度高、耐久性好、使用寿命长且不易在底层材料上产生较深的划痕，目前使用较广泛。

刚玉石是一种主要由氧化铝构成的很硬的矿石。非常纯正的刚玉石为白色。当它包含添加剂后，颜色可能带粉红色或棕色。当被作为打磨材料使用后，刚玉石会变钝，直至最后完全消耗掉，如图 3-57 所示。

（2）金刚砂　金刚砂（碳化硅）是一种非常锐利、穿透力极高的磨料，呈黑色，通常用于汽车旧漆面的砂磨以及抛光前对涂面的砂磨。

金刚砂比刚玉石硬，但更容易断裂。它是黑色的并有蓝色闪光。当金刚砂用于打磨时，矿物质的颗粒会脱落，从而形成新的长方形和点的形状，如图 3-58 所示。

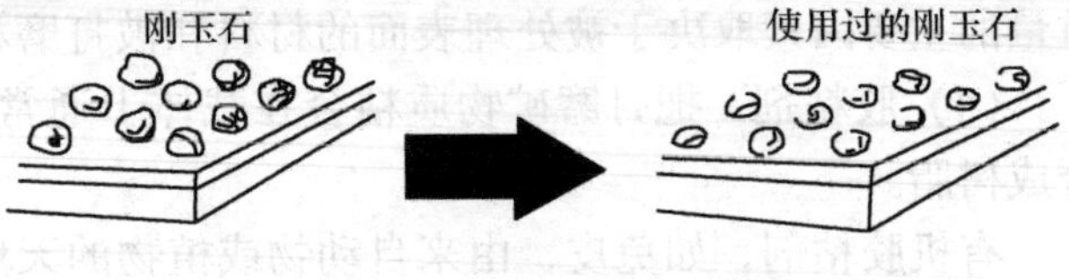


图 3-57　刚玉石磨料的使用

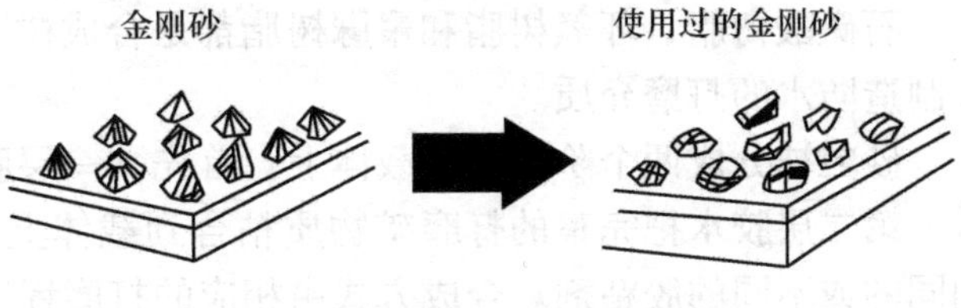


图 3-58　金刚砂磨料的使用

（3）锆铝磨料　锆铝磨料是已开发的第三种磨料，锆铝具有独特的自磨刃性，在打磨操作过程中，其自身不断地提供新的刀刃以提高工作效率和降低劳动力。一般磨料在较硬的原厂清漆层上打磨会使涂层产生热量，被打磨的材料也会迅速变软并堆积在砂纸面的磨料上而降低打磨效率，而锆铝的自磨刃特性和工作时产生热量少的特性大大减少了打磨阻力，减少了材料消耗，提高了工作效率和涂层质量。

2. 打磨介质

（1）打磨介质的结构　打磨介质由粘合在平面的软性载体上的打磨矿物质组成。载体包括纸、织物、用高温和硫磺处理过的纤维、塑料薄膜。各种较粗和较硬的微粒状矿物质被粘合在载体上，如图 3-59 所示。

（2）打磨介质的粗糙度　生产打磨介质时，打磨合成物被压制，然后依照它们的粒子大小（粗糙度）进行分类。打磨介质的粗糙度是根据单一颗粒的平均大小进行分类的。粒子大小是按照 FEPA 等级进行标准化的，FEPA 是欧洲打磨介质制造者协会的简称。粒子大小用字母 P 加数字表示。P12 的粒子最粗，P1200 的粒子最细，如图 3-60 所示。

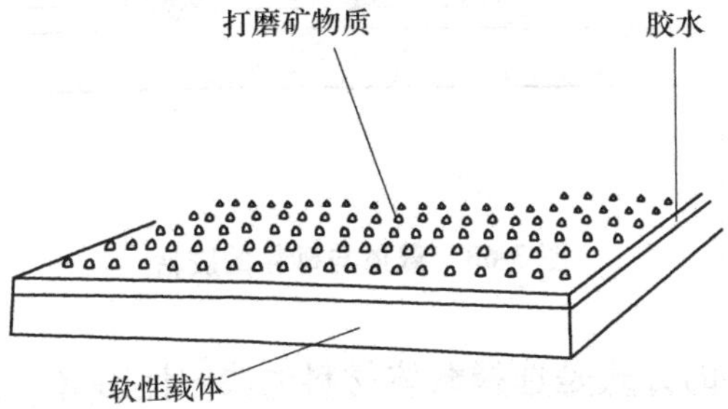


图 3-59　打磨介质的结构

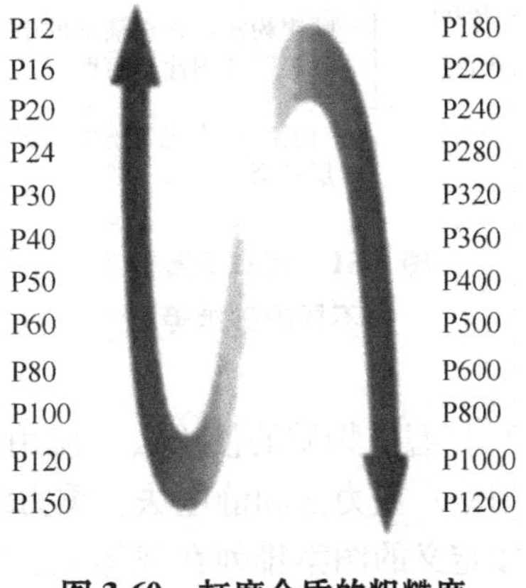


图 3-60　打磨介质的粗糙度

所使用的打磨介质的颗粒种类由下列因素决定：打磨工作的类型、被打磨材料的硬度、最大打磨能力和外界状态。只有打磨介质符合打磨工作的要求时，才可能获得最佳的打磨结果。汽车涂装施工中不同的砂纸等级，其用途不同，如图 3-61 所示。

（3）载体材料　柔性载体材料（图 3-62）是打磨介质的不可分割的部分。打磨介质的弹性取决于载体材料的强度。纸或织物载体越薄，打磨介质的弹性就越好。选择载体类型和重量的主要因素取决于被处理表面的材料和被打磨材料的硬度。

（4）胶粘剂　把打磨矿物质粘合在载体上通常使用两种不同的胶粘剂：有机胶粘剂和合成树脂。

有机胶粘剂，如兔皮，由来自动物或植物的天然产品组成，它们对水过敏，这意味着如果打磨介质与水接触，就会损坏。

石碳酸树脂、环氧树脂和聚脲树脂都是合成树脂。它们都是可热处理的和耐热的，可用来制造防水的打磨介质。

砂粒被分成两个阶段胶在载体上：首先，一层胶水把打磨颗粒胶到载体材料的表面；然后，第二层胶水把完整的打磨矿物质粘合到载体上，如图 3-63 所示。每一个阶段可以使用相同的或不同的胶粘剂。合成方式由相应的打磨程序决定。

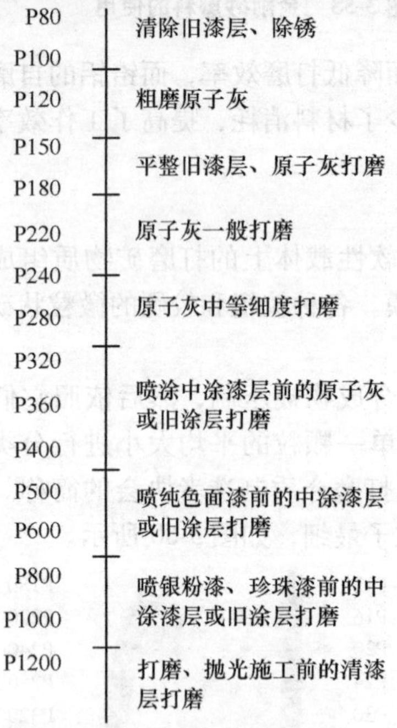


图 3-61　汽车涂装施工中不同的砂纸等级

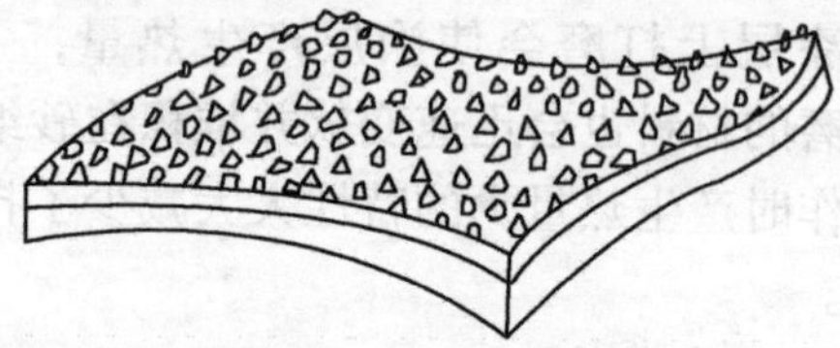

图 3-62　柔性载体材料

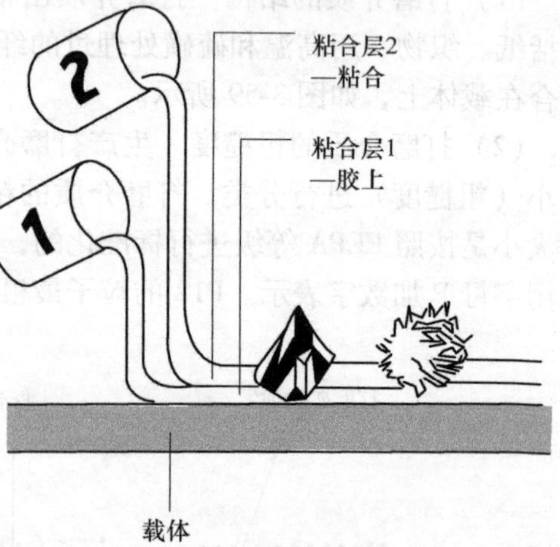


图 3-63　载体与砂粒的胶粘

（5）打磨矿物质的使用法　使用打磨矿物质的方式是选择载体材料的决定性因素。有两种使用法：重力法和静电法。重力法是把打磨矿物质随机排列在载体上，静电法是把打磨矿物质按定义的图案排列在载体上，如图 3-64 所示。排列方法决定打磨介质的特性。磨粒的结构应当根据被处理表面确定。每单位表面积上的颗粒数量是确定打磨介质性能的另一个重要因素。

细晶颗粒的结构：打磨矿物质紧密地排列在一起。粗晶颗粒的结构：磨粒之间有间距。

砂粒的灰尘更容易被带走并且打磨介质不容易被阻塞。添加剂，如硬脂酸锌，能改善润滑和去除打磨剂残余物。

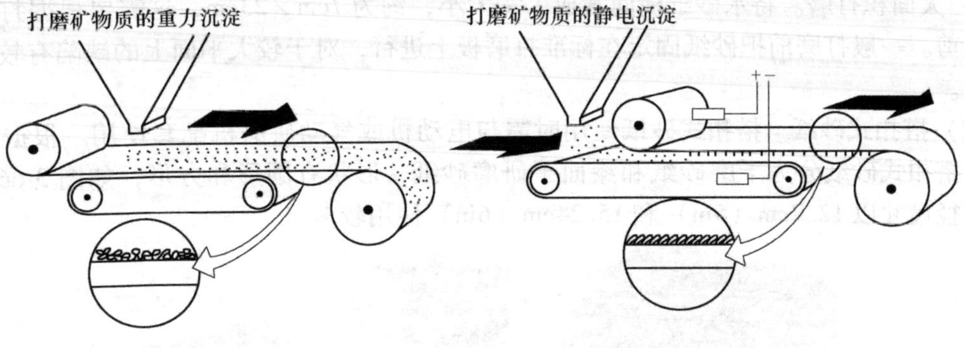


图 3-64 打磨矿物质的使用法

（6）打磨介质的形状 现在很少直接使用大型打磨盘。打磨介质通过冲压工艺形成它们的使用形状。根据不同的应用场合，有各种形状的打磨介质：薄片状、圆盘状和卷筒状，如图 3-65 所示。

图 3-65 打磨介质的形状

在某些使用场合，还可以对各种尺寸和形状的打磨介质进行打孔。这些孔有助于排出砂粒灰尘（当它们与合适的打磨工具配套使用时）。

为了使得后续的油漆涂层具有最佳的黏着效果，需要表面具有一定的粗糙度，粗糙度取决于油漆的种类和被涂装的材料。必须对无黏着力的表面（如干燥油漆面或光滑涂层）加以打磨，直至它们具有适当的粗糙度为止。打磨填料和色漆有助于产生光滑和平整的操作面。

3. 常见的打磨材料

（1）水砂纸 水砂纸是汽车维修企业常用的砂纸之一，其大小规格约为 23cm × 28cm。根据修理作业、打磨部位的形状和大小的不同，可以将砂纸裁成适合打磨需要的尺寸。

水砂纸湿磨使用时应先浸水，使砂纸完全浸湿，这样可防止因为手工打磨折叠而引起的脆裂，特别是冬天气温低时，应用温水浸泡，以防止砂纸脆裂。使用时注意以下事项：

1）对于一般常规打磨。将水砂纸竖横裁成 1/4 大小，约为 11.5cm × 14cm，这种尺寸大小适中、适合手握操作、方便灵活，是修理时最常用的。打磨时包在垫块上，约 1/2 为打磨面。

2）对于小面积打磨。将水砂纸裁成1/8大小，约为5.75cm×7cm，以这种尺寸配合小垫板适合小面积打磨及处理涂面局部流痕处的磨平。

3）大面积打磨。将水砂纸横向裁成1/4大小，约为7cm×23cm，这需要根据打磨板的规格裁剪。一般打磨前把砂纸固定在标准打磨板上进行，对于较大平面上的缺陷有较好的平整作用。

（2）搭扣式砂纸　搭扣式砂纸使用时需与电动机或气动研磨机配套使用。根据作用的不同，搭扣式砂纸分为干磨砂纸和漆面干研磨砂纸，形状有圆形和方形，如图3-66所示，圆形直径尺寸以12.7cm（5in）和15.24cm（6in）使用较多。

图3-66　搭扣式砂纸

1）搭扣式干磨砂纸。该干磨砂纸为魔术扣设计，快速粘扣式干磨托盘由高级母粘扣带制成，能紧扣研磨机的托盘，可重复使用，装卸方便灵活，省时省力。砂纸由特殊底材和磨料制成，研磨速度快而平整，用特殊树脂粘接，耐磨性和耐潮性良好。砂纸规格一般为P80～P500。

2）搭扣式漆面干研磨砂纸。搭扣式漆面干研磨砂纸由高性能氧化铝磨料制成。使用时，一般汽车维修企业的圆形研磨机应配合12.7cm和15.24cm软托盘使用，具有易装卸、不易脱落、研磨速度快和耐磨性好的优点，用于清除漆面的粗粒、桔皮等。砂纸磨砾规格一般为P600～P1500。

（3）三维打磨材料。三维打磨材料是研磨颗粒附着在三维纤维或上形成的打磨材料，这类材料有非常好的柔韧性，适合打磨外形复杂或特殊材料的表面，可用于各种条件下的打磨，如图3-67所示（参见彩图）。

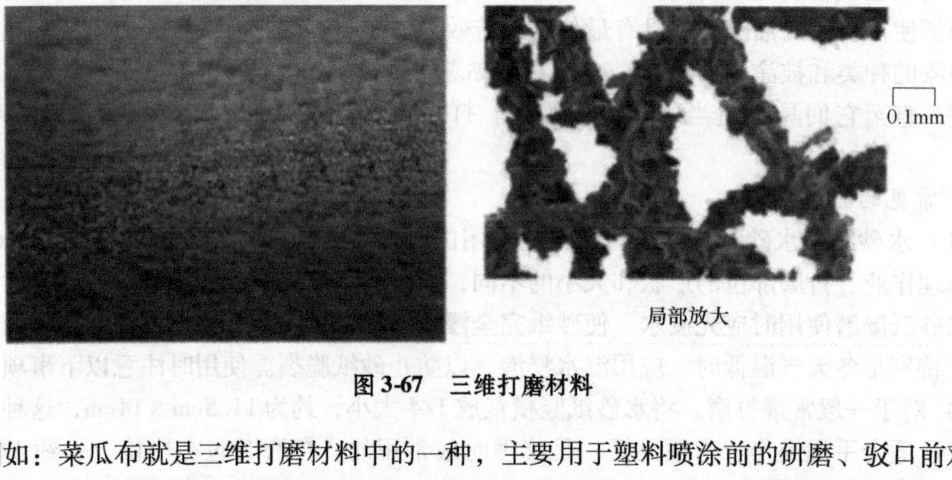


图3-67　三维打磨材料

例如：菜瓜布就是三维打磨材料中的一种，主要用于塑料喷涂前的研磨、驳口前对涂膜的研磨以及修补前去除涂膜表面的细小缺陷和中涂漆的边角打磨等，如图3-68所示（参见彩图）。

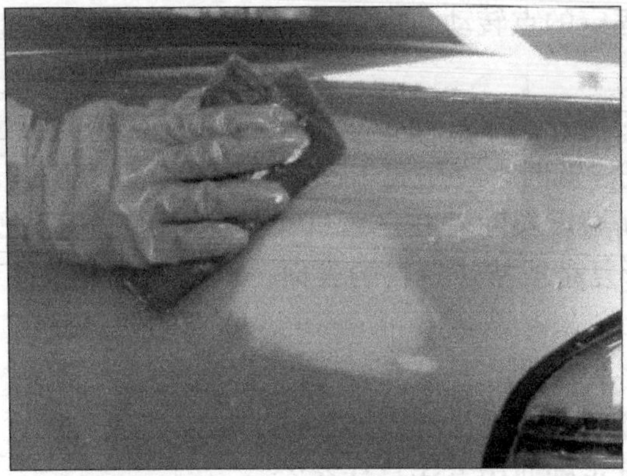

图 3-68 三维打磨材料的使用

## 总 结

电动打磨机和气动打磨机的基本原理相同的，仅仅区别在使用的动力来源上，汽车涂装作业中使用以气动为动力较多，这主要是基于以下原因：工作时产生热量少，转速和转矩可调节，发生过载或失速危险性小。工具重量轻，便于提携。由于不直接使用电，能避免因电路短路或损坏发生触电及火花引起火灾，相对来说安全性高。

机械打磨工具是以压缩空气或电力作为动力源，驱动打磨头旋转或移动，与打磨垫和打磨材料等工具配合使用，实现对表面旧漆层或铁锈的清除、羽状边的制作、原子灰的打磨、中涂漆的打磨以及漆面修复打磨等。打磨机可分为单作用打磨机、双作用打磨机、轨道式打磨机和往复直线式打磨机。其中，单作用打磨机主要用于去除旧漆膜，双作用打磨机主要用于打磨羽状边，轨道式打磨机主要用于打磨原子灰等。

无尘干磨设备有移动式干磨设备、固定式干磨设备和简易袋式干磨设备。其中，移动式干磨设备灵活方便、价格便宜，使用得最多。手工打磨工具虽然打磨效率低，但可以配合打磨机使用，打磨边角部位和进行精细打磨。

砂纸的形状有矩形和圆盘形两种，前者多用于手工打磨，后者则只用于机器打磨。常用砂纸所采用的磨料有金刚砂和氧化铝的颗粒，还有新开发的锆铝磨料。

## 思考问题

**一、填空题**

1. 打磨机的种类很多，根据形状来分有________和________；机器打磨可以利用电力驱动，也可以利用压缩空气驱动，根据动力来分有________和________。

2. 气动打磨机是利用贴附砂纸对表面进行打磨的设备，根据砂纸及运动方向有________、________、________、________，适用于各种不同的工作需要。

3. 无尘干磨设备的类型有________、________和________三种。

4. 无尘干磨设备主要由________、________、________、磨垫、打磨材料和辅助设备等组成。

二、判断题

1. 打磨盘垫绕一个固定的点转动，砂纸只作单一圆周运动的打磨机为双作用打磨机。（　）

2. 水砂纸湿磨使用时应先浸水，使砂纸完全浸湿，这样可防止因为手工打磨折叠而引起的脆裂，特别是冬天气温低时，应用温水浸泡，以防止砂纸脆裂。（　）

3. 三维打磨材料是研磨颗粒附着在三维纤维或上形成的打磨材料，这类材料有非常好的柔韧性，适合打磨外形复杂或特殊材料的表面，可用于各种条件下的打磨。（　）

三、简答题

1. 打磨机的分类及各自的特点是什么？

2. 打磨机的使用和注意事项是什么？

3. 手工打磨工具及其正确使用方法是什么？

4. 打磨材料有哪些？

## 拓展提高

### 手工水磨

打磨形式分为干磨和水磨，打磨方式又分为机器打磨和手工打磨。机器打磨都是采用动力打磨机，多为干磨形式，又称为机器干磨式；手工打磨有干式和湿式之分，手工干磨由于易产生灰尘，且打磨痕迹粗糙，目前已逐渐被取代，生产中多用手工水磨方式。

手工水磨是较为传统的打磨方式，目前在一些中、小型的汽车维修企业里应用较多，用该方法打磨的效果显而易见，表面较为平整、光滑，手感好，适用于精细打磨，而且不易产生灰尘。但用该方法打磨裸金属和原子灰时，水分易被底材吸收，短时间里不易挥发彻底，这就为以后的喷涂留下了隐患，易造成喷涂缺陷，同时也降低了工作效率。目前的涂装施工中多采用双组分的原子灰和底漆，这些涂层不易打磨，若采用手工水磨，则势必会增加工人的劳动强度。而且，随着社会上对环保要求的不断严格，手工水磨的废水处理又成为一个显著的问题。漆工一年四季，无论数九寒冬还是三伏盛夏，手总是与污水接触，对身体健康造成危害。

手工打磨就是把砂纸平铺在车身上，前后来回进行简单的打磨操作。操作时可遵循如下的一般规程：

1）将砂纸从中间剪下一半，并折成三叠。

2）用掌心将砂纸平压在打磨表面上，张开手掌，用掌心沿砂纸的长度方向施加中等均匀的压力。打磨时来回的行程应长而直，如果掌心没有平压在表面上，那么手指就会接触到打磨表面，这将导致手指与表面之间受力不均匀，因此应避免手指接触打磨表面。

3）打磨时也不要进行圆周运动，否则会在表面涂层下产生可见的磨痕。为了获得最好的打磨效果，应该始终沿与车身轮廓线相同的方向进行打磨。为了获得平整的效果，也可以采用十字叉花的打磨方法。

4）使用打磨垫或打磨块可获得最佳的效果。打磨凸起或凹下的板件时，应使用柔软的海绵橡胶垫；而打磨水平表面时，应使用硬打磨块。

5）打磨用较粗的砂纸已打磨过的区域时应小心操作，使用小打磨垫可以很容易地打磨不好磨到的部位。

6）当手工打磨底漆或中涂层时，应打磨到又光滑、又平整的程度为止。可用手或干净的抹布在打磨表面上摩擦以检查有无粗糙的地方。

湿打磨可以解决打磨灰尘堵塞砂纸的问题，湿打磨与手工干磨最大的区别是要使用水，还要用到海绵和刮板等工具，所用砂纸也不同。进行手工水磨时，把砂纸浸在水中，或用海绵把打磨表面弄湿。应大量用水，打磨时行程短一些，并且用力要轻。在湿打磨操作过程中，不要让表面变干，也不要让涂料残渣堆积在砂纸上，可通过砂纸移动时粘接的感觉来判断砂纸磨削的情况。当砂纸开始在打磨表面很快地滑动时，它就不再进行磨削了，磨料已被涂料的残漆渣和金属碎屑堵上。把砂纸放在水中清洗可以清除掉涂料的残渣，再用海绵擦拭就可以清除干净剩余的颗粒，然后砂纸就能够重新磨削表面了。不时地用海绵清洗打磨表面，并用刮板刮干以检查工作效果。这样可以刮掉所有多余的水，使得判断表面的情况比较容易。最好一次打磨完一块板件或一个部位，然后在磨下一块板件之前，先用海绵清洗打磨残渣，并用刮板把表面刮干净。

进行完湿打磨操作后，必须弄干所有的打磨表面。缝隙和倒角处可先用压缩空气吹干，然后用黏性抹布擦干所有的表面。

## 学习任务三　压缩空气供给系统

**知识点：**压缩空气供给系统的组成；各组成的作用。
**能力点：**供气系统的维护。

### 任务情境

由于在汽车涂装维修中需要使用大量的气动工具，如各种规格的气动打磨机、空气吹尘枪、喷枪、气动抛光机和无尘干磨设备等，这些气动工具被用在了去除旧漆膜、打磨羽状边、吹尘、各种涂料的喷漆涂装、漆面的抛光等工作中，由此可见气动工具的重要性，某汽车维修企业欲新建汽车涂装维修车间，压缩空气供给系统如何布置和安装？压缩空气供给系统如何维护？

### 任务分析

为确保获得高质量的修补涂层，除了涂料品质、涂装工艺和施工技术外，还必须配置必要的设备，压缩空气供给系统用于提供充足的达到预定压力的压缩空气，以确保喷涂车间所有的气动设备都能有效地工作。要想布置和安装好压缩空气供给系统，首先就要了解压缩空气供给系统的组成及各组成的作用，同时还要了解和学习压缩空气供给系统的维护。

## 相关知识

### 一、压缩空气供气系统的组成

如图 3-69 所示，压缩空气供给系统一般由空气压缩机、储气罐、油水分离器、冷干机、压力调节器和空气分配系统等组成。

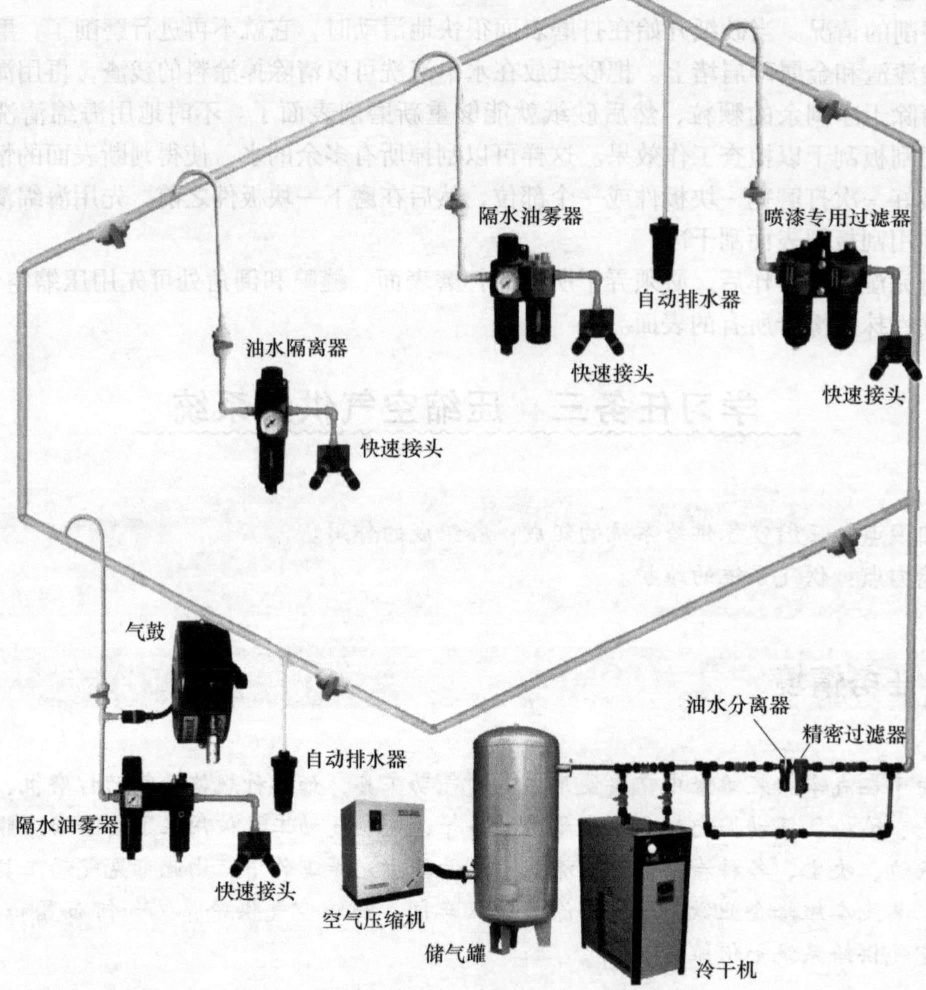


**图 3-69　压缩空气供给系统**

1. 空气压缩机

空气压缩机是所有气动工具的核心，以电动机作为动力，将空气压力从普通大气压升到更高的压力，为汽车维修企业的气动设备提供动力，如喷枪的喷涂及其他气动工具的使用，是现代汽车维修企业必不可少的设备。目前使用的空气压缩机根据机械运动的方式基本有三种，即往复活塞式、螺杆式和隔膜式。

(1) 往复活塞式空气压缩机　往复活塞式空气压缩机（图 3-70）是利用活塞的往复运动来压缩空气，并不断提高压力，特性是气量中等；性能随使用寿命的延长而减退；油或油蒸气会进入空气管路。

根据生产情况和需要，所需的空气量和压力值是各不相同的，可选择单缸或多缸及一级压缩或双级压缩的往复活塞式空气压缩机。空气由进气阀直接进入储气罐，为一级压缩式，如图3-71所示。压缩后空气由排气阀再进入高气压缸，经二次行程压缩后，由高气压排气阀送入储气罐，为双级压缩式，如图3-72所示。

图3-70 往复活塞式空气压缩机

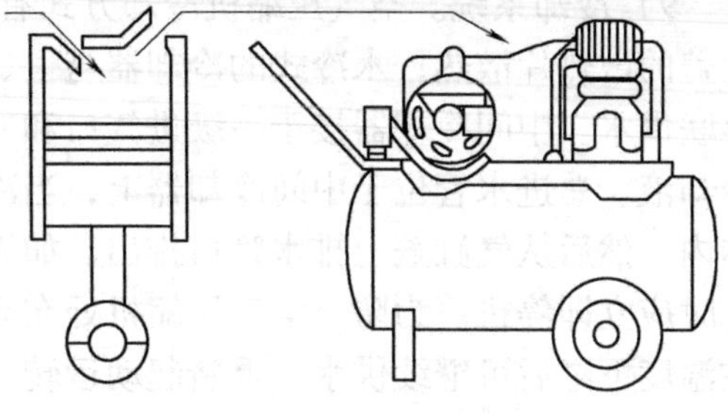

图3-71 单级空气压缩机

双级空气压缩机工作时空气被吸入后在内径较大的气缸中被压缩成中等压力，然后经过内置冷却器，再进一步在内径较小气缸中第二次被压缩成高压力。双级压缩机在0.7～1.4MPa的压力范围内提供稳定压缩空气的性能很好，能很好地满足汽车维修企业的需要，适用于具有中等气量要求的汽车维修企业。活塞式空气压缩机更耐用，而且能提供足够的压缩空气。适合耗空气量较多和压力较高的喷涂设备、气动设备及铺设气管供全厂同时使用。

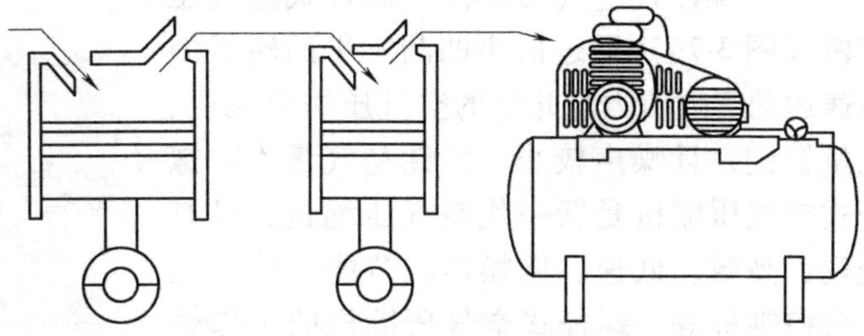

图3-72 双级空气压缩机

往复活塞式压缩机的组件和组成：

1）曲轴箱。两侧有供拆除和检查用的窗口，两端面装有轴承盖，下部设有放油孔，上部铸造有互成90°的气缸支撑平面以及固定呼吸管和仪表板用的支撑面。

2）曲轴。曲轴用球墨铸铁制成，有单曲拐和双曲拐。两端装有滚动轴承，曲轴上装有飞轮，并与弹性联轴器相连。

3）连杆。连杆截面呈“工”字形，小头内有衬套，大头轴瓦分为两部分，内表面浇有轴承合金，瓦盖上装有油勾，用瓦口垫来调整瓦衬与轴颈的颈项间隙，连杆为开口式结构，用加杆螺栓连成一体。

4）活塞。活塞采用铝合金材料较多，一级活塞和二级活塞上装有二道气环和二道刮油环。活塞销为浮动式，两端卡有弹簧挡圈，以防窜出。

5）气缸体和气缸盖。气缸体与气缸盖采用O形圈密封。水冷式空气压缩机的气缸体及气缸盖上均铸造有冷却水套。风冷式的气缸体及气缸盖上则有散热片。

6）进、排气阀。进、排气阀采用环状结构。阀座、阀盖均用可锻铸铁。一级气阀为三环片，二级气阀为二环片。

7）中间冷却器。中间冷却器为片状结构。冷却器芯体装有冷却水管，管上穿有散热片。在壳体上有进、出气孔与法兰连接。一级安全阀安装在冷却壳体上。

8）润滑系统。润滑方法一般为飞溅式，在每个连杆的大头盖上装有油勾，当曲轴连杆运动时，油勾随之划开油面，将油润滑溅至各摩擦部位。

9）冷却系统。空气压缩机冷却方式有风冷式和水冷式两种。风冷式主要靠气缸体和气缸盖的散热片散热；水冷式的冷却器与一、二级气缸体串联供水，每级气缸体与气缸盖也为串联供水。中间冷却器接于一级进气口和二级进气口法兰上。空气压缩机起动前，首先通入冷却液。总进水管位于中间冷却器上，当冷却液进入中间冷却器后，分别进入一、二级气缸体内，然后从气缸盖上排水管口排出。如因故障间断供水时，阀室与气缸壁的温度将升高，此时应立即停机。为防止空气压缩机处在高温状态下立刻通入冷却液而造成机件裂纹，必须在温度下降后可继续供水，重新起动运转。

10）自动调节系统。为了使空气压缩机有效、安全、节能，降低机械损耗，空气压缩机上安装有自动调节系统，用于控制气压、开关时间及切断电源等。它包括调压阀、安全阀和压力开关等。

（2）螺杆式空气压缩机　螺杆式空气压缩机（图3-73）通过两个凹凸不平的转子的高速运动产生压力。此型的空气压缩机风压、风量恒定，且噪声较小，特性是气量大。螺杆式空气压缩机是新一代空气压缩机，具有美观、高效、低速、低噪声、节能、计算机仪表控制板等。螺杆式空气压缩机的工作效率和可靠性很高，已在工业领域成为标准配置，在汽车修理行业将有逐步取代活塞式空气压缩机的趋势，适用于耗气量大的汽车修理行业。

**图3-73　螺杆式空气压缩机**

螺杆式空气压缩机的结构特点：

1）计算机控制系统。控制面板的仪表板设计排列清晰、操作简易，并有灯光显示。电源指示、运行指示、排气温度、排气压力、计时器开机和关机以及电气故障、空气滤清器阻塞、油气分离器阻塞等故障会自动显示，全自动安全保护。

2）新型滤清材料。双层浪型尼龙进气过滤网高温不易变形，能捕捉大量纤维棉丝及灰尘，避免异物吸入，堵塞冷却器，简易拆洗减少维修工时，重复使用降低成本，减少污染。抛弃式W形过滤网，扩大过滤面积，能捕获微小颗粒、粉尘与油污。抽取式设计更换容易，能有效阻止油、尘的进入，避免冷却器阻塞及机油炭化，减少机械损耗，延长使用寿命。

3）超合金材料与5∶6齿比螺旋转子。超合金材料耐高温、耐磨损，具有耐用、低噪声、高效率的特性。全系统5∶6齿比螺旋转子效率超越4∶6螺旋转子出气量增加10%。使用6轴承及7轴承设计，减轻轴承功率负载，轴承使用寿命延长，运转顺畅，振动大幅降低，超低速运转，造成大排气量。

4）二重温度设置保障安全。温度感应开关可检测油槽内润滑油温度并附指针重叠跳脱开关，为防止一重温度开关故障，导致机件烧毁，特设最终温度防线，强制高温跳闸，并设有电器指示灯，以便检查和检修。

5）有效的消声装置。内衬标准难燃型防火级高密度消声材料，辅以迂回隔离进气防声格栅式进气消声箱设计，彻底防止机械运转噪声外传，低转速高角度排热风扇，有效抑制噪声扩散，排气导流风管与消声箱，使风扇噪声再经二次侧消声，仅有和谐的高流量输出声。

6）汇流式铝合金冷却器。散热片具有强热交换能力与加大型散热材质，提高散热气流静压，降低气流噪声，轻量化及耐热设计，减轻电动机负荷，可变角度散热风扇，依不同频率调整风扇角度达到可变散热风量的最佳散热效果。

7）油气分离器。四合一油气分离系统，结合保压系统，机油过滤系统、节温系统控制排气含油。多重油槽预处理，出口远离油雾，油气扩散降温，油气分离器炭化降低，抛弃式油气分离器更换快速方便，并可检视油气分离器内分离状况，出气含油量小于3mg/mm$^3$。

（3）隔膜式空气压缩机　隔膜式空气压缩机适用于小型喷枪或小型物件的专一定制喷涂工作，但不适合汽车修理所需消耗较大气量和较高气压的喷涂，因此汽车维修企业使用较少。隔膜式空气压缩机的内部，有一张永久性的膜片绷在极浅的压缩腔的孔口处。安装在电动机转轴上的偏心轮带动与膜片相连接的平板，进行推拉膜片，便膜片上下运动。当膜片被推向下时，空气被吸入膜片上方的小腔内；当膜片被推向上时，被吸下的压缩空气腔内的空气受到挤压，并被排进储气罐和供漆系统内。膜片式空气压缩机每个工作循环只能压缩极少量的空气，压力范围在0.2～0.3MPa，但上下运动速度极快，每分钟能超过500个行程。

空气压缩机尽可能安装在通风、清洁、干燥的地方。最好放在室内，以利用清洁的空气。空气压缩机进气口避免靠近有蒸气排放或潮湿的场所；墙和其他障碍物应距离空气压缩机30cm以上，以有利于空气流动及有助于散热冷却。空气压缩机应水平放置，机脚下要垫放减振垫片，防止振动而损伤机械。飞轮一边应靠墙，防止伤及人身。空气压缩机尽可能放置在用气工作点附近，减少压降。

2. 储气罐

空气压缩机输出的压缩空气一般都要进入储气罐暂时储存。只有当储气罐气体的压力达到气动工具所需要的压力值时，气动工具才能正常工作。储气罐实质上是个蓄能器，其容积越大，所能储存的压缩空气量越多。只有当气动工具使用时，压力下降到一定值，压缩机才会起动重新向储气罐充气。可见储气罐的作用在于减少压缩机的运转时间，同时又保证供给气动工具用气的需要，因此可以减少压缩机的磨损和维修工作。储气罐或其他容器通常为圆柱形，市场上可以购买到水平和垂直固定安装式，以及垂直安装在轮子上的便携式。

储气罐用来储存空气压缩机所产生的压缩空气，如图3-69所示。储气罐的工作压力必须大于车间工具所需压力，其作用如下：

1）储存一定压力和容积的压缩空气。

2）排水。

3）保持气压和气流量的平衡。

4）避免空气压缩机的频繁起动。

3. 冷干机

冷干机也叫做降温空气干燥器，能更进一步压缩空气，由于经压缩机压缩的空气，通过排气阀的温度高达100～150℃，气体降温后，混合在压缩空气中的油和水变成水滴和油滴就比较容易滤去。冷干机如图3-74所示。

虽然质量好的空气过滤器能过滤掉大部分的水、油气及微粒，但难免会有少量的无法滤去，会给高装饰涂层的喷涂造成涂膜质量问题，如涂膜表面产生缩孔、针孔及小凸点。而降温空气干燥器组成的净化系统，能有效阻止水汽、油气及微粒通过。空气干燥器有多种类型，最常见的有化学式、除湿剂式（使用干燥器）和冷冻式。通过净化系统的一系列流程，能消除压缩空气中的0.1μm颗粒、水滴净化率可达100%，油污净化率可达99.99%。

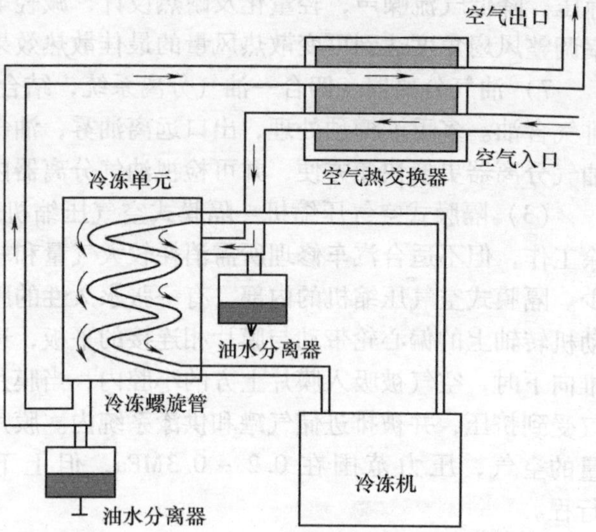


图3-74　冷干机

4. 油水分离器

油水分离器又称为水分分离调节器或空气转换器，是一种多功能的仪器。它可将油、脏物和水从高压气体中分离出来，过滤和分离空气，以及为诸如喷枪、吹尘枪和打磨机等气动工具提供多头空气输出口。油水分离器保证压缩空气干净、无水、无油、干燥。空气中含有水分，经压缩机压缩后的气体中会带有水分和油气，若直接用于喷涂作业，则这些水分和油气会随着飞漆一起喷涂到工件表面上，使涂膜表面产生水泡和麻点，影响喷涂质量。为了保证压缩空气无尘、干燥，必须在空气压缩机的输送管道上安装油水分离器，起过滤空气的作用。

油水分离器通过其内部一系列过滤单元的作用，将气流中的脏物、油、水气分离出来，从而从输出口只输出清洁、干燥的空气。装有控制阀的输出口可将高压气分配到需要的工作地点。排水阀则可以放掉包含油、脏物、水气的沉积物。图3-75所示的是典型的油水分离器。

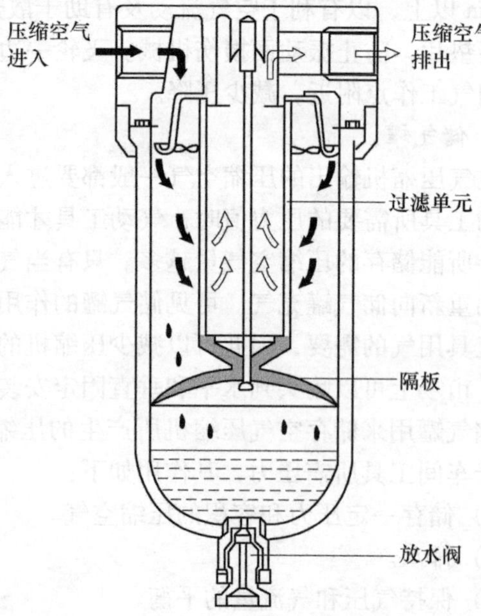


图3-75　油水分离器

油水分离器的类型一般有两种：圆柱形气筒油水分离器和叶片旋风式油水分离器。

圆柱形气筒油水分离器是一种有气密性顶盖的圆柱形气筒，气筒内放着几层薄薄的毛毡（在毛毡之间装满焦炭）或金属网、PVC海绵等空气滤清器，当压缩空气通过时能去除细微的灰尘。水、气、油在筒内膨胀所导致的降温使水分、油气成为水滴、油滴。筒的底部有一个排放开关，水滴、油滴由此排出。此种油水分离器一般安装在排量较大的空气压缩机上。圆柱形气筒油水分离器要定期更换滤芯或清洗金属网。

叶片旋风式油水分离器利用叶片旋转产生离心力将油水从压缩空气中分离出来，从而确保纯净而干燥的空气输送到喷枪等气动工具上。叶片旋风式油水分离器和微孔过滤器结合使用，效果会更好。

在使用时应注意维护，每日打开放水阀 1 ~ 2 次，将积存于杯中的油、水放掉，过滤杯和存水杯要定期清洗。

5. 气压调节器

气压调节器是用于降低气流压力的装置，它能够自动地维持需要的气压，并且使波动最小。气压调节器用于已经装配空气冷凝器或其他类型过滤器的管路。气压调节器有多种口径和压力规格，另外还有是否附带仪表之分，以及不同的灵敏度和精度。

目前已有集空气过滤与气压调节为一体的装置，如图 3-76 所示。它实际上就是把原来两个装置有机结合起来，气压调节器可自动控制，确保气压均匀稳定；同时，还显示调节后的气压和进气管道的气压值。

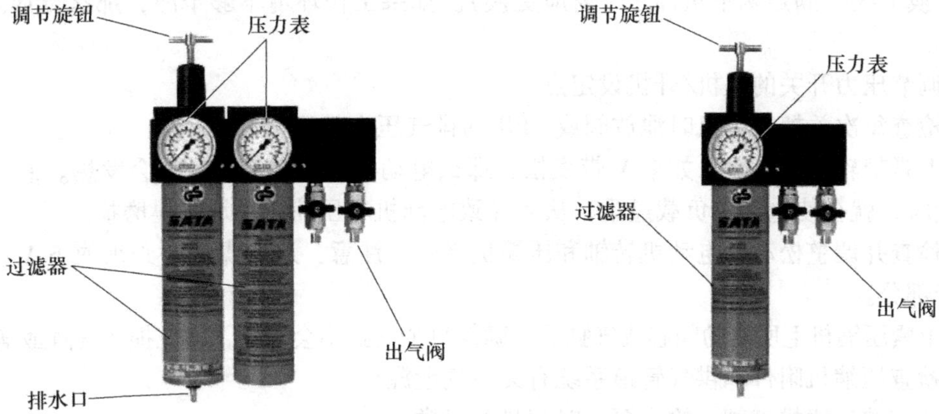


图 3-76 气压调节器

6. 空气分配系统

为了确保压缩机空气的纯净干燥，除了必备的设备外，空气分配系统的设置也非常重要，在设置时应考虑如何最大化地发挥设备的作用，以取得良好的效果。在设置时应注意以下几点：

1）主供气管道应逐步向末端倾斜，倾斜度为 1/100，以利于管道内的水排放干净。

2）支供气管道应从主供气管道上方分出，可防止水进入支供气管道。

3）油水分离器应安装在主供气管道与空气压缩机相距 8 ~ 10m 的位置，提高油水分离效果。

4）主供气管道最低处应安装自动排水阀，支供气管道末端要有排污阀。

5）供喷枪使用的支供气管道应安装气压调节器。

## 二、压缩空气供给系统的维护

为了压缩空气供给系统能有效地工作，延长系统部件的使用寿命，要按规定的维护方案进行日常的维护。一般而言，供气系统的维护分为日维护、周维护和月维护几种。

1. 日维护

放掉储气罐、油水分离器内的冷凝水，特别是在空气湿度比较大时，每天要多放几次；检查曲轴箱的润滑油面，使油面应保持充足的水平，但注意不要过高，以避免机油消耗过多。

2. 周维护

若安全阀装在储气罐或单向阀上，则在罐内存有高压气时排气；若安全阀装在压缩机内置冷却器上，则在压缩机工作时排气。

然后用手指将拉出来的杆推回去。当安全阀不能正常工作时，应立即维修或更换。

接着，清洗空气滤清器的毛毡或海绵等过滤件，用防爆溶剂清洗干净后，晾干重新装好。如果滤清器太脏，那么就会降低压缩机的效率和增加润滑油的消耗。

最后，清洗或吹掉气缸、气缸头、内冷器、后冷器和其他容易集灰尘或脏物的压缩机及其附属设备的部件上的小颗粒。干净的压缩机工作时的温度较低，而且使用寿命也较长。

3. 月维护

1）添加或更换曲轴箱内的润滑油。当干净的工作环境下，润滑油应每500工作小时或每6个月换1次（满足两个条件之一就应更换）。如果工作环境不够干净，那么就应增加更换的频率。

2）调节压力开关的关机/开机设定点。

3）检查每次关掉电动机时泄放阀或CPR的排气压力是否正常。

4）上紧带轮以防打滑。如果V带发松，那么电动机转轮在工作时就会发热。而当V带上得过紧时，就会使电动机负载过重，从而导致电动机和压缩机轴承过早磨损。

5）检查并调整松动的电动机转轴和压缩机飞轮。注意：进行操作时必须取下V带防护罩的前半部分。

6）上紧压缩机上所有的阀芯或气缸盖，确保每个气缸不会松动，以免损坏气缸或活塞。

7）检查压缩机附件和供气管道系统有无空气泄漏。

8）关闭储气罐排气阀，检查泵气时间是否正常。

9）检查是否有异常的噪声出现。

10）检查并纠正润滑油泄漏的现象。

另外，还应进行上面介绍的周维护的内容。

## 总　　结

压缩空气供给系统用于提供充足的达到预定压力值的压缩空气，以确保喷涂车间所有的气动设备都能有效地工作。系统的规格从小型的便携式装置到大型的安装在车间内的设备应有尽有。这些系统的基本配置和安装要求都有以下相同点：一台或一组空气压缩机，有时也称为气泵；动力源一般为电动机，室外工作时可使用便携式汽油机驱动的压缩机；一只或一组用于调节压缩机和电动机工作的控制器；应使用规格合适的储气罐或容器，如果过小，则将导致压缩机频繁起动，从而使电动机负载过重，过大则会造成浪费；分配系统是指从储气罐到需要压缩空气的分配点的软管和固定管道，或者软管和固定管道的组合，包括规格合适的软管或者固定管道、接头阀、油水分离器、气压调节器、仪表和其他能使特定的气动工具以及喷涂设备有效工作的空气与流体控制装置，是压缩空气系统连接的关键。

压缩空气供给系统是压缩机到所需压缩机空气的工作点的管道和各种装置的组合，空气压缩机排出的气体中含有水、油及其他微粒，在喷涂时涂膜会产生质量问题，而压缩空气的气压不稳定同样也会给喷涂工作造成麻烦。在供气系统中增设专用装置，能避免这些问题产生，提高涂膜质量。为确保获得高质量的修补涂层，除了涂料品质、涂装工艺和施工技术外，还必须配置必要的设备，以保证压缩空气干净、无水、无油、干燥。经压缩机压缩后的空气会带有水分和油气，若直接用于喷涂作业，则这些水分和油气会随着飞漆一起喷涂到工件表面上，使涂膜表面产生水泡和麻点，影响喷涂质量。为了保证压缩空气无尘、干燥，必须在空气压缩机的输送管道上安装油水分离器和过滤器，起过滤空气的作用，它能够将油、水、脏物从高压气体中分离出来，输出清洁、干燥的空气。

油水分离器从压缩空气中除去油、灰、水汽，过滤并调整空气压力。显示压力值，为喷枪、供气面具和其他风动工具提供接口。设置气压调节阀可自动控制，确保气压均稳定；同时，还显示调节后的气压和进气管道的气压值。自动排水器可排泄油、水、脏物。隔水油雾器过滤压缩空气中的水分，同时给压缩空气内增加油雾，以利于气动工具的工作，给气动工具提供一定的润滑作用。

为了压缩空气供给系统能有效地工作，延长系统部件的使用寿命，要按规定的维护方案进行日常的维护。

## 思考问题

**一、填空题**

1. 压缩空气供给系统一般由________、________、________、________、压力调节器和空气分配系统等组成。

2. 空气压缩机根据机械运动的方式基本有三种，即________、________和________。

3. 油水分离器的类型一般有两种：________和________。

**二、判断题**

1. 储气罐的作用在于减少压缩机的运转时间，同时又能保证供给气动工具用气的需要，因此可以减少压缩机的磨损和维修工作。 (    )

2. 油水分离器从压缩空气中除去油、灰、水气，过滤并调整空气压力。 (    )

**三、简答题**

1. 压缩空气供气系统各组成的作用是什么？

2. 说出压缩空气供气系统的维护方法。

## 拓展提高

### 空气压缩机的控制系统

1. 自动卸载器

自动卸载器又称为安全阀。当储气罐内压力达到设定的最大值时，自动卸载器开启，罐内压缩空气排向大气，使压缩机空转；当压力降低到一定值时，在弹簧力的作用下，安全阀关闭，压缩机恢复正常工作状态。自动卸载器调节的最大压力和最小压力可以通过调节螺钉进行调整。新型空气压缩机多用电磁离合器控制储气罐的气压，取消了自动卸载器。

2. 压力开关

压力开关是利用空气压力控制电源开闭的开关。一般情况下，压力达到所需的最大值时，电源断开，电动机停止运转，压缩机不工作；压力低于最小值时，电源接通，电动机重新起动，带动压缩机工作。

电动机直接起动时，瞬时过载电流很大，一般都要采用起动器起动，为电动机提供过载保护。电动机的型号及电流特性不同，起动器也不同。因此，必须选用与电动机相匹配的起动装置。

3. 过载保护器

在小型设备上，一般采用熔断器（熔丝）进行电路过载保护；大型设备上，在起动装置上安装热继电器实施过载保护。按要求来说，所有的压缩机都应该使用过载保护装置。

# 学习任务四　喷烤漆房和烘干设备

**知识点：** 喷漆房的技术要求；喷漆房的结构类型；烤漆房的类型；对流式烘干设备的特点和类型；红外线辐射干燥原理。

**能力点：** 喷漆房的正确使用和维护；烤漆房的技术要求和正确使用；烘干设备的使用。

## 任务情境

车身修理车间难免由于敲打金属，研磨焊缝、原子灰和其他的类似产生粉尘的工作而粉尘不断，而这种环境不利于车身的喷涂工作，这些粉尘大多数非常细微，很难控制。另外，在实际涂装工作中，由于涂料的干燥固化与环境温度有很大关系，环境温度越低，干燥固化的时间就越长，甚至不能完全固化，所以在涂装工作中就少不了可以加热的设备。

## 任务分析

喷烤漆房是汽车涂装修补重要的设备，常用喷烤漆房来解决喷涂时常见的下列问题：灰尘、污染、安全（由于与钣金等其他车间在一起，易引起明火）、喷涂完成后的干燥。烘干设备的种类很多，在汽车修补领域，对流干燥和辐射干燥设备使用比较普遍，红外线烤灯是一种可移动式的、方便的小工件烤干设备，这些烘干设备就可以解决涂料在低温环境下的干燥固化问题。

# 相关知识

## 一、喷漆房

喷漆房能够提供一个清洁、安全、明亮、有利于健康的工作场地。它可以使喷涂场地没有飞扬的粉尘，并能限制和安全排放掉进行车身喷涂工作时产生的挥发性气体。现代喷漆房的设计非常科学，它能提供合适的空气环境，必要的照明，保证喷涂工作的安全。

### 1. 喷漆房的结构类型

喷漆房主要由墙体、换气系统、空气过滤系统、照明装置及废气、废渣处理装置等组成。

(1) 换气系统　换气系统应达到每小时换气两次或更多次的要求。冬季气温较低时，冷空气对冷物料喷成的冷面层会带来不利影响，应在空气供给系统增加恒温装置，以提供温度适宜的空气来满足喷漆需要。目前的换气系统有三种形式：正向流动喷漆房、反向流动喷漆房和下向通风喷漆房。

1）正向流动喷漆房。正向流动喷漆房即汽车从空气进口进入，沿着气流方向走进喷漆房，从另一端空气出口离开，气流是从汽车尾部向前吹的，如图3-77所示。

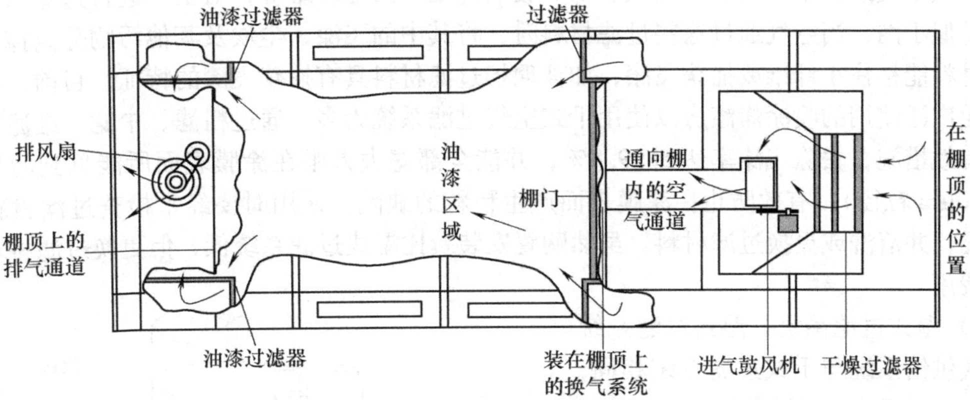


**图3-77　正向流动喷漆房**

2）反向流动喷漆房。气流从车前吹向车后，即汽车倒向喷漆房，汽车迎着气流方向驶入。

3）下向通风式喷漆房。下向通风式喷漆房即气流是从喷漆房的天花板向下流动，从地板栅格处排出。气流在汽车表面形成一层包围层，使漆雾不会沉积而污染已喷过的表面，保证喷漆作业的质量，此类喷漆房目前应用最广泛，如图3-78所示。

(2) 空气过滤系统　喷漆房最重要的系统是空气过滤系统，其作用是把进入喷漆房内的空气进行过滤，以保证喷漆质量；其次是把在喷漆房中产生的漆雾和其他污物过滤掉，使排入大气的气体无污染。它不仅关系到喷涂质量，还关系到保护喷涂工人的身体健康及环境保护。因此，喷漆房的空气过滤系统的维护非常重要。目前，喷漆房常用的空气过滤系统按去除飞漆和尘埃的方式主要分为干式过滤系统和湿式过滤系统。

1）干式过滤系统。干式过滤系统包括两大装置，即空气供给装置和排风、漆雾过滤装置。常用的下通风式喷漆房中，空气进入喷漆房的通道中设置进风口棉和顶棉进行两级过滤。进风口棉安装在进风口处。在排风道处安装有底棉，用来收集喷漆房在喷漆作业中产生

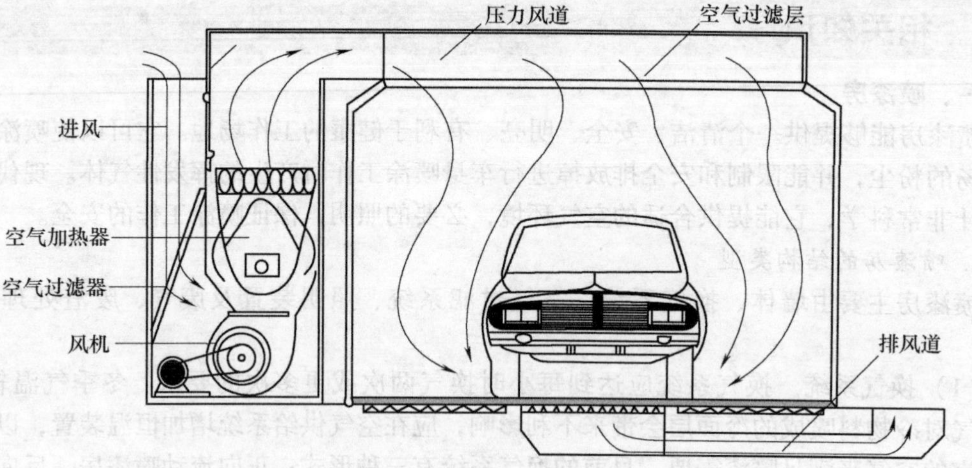


图 3-78　下向通风式喷漆房

的过量喷漆游离粒子，使排放气体达到环保的要求。

干式空气过滤系统主要使用纸、棉、玻璃纤维、聚酯纤维等，对空气进行过滤，其工作原理类似于网，当空气通过这些过滤材料时，将其中的飞漆、尘埃及其他污物分离掉，有些过滤材料能粘住小纤维或捕获飞漆，如玻璃棉过滤材料具有捕获飞漆的特征。目前，汽车修理行业广泛使用的喷涂烤漆房以使用干式空气过滤系统为多，通过粗滤、中滤、细滤三级过滤的有效措施，去除飞漆率达到 99.8%，并能全部滤去人眼在涂膜表面所能见到的最小尘埃（10μm 粒径），有效防止在涂膜表面产生粗粒的缺陷。使用时要经常检查过滤材料的过滤状况，并清洗或更换过滤材料。虽然购置安装费比湿式过滤系统低，但更换过滤材料需一定的费用。

2）湿式过滤系统。湿式过滤系统的空气供给系统与干式过滤系统相同，而排气过滤采用的是湿式结构。湿式过滤系统能够有效地滤除喷涂时产生的飞漆或漆雾，并不受涂料黏度和干燥速度的影响，工作容量大，能减少更换过滤网、棉的费用和不便，并符合环保要求，广泛应用于气流下行式喷漆房。湿式空气过滤主要有喷淋式、水旋式、水帘式和无泵式等，其中水帘式处理效果最好，喷漆房的废气经过水帘式清洗，与空气混合在一起的飞漆被水从空气中冲洗掉而净化，同时倒流板按与空气相反方向转动，利用离心力的作用收集小液滴，使空气干净、干燥，如图 3-79 所示。

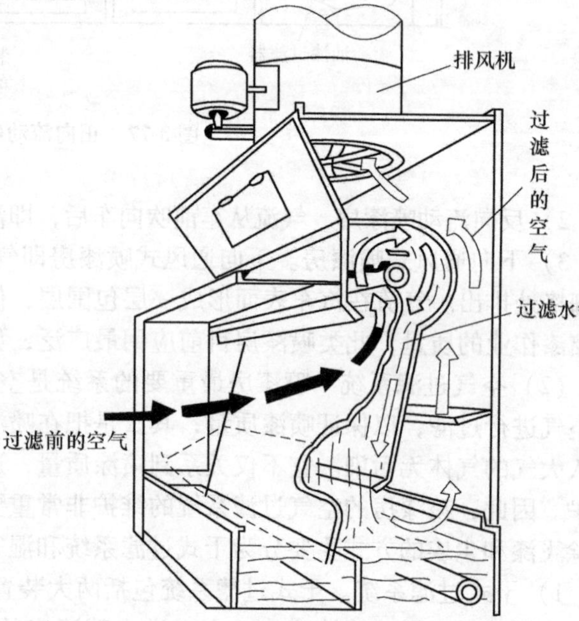


图 3-79　湿式过滤系统

2. 对喷漆房的技术要求

1）喷漆房的空气必须进行过滤，温度和湿度可以调节。

2）室内空气自上而下，不易形成气流死角和漆雾回落而影响喷涂的质量。

3）室内空气流速应在0.3～0.5m/s范围内，过快或过慢均影响流平性。

4）排风量应稳定，供风量略大于排风量。

5）室内产生的气体应先处理后排出，以免污染。

6）照明应不小于800勒克斯的亮度，灯具不得与漆雾直接接触。

3. 喷漆房的正确使用和维护

1）定期清洗墙体、地板及固定表面的灰尘和油污，做好例行保洁工作。

2）喷漆房内不准存放零件等其他物品。

3）不能在喷房内进行涂装前的表面打磨、清洁及涂料调整等工序。

4）用水清洗地板时，防止飞溅到车上。

5）定期检查喷漆房周围的密封情况，以防灰尘进入。

6）定期检查和更换干式过滤系统中的滤网。

7）汽车进入喷房前，进行彻底的清洁。

8）湿式过滤系统中水位应保持正常，并在水中加入添加剂。

9）喷漆房内必需的物品应存在密闭的储藏室内。

10）定期对电风扇和电动机进行维护。

4. 喷漆房对涂装质量的影响

1）如果抽气大于空气，则会导致涂膜下垂、超负荷、爆裂、喷涂不均匀。

2）如果大气中有污物，则会污染涂层。

3）如果气压过大，则会涂层遮蔽力差、涂膜下垂、超负荷、过喷。

4）如果使用不当的添加剂，则会污染涂层，有火灾危险。

5）如果污物积累，则会污染涂层，有火灾危险。

**二、烤漆房**

烤漆房的种类繁多，根据能源来分有燃油型和电热型；根据干燥方式有热空气对流干燥、远红外线辐射干燥等。因为在维修涂装中的汽车整车经不起高温烘烤，所以汽车修补涂装中一般使用的是自干型或双组分型涂料。为了提高涂装效率和涂层质量，可选用低温烘烤型涂料和低温烘烤设备。在修补涂装产量大的场合，一般都独立设置一套低温烘烤房。在局部修补时，还可使用移动式烘烤设备。

烤漆房可以单独设置，也可以与喷漆房连成一体。如果喷漆房带有无尘的干燥室，则可以加速漆膜的干燥。在普通维修企业通常使用喷-烤两用房（俗称喷烤漆房），即可以在其中进行喷涂施工，等涂膜经过充分晾干后，再实施烘烤工序，可满足修补涂装中的喷涂施工和低温烘烤两方面的要求，但工效低且漆雾粒子的除净率低。

喷烤漆房在使用中有两种工作状态：喷涂状态和烘烤状态，如图3-80所示。目前使用的烤漆房一般采用气流下行式，即空气从天花板进入，经过车顶向下从车身两侧的排气地沟排出，经三级（粗、中、细）过滤后干净、干燥、适温的空气，在流过车身时气流下形式减少了喷涂操作人员可能吸入的飞漆和溶剂蒸气，有利于喷漆工的身体健康。

由于喷涂烤漆房喷与烤在同一室体进行，喷涂时与烘烤时空气流速是有差别的，一般喷涂时空气流速最好控制在 0.3 ~ 0.6m/s。对涂膜进行加温烘烤时，空气流速应在 0.05m/s 左右。

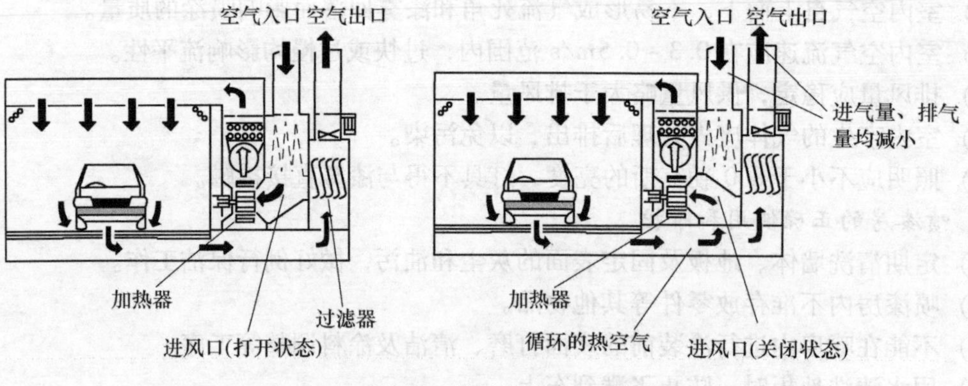


图 3-80　喷烤漆房的喷涂状态和烘烤状态

1. 烤漆房的类型

根据烤漆房对漆膜干燥方式的不同，有热空气对流式烤漆房和辐射式烤漆房。

（1）热空气对流式烤漆房　采用热风对流加热方式，被烘干件的金属底材温度在烘烤过程中不超过 80℃。热源一般由煤油、柴油、废油、天然气、电力或蒸汽产生。目前国内燃油式热空气对流干燥的低温烤漆房在汽车修理行业中使用较普遍，该烤漆房采用高性能钢组件式房体，无接缝式无机过滤棉，配合进风过滤系统及正风压，可保证施工环境的洁净。房体采用夹心式隔热棉提供极佳的保温效果。烤漆房内的照明设备采用无影灯式日光照明灯管，其发出的光的光谱与太阳光线相似，使涂料工对颜色的辨别提供了良好的光源。应用计算机技术全自动操作控制台经设制程序后能自动控制风压、温度和时间。在结构上采用了过压原理，室内风压高于室外 4 ~ 12Pa，使灰尘不能进入室内，再加上进入室内的空气经多次过滤，因而空气净化度较高。在烘烤过程中空气循环加热，每次约补充 10% 的新鲜空气，这样热量利用充分，节约能源。废气经过滤后排放于室外，排放浓度符合环保标准要求。热空气对流式烤漆房适合于各种轿车和面包车在生产和维修涂层的喷涂和烘烤，如图 3-81 所示。

（2）辐射式烤漆房　烘烤干燥方式除热空气对流式外，也可采用辐射式。可将辐射式干燥器根据烘烤室的结构合理布置在内，也可用于局部烘烤，如图 3-82 所示（参见彩图）。

2. 烤漆房的特点和技术要求

（1）烤漆房的特点

1）空气流动好，新鲜空气不断进入，废气及时排至外室。根据喷涂状态和烘烤状态的需要调节排气管和进气量，使喷涂状态时排出废气，烘烤时则不断循环空气并将热空气反复使用保持温度、节约能源。

2）室内温度可调节，烘干时最高 80℃。室内温度均匀，每一点的温度变化范围为 ±2℃。升温迅速，一般室温从 20℃升高至 60℃不超过 20min。

3）空气循环量可达 $12000m^3/h$，装机容量为 62kW，其中加热量最高容量为 54kW。喷涂室正压送风时，其送风气压一般保持室内高于室外 4 ~ 12Pa，可通过调风门调节；照明采用 40W 日光灯每组四只，共八组，从房顶两侧向下照射，室内光线明亮，工作时可达无影

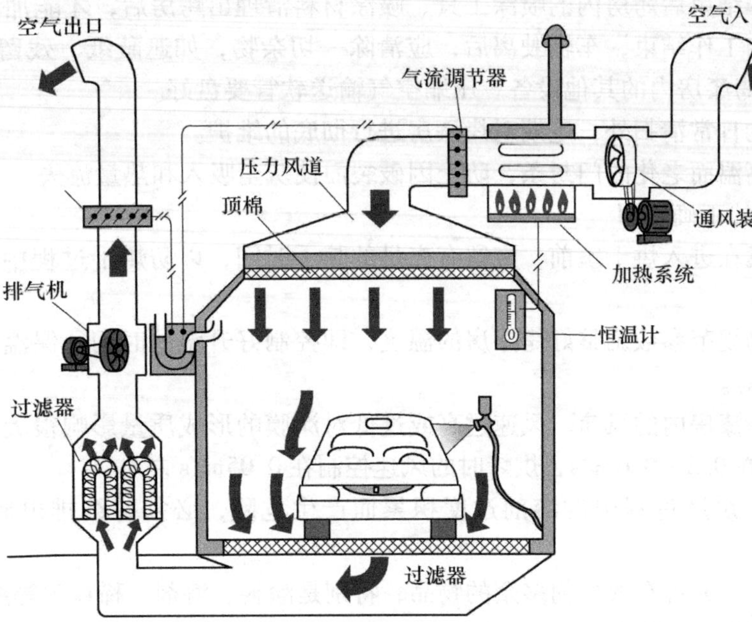


图 3-81 热空气对流式烤漆房

效果，噪声不大于80dB。

4）在对汽车涂膜加温烘烤时，烘烤温度要适当控制。汽车修补涂装温度调节一般以被烘烤物体表面温度60℃为宜，若温度达到85℃以上，则会造成仪表、塑料件变形等；若温度达到90℃以上，则可能引起燃油起火、爆炸等。

（2）烤漆房应达到的技术要求

1）室内温度均匀、可调，控温正确。

2）热空气密封循环且风速可调，一般风速为3.3m/min。

3）供给的空气必须过滤，废气排出必须有处理装置。

4）带门封闭型烘干室必须配备防爆泄压装置。

图 3-82 辐射式烤漆房

5）绝热，保护措施良好，保温层厚度一般为10cm。

3. 烤漆房的日常维护和正确使用

（1）烤漆房的日常维护 烤漆房的日常维护非常重要，遵循的主要原则有：

1）烤漆房内不能进行任何原子灰打磨及其他打磨工作，也不要进行抛光作业。

2）必须经常检查过滤系统，按照时限更换各级过滤网或过滤棉，定期检查排风系统、加热系统、电气系统和控制系统，以确保安全，正常运行。照明设备损坏应及时修复。

3）喷涂工作结束后烤房内的喷涂工具、喷涂材料清理出烤房后，才能加温烘烤。

4）烤漆房内工作结束，车辆驶离后，应清除一切杂物，如遮蔽纸、残留废气物，并擦净地板、墙壁及烤漆房内的其他设备。压缩空气输送软管要盘好。

5）除每天的日常清扫外，定期对烤漆房进行彻底的维护。

6）更换因高温而老化的门封条，防止因破裂而使灰尘吸入和热量流失。

（2）烤漆房的正确使用

1）待烤车辆在进入烘干室前，应留有充足的晾干时间，以防烘干过程中溶剂挥发量过大而不安全。

2）按照烘烤规范参数调整好烤漆房的温度，即控制好升温的时间、保温时的温度和时间、降温的速度等。

3）控制好烤漆房内的风速。风速过高或过低对涂膜的形成质量影响很大。一般室内喷涂时的风速控制在0.3～0.6m/s，烘烤时的风速控制在0.05m/s左右。

4）为了防止烘烤过程中的溶剂过度积累而产生危险，必须持续排出和补给10%的空气。

5）烘干室内不允许存放任何多余的物品，特别是涂料、溶剂、稀释剂等挥发性材料。

4. 烤漆房对涂装质量的影响

1）如果过滤器脏污，则会导致涂层脱落或发软。

2）如果过滤器损坏或开裂，则会导致涂层脱落或发脏。

3）如果恒温器工作不良，则会导致涂层脱落或发软。

4）如果10%的进、排气口堵塞，则会导致着火或爆炸，无光泽。

5）如果灰尘进入烤漆室，则会导致涂层发脏。

## 三、烘干设备

### 1. 烘干设备的分类

（1）按干燥设备的外形结构分　按干燥设备的外形结构，烘干设备分为室式、箱式和通过式三种。修理厂常用的喷烤漆房就属于室式烘干设备；箱式烘干设备适用于小批量、间歇式生产；通过式主要用于汽车生产厂大批量、机器化生产。

（2）按生产操作方式分　按生产操作方式分，烘干设备分为连续式和周期式两种。前者适合于批量生产，后者适合于大批量流水作业。

（3）按加热和传热方式分　按加热和传热方式分，烘干设备分为对流式、辐射式和感应式三种。对流式是指用蒸气、电热和炉火加热空气，使热空气在房内对流加热；辐射式是指将热能转化为各种波长的电磁波对物体加热，利用红外线作为辐射源的称为红外线辐射干燥设备；感应式是指用电磁感应加热的设备。

### 2. 对流干燥式烘干室

对流干燥也称为热空气干燥，应用对流传热的原理，以空气作为载热体，将热传递给被涂层，加快涂层的干燥。一般来说，温度越高，涂层的化学反应越快，涂料干燥也越快。

（1）对流烘干室的特点　对流烘干室有以下一些特点：对流烘干加热均匀，从而保证了涂层颜色的一致性；烘干温度范围较大，基本上能满足一般类型涂料烘干温度的要求；设备使用管理和维护较为方便，运行费用较低。但是，对流烘干室也有一定的局限性，如升温时间长、效率低；设备庞大，占地面积大；涂料表面成膜快，阻碍内部溶剂的挥发，易产生针孔、起泡、皱纹等涂膜缺陷。

（2）对流烘干室的类型　按生产组织形式分，对流烘干室分为：间歇式烘干室，一般为单室或多室的单门式，适用于小批量生产或间断性生产；连续生产烘干室，一般为通道式，适用于大批量生产，一般与其他工序组成涂装流水线，在汽车行业主要被制造厂所采用。

1）按照使用的热源，对流烘干室可分为电或燃气等形式。

2）按照加热空气介质的方式，对流烘干室又有直接加热和间接加热两种类型。

3）按照热空气在烘干室内的对流方式，对流烘干可分为强制对流式和自然对流式。

（3）对流烘干室的组成　对流烘干室不管是何种类型，一般由烘干室体、空气过滤层和温度控制系统等组成。下面就燃气、油式、电热烘干式、对流烘干室以及温控净化喷涂烤房做简单介绍。

1）燃油对流烘干室的结构。

①室体。烘干室室体的作用是使循环的热空气不向外流出，维持烘干室内的热量，使室内温度保持在一定的范围内，室体也是安装烘干室其他部件的基础。

②加热系统。对流烘干室的加热系统是加热空气的装置，它能把进入烘干室内的空气加热至一定的温度范围，通过加热系统的风机将热空气引入烘干室内，并形成环流在室内流动，连续地加热工件，使涂层得以干燥。为了保证烘干室内的溶剂蒸气浓度处在安全范围之内，加热系统需要排除一部分带有溶剂蒸气的热空气；同时，需从室外吸入一部分新鲜空气给以补充。加热系统一般由进风管、空气过滤器、空气加热器和风机等部件组成。

③空气帘装置。通道式出口始终是敞开的，为了防止热空气从烘干室流出和冷空气流入，减少烘干室的热量损失，提高其热效率，通常在烘干室进、出口处设置空气帘装置，用分机喷射高速气流而形成空气帘。

④温度控制系统。温度控制系统的作用是调节烘干室内温度的高低和使室内温度均匀。对流烘干室温度控制有循环热空气量调节和循环热空气温度调节两种方法。

2）电热烘干室的结构。电热烘干室是一类最简单的热空气对流式烘干室，主要用于烘烤小型涂装工件。电热烘干室规格很多，烘干室内部装有1000～3000W的电热丝多根，分布在烘干室内部两侧及底层。室体分内、外两层，层间填满隔热保温材料，如石棉粉、玻璃丝和紫石等。烘干室的顶部装有排雾管及测温用的热电偶。烘干室内部的底面装有小钢轨两根，便于推盘出入烘干室。烘干室门上装有一个玻璃小窗，便于观察工件涂层在烘干室内的干燥情况。

用电热作为烘干室的能源不污染环境，但电量耗量大，使用成本高，目前汽车维修企业广泛使用燃油作为能源的烘干室。

### 3. 红外线辐射式干燥设备

（1）辐射干燥原理　辐射加热使涂层加速干燥通常是使用红外线加热设备。热辐射的热能是以电磁波的形式传递的，无需中间媒介即可由热源直接辐射在被加热的物体上，利用辐射热使物体受热干燥，即辐射干燥。所有物体，包括固体、液体和热气体，只要它的温度高于绝对零度，就可进行热辐射，因此热辐射又可称为温度辐射。辐射加热要比对流加热速度快，热能损失少。红外线辐射加热就是一种辐射形式的加热方法。

（2）红外线　日光通过三棱镜可分为赤、橙、黄、绿、青、蓝、紫七色可见光，在红色光和紫色光两端还存在着不可见光，即红外线和紫外线。可见光、红外线和紫外线都是电磁波，它们的区别仅仅是波长不同而已。电磁波的波长范围很宽，它包括宇宙射线、X射线、紫外线、可见光、红外线和无线电波。

红外线介于紫外线与雷达微波之间，其波长范围在0.76~100μm之间，一般将波长为0.76~5.6μm这一段称为近红外线，而将波长为5.6~100μm这一段称为远红外线。当红外线辐射到达物体时，一部分被物体表面反射，一部分被物体所吸收，其余部分透过物体。被吸收的红外线辐射能量就转化成热能，使物体温度升高，被吸收的能量越多，物体的温度就升得越高。红外线波长不同，其穿透漆膜的能力也不同，波长越短，穿透能力越强，不同波长红外线的穿透能力如图3-83所示。

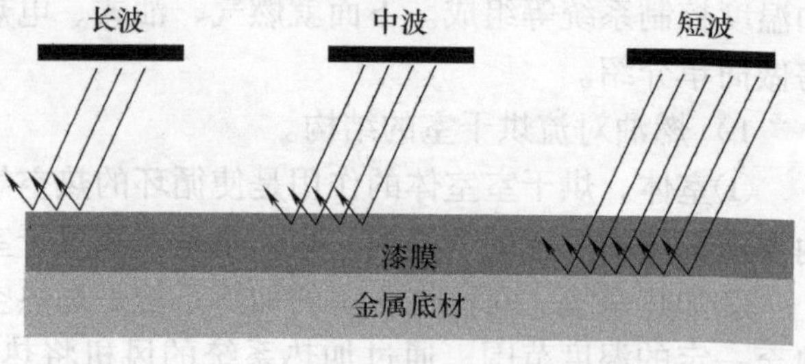

图3-83 不同波长红外线的穿透能力

不同的物质，对红外线的反射、吸收和透射是不同的，即使是同种物质，也可能因其结构和表面状况的不同而不同。同一物体对不同波长的红外线，其反射、吸收和透射也是不相同的。

到达被加热物体上的红外线辐射能量与红外线传播的距离有着密切的关系。红外辐射源至被加热物体之间的距离每增加一倍，达到物体的红外辐射能量便减少到原来的1/4。因此，应用红外加热时，辐射源与被加热物体之间的距离很重要。

红外加热的效果主要取决于被加热物体吸收红外辐射能量的多少，这就需要采用辐射率大的材料作辐射和缩短辐射的距离，使到达被加热物体的红外辐射能量尽可能地大；同时，要使被加热物体的红外吸收率也要大，以吸收尽可能多的辐射能量。

红外线辐射使涂料吸收能量产生热量，溶剂由内向外挥发，热能损耗小。涂层干燥内外一致、透彻，有利于提高涂层质量。远红外线比近红外线更适合用于涂料的干燥。远红外线辐射干燥速度快，时间是热空气对流干燥的1/10，近红外线辐射干燥的1/2。红外线辐射无气流的流动，减小了灰尘沾上涂面的可能性。设备投资费用低，高效、节能、无污染。但对形状复杂的物件，辐射距离会产生远近不同，导致同一物体不同部位的干燥速度存在差异。

(3) 常见的红外辐射加热装置

1）远红外线辐射加热器。远红外线辐射加热器虽有各种型号，但一般都由金属板或管、碳化硅板和陶瓷三部分组成。远红外线辐射加热器形状一般分为管状、平板状及灯泡状三种。

辐射器一般包含两个基本部分——热源和远红外辐射层。热源的作用是给辐射层提供热能，使之辐射远红外线。辐射层的作用是在受到加热后，从其表面辐射出与其温度相对应的红外辐射能量，由有效辐射远红外线的材料所组成。

由于汽车修理行业的特殊性，要求干燥加热装置具有移动性和可变性，因此常使用可移动的远红外加热装置用于原子灰、底漆和面漆各个部位的局部强制干燥，提高工作效率。这种远红外线加热器的性能特点主要有如下几个方面：独立开关控制；整个发射管可作360℃旋转；发射管支架由气压撑杆支撑，上下自如；电子计时器可分别控制预热、全热过程，自动转换；可烘烤汽车车身任何部位，如车顶和前、后盖。

2）红外线烤灯。红外线烤灯是一种可移动式的、方便的小工件烤干设备，依靠被照物吸收光能转化成热能而使物体升温，它适用于所有可加热固化的涂料的烘干和干燥工序。红外线辐射加热与热风对流加热相比，具有如下特点：热能靠光波传导，被涂膜和物体吸收，升温速度快；基于涂膜和物体吸收红外线而升温，热量从物体和涂膜内向外传，与涂膜干燥过程中溶剂的挥发方向一致，这样就不易产生由于有溶剂封在涂膜内部而生成针孔的缺陷；设备简单，生产率高；由于红外线辐射有方向性，可以进行局部加热。移动式远红外线烤灯如图 3-84 所示。

红外灯也可设计成方阵热装置，用于局部修补加热用。由灯射出的放射红外线能展开成扇形，离灯 20 ~ 30cm 的距离内，中心与外部的温度分布基本均匀，用多个组合可互补热量，以获得均匀的温度。

3）连续式通道烘干室。连续式通道烘干室是广泛地应用于大批量生产的一种烘干设备。目前，连续式通道烘干室大多采用远红外干燥或红外线干燥。根据输送带运行的路线和方向，可分为单程和双程、水平单程和双程、垂直单程和双程的通道烘干室。在每个阶段的若干节烘干室内，配制数量不等的远红外线辐射装置。烘干室内设有排风装置，以排除烘干时挥发的溶剂蒸气。由于在通道烘干室内，涂有涂层的工件是连续或间歇地移动的，移动装置可采用架空式单线和双线输送带、板式小车输送带、杆式输送带等各种传送形式。

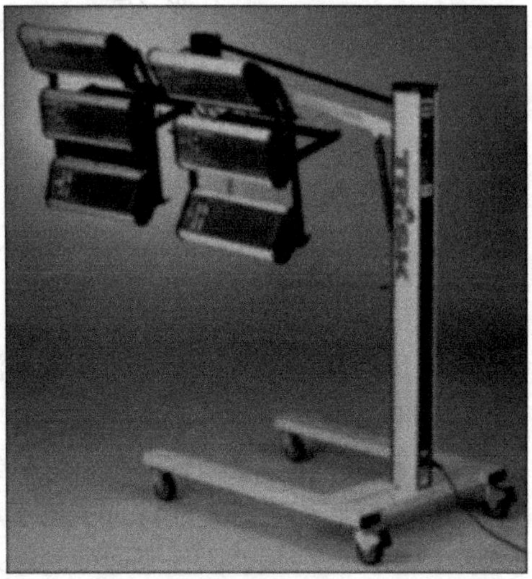

图 3-84　移动式远红外线烤灯

4）短波红外线烤漆房。使用红外线的辐射原理加热，具有环保、高效、节能的特点。烤漆房为一工位轿车涂层烘干室，烘干室内短波红外线装置每边上下各一排，每排四个红外线装置，每个装置有 2 根红外线灯管的管状热源向涂层辐射热量。每个红外线灯管功率为 1. 2kW，室内装有 16 个红外线装置，共 32 根红外线灯管，总功率为 38. 4kW，辐射距离不小于 500mm，可用于对整车涂层烘烤，独立式开关系统也可对汽车涂层的原子灰、底漆和面漆进行局部烘烤。短波红外线烘烤如图 3-85 所示。

该烤漆房升温快，在同样温度下比对流烘干效率提高 70%，极大地提高了涂膜的干燥速度，并具有涂膜干燥彻底、内外一致的优点，提高了涂膜的质量。由于室内没有空气流动，干净无尘，减少了涂膜沾尘的概率。

图 3-85　短波红外线烘烤

(4) 红外线干燥的特点

1) 干燥由内层向外，溶剂容易挥发，干燥彻底、迅速，如图3-86所示，一般可提高效率2~5倍。

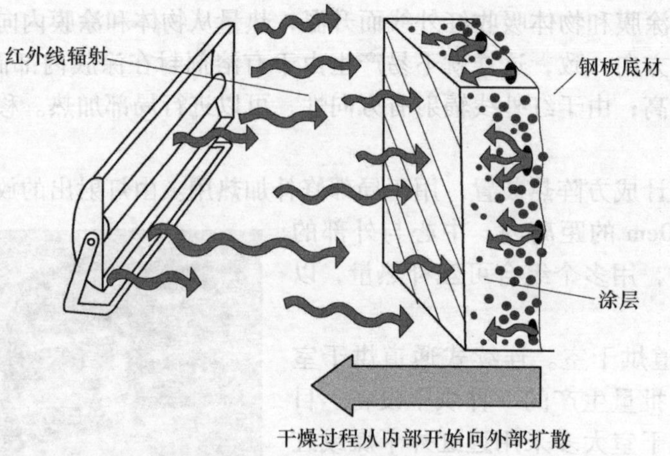


图3-86 红外线的干燥过程

2) 涂层干燥均匀，可大大减少由于溶剂挥发而产生的针孔和气泡现象，干燥质量好。

3) 升温迅速，缩短了干燥时间。

4) 红外线干燥设备结构简单，投资费用低，效率高，节能，无污染，占地面积小。

5) 红外线辐射具有方向性，可用于局部加热。

6) 使用时，尽量使工件表面受到红外线的直接照射。

## 总 结

喷漆房是一个封闭的房间，在其内放置需要进行喷漆的车辆或配件。为喷涂施工提供一个清洁、安全、照明效果好的封闭环境，既能避免被别的工序污染，又可对污染物进行控制和治理。现代常用喷漆房的空气供应系统一般采用上送下排式，又称为下行式。气流从天花板吹进来后，经过车身从气坑排出。干净、适温的气流经过车身表面的过程有利于减少喷涂表面的污染和多余的漆雾。风速为0.3m/s，可通过调整排风门的开度来调节。从保护漆工的健康与安全的角度出发，喷漆房最重要的部件是其空气过滤系统。目前有各种配置和过滤材料，如纸、棉、玻璃纤维和聚酯纤维等。有湿式（或称水洗式）和干式两种过滤系统，一般多采用干式系统，它的工作原理类似于筛网，当空气通过滤清器时可将其中的涂料颗粒和其他污物分离掉，有些系统还有一些黏性物质层，可以将各种小纤维粘到纤维的表面。大多数过滤系统几乎可以过滤掉全部能导致产生肉眼可见的涂层缺陷的小颗粒，任何大于14μm的颗粒都会使涂层产生显著的缺陷，过滤系统都能滤掉10μm的颗粒，而且房内压力要求大于房外压力30kPa左右，形成正压状态，这样可以有效地防止房外颗粒物的进入。

烤漆房的加热方式有燃油式、电加热式和红外线加热式。燃油式又分柴油、煤油和酒精等几种燃料。烤漆房是进行高质量的涂装维修工作中最重要的设施。烤漆房装备垂直空气循环系统，产生向下的气流以带走产生的喷雾。空气由天花板上的过滤器导入到室内，并由加热系统加热到所需要的温度。空气随后由物体四周导入到地板上，并通过油漆隔离过滤装置被抽出。根据油漆工作时间，天花板和油漆隔离过滤装置必须经常进行更换。空气流经活性炭过滤器以防止溶剂进入环境中去。根据油漆工作时间，这些过滤装置必须经常进行更换。

要保证喷漆房的正常工作（以及优良的油漆工作），必须对喷漆房进行定期的维护工作。喷烤漆房的维护工作包括更换过滤装置、清洁墙壁和照明带以及对电动机、燃烧器和所有的安装设备进行维护。吹入到房内的空气流量比吸出的空气流量略微大一些。因此在室内产生略大一些的压力，它遍布在凹槽、密封条及门的缝隙中。如果没有这个过压，则外面没有过滤过的空气会进入到室内并对油漆区域造成污染。照明带位于天花板上的倾斜部分，并且尽可能安装在侧面以保证良好的照明条件。

红外线与可见光一样，都是直线传播的。当它辐射到达物体时，会出现以下三种情况，一部分在物体表面被反射，一部分被物体所吸收，其余部分透过物体。被吸收的红外线辐射能量就转化成热能，使物体温度升高，被吸收的能量越大，物体的温度升得越高。

红外线烘干设备依靠被照物吸收光能转化成热能，而使物体升温，它适用于所有可加热固化的涂料的烘干和干燥工序。红外线辐射加热与热风对流加热相比，具有如下特点：热能靠光波传导，被涂膜和物体吸收，升温速度快；基于涂膜和物体吸收红外线而升温，热量从物体和涂膜内向外传，与涂膜干燥过程中溶剂的挥发方向一致，这样就不易产生由于有溶剂封在涂膜内部而生成针孔的缺陷；设备简单，生产效率高；由于红外线辐射有方向性，可以进行局部加热。

## 思考问题

**一、填空题**

1. 喷漆房主要由________、________、________、________及废气、废渣处理装置等组成。

2. 烤漆房的种类繁多，根据能源来分有________和________；根据干燥方式有________和远红外线辐射干燥等。

**二、判断题**

1. 红外线烤灯烘烤时热量从物体和涂膜内向外传，与涂膜干燥过程中溶剂的挥发方向一致，这样就不易产生由于有溶剂封在涂膜内部而生成针孔的缺陷。（ ）

2. 由于红外线辐射有方向性，可以进行局部加热。（ ）

**三、简答题**

1. 喷漆房的结构类型有哪些？
2. 如何正确使用和维护喷漆房？
3. 烤漆房的类型有哪些？
4. 如何正确使用和维护烤漆房？
5. 烘干设备的分类有哪些？

单 元 四

# 汽车修补涂装工作流程

## 学习目标

通过本单元任务的学习，将了解底材处理、原子灰施工、遮蔽、中涂漆施工、面漆涂装、涂膜缺陷的检查和修整等汽车修补涂装工作过程。

能够：

- 学习并掌握底材处理。
- 学习原子灰的作用并掌握原子灰的施工方法。
- 正确进行遮蔽工作。
- 学习并掌握中涂漆的作用及施工方法。
- 掌握各种面漆的涂装操作。
- 了解涂膜缺陷的检查和修整。

## 学习任务

由于汽车在使用过程中意外碰撞受损，为了恢复其外貌和装饰效果，采用压缩空气喷涂方法进行修补。汽车修补涂装总的目的就是要恢复汽车原有的涂层技术标准和实现无痕修补，由于修补涂装多为就车修复，受车辆条件的限制不能进行高温烘烤，所以多采用低温烘烤的修补涂料或自干型涂料。从施工工艺上来讲，因修补面积一般比较小，所以采用手工涂装工艺，另外，手工操作也有利于主观掌握操作质量，更容易达到无痕修补的目的。

# 学习任务一 底材处理

**知识点：** 底材处理的目的；常用底漆；底漆的性能要求。

**能力点：** 损伤程度评估；原涂层及底材的判别；去除旧漆膜；羽状边的制作；清洁除油；施涂底漆。

## 任务情境

一车主驾车来到某4S店，告知维修业务接待员其车辆部分漆面受损，询问如何处理，维修业务接待员在进行过初步检查后发现漆面损伤程度较重，告知车主需要进行汽车漆面修补涂装，并下了涂装修补工单，将该车辆派给了某喷漆工。

## 任务分析

在进行汽车修补涂装之前,需要对原车钣金件进行必要的处理,即底材处理。汽车清洗后,要仔细检查车身漆面,寻找漆膜破损处,如气泡、龟裂、脱落、锈蚀以及修理过程中引起的损坏等。底材处理质量的好坏将直接影响涂层质量的好坏。经过处理,使底材无油、无锈、无其他污物,并具有一定的表面粗糙度,能增强附着力,减少涂装缺陷,提高修补质量。

## 相关知识

### 一、底材处理的目的

1. 能够保证涂层质量

根据被涂物的用途、材质、要求和表面状况，采取不同的与之相适应的处理方法。如经脱脂、除蜡和除锈的黑色金属，可首先在其清洁的表面进行磷化处理，这样既可防止金属腐蚀，又能增强对漆膜的附着力。铝、镁等轻金属，可进行阳极氧化处理，汽车车身上使用较多的铝及镀锌板也同样可做磷化处理。表面处理完毕，加上合理选择涂料、正确的施工工艺和适当的使用环境，能在很大程度上延长漆膜的使用寿命，发挥涂料的保护作用。

2. 能够增强漆膜在底材上的附着力

附着力的强弱虽与涂料的品种、质量及合理选择配套有关，但表面处理的好坏也是一个关键，若表面不清洁，存在水、油、粉尘、氧化皮、锈、蜡及其他污物或不牢固的旧漆膜，那么就会使新漆膜附着不牢、起泡、开裂和脱落，使金属与空气中的有害气体、水分接触而发生腐蚀造成损坏。表面处理的目的就是要清除这些有害物质，并使其表面具备涂装所要求的表面粗糙度，增强漆膜与底材的附着力，使漆膜牢固地附着在底材上，从而提高漆膜的使用寿命。

3. 能够提高漆膜的耐蚀能力

金属表面的水、油、锈及其他污物会降低涂料的耐蚀性，它们存在于漆膜与被涂物表面之间，会起到腐蚀金属表面和破坏漆膜的作用。如果铁锈不清除干净，那么就会在漆膜下促使钢铁材料进一步腐蚀并逐渐膨胀，最后导致漆膜开裂或剥落，使钢铁材料与空气、水分和有害气体接触，金属表面很快被腐蚀。若表面处理干净，达到涂装前的技术要求，则表面耐蚀性大大增强，漆膜的使用寿命也大大提高，底材也可得到有效的保护。

4. 能够改善涂层的外观

车体表面未处理或处理不彻底，涂装后会产生缺陷，如被涂面油污会使喷涂上去的新漆膜产生缩孔（鱼眼）、脱皮；蜡质会使新漆膜不干、回黏、产生针孔；铁锈、氧化皮会使漆膜起泡，影响车辆外表美观，失去涂料的装饰作用和保护作用。

**二、常用底漆**

直接涂布于物体表面的打底涂料称为底漆，如图 4-1 所示。底漆是被涂物面与涂层之间的粘结层，以使其上各涂层可以牢固地结合并覆盖在被涂物体上。同时，底漆在钢铁表面形成干膜，从而隔绝或阻止钢铁表面与空气、水分及其他腐蚀介质的直接接触，起到缓蚀保护作用。一旦面漆层破坏，钢铁也不至于很快生锈。

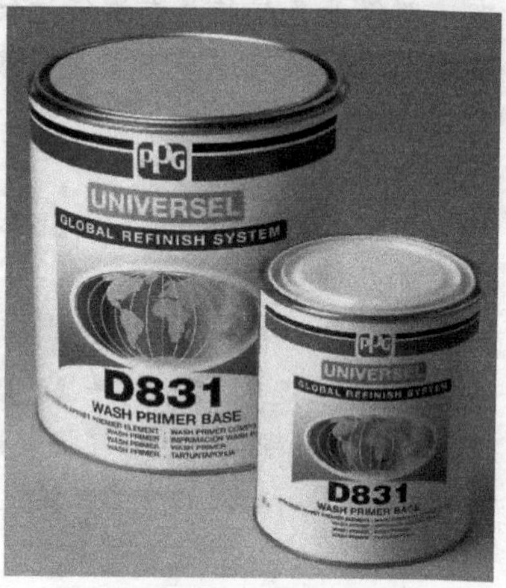

图 4-1 底漆

底漆的性能要求：具有良好的附着性，与中涂、面漆有良好的结合力和配套性，以防出现涂装缺陷；具有良好的力学性能；具有良好的耐蚀性、耐水性和耐化学品性；具有良好的填平性和打磨性；具有良好的施工性，能适应汽车修补涂装工艺的要求。

底漆的使用，应根据涂装要求和使用的目的采用不同类型的底漆；根据工件表面状态和底漆的性质选择适当的涂装方法。底漆涂膜的强度和结合能力的大小取决于涂膜的厚度、均匀度及其是否完全干燥，底漆涂膜一般不宜过厚，以 15~25μm 为宜（在汽车表面装饰性要求不高、底漆上直接喷涂面漆的情况下，膜厚可以在 50μm 左右），过厚则涂膜干燥缓慢，还容易造成涂膜强度不够和附着力不良。底漆的种类比较多，现在汽车涂装中以环氧树脂底漆和磷化底漆最为多见。

1. 环氧树脂底漆

环氧树脂底漆简称环氧底漆，是物理隔绝防腐底漆的代表。环氧底漆的优点：附着力极强，对金属、木材、玻璃、塑料、陶瓷、纺织物等都有很好的附着力和粘结力；涂膜韧性好，耐挠曲，且硬度比较高；耐化学品性优良，尤其是耐碱性，更为突出，对水、溶剂、酸、碱和其他化学品都有良好的抵抗力；良好的电绝缘性，耐久性、耐热性良好。环氧树脂类涂料也存在一定的缺点，如表面粉化较快，这也是它主要用于底层涂料的原因之一。

环氧底漆使用胺类作为固化剂，胺类对人体和皮肤有一定的刺激性，因此在使用时要加以注意。

以环氧树脂为主要成膜物质制成的底漆，品种较多，有高温烘烤底漆、双组分底漆和单组分常温自干底漆。汽车维修企业由于其修理的特点极少使用高温烘烤底漆。在要求较高或湿热环境下使用的车辆，一般应使用环氧底漆。由于汽车经常有强烈的冲击、振动及磨损，还要受到各种多变的气候条件及酸、碱、盐的侵蚀，需要有一种很好的保护层来抵挡。当汽车涂面要进行较大的整修工作时，双组分环氧底漆就是最佳的选择，其附着力、耐蚀性、封闭性、耐化学品性及耐碱性非常突出，而且漆膜柔韧性好、硬度高、对铝镁合金及轻金属、钢铁、玻璃钢等有极好的附着力。

双组分环氧底漆的使用方法和注意事项：

1）适用于无尘、无油、无蜡、无锈、无水，并具有涂装允许的表面粗糙度的裸露金属（钢、板、铝材、不锈钢、镀锌钢板）及玻璃钢表面的涂装。

2）双组分环氧底漆以喷为主，也可刷涂。

3）严格参照供应商的要求调配漆料与固化剂，并在混合寿命内用完；当喷涂黏度需要调节时，最好使用供应商提供的溶剂。

4）底漆中涂漆合一的环氧底漆，喷涂一道，涂层厚度达 30 ~ 40μm 可做防锈底漆，喷涂二道，涂层厚度可达 50 ~ 60μm。干燥后可研磨，具体请参照供应商的要求。

5）胺固化剂对人体和皮肤有刺激性，使用时要注意安全。

6）双组分环氧底漆能与多种面漆配套，如硝基漆、过氯乙烯漆、热塑性丙烯酸漆、醇酸漆、聚氨酯漆、氨基漆和热固性丙烯酸漆等。

2. 磷化底漆

侵蚀底漆是以化学防腐手段来达到其防腐目的的，主要代表为磷化底漆。磷化底漆是使用时与分开包装的磷化液按一定比例调配后喷涂。磷化底漆作为有色及黑色金属的防锈涂料，能够代替金属的磷化处理，在提高耐蚀性和绝缘性、增强涂层与金属表面的附着力等方面比磷化处理层更好，而且工艺和设备要求比较简单。但磷化底漆涂膜很薄（8 ~ 15μm），因此一般不单独作为底漆使用，在涂装磷化底漆后通常仍用一般底漆打底。

磷化底漆在使用时不能用金属容器调配，使用的喷枪罐也应使用塑料罐，在喷涂完毕后应马上清洗喷枪。磷化底漆施涂完毕后不要马上喷涂其他底漆，而应等待一段时间（20℃，2h）后再进行下一步操作。

磷化底漆是将金属表面通过化学反应生成一层非金属、不导电、多孔的磷化膜，一般称为转换涂层。磷化膜具有多孔性和不良导电性，使上层涂料能渗入到这些孔隙中，而不良导电性也预防了电化学腐蚀的形成。

磷化底漆能提高底漆对金属表面的附着力、耐蚀性及热老化性能，可代替磷化处理，适用于各种金属（如钢、铁、铝、铜及铝镁合金等），并能耐一定的温度，可作为烘烤面漆的底漆，但由于成膜很薄，一般不能单独作为底漆使用，必须与其他底漆配套使用。

磷化底漆的使用方法和注意事项：

1）磷化底漆可喷涂也可刷涂，喷涂工作黏度为 16 ~ 18s（涂 -4 杯，20℃），漆膜以薄为宜，厚了效果反而差。

2）磷化底漆是双组分涂料，一般分为漆料和活化剂。另外，有时还配备高黏度的活化剂。使用时应将两个组分混合后才可使用，而活化剂是专作磷化底漆配套使用，不是溶剂，用量不能任意增减。要严格参照供应商要求的混合比例调配。

3）使用前应将磷化底漆搅拌均匀，然后放入非金属的容器内，边搅拌边缓慢加入活化剂，调配后一般要放置 20min（20℃）再使用（请参照供应商的要求）。调配后的磷化底漆必须在混合寿命内用完。

4）施工环境要求比较干燥，以防止漆膜发白，影响漆膜附着力和使用效能。

5）磷化底漆喷涂的底材应经过表面预处理，达到无锈、无水、无油、无旧漆膜，最好是经过喷砂处理的底材。

6）喷涂了磷化底漆的底材，一般干燥一定的时间（请参加供应商的要求）后即可喷涂其他底漆。

## 任务实施

### 一、损坏程度评估

对损坏部位进行正确的评估，以确定修补范围，从而确定各道工序的范围、确定过渡区域、需要遮盖保护的部位以及需要拆卸的零部件等，为后续工序的正确实施及保证涂装质量奠定基础。一般采用的评估方法有目测评估、触摸评估和直尺评估。

1. 目测评估

根据光照车身部件的反射情况，来评估损坏的程度及受影响面积的大小。稍微改变观察角度，即可看到微小的变形，图4-2所示为荧光灯反射光线的扭曲。目测评估时，不能在强光下进行，强光会影响到观察的结果。

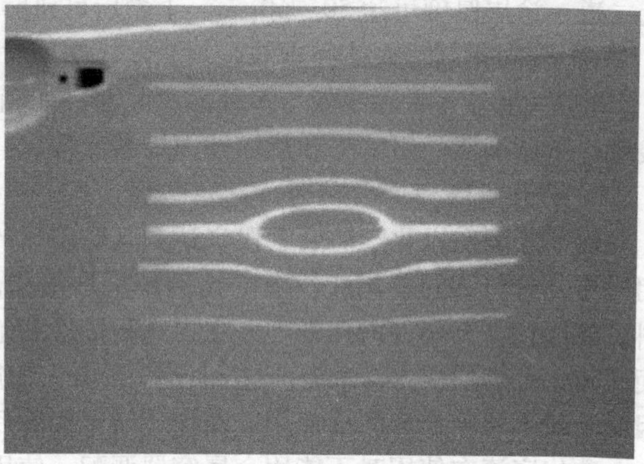

图4-2 荧光灯反射光线的扭曲

2. 触摸评估

戴上手套（棉质薄手套），从各个方向触摸受损的区域（不要对钣金件施加压力），注意力集中在手掌上的感觉。为了能准确地找到受损区域的不平整部分，手移动的范围要大，要包括没有损坏的区域。有些损坏的区域，手在向某个方向移动时，可能比向另一个方向移动时更容易感觉到，如图4-3所示。

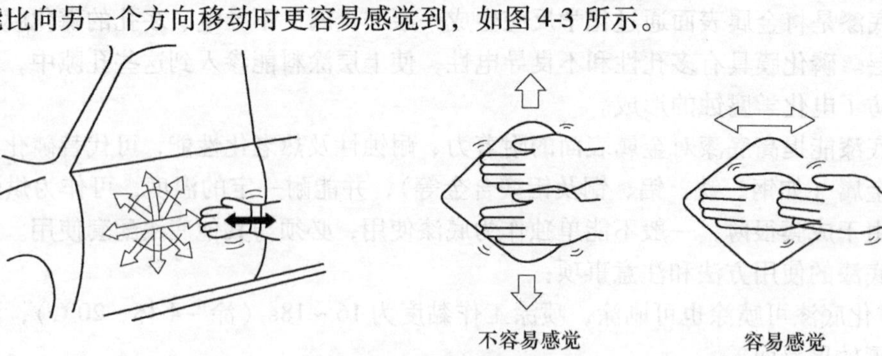


图4-3 触摸评估

3. 直尺评估

将一长直尺放在车身另一边对应的没有损坏的区域上，检查车身与直尺之间的间隙；然后将直尺放在损坏的车身部件上，评估被损坏的和未被损坏的车身部件之间的间隙相差多少，如图4-4所示。

如果在用直尺评估时损坏件有凸出部分，则将影响评估操作。可用冲子或鸭嘴锤，将凸起的区域敲平或稍低于正常表面，如图4-5所示。

## 二、原涂层及底材的判别

在进行新涂层的修补前，对车辆原涂层及底材进行判别是非常重要的，因为原涂层及底材的类型如果与修补涂层的类型不符，则会出现严重的涂膜故障，如在镀锌板底材上施涂普通原子灰会造成附着力不良而引起脱落，在自然挥发型涂料或热塑性涂料上施涂可能造成咬底或涂膜脱落等，对修补质量有很大的影响。因此，在涂装修补之前必须首先对原涂层和底材进行准确的判别，并以此为根据，选用合适的操作工艺和适当的修补材料。

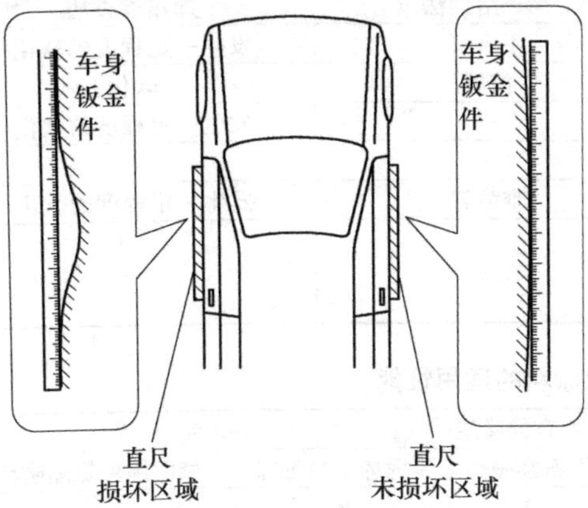


**图4-4 直尺评估**

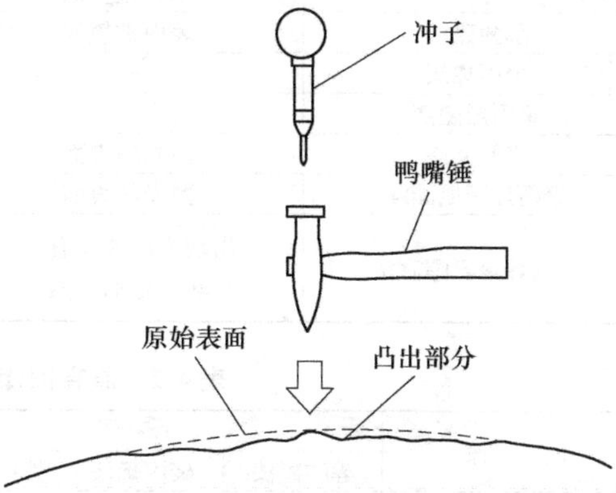


**图4-5 敲平损坏部件的凸出部分**

### 1. 原涂层的判别方法

（1）视觉检查法　视觉检查法即通过仔细的观察，根据不同涂料的不同特征进行判断。这种方法往往需要很多的实际经验，有时还要配合适当的识别操作等才能进行比较准确的判断。例如：如果车辆特征线附近的表层结构粗糙，经过摩擦后能够产生一种抛光的效果，则可初步判定原涂层是抛光型涂料（多为硝基树脂型）；如果出现一种丙烯酸聚氨酯型涂料特有的光泽，则可以断定原涂层是丙烯酸聚氨酯型涂料。

（2）涂抹溶剂法　涂抹溶剂法即用普通硝基稀释剂在原涂层上进行涂抹擦拭，通过观察有无溶解现象判别原涂层是否为溶剂挥发干燥型涂料。检查时，应使用与车身不同颜色的软布蘸上硝基稀释剂在破损涂层周围或在车身隐蔽部位轻轻擦拭，如果原涂层溶解并在布上留下痕迹，则说明原涂层属于溶剂挥发干燥型。如果原涂层不溶解，则说明原涂层属于烘干型或双组分型漆。丙烯酸聚氨酯型漆层不易溶解，但稀释剂会减少漆面光泽。

若原涂层为自然挥发干燥型涂料，则在修补喷涂时要充分考虑新涂层中的溶剂成分可能会溶解原涂层，造成咬底等涂膜故障。

（3）加热检查法　加热检查法用来判别原涂层是热固性还是热塑性。如果原涂层为热塑性涂料，则在修补喷涂时应选用同类型的涂料，或将旧涂层完全打磨掉后再使用热固性涂料。用红外线烤灯对测试板进行加热即可很容易地进行判别，如果漆面有软化现象，则可证明为热塑性涂料。

（4）硬度测定法　由于各种面漆干燥后漆膜的硬度不同，大体上看双组分漆和烘干漆硬度较高，而自干漆硬度较低。

（5）厚度测试法　各种面漆由于性质不同，其涂层厚度是不一样的，因此可通过用厚度计测定漆膜厚度来判定面漆的大致类型。

（6）电脑检测仪法　利用电脑调色检测系统可直接获得原车面漆的有关资料，这是目前涂装行业中普遍使用的检测方法。此方法方便快捷，只需将原车车身加油口塞拿来，利用仪器很快就能准确无误地判别出面漆的类型。

表4-1列出了确定原有漆层类型的几种方法。表4-2列出了各种类型的原有漆层和能够涂覆在这些漆层上的面漆的配套性。

**表4-1　原有漆层的判别**

| 原有的漆层 | 分类的方法 | | |
|---|---|---|---|
| | 视觉检查法 | 涂抹溶剂法 | 加热检查法 |
| 醇酸磁漆 | 表面被填实 | 不溶解 | 发生一定程度的软化 |
| 聚丙烯漆 | — | 溶解 | 软化 |
| 聚丙烯磁漆 | — | — | 发生一定程度的软化 |
| 聚氨酯漆 | 抛光的表面 | — | — |
| 聚丙烯聚氨酯漆 | 抛光的表面 | 难溶解 | 发生一定程度的软化 |
| 聚丙烯聚氨酯磁漆 | 出现光泽并伴有一些桔皮形缺陷 | — | — |

**表4-2　原有旧漆层与重喷涂料的适用性能**

| 面　　漆 | 原有的漆层 | | | | | |
|---|---|---|---|---|---|---|
| | 醇酸磁漆 | 聚丙烯漆 | 聚丙烯磁漆 | 聚氨酯磁漆 | 聚丙烯聚氨酯漆 | 聚丙烯聚氨酯磁漆 |
| 醇酸磁漆 | A | B | A | A | B | A |
| 聚丙烯漆 | A | B | B | A | A | A |
| 聚丙烯磁漆 | A | B | A | A | A | A |
| 聚氨酯磁漆 | B | B | B | A | A | A |
| 聚丙烯聚氨酯漆 | B | B | B | A | A | A |
| 聚丙烯聚氨酯磁漆 | A | A | A | A | A | A |

注：A—能够重新喷漆；B—重新喷漆时必须使用特定的原子灰或封闭涂料。

2. 底材的判别方法

随着汽车制造业的发展，制造汽车车身表面所用的材料种类日趋多样化，对不同的底材在进行修复处理和喷涂修复时必须采用不同的操作，在施涂原子灰或侵蚀性底漆时更应对底材有准确的判断，正确地选用涂料和施工工艺。因此，准确地判定底材是何种材料、何种类型，对车身的修复具有重要的意义。

目前，车身制造所用的金属板主要有钢板、镀锌板、铝或铝合金。根据金属的不同性质，可以对相应的底材作出正确的判断。

（1）钢板的判断　钢板机械强度较高，表面比较粗糙，未经加工的表面一般呈现灰黑色，有些部位会有铁锈存在。钢板表面经过粗糙砂纸打磨后会显露出白亮的金属光泽，但从侧面观察，颜色有些变暗；钢板耐强碱侵蚀的能力较强，使用强碱对经过打磨后的表面进行浸润或涂抹一般不会有太大的反应。

（2）镀锌板的判断　钢板表面经热浸涂或电镀的方法镀上一层锌，可以大大提高表面的耐蚀性。未经加工的镀锌板表面常有银色的光芒，有些镀锌板表面有鱼鳞状花纹。使用中的镀锌板表面没有锈渍，裸露处常显现灰白色，经过砂纸打磨的地方比钢材表面更加白亮且侧光时变暗的程度也要轻一些；镀锌板不像钢板耐强碱的侵蚀，使用强碱浸润或涂抹时多会留下发黑的痕迹。

（3）铝及铝合金的判断 由于铝相比于钢板比较轻，汽车上使用铝及铝合金的部件越来越多，铝的机械强度较低，铝合金板材的机械强度较好，一般使用铝合金板材，表面比钢板和镀锌板都要光滑，不耐强碱，经处理后表面形成氧化膜，打磨后可显露白亮的内层金属。通过打磨后涂抹强碱的方法，可以比较准确地加以区分。

## 三、去除旧漆膜

对于漆膜破损处，必须将旧漆膜除掉，清楚程度可根据旧漆膜的损坏程度和重新涂装后的质量要求进行全部或部分清除。

1. 机械法除旧漆除锈的施工

1）穿戴好安全防护用品。

2）用手触摸并观察待打磨表面，确定好需要打磨的区域。

3）紧握打磨机（干磨机），采用 P60 ~ P80 砂纸，接通开关，以 5° ~ 10°的角度靠向待加工表面。

4）打磨机向右移动时，托盘左上方的 1/4 对准待加工表面，如图 4-6 所示。

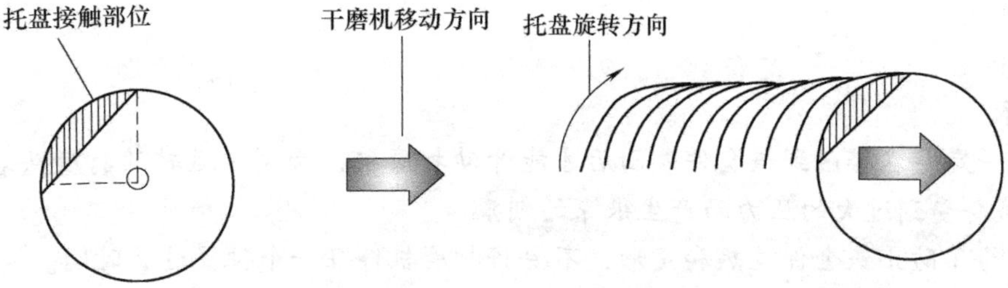


图 4-6 打磨机向右移动的操作

5）打磨机向左移动时，托盘右上方的 1/4 对准待加工表面，如图 4-7 所示。

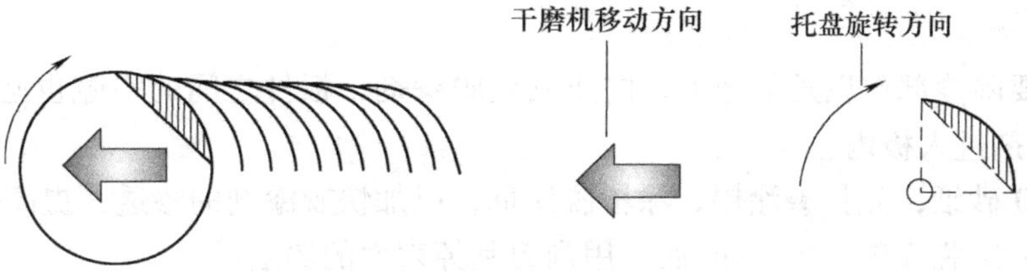


图 4-7 打磨机向左移动的操作

6）打磨平整表面时的移动方式如图 4-8 所示。

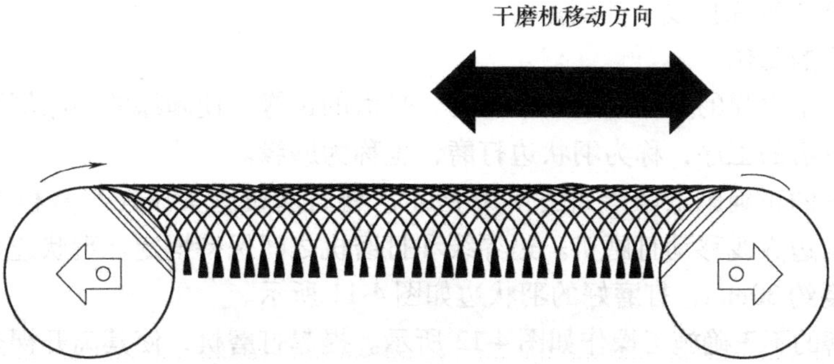


图 4-8 打磨平整表面时的移动操作

7）对于不易打磨的较小的凹穴处，可采用图 4-9 所示的打磨工具，也可用折成尖角形状的砂纸进行手工打磨。

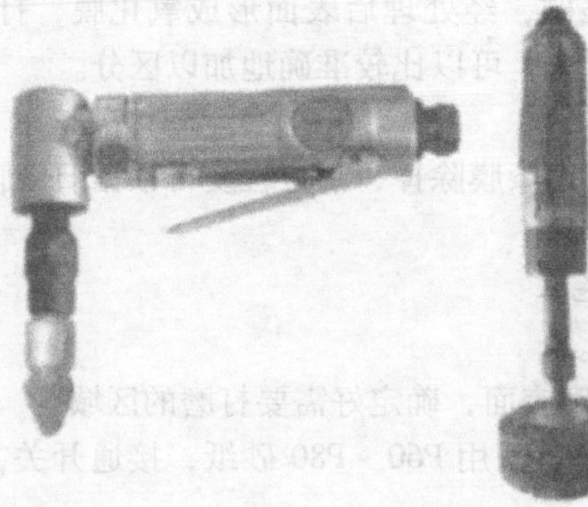

图 4-9 打磨凹穴处的打磨工具

**小提示**

1）一定要在接触到钣金件表面后才能开动打磨机；否则，运转的打磨头在初始接触的区域会受到过大的压力而产生很深的划痕。

2）为了防止钣金件过热和变形，不要将打磨机停在一个位置过长时间。

3）打磨过程中，应经常检查磨料是否清洁。如果磨料出现结块、胶粘，则应及时用毛刷、钢丝刷或气枪进行清理。

2. 化学除漆

1）遮护要除漆部位以外的地方，防止粘到脱漆剂，板件之间的空隙也必须用胶带遮蔽好，以免脱漆剂进入板内。

2）用 P60 砂纸，先打磨涂层，涂覆脱漆剂，以加快脱漆剂的渗透，提高效率。

3）再涂一次脱漆剂，约 5min 后，用刮刀刮掉表面的漆层。

4）如果还有没除掉的漆，则重复上一步的工作。

5）漆层脱离后用干布擦掉残存的脱漆剂，然后用干净布和水清洗表面，直到没有脱漆剂为止。

6）用 P120 砂纸除掉残余的漆。

**四、羽状边的制作**

为了使清除了涂膜的边缘形成一个宽的、平滑的边缘，使施涂的各涂层平滑过渡，将涂膜的边缘进行打磨的工序，称为羽状边打磨，也称为磨缘。

羽状边打磨的正确施工操作如图 4-10 所示。将打磨机磨头压在车身板件上，向边界线处施压，然后沿边界线移动打磨机。边界线和打磨机之间保持恒定。羽状边打磨得尽可能平滑，羽状边宽度约 30mm，打磨好的羽状边如图 4-11 所示。

羽状边打磨的不正确施工操作如图 4-12 所示。提起打磨机，使其离开裸金属凹穴，移向涂膜区域，只能刨出涂料。这样做只能扩大裸金属底材区域，而不会产生足够宽的羽状边。

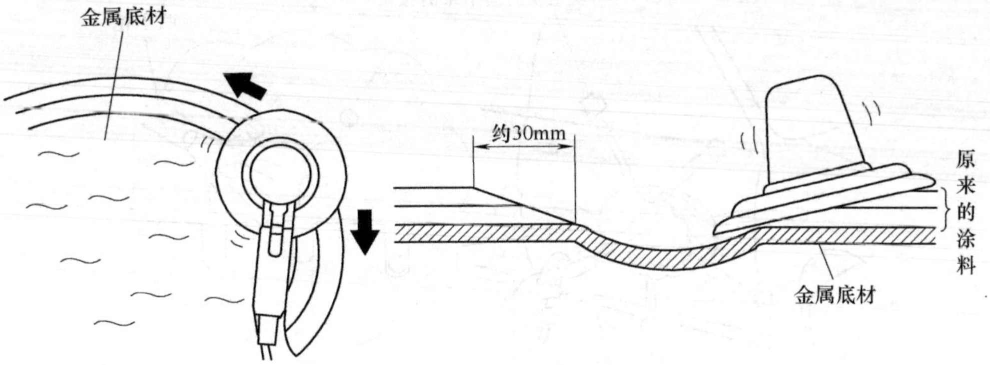


图 4-10 羽状边打磨的正确施工操作

## 五、清洁除油

### 1. 清洁

清洁的目的是清除掉车身上的盐分、鸟粪、污泥及其他脏物。如图 4-13 所示，使用吹尘枪接压缩空气吹去钣金件表面上的灰尘及打磨下来的微粒。

注意事项：

1）戴好相应的防护用具，如防护眼镜或面罩。

2）对缝隙处不易清洁的部位要特别注意清洁干净。

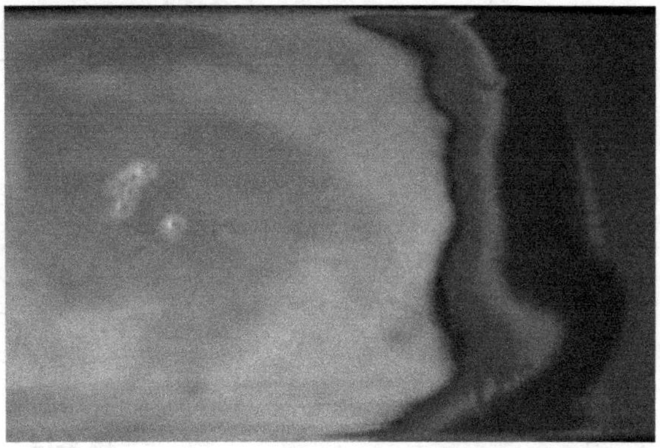

图 4-11 羽状边的打磨效果

### 2. 除油

去除防锈油、油脂、矿物油、油脂蜡和树脂蜡等。如图 4-14 所示（参见彩图），用清洁的擦拭布蘸除油溶剂擦拭钣金件表面，以润湿该表面，同时用另一块清洁的擦拭布立即将表面擦干。

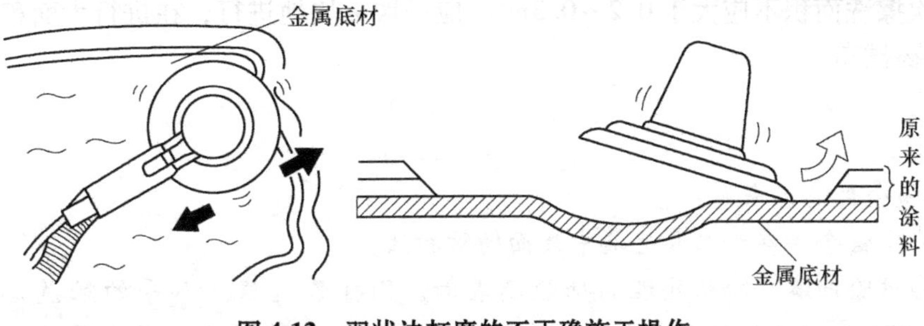


图 4-12 羽状边打磨的不正确施工操作

注意事项：

1）对旧涂层脱脂、除蜡要使用专用脱脂、除蜡清洁剂。

2）对旧涂层打磨之前，应用专用清洁剂彻底清洁工作表面。

3）旧涂层打磨完毕后，应再用脱脂、除蜡剂清洁一遍。

4）对易积聚蜡质的边框、凹槽和把手要注意特别清洁干净。

5）用一块清洁擦拭布浸湿脱脂、除蜡剂后，在旧涂层上擦洗，当表面还湿润时，用另

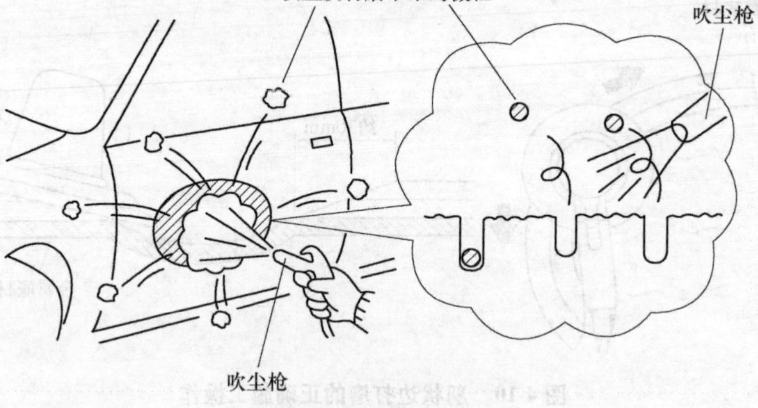


图 4-13　清除表面灰尘

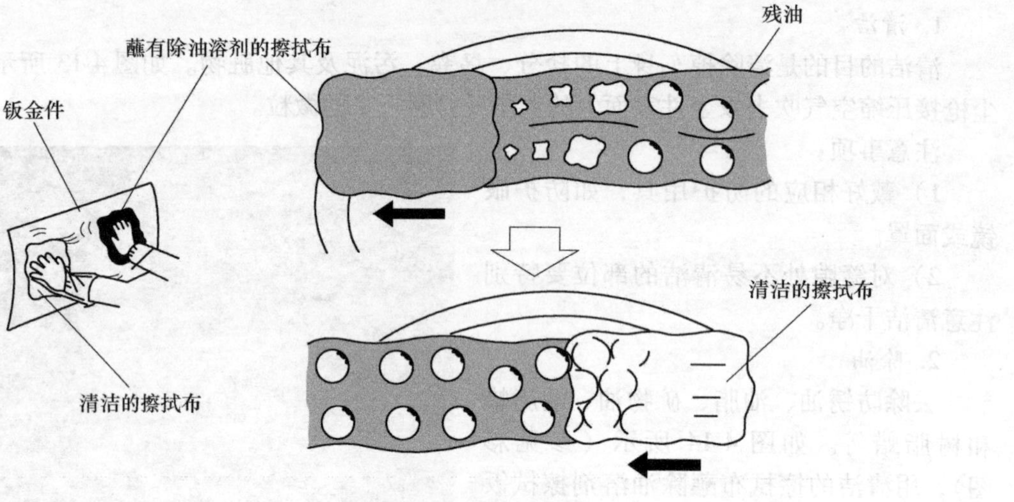


图 4-14　除油

一块干净的擦拭布迅速将油污擦净，以保证最佳的除油效果。

6）一次擦洗面积不应大于0.2～0.3$m^2$，应一块一块地进行，在进行大面积除油时要注意经常更换擦拭布。

**小知识**

汽车钣金件油污来源：

1）汽车钣金件在加工和运输中表面的防护油。

2）经过除旧漆、除锈处理的裸金属表面，因操作过程（如手的触摸、车身打的蜡）而沾有油污。油污的存在会影响涂层的干燥性能和降低涂层的附着力，也可能产生涂装缺陷。

### 六、底漆的调配

底漆的调配及施工过程中，必须穿戴工作服、工作帽、安全鞋、护目镜、活性炭面罩和防护手套等。双组分涂料在使用时需要按照涂料生产厂商提供的说明，按照正确的比例加入配套的固化剂，再根据环境温度的不同加入稀释剂，以达到要求的施工黏度。

1. 调配工具

涂料调配常用的工具有黏度计、比例尺、调漆桶（或调漆杯）和纸漏斗等。

2. 调配步骤

1）按涂料生产厂商要求的比例，根据涂料使用量先添加涂料，然后是固化剂，最后添加稀释剂，用比例尺搅拌均匀。

2）使用120~180目的筛网或使用过滤纸漏斗进行过滤。

## 七、施涂底漆

在喷涂底漆层之前，先将需要喷涂的区域用清洁剂清洁干净，去除油污、蜡脂及灰尘，经适当遮盖后进行喷涂。底漆层的喷涂膜厚可根据情况掌握，一般情况下如果底漆层上还要喷涂中涂层，则可将底漆喷涂得薄一些，只要能够达到防腐和提高粘附能力的目的就可以了；如果在底漆层上直接进行面漆的喷涂，则需要喷涂得厚一些，根据不同的要求可以进行打磨。总的喷涂膜厚以不超过50μm为宜。需要注意的是，在旧涂层修补喷涂底漆时，要选用与原涂层无冲突的底漆。

1. 对大面积裸金属喷涂底漆

在进行大面积裸金属的底漆喷涂时，一般首先进行磷化处理后再喷涂隔绝底漆。磷化处理通常用喷涂磷化底漆的方法来进行，喷涂时要根据不同的底材选用不同的底漆。

对于钢板，薄喷一层磷化底漆即可；对于铝合金板材，需要喷涂含有铬酸锌的底漆进行钝化处理。对于镀锌板等底材，通常不用喷涂侵蚀性底漆，直接喷涂隔绝底漆即可。

侵蚀性底漆一般不单独使用，在其上还要喷涂隔绝底漆共同组成底漆层，因此侵蚀性底漆的膜厚要薄一些，以15μm左右为好。喷涂侵蚀性底漆时必须选用塑料容器，按照使用说明进行调配，喷涂所用的喷枪也最好使用塑料枪罐，并在喷涂完毕后马上进行清洗，避免枪身受到侵蚀。侵蚀性底漆的面积不宜过大，以可以遮盖住裸露金属区域即可。

待侵蚀性底漆干燥后就可以直接喷涂隔绝底漆了，其间不必进行打磨处理。隔绝底漆以环氧树脂型居多，因底漆的施工黏度比较大，在选择喷枪时需要比较大的口径，以环保型喷枪为例，喷涂时选用1.7~1.9口径的底漆喷枪。隔绝底漆的喷涂方法为：薄喷1~2遍，其间隔5~10min（常温），一般膜厚30~35μm，只要将裸露金属覆盖住即可。底漆喷涂完毕后静置5~10min，待溶剂挥发一段时间，然后加温60~75℃烘烤30min。

漆膜完全干固后，用P240~P360干磨砂纸配合打磨机打磨，或用P600水磨砂纸湿磨。打磨时尽量不要将底漆磨穿，如果磨穿，则需要对磨穿部位重新喷涂底漆。

2. 对旧涂层喷涂底漆

旧涂层经过打磨后如果没有裸露出金属底材，可以不喷涂底漆，直接喷涂中涂漆或施涂原子灰；如果旧涂层打磨后有部分区域露出了金属底材，只要对裸露的金属部位喷涂底漆而不必全面喷涂，对小部分裸露金属的处理也可以适当简化，可以不必喷涂侵蚀性底漆。经过喷涂底漆的部位必须经过打磨后才能喷涂中涂漆或面漆，打磨时必须将所喷涂的底漆打磨平整、光滑，并打磨出羽状边。

3. 塑料件的底漆喷涂

塑料件在喷涂时需要使用专用的塑料底漆，首先用塑料专用清洁剂清洁塑料件表面，然后用1.7~1.9口径的喷枪喷涂1~2遍，间隔时间为5~10min。在塑料底漆未干燥时直接喷涂中涂或面漆，其粘附效果会更好，但如果需要刮涂原子灰等，则必须等其完全干燥。具体的操作见本单元任务七。

## 总　结

底漆是直接涂布在车身表面上的第一道漆。喷涂底漆层可以使漆膜获得良好的附着力，填平细微的缺陷，对于裸金属还可以起到防腐的作用，是整个涂层的基础。底漆是物体表面的基础用料，是任何组合涂层中的第一层。底漆的作用主要是提供附着力和防腐蚀。底漆一般不具备填补车身表面缺陷的能力，但能使裸露的金属表面适合原子灰、中涂底漆及面漆，它作为被涂表面与涂层之间的媒介层，使两者牢固结合。底漆的种类繁多，针对不同的底材要选用适当的底漆，汽车上的材质除钢铁外，还有铝、镀锌钢板及塑料等，正确选择合适的底漆是非常关键的。这不仅关系到合理使用涂料，而且关系到发挥底漆的防腐作用及附着力，降低成本，方便施工，延长漆膜的耐久性，达到汽车涂装的质量要求。另外，施工方法与涂层的质量也有相当大的关系，如漆膜的膜厚、均匀度、干燥程度、正确使用稀释剂。施工环境（温度和相对湿度）、涂装表面预处理等也会影响底漆的涂装质量。

常用的底漆有环氧型底漆和侵蚀性底漆等，根据用途和防腐机理可分为隔绝底漆、磷化底漆和塑料专用底漆等类型。应正确选用，否则底漆层使用不当将影响面漆层的质量。

环氧底漆与磷化底漆对底材都具有良好的防腐性，对其上的涂层也都具有良好的粘结能力，一般在汽车修补中常使用环氧底漆作打底用，而在汽车制造或大面积钣金操作后对裸金属进行磷化防腐处理时常采用磷化底漆。在喷涂修复之前，要首先对原车必须修补部位的底材、旧漆层进行必要的处理，一般为打磨、清洁、防腐处理和填平等操作。

对于涂装表面预处理的方法，应根据被涂物的用途、材质、要求和表面状况，采取不同的与之相适应的处理方法。例如：经脱脂、除蜡和除锈的黑色金属，可首先在其清洁的表面进行磷化处理，这样既可防止金属腐蚀，又能增强漆膜的附着力；铝、镁等轻金属，可进行阳极氧化处理，汽车车身上使用较多的铝及镀锌钢板也同样可做磷化处理。总而言之，表面处理完善，再加上合理选择涂料、正确的施工工艺和适合的使用环境，能在很大程度上延长漆膜的使用寿命，发挥涂料的保护作用。

对于浅层漆膜破损，只要将面层表面进行适当的打磨，磨掉有缺陷的漆层，直到没有受到损伤的漆层或裸露金属即可。

对于钣金件出现锈蚀或穿孔现象，必须进行打磨、除锈或补焊，将锈蚀清除干净以防继续产生锈蚀或结合力变差，然后对金属底材进行磷化处理或钝化处理。

对大面积的裸金属通常采用首先喷涂一薄层侵蚀底漆，然后喷涂较厚涂层的隔绝底漆；对于良好的旧漆层或面积不大的裸露金属区域，可以直接喷涂隔绝底漆；对于塑料件，需要喷涂塑料底漆；在打磨时没有磨到底漆层的良好旧漆层，可以不必喷涂底漆而直接喷涂中涂漆或面漆。

## 思考问题

### 一、填空题

1. 底漆的种类比较多，现在汽车涂装中以________和________最为多见。
2. 目前车身制造所用的金属板主要有：________、________、________。
3. 去除旧漆膜一般采用的砂纸号为________。

## 二、判断题

1. 车体表面未处理或处理不彻底，涂装后会产生缺陷，如被涂面油污会使喷涂上去的新漆膜产生缩孔（鱼眼）、脱皮。（ ）

2. 磷化底漆在使用时可以用金属容器调配。（ ）

## 三、简答题

1. 底材处理的目的是什么？
2. 常用的底漆及其特点是什么？
3. 损伤程度评估的方法有哪些？
4. 原涂层及底材的判别方法是什么？
5. 如何去除旧漆膜？
6. 羽状边的制作方法是什么？
7. 说出底漆的调配和施涂步骤。

# 拓展提高

### 裸金属和良好旧涂层的处理

1. 裸金属的处理

根据裸金属的不同情况，采用不同的处理方法。

对于质量较好或经过表面钣金修复后的裸金属，进行表面打磨即可。表面打磨的目的是去除修复表面上的锈蚀和油渍等，增加与其他涂层的结合力。打磨以机械干磨为好，可以防止金属的二次锈蚀。打磨时多采用往复式磨头配合 P80 ~ P120 干磨砂纸，将金属表面打磨到完全裸露出白亮的新层即可。打磨后用高压空气或吸尘器将打磨下来的锈渣和金属屑清理干净，准备下一道清洁工作。

经打磨后的金属需要用专用金属清洁剂进行清洁处理（由于金属清洁剂中含有溶剂成分，可以将裸金属表面的油渍或蜡渍等充分溶解，对锈渍等也有良好的清洁作用，此外有些种类的金属清洁剂中还含有磷化液，在清洁的同时对裸金属进行磷化处理）。清洁时两手各持一块干净的清洁布，一块饱蘸金属清洁剂，另一块为干布。清洁的方法：一手用蘸有金属清洁剂的布擦拭第一道，另一只手马上用干布将第一道擦拭的湿痕擦干，以吸附、去除锈迹和油渍。清洁工作的面积如果比较大，则不要一次先用清洁剂擦拭整个表面之后再用干布擦拭第二遍，而应一道一道地清洁，确保第一道在没有挥发的情况下就马上用干布擦干，这样有利于完全清洁干净，若等第一道挥发之后再用干布擦拭，则有些已经溶解的油渍和蜡渍等又会重新粘附在金属表面而不能完全清除。这种清洁方法在清洁处理其他表面时也同样适用。

对于表面质量较差，锈蚀比较严重的裸金属可以用打磨机进行打磨或进行喷砂处理去除锈蚀。喷砂可以清除大面积的锈蚀，同时将已经锈蚀成孔的部位暴露出来，喷砂处理过的表面清洁、干燥，适合重新喷涂。对于已经造成锈蚀成孔的部位，一定要打磨干净或用锉刀、专用工具将锈孔内及四周的锈迹清除干净，然后进行补焊，补焊部位同样进行打磨。打磨完毕后用金属清洁剂进行一擦一抹式的清洁，彻底清除表面的油污、蜡点和汗渍。另外，对裸金属进行打磨后要尽快喷涂其他涂层，对钢板和镀锌钢板打磨后要喷涂磷化底漆或封闭底漆提高底材的防腐能力和附着力，对于特殊板材（如铝合金板材），需要进行钝化处理，或喷涂专用底漆，这在进行喷涂时特别需要注意。

2. 良好旧涂层的处理

良好旧涂层的处理与裸金属的处理有些差异。裸金属上需要全套地进行涂装工作，而良好的旧涂层需要根据情况只进行部分涂装修复，往往不需要进行全套的操作，因此要根据情况进行必要的处理即可。

(1) 底材表面没有大缺陷的旧涂层　一般情况下，其面漆的下面涂层基本没有损坏或只有很少的地方需要修补，因此，只要将面漆表面进行适当的打磨，磨掉已经氧化变差的一层，露出良好的底层即可。

打磨时一般使用 P320 ~ P400 干磨砂纸用打磨机干磨，或用 P600 ~ P800 水砂纸手工湿磨，磨花旧涂层以提供良好的附着力。打磨时尽量打磨均匀，尽量不要将涂层磨穿。如果需要磨穿至裸金属，那么就要对裸金属进行打磨，并将裸露金属的周围涂层向四周打磨开，使裸金属与原涂层的结合部位形成很大的斜面（羽状边），像羽毛的边缘那样极其平顺地过渡，切不可出现台阶，否则在重新喷涂后会出现非常明显的痕迹。

(2) 表面有缺陷的旧涂层的处理

1）对于小的缺陷，在缺陷部位进行打磨，直至没有受到损伤的涂层或裸金属。裸露的金属部分必须进行打磨、磷化或钝化处理，如果裸金属部分有锈蚀或穿孔的情况，则还要进行除锈或补焊，将锈蚀清除干净以防继续产生锈蚀或发生结合力变差的情况，并进行磷化或钝化处理。打磨时要将缺陷四周充分打磨开，即打磨出羽状斜边，使旧涂层的涂层结构分层显露，边缘平滑，这样进行其他涂层的修补时，可以获得好的结合力和平顺的表面。打磨时通常采用 P320 ~ P400 干磨砂纸打磨机打磨，或 P600 ~ P800 砂纸手工湿磨。需要注意的是，当打磨到裸金属时不要用湿磨，必须使用干磨砂纸进行干磨。

2）对于面积较大的缺陷，可以用喷砂机进行喷砂除漆，或用打磨的方法将旧涂层脱除。用喷砂机进行除漆时需要注意不要将缺陷周围良好的涂层也清除掉，这样会增加修补工作。用喷砂机除漆时，只将缺陷部位和缺陷周围附着力下降的涂层清除掉，然后用 P320 ~ P400 干磨砂纸打磨机干磨，或 P600 ~ P800 干磨砂纸手工干磨缺陷周围附着力良好的旧涂层，将旧涂层打磨成羽状斜边，使涂层各层分层显露，边缘平滑。这两种方法都将使涂层完全脱落，直至裸金属，对于裸露的金属部分用 P320 ~ P400 干磨砂纸打磨机打磨，或用 P600 ~ P800 干磨砂纸手工打磨。

经过打磨处理的旧漆层仍旧需要用清洁剂进行必要的清洁处理，所使用的清洁剂与金属清洁剂不同，用于旧漆层的清洁剂更加柔和一些，更偏重于对油渍和蜡渍等妨碍喷涂的有害物质的去除作用。清洁的方法与前面介绍的金属清洁剂的使用是相同的，都要一湿一干地进行。

对于打磨到裸金属的部分区域，需要进行如前面所述的对裸金属处理，如磷化、钝化或喷涂防锈底漆等，根据裸露面积的大小适当处理。

## 课外阅读

汽车腐蚀的因素

汽车壳体被腐蚀主要来自于两个方面：原汽车涂料涂层的影响和外部环境的危害。

1. 汽车涂料涂层

汽车涂料涂层主要有涂膜剥落以及不良涂装造成的腐蚀。汽车涂料的主要功能之一即防腐。但当汽车受到外部的作用，如碰撞、行驶时石砾的敲打或原涂层的附着力不良等，都容易导致涂膜的剥落。汽车涂装一般均有底漆、中涂底漆及面漆几部分，底漆和中涂底漆提供耐蚀性和填充性，而面漆提供装饰性和耐候性。若汽车涂膜中的面漆剥落，中涂底漆或底漆裸露，则经过一段时间的阳光照射后，中涂底漆或底漆因受到紫外线的作用容易老化而剥落。这样，汽车金属底材会裸露而导致腐蚀；若整体涂膜完全剥落，裸露的金属底材则非常容易被腐蚀。在非金属底材（如保险杠）上的涂膜也同样能提供耐候性而延长塑料的使用寿命。因此，一般汽车涂层涂膜剥落应该马上修补，除美观外，主要是保护车壳免受腐蚀。

另外，由于不良的涂装过程中水、劣质溶剂等未挥发而被包裹在涂膜中，因而可能造成对底材的直接腐蚀或导致附着力不良造成涂膜的剥落。如修补时水磨原子灰（原子灰）最容易造成水分残留在涂膜中，经过一段时间后导致底材从涂膜内部腐蚀。

2. 外部环境的危害

导致腐蚀的各种条件均可能导致汽车的腐蚀，即使是经过涂装的汽车也难以幸免。涂料也是材料的一种，其本身也有被腐蚀的趋势。任何涂料都有一定的使用寿命，超出这个时限后，涂膜会老化，如粉化、剥落等。在酸雨条件下，涂膜也较常规条件下更容易老化；在一些极端的使用条件下，如经常运输化学品的车辆的涂膜也容易老化，在海洋性气候环境中使用的车辆涂膜，其使用寿命会较短些等。因此，当汽车涂膜有老化现象时应及时修补，以免造成更严重的腐蚀。

因此，无论是哪种因素，都是因对涂膜的不良影响而导致的腐蚀，而修补涂装则是防腐蚀的最佳方式。

## 学习任务二 原子灰施工

**知识点：**原子灰的作用；原子灰的种类；原子灰的选用；原子灰的施工工具。
**能力点：**原子灰的调配；原子灰的施涂；原子灰的打磨。

### 任务情境

对一局部漆面破损的金属钣件（如前车门），在经过正确的底材处理和底漆施工之后，进行正确的原子灰的施工作业。本学习任务沿着以下流程进行：调配原子灰→施涂原子灰→干燥→打磨。

## 任务分析

原子灰的作用是对金属表面起到防腐的作用和为后续涂层提供一个良好的附着基础，对金属表面上的缺陷起到填补作用，提高金属表面的平整度。在进行原子灰的施涂时，首先将需要施涂的区域进行打磨、清洁，然后将原子灰按使用手册标明的比例正确混合固化剂。通过本任务的学习能够正确叙述原子灰的作用和类型；知道原子灰施工的安全注意事项；知道原子灰施工中常用的工具设备，并能正确使用；正确完成一个典型车身部件的原子灰施工过程。

## 相关知识

### 一、原子灰简介

原子灰是一种膏状或厚浆状的涂料，它容易干燥，干后坚硬，能耐砂磨。原子灰俗称腻子，但与通常所指的原子灰是有区别的。原子灰硬化时间短，常温下半个小时即可干燥硬化，可以进行打磨；经打磨后的原子灰表面细腻光洁，表面坚硬，基本无塌陷，对其上面的涂料吸收很少甚至不吸收；附着能力强，耐高温，正常使用时不出现开裂和脱落现象，因此现在被广泛应用于汽车的制造和修补工作中，用于填补作用。原子灰一般使用刮具施涂于底材的表面（也有使用大口径喷枪喷涂的浆状原子灰，称为喷涂原子灰），用来填平补齐底材上的凹坑、缝隙、孔眼、焊疤、刮痕以及加工过程中所造成的物面缺陷等，使底材表面达到平整、匀顺，使面漆的丰满度和光泽度等能够充分地显现。

原子灰是涂料，因此也是由树脂、颜料、溶剂和填充材料等组成的。现在较为常用的原子灰有聚酯树脂和环氧树脂等，环氧树脂原子灰具有良好的附着力、耐水性和防化学腐蚀性能，但涂层坚硬不易打磨，由于其附着力优良，可以施涂得较厚而不脱落、开裂，多用于涂有底漆的金属或裸金属表面。聚酯树脂原子灰也有着优良的附着力、耐水性和防化学腐蚀性能，而且干后涂膜软硬适中，容易打磨，经打磨后表面光滑圆润，适用于很多底材表面（不能用于经磷化处理的裸金属表面，否则会发生盐化反应造成接触面不能干燥而影响附着力），经多次施涂后，膜厚可达20mm以上而不开裂、脱落。因此，原子灰是应用最为广泛的一种，现在常见的基本上都是聚酯树脂原子灰。

原子灰中的颜料以体质颜料为主要物质，配以少量的着色颜料。填充材料主要使用滑石粉、碳酸钙和沉淀硫酸钡等，起填充作用并提高原子灰的弹性、抗裂性、硬度以及施工性能等。着色颜料以黄、白两色为主，主要是为了降低彩度，提高面层的遮盖能力。原子灰多为双组分产品，需要加入固化剂后方能干燥固化，以提高硬度和缩短干燥时间。聚酯树脂型原子灰多用过氧化物作为固化剂，环氧树脂型原子灰多用胺类作为固化剂。

原子灰能使受到损坏的底材恢复到原有的形状，是一种快速而低成本的方法。但刮原子灰不代表钣金的所有修理工作。在涂原子灰前底材要达到一定的要求，如合理的钣金件安装，表面平整度的变形量应不超过5mm，底材不应有裂口或未焊接的接缝等，否则过厚的原子灰层会降低涂层的性能，裂口和缝隙会吸进潮气，原子灰中的体质颜料会吸收潮气而导致锈蚀的产生，最终会破坏原子灰和金属的结合。汽车在行驶中的振动和应变会使过厚的原子灰层及处理不当的钣金件变形，造成原子灰层的裂纹、脱落。除此以外，根据汽车涂层的质量要求，合理选择原子灰及正确的施工方法也是非常重要的，它关系到发挥原子灰的填补缺陷的能力、施工性能、施工进度和涂层的使用寿命。原子灰一般用刮具刮涂，施涂的次数（层数）主要取决于底材的表面状况、施工质量要求、操作人员技术水平，一般施涂 1 ~ 4 层，直到底材达到涂装的要求。

## 二、原子灰的种类

原子灰的种类很多，常用的有普通原子灰、合金原子灰、纤维原子灰、塑料原子灰和幼滑原子灰等多种。

### 1. 普通原子灰

普通原子灰多为聚酯树脂型，膏体细腻，操作方便，填充能力强，适用于大多数底材，如良好的旧漆层和裸钢板表面等。因其具有良好的附着力和弹性，也可用于车用塑料保险杠和玻璃钢件，但施涂不宜过厚。

普通型原子灰不适用于镀锌钢板、不锈钢板和铝板等和经磷化处理的裸金属表面，附着能力会达不到，造成开裂。但在这些金属表面首先喷涂一层隔绝底漆（通常为环氧基）后即可正常使用。

### 2. 合金原子灰

合金原子灰也称为金属原子灰，比普通原子灰性能更加良好，除可用于普通原子灰所用的一切场合外，还可以直接用于镀锌钢板、不锈钢板和铝板等裸金属而不必首先施涂隔绝底漆，但仍不适用于经磷化处理的裸金属表面。合金原子灰因其性能卓越，使用方便，所以应用也很广泛，但价格要高于普通原子灰。

### 3. 纤维原子灰

纤维原子灰的填充材料中含有纤维物质，干燥后质轻但附着能力和硬度很高，因此能够一次施涂得很厚，可以直接填充直径小于 50mm 的孔洞或锈蚀而无需钣金修复，对孔洞的隔绝防腐能力也很强。纤维原子灰用于有比较深的金属凹陷部位填补效果非常好，但表面呈现多孔状，需要用普通原子灰做填平工作。

### 4. 塑料原子灰

塑料原子灰专用于柔软的塑料制品的填补工作。调和后呈膏状，可以施涂也可以揩涂，干燥后如软塑料一样，与底材附着良好。塑料原子灰虽然干后质地柔软，但具有很好的打磨性，可用机器干磨，也可以用水磨，常用于塑料件的修复。

### 5. 幼滑原子灰

幼滑原子灰也称为填眼灰，有双组分的也有单组分的，以单组分产品较为常见。填眼灰膏体极其细腻，一般在打磨完中涂层后，喷涂面漆之前使用，主要用途是填补极其微小的小坑和小眼等，提高面漆的装饰性。因其填补能力比较差，且不耐溶剂，易被面漆中的溶剂咬起，所以不能作为大面积施涂使用，但它干燥时间很短（几分钟），干后较软，易于打磨，用于填补小坑非常适合，可以提高生产率并能保证质量，所以也是涂装必备的用品。

## 三、原子灰的选用原则

原子灰的品种较多且功能各异，而涂层材料所具有的配套性要求，使选用原子灰的工作更为重要。原子灰与底漆及面漆的配套性问题，实质上也就是极性的匹配问题。一般来说，极性大的材料，其分子的结合力也越大；反之，极性小的材料，其分子的结合力则越小。其中，合成树脂类涂料（如氨基漆和环氧底漆、原子灰、面漆等）的极性就大，而油基类涂料（如脂胶、酚醛底漆、原子灰和面漆等）的极性就小，还有一种类型涂料（如醇酸底漆、原子灰和面漆等）的极性介于前两者之间。原子灰的选用原则：

1. 要从涂料极性大小来考虑其配套性

一般底漆、原子灰和面漆三者之间的极性应以相近或基本相近为宜，由此可获得可靠的附着力和层间结合力。

2. 根据填充层的厚度和用途等来考虑所选原子灰

一般分为填充型、中间型和刮（喷）涂型。填充型原子灰适用于填补构件表面上的较大凹陷或车身构件的接缝等。这种类型的原子灰强度高、堆积性好，并且一次可刮较厚的涂层。而适中刮（喷）涂型原子灰则适用于覆盖划痕、砂眼及构件表面上的较小的不平处。这种类型的原子灰则适用于颗粒细腻、柔韧性好、易打磨和干燥后不变形等特点，但堆积性差。中间型原子灰性能介于两者之间。如果原子灰选择得当，则将使构件表面达到平滑、匀顺、细致的目的，涂装面漆后能使漆面丰满、光泽突出。

3. 根据车型的不同选用原子灰

国产客车大多用自制油性原子灰。中、高级或进口轿车多采用双组分原子灰，如幼滑原子灰、纤维原子灰、金属原子灰、合金原子灰、ICIP551—1050 原子灰、P551—1052 原子灰（万能原子灰）、P551—1059 原子灰、PPG 的 A656/663 多用途聚酯原子灰、A659 轻型聚酯原子灰、A661 标准聚酯原子灰、A662/A668 聚酯喷灰等。

## 四、修补用原子灰的特性

1）与底漆、中涂底漆及面漆有良好的配套性，不发生咬底、起皱、开裂、脱落等现象，有较强的层间粘合力。

2）具有良好的施涂性能，垂直面厚涂性能良好，无流淌现象，有一定的韧性，附着力好，施涂时原子灰不反转，薄涂时原子灰层均匀光滑。

3）打磨性良好，原子灰层干燥后软硬适中，易打磨，不粘砂，能适应干磨或湿磨以及机械打磨，打磨后原子灰层边缘平整、光滑且无接口痕迹。

4）干燥性能良好，能在规定时间内干燥、打磨。

5）形成的原子灰层要有一定的韧性和硬度，以防汽车行驶中的振动引起原子灰层开裂，轻微碰撞引起低凹或划痕。

6）具有较好的耐溶剂和耐潮湿性，否则会引起涂层起泡。

## 五、原子灰施涂工具

刮板、调和板及刮刀是施涂原子灰的主要手工工具，如图 4-15 所示（参见彩图）。施涂工具按其材料组成的不同，可分为塑料刮板和橡胶刮板；按其软硬程度的不同，可分为硬刮板和软刮板。此外，还有与刮板相配套的调配原子灰的调和板。刮板一般都较简单，

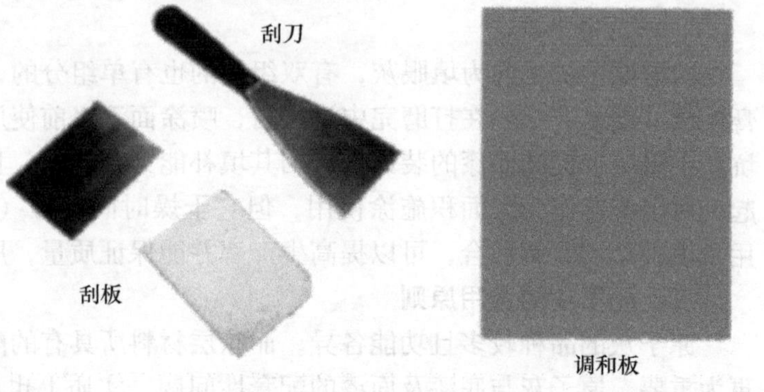


图 4-15 原子灰施涂工具

市场上有专用刮板销售，也可以根据需要自制。

1. 刮板

（1）硬刮板　硬刮板适用于施涂大的凹坑、大的平面缺陷部位，由于其刮口有一定的硬度，易施涂平整，工效高，省材料，适用于要求平整的施工工序。

1）塑料刮板。塑料刮板材料来源广、价格低，常用的有硬聚氯乙烯及环氧树脂板，也可根据需要选择稍软一点的材料制成半硬刮板。塑料刮板耐磨性较差，并且温度对其柔软性影响较大，目前使用较广泛。

2）金属刮板。金属刮板有钢片刮板、轻质合金刮板及其他金属材料制成的刮板。金属刮板具有一定的弹性，其弹性程度可根据个人使用习惯、施涂原子灰的对象来选择。例如：一般钢片刮板的厚度以0.3～0.4mm为宜，大的刮板的刮口宽度一般以12～15cm为宜，小的刮板的刮口宽度根据施工要求灵活制作。金属刮板是目前使用的刮板中最多的一种。

（2）软刮板　软刮板主要使用于施涂圆弧形、圆柱形和曲面形状的部位，以及要求以光滑度为主的部位。常见的软刮板如图4-16所示。

1）橡胶刮板。橡胶刮板是用耐油橡胶板制成，刮口面磨成斜口，俗称橡皮刮板。橡胶刮板一般自行制作，大的橡胶刮板厚度为6～8mm，刮口宽度以100mm为宜，小的橡胶刮板厚度为3～4mm，刮口宽度根据施工需要制作。

2）塑料刮板。塑料刮板一般用软性塑料制成，刮口面磨成斜口，形状大小根据需要制作，其基本要求与橡胶刮板相似。

图4-16　软刮板

2. 正确执刀

（1）直握法　直握时食指和中指压紧刮刀的刀板，另外三指及手掌紧握刮刀柄。这种执刀方法适用于小型刮刀施涂小面积时使用，如图4-17所示。

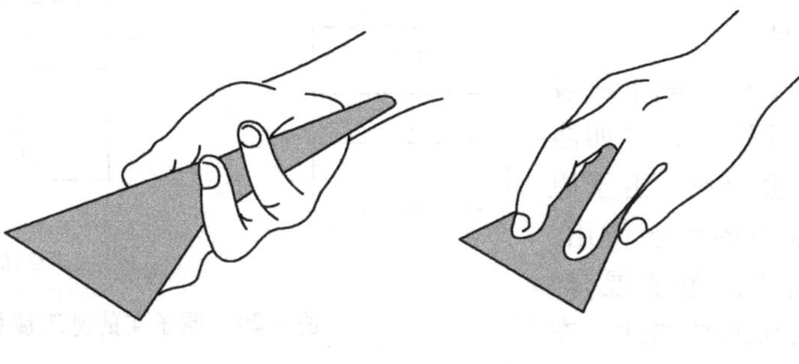

图4-17　直握法

（2）横握法　横握时拇指和食指夹持刮刀靠近刀柄的部位或中部，另外三指压紧刮刀的刀板，如图4-18所示。

（3）其他握法　其他握法。根据刮刀大小及形状的不同，以适宜于方便施工、保证质量为准，如图 4-19 所示。

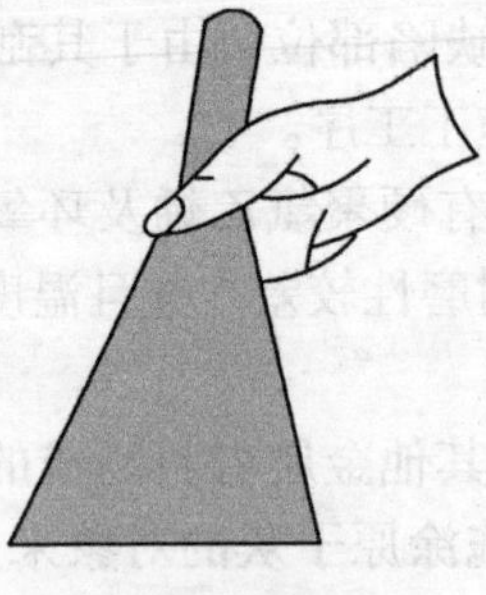

**图 4-18　横握法**

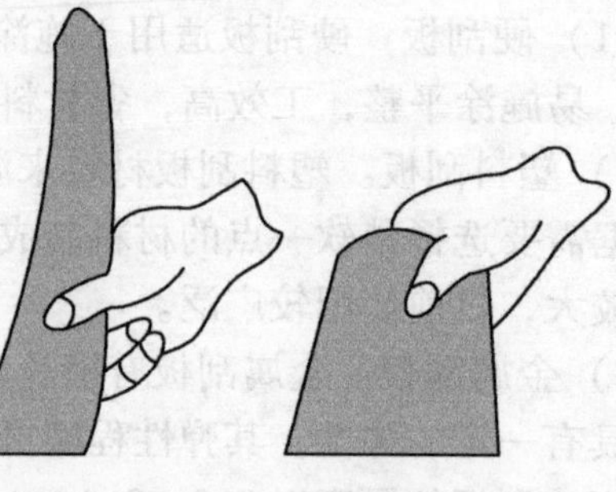

**图 4-19　其他握法**

3. 使用刮板注意事项

1）刮板的刮口要平直，不能有齿形、缺口、弧形、弓形。使用过程中密切注意刮板刀口的平整度，一旦发现刀口有异物或损坏，应立即清除磨平。

2）刮板使用完毕后，要立即用溶剂清洗干净，以免原子灰聚集于刮板上，固化后不易清洗，影响下次使用效果。

3）对于平面缺陷或凹坑较大的部位，应使用硬刮板。

## 任务实施

原子灰的施工流程如图 4-20 所示。穿戴好合适的个人防护用品；准备原子灰的调配及施工中需要的工具，有调和板、刮刀及刮板；在进行原子灰的施涂时，首先将需要施涂的区域进行打磨、清洁。

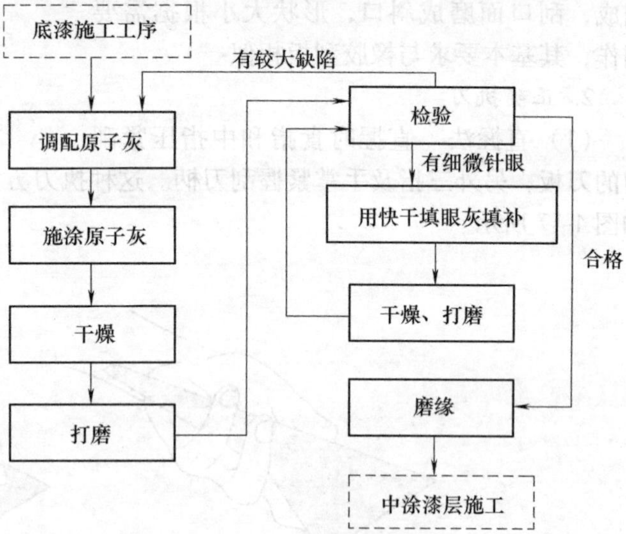


**图 4-20　原子灰的施工流程**

### 一、调配原子灰

为了确定需要准备原子灰的用量，需要检查原子灰的施涂面积。

1. 原子灰的取用

（1）原子灰的搅拌　原子灰装在罐中的时候，其各种成分（如溶剂、树脂及颜料）会分离。由于原子灰不能以这种分离的形态使用，故在取出罐子之前必须彻底混合。装在管子中的固化剂也是如此。充分挤压装固化剂的管子，使管中的固化剂在使用前充分混合，如图 4-21 所示。

注意：

1）原子灰罐每次用后必须盖好，以防溶剂蒸发。

2）如果溶剂蒸发了，原子灰固化了，则要向罐中倒入专用的溶剂，而不是普通的稀释剂。

（2）取出原子灰和固化剂　取用适量搅拌均匀的原子灰放置于调和板上，按比例将固化剂挤在调和板上。固化剂太少，会导致原子灰层干燥慢，干燥后与金属结合力差，易起泡、剥落，打磨时原子灰边缘平滑性差；固化剂太多，会产生过多的气体，从而产生气孔，影响整个涂层的质量。即使要覆盖很大的面积，一次也不要拿太多的原子灰。开始时只要拿出一个鸡蛋大小分量的原子灰，如果需要，再添加，如图 4-22 所示。

注意：

1）在取出原子灰以后，不要在罐口刮除粘在混合棒上的原子灰。所有粘在罐口的原子灰最后都会固化，并落入罐内，影响剩余原子灰的正常使用，如图 4-23 所示。

2）如果有原子灰粘在固化剂管口上，那么就会发生化学反应，使固化剂固化。因此，不要将固化剂直接挤到原子灰基料上。

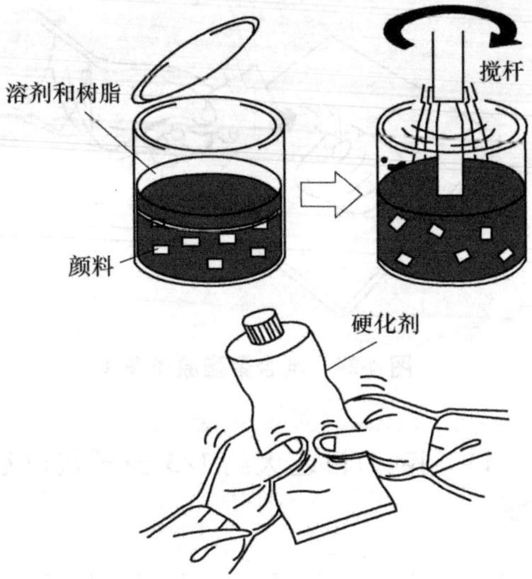


图 4-21　原子灰的搅拌

图 4-22　原子灰的取用

图 4-23　原子灰的错误取用

2. 混合聚酯原子灰

将原子灰按使用手册标明的比例正确混合固化剂。聚酯原子灰通常使用过氧化物固化剂，其添加比例要严格遵照使用说明，不可随意添加或减少，而且混合一定要均匀。固化剂添加过量，虽然可以促进干燥，但剩余的过氧化物会对其上面的涂层发生氧化反应，引起面漆的脱色等；添加量过少会引起原子灰层干燥不彻底，在喷涂时出现咬底等现象。原子灰的颜色通常为灰白色或淡黄色，但固化剂的颜色通常为鲜艳的红色或黄色，在调配时两种颜色均匀地混合后即可进行施涂施工。混合原子灰的过程：

1）使用刮刀的尖端舀起固化剂并将它放在原子灰上，如图 4-24 所示。

2）使用刮刀的尖端将固化剂均匀地散布在原子灰基料的整个表面上，如图 4-25 所示。

3）拿住刮刀，稍稍提起其端头，并且将调和板上混合的原子灰全部舀起，如图 4-26 所示。

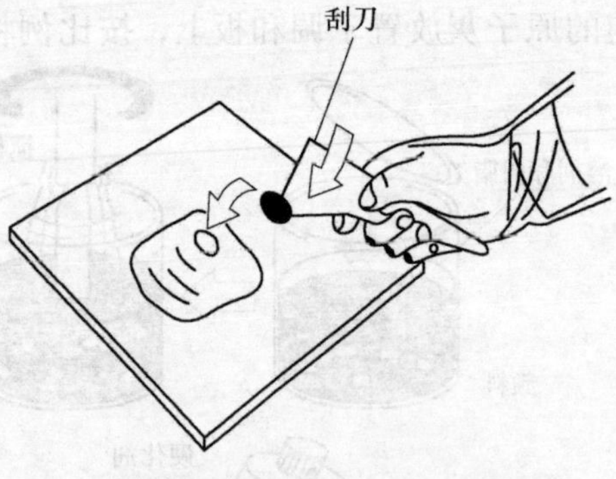


图 4-24　混合聚酯原子灰 1

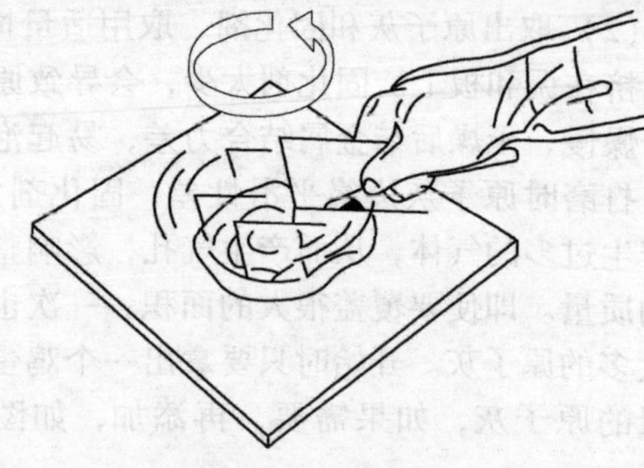

图 4-25　混合聚酯原子灰 2

4）用刮刀舀起大约 1/3 原子灰以后，以刮刀右边为支点，将刮刀翻转，如图 4-27 所示。

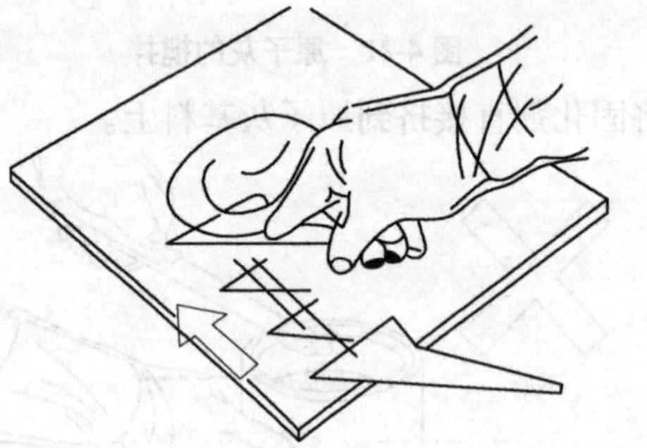

图 4-26　混合聚酯原子灰 3

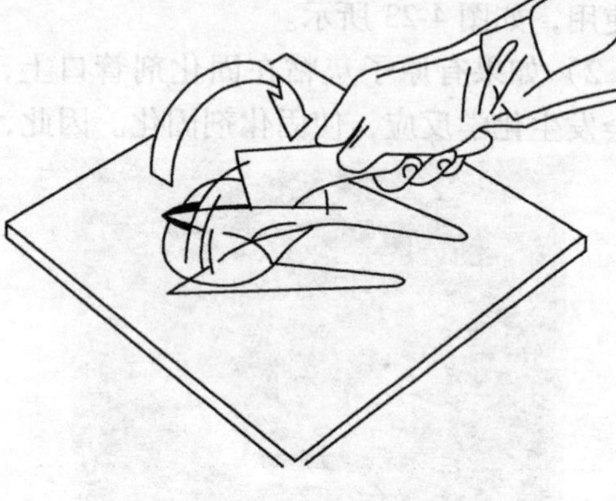

图 4-27　混合聚酯原子灰 4

5）将刮刀基本上与调和板持平，并将其向下压。一定要将刮刀在调和板上刮削，不要让原子灰留在刮刀上，如图 4-28 所示。

6）抓住刮刀，轻轻提起其端头，再将它插入原子灰下面，然后将它向调和板的左侧提起，如图 4-29 所示。

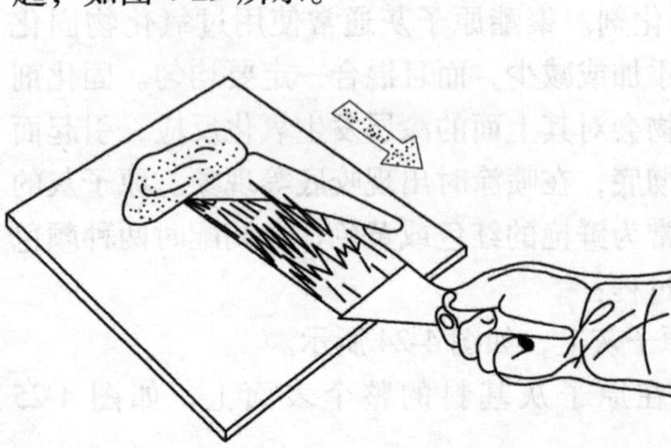

图 4-28　混合聚酯原子灰 5

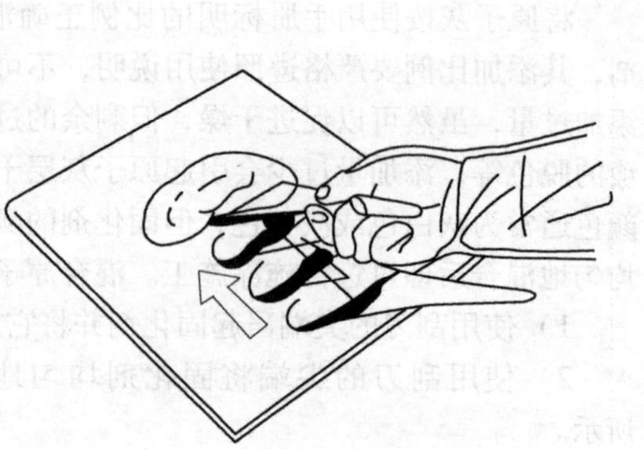

图 4-29　混合聚酯原子灰 6

7）将原子灰翻转，翻转的方向与第 4 步中的相反，如图 4-30 所示。

8）与第 5 步相似，将刮刀基本上与调和板持平，并将它向下压，从第 3 步起重复，如图 4-31 所示。

在进行第 3 ~ 8 各步骤时，原子灰往往向上朝调和板的顶部移动。在原子灰延展至调和板的边缘时，舀起全部原子灰，并且将它向调和板的底部翻转。重复第 3 ~ 8 步，直至原子灰充分混合。

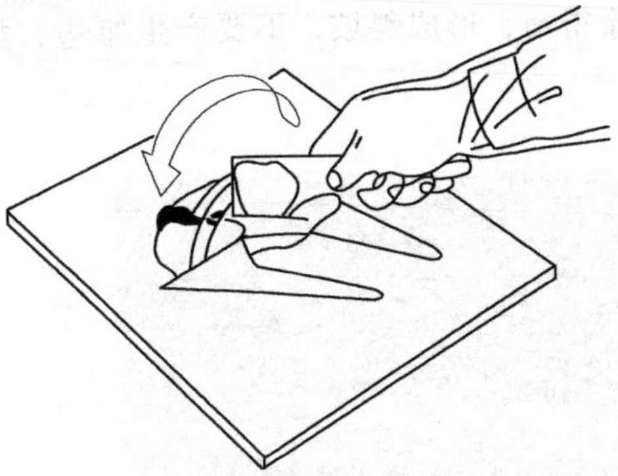

**图 4-30 混合聚酯原子灰 7**

**图 4-31 混合聚酯原子灰 8**

## 二、原子灰的施涂

施涂原子灰前，底材应无油、无脏物，凹陷处的旧漆膜应铲除干净。

### 1. 施涂第一层原子灰

施涂第一层原子灰，要用硬刮具施涂，对较大凹坑可选用较宽的硬刮具。施涂此原子灰层时只求平整，不求光滑；对汽车车身表面较大的凹坑施涂只要初步平整，不要为了一次刮平而使原子灰层厚度超过 5mm。施涂方向横、竖均可，以有利于填平凹坑为准。对汽车车身表面折口及轮廓线的损坏处，施涂时要注意造型及平直性，为以后施涂各层原子灰操作打下良好的基础。第一次时，将刮刀拿得几乎垂直，并且将原子灰刮在工件表面上，施涂一薄层，以确保原子灰透入最小的划痕和针孔，从而增大附着力，如图 4-32 所示（参见彩图）。

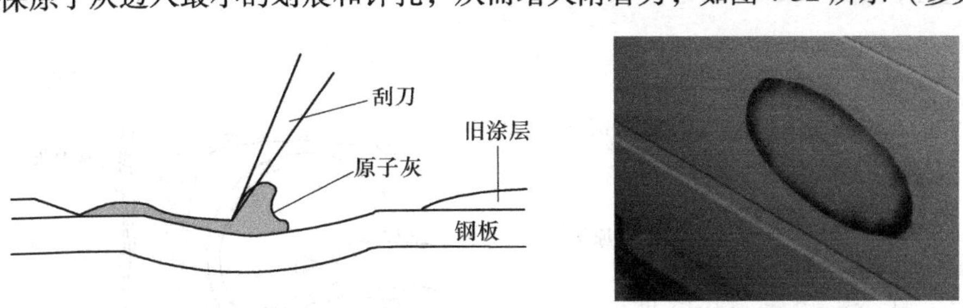


**图 4-32 施涂第一层原子灰**

### 2. 施涂第二层原子灰

汽车车身平面处仍用硬刮具施涂，但对圆弧较大的部位也可适当使用橡皮刮具或塑料刮具。此层原子灰仍以填平为主，不求光滑。该层原子灰厚度应比第一层稍厚，局部施涂时的面积应略大于第一层原子灰的面积，满刮时要注意钣金件边缘原子灰的平直性。较大底材施涂时与上一层原子灰的接口应错开，即不要使各层原子灰的接口在同一部位，以免产生缺陷。满刮原子灰层应注意施涂方向，应顺着流线型（按汽车造型水平）方向，并遵循从上到下、从右到左的原则，施涂时尽可能拉长一些，以减少施涂接口。注意原子灰层的厚度与原涂面基准点平齐。由于补刮原子灰层范围逐渐扩大，对邻近的补刮原子灰层，视具体情况可在第二层或第三层施涂原子灰层时连成一片，以减少原子灰层边缘，利用打磨。

将刮刀倾斜35°~45°，原子灰施涂的量要略多于所需要的量。在每一次施涂以后，都要逐步扩大原子灰施涂的面积。在边缘上一定要涂得薄，形成斜坡，不要产生厚边，如图4-33所示（参见彩图）。

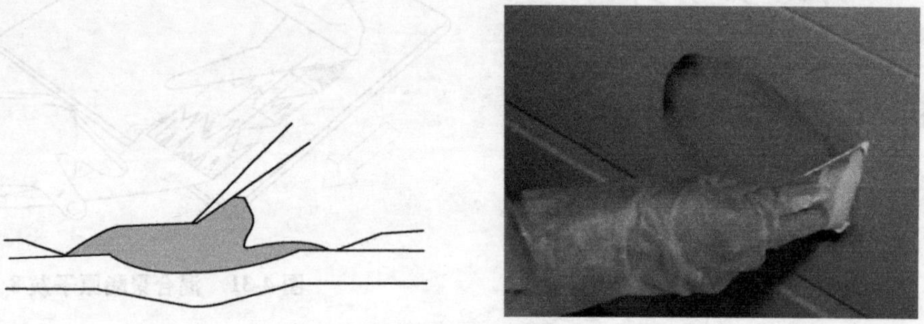

图4-33　施涂第二层原子灰

3. 施涂第三层原子灰

应使用弹性较好的橡皮刮具或塑料刮具，平面处也可用硬刮具。这一层原子灰主要填充前两层原子灰留下的砂孔、砂纸痕迹以及遗漏的轻微凹陷。施工原则是以光滑为主，兼顾平整性。施涂时以手的压力与刮具弹性相结合，使施涂的原子灰层平整光滑。满刮原子灰层方向与第二层原子灰操作相同。局部施涂时的原子灰层面积稍大于第二层原子灰的面积，同时注意原子灰层边缘与旧涂层过渡平和。对于汽车车身表面若隐若现的轮廓外形线，施涂时要注意其平直性，如图4-34所示。

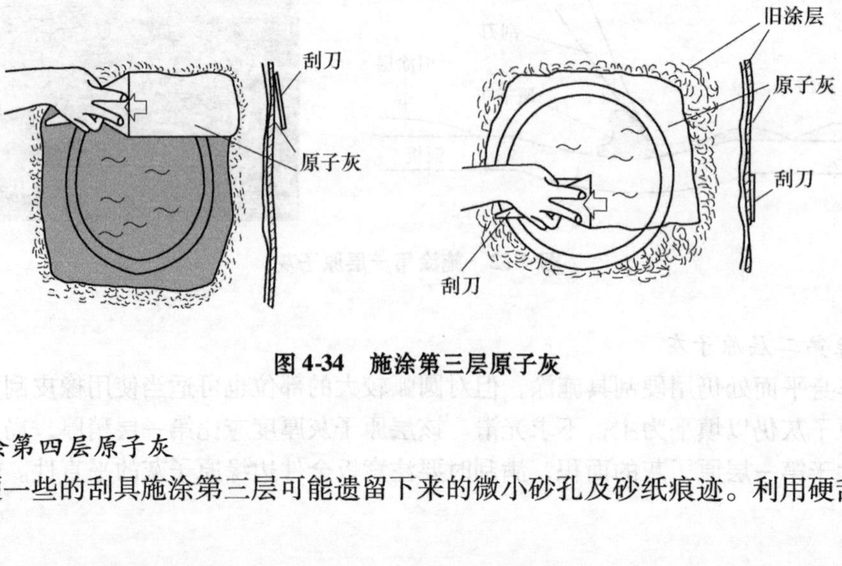


图4-34　施涂第三层原子灰

4. 施涂第四层原子灰

使用硬一些的刮具施涂第三层可能遗留下来的微小砂孔及砂纸痕迹。利用硬刮具的刮口薄薄地、均匀地施涂一层光滑原子灰。局部施涂的原子灰层面积可扩大一些，以消除旧涂面上打磨前几层原子灰时可能遗留下来的砂纸痕迹，确保喷涂工作顺利进行，如图 4-35 所示（参见彩图）。

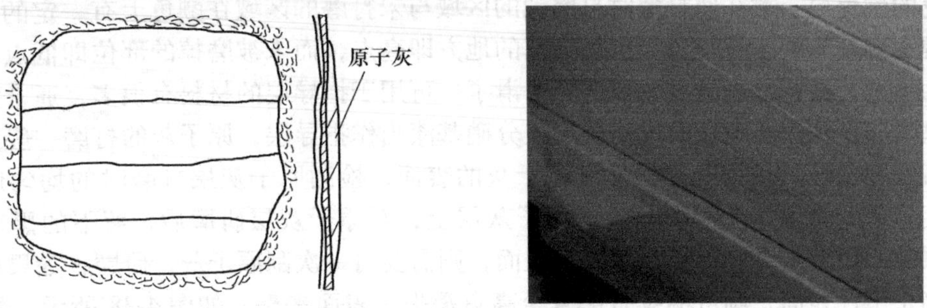


图 4-35　施涂第四层原子灰

## 三、干燥聚酯原子灰

当固化剂加入原子灰基料时，固化过程便开始了。原子灰混合固化剂后，其活化寿命很短，只有 5 ~ 7min（常温），在温度较高的季节，可施工时间会进一步缩短。因此，原子灰的调配和施工速度要快一些，在其活化时间内尽快施工完毕。

新施涂的原子灰会由于其自已的反应热而变热，从而加速固化反应。一般说来，20℃时，在施涂 20 ~ 30min 后原子灰已经干燥并可打磨。如果气温低或者湿度高，则原子灰的内部反应速度会降低，从而要较长时间才能使原子灰固化。在寒冷的季节气温低于 5℃时，原子灰和固化剂的反应将会减慢或停止，造成不易干燥，因此应采用升高施工场所温度的方法来促进固化，或用红外线烤灯进行加热（图 4-36），烘烤温度不可超过 50℃，若加热温度太高，原子灰在干燥时会产生应力，容易造成开裂、脱落等。

如果使用红外线烤灯或干燥机来加热和干燥原子灰，则一定要使原子灰的表面温度保持在 50℃以下，以防原子灰脱落或龟裂。如果表面热得不能触摸，说明温度太高了。涂层薄的地方的温度往往比涂层厚的地方温度低。这种较低的温度会减缓涂层薄的地方的固化反应。因此，对于原子灰来讲，涂层薄的区域固化较慢，涂层厚的区域固化得快，在检查确认原子灰是否已干燥时一定要检查涂层薄的部分，以确定原子灰的固化状况，只要薄的区域已经固化，那么涂层厚的区域也已经固化了，如图 4-37 所示。

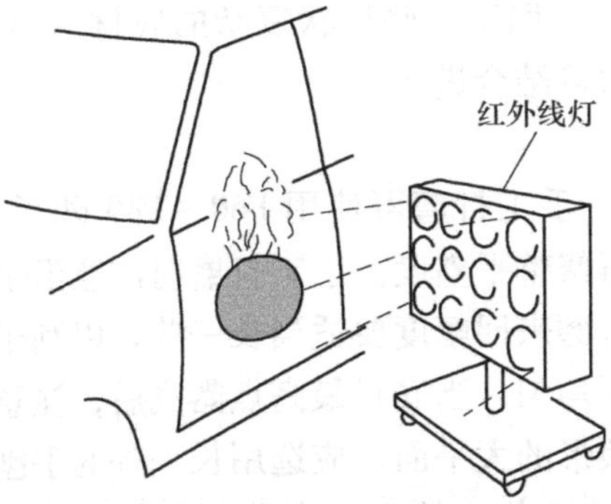


图 4-36　红外线烤灯加热原子灰

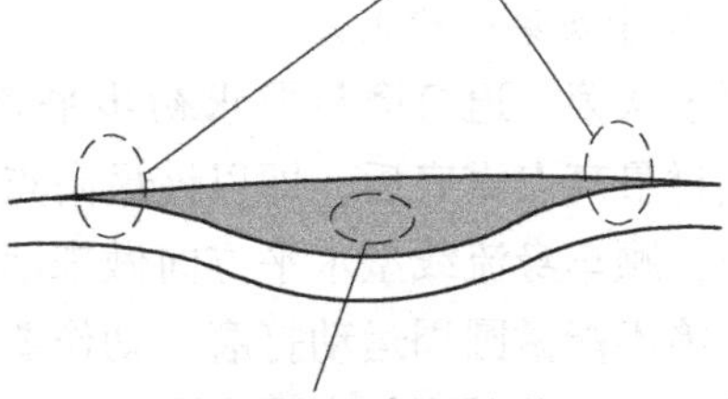


图 4-37　原子灰的固化检查

## 四、打磨指导层施涂

原子灰干燥后要经过适当的打磨，为下一步喷涂工作做好准备。打磨时为更好地判断打磨的程度，应使用“打磨指导层”。打磨指导层即在需要打磨的涂层上薄薄喷涂或擦涂一层其他颜色的颜色层，意在使打磨时打磨到的区域与未打磨的区域在颜色上有一定的差异，以有利于观察打磨的程度——指导层被磨掉的地方即高点，而未被磨掉的部位即低点，指导层全部被磨掉后，需要打磨的区域即比较平滑了。可用于指导层的材料有很多，通常需要打磨的区域是漆膜，则用雾喷极薄的一层单组分硝基漆当作指导层，原子灰的打磨一般用擦涂炭粉来进行打磨指导。使用炭粉涂抹于原子灰的表面，检测原子灰层打磨时的均匀度和平整度。先用炭粉均匀涂抹于需要研磨的原子灰层上，对原子灰层研磨后，留下的黑点即小凹坑，如果此时原子灰基准面已低于工件表面，则需要再一次刮原子灰、研磨；如果原子灰基准面还高于工件表面，则可继续打磨直至高点消失、表面平整，如图 4-38 所示。指导层的颜色以反差大一些为好，但尽量使用黑、灰、白等容易遮盖的颜色。

炭粉

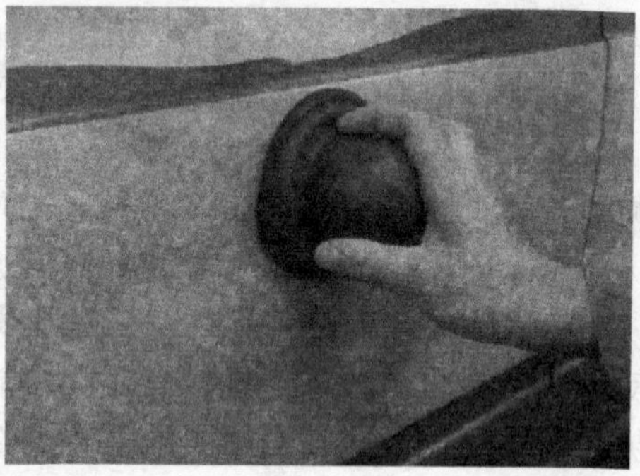

图 4-38　炭粉打磨指导层

## 五、原子灰的打磨

原子灰层彻底干燥后即可打磨，具体干燥条件参见原子灰使用说明。打磨原子灰时注意只能干磨，不能水磨，因为原子灰的吸水性很强，当水磨残留水分不能很好地挥发时，会导致漆膜起泡、起痱子、剥落以及金属底材锈蚀等现象。打磨原子灰层主要是为了取得平整、光滑的表面。打磨原子灰层可采用手工或机械干磨。机械打磨适用于修补面积较大以及平整的底材，可降低劳动强度，提高工作效率。手工打磨适用于一些形状复杂的底材，如转角、折口、外形线、弧形和凹形部位等。打磨时两种方法可结合进行。

### 1. 原子灰第一道打磨

原子灰第一道打磨只要求初步平整，不求光滑。手工打磨可使用 P60 ~ P80 砂纸打磨，直至底材最高点露底后，即以该最高点作为基准，再修整平整度。手工打磨时注意沿手刨长度方向，顺车身流线型水平方向做来回往复运动。打磨来回幅度要适当长一些，以利于打磨平整。绝不能做圆周运动打磨。动作要平稳，用力要均匀，当底材最高点露底后，注意表面的平整性，防止过度打磨再次形成凹坑。打磨呈波浪形的大平面，应选用长一些的手刨。打磨局部施涂的原子灰层，要注意原子灰层与旧涂层的羽状边的平整度及原子灰边缘的平整性，俗称原子灰口要磨平，以防产生原子灰层边缘痕迹。打磨折口、外形线和圆弧形时要注意图形及线条的平直性。

机械打磨原子灰层用的打磨机有双作用偏心距圆盘式和轨道式两种。打磨第一层原子灰一般采用轨道式打磨机（图4-39），应把其平放在打磨面上，而不是倾斜放置，在原子灰涂刮的范围内以连续直线移动。当打磨到与四周基准点接近时即可，以留出修整打磨的厚度。

2. *原子灰第二道打磨*

原子灰第二道打磨要求底材达到基本平整，无明显低凹，折口线、外形线、弧形面造型与原型一致，注意线条的平直性。

机械干磨用P120砂纸，打磨机选用双作用偏心距圆盘式打磨机为好。

手工打磨时要选用恰当的吸尘手刨，如果是大面积，则可选用长的吸尘手刨，对于棱角或较窄小的部位，则应选用小的手刨；而对于一些圆弧、凹弧或有型线的部位，则需选用或仿制与其形状相似的手刨。

打磨满刮原子灰层时，以车身流线型水平方向为主，垂直方向、斜交叉方向为辅，注意水平方向与垂直方向、斜交叉方向的平整性。动作要平稳，在水平方向打磨时来回幅度大一些。在打磨中要经常用手触摸打磨后的表面，以测定打磨程度，以防将原子灰层磨穿，如图4-40所示。底材边口残余原子灰要用砂纸磨平，以防产生边口呈齿形现象。打磨局部施涂的原子灰层时，要注意打磨面的厚度与旧涂面的平整度，既不能高也不能低，打磨难度比满刮原子灰大。原子灰层的边缘要既平整又光滑。

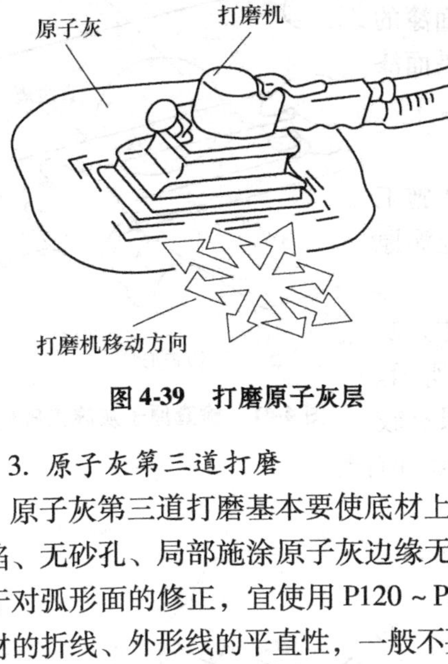


**图4-39 打磨原子灰层**

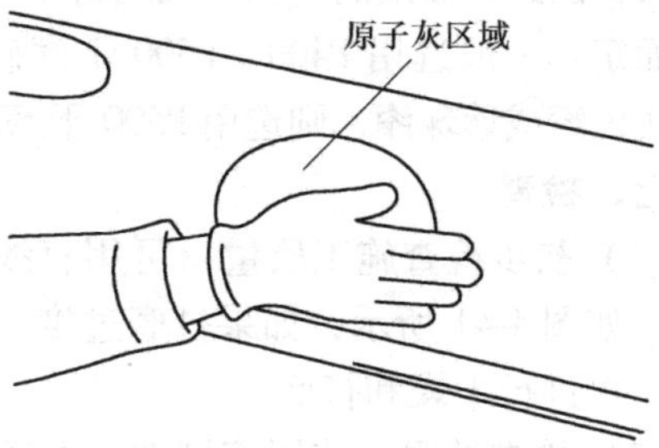


**图4-40 检查原子灰平整度**

3. *原子灰第三道打磨*

原子灰第三道打磨基本要使底材上微弱的凹坑、砂孔全部消除，达到既平整又光滑，无缺陷、无砂孔、局部施涂原子灰边缘无接口，外表图形恢复原样。此时以手工打磨为宜，有利于对弧形面的修正，宜使用P120～P240砂纸。以车身流线型水平方向为主，要注意凸出底材的折线、外形线的平直性，一般不要垂直方向或斜方向打磨，若底材因具体情况需垂直方向打磨，最后也要以车身流线型水平方向打磨修整，以防产生垂直方向的打磨痕迹。流线型水平方向的痕迹与车体的流线型方向一致，它们的有机结合肉眼不易察觉；而垂直的痕迹恰恰相反，稍有砂磨痕迹即会明显地显示出来。对底材的圆弧、折口、凹角等不宜用手刨砂磨的地方，可用拇指夹住砂纸，四指平压于底材上，然后均匀地来回摩擦底材做修理打磨。

4. *原子灰第四道打磨*

原子灰第四道打磨使用P240砂纸配合手刨。若通过以上三道原子灰的刮、磨后已达到喷涂要求或底材本身精度要求较低，则第四道可省略。但若底材精度要求较高或三道原子灰刮、磨后还不能达到施工要求，即要进行第四道原子灰、甚至第五道原子灰的刮磨工作。

打磨后应使用清洁布清洁，然后吹净表面灰尘，不能使用除油剂或类似清洁剂清洁表面。这时底材应平整、光滑，无砂孔、无缺陷，底材边缘无折口和齿形，局部涂原子灰边缘平整、光滑且无接口痕迹，否则要进一步施涂和打磨。

## 六、快干原子灰（幼滑原子灰）的施工

快干原子灰俗称填眼灰、红灰等，有硝基型及双组分型，既可用于施涂操作，也可用于喷涂操作，颜色有白色、红色和黄色等，可根据需要选用。快干原子灰主要适用于填平原子灰施工后产生的砂痕、砂孔以及物体表面上的微弱凹陷。此类原子灰颗粒细腻、快干、易打磨、原子灰边缘平滑。硝基型快干原子灰在汽车修补涂装中使用普遍，下面以硝基型快干原子灰为例来说明快干原子灰的施工及注意事项。

1）快干原子灰适宜施涂砂孔、砂痕及微弱凹陷的小面积作业。

2）快干原子灰在托板上调匀后，应迅速施涂。在施涂操作中要快且灵活，原子灰层以薄而均为宜，若需适当的厚度，以薄层多刮操作来实现，即刮一层薄的，待干后再复刮一层的操作方法。施涂面积过大，则施涂操作有一定的难度。

3）快干原子灰在薄涂时干燥很快，但在厚涂时表面易封闭，溶剂挥发受到影响，干燥很慢，且堆积性差，因此快干原子灰不能替代填充原子灰。

4）一般快干原子灰施涂在中涂底漆上，打磨后直接喷涂面漆，因此，砂纸的选用应视底材精度要求及喷涂面漆的种类而定。一般选用 P400～P500 干磨砂纸为宜，如果面漆是银底色漆或珍珠漆，则选用 P500 干磨砂纸较为适宜。

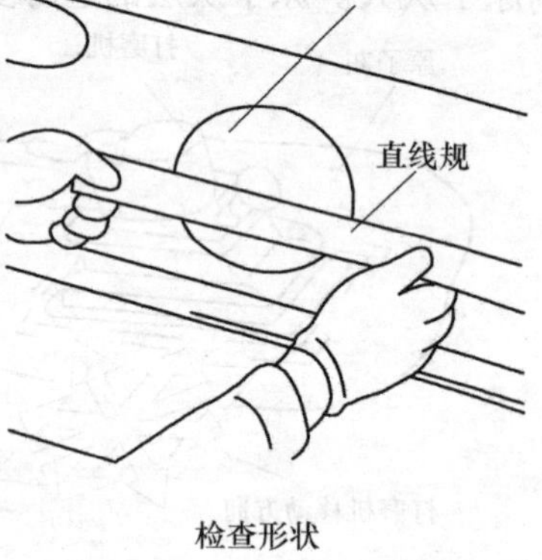


图 4-41　检查原子灰施工质量

## 七、检查

（1）初步检查施工质量　可用直线规检查原子灰施工质量，如图 4-41 所示，如果打磨过度，则必须重新施涂原子灰，再进行干燥和打磨。

（2）检查针眼　使用擦拭布以及除尘枪彻底清洁并吹掉修补区域的灰尘，检查是否存在针眼，如图 4-42 所示。如果有轻微针眼，则可用快干填眼灰进行填补。如果有较大的针眼，则使用普通原子灰进行填充，然后进行干燥和打磨。

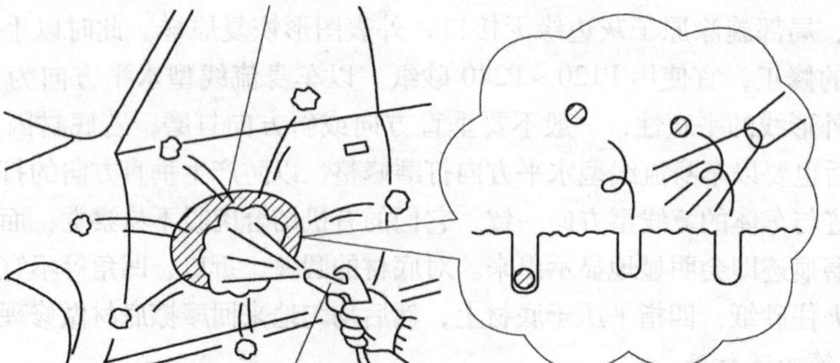


图 4-42　原子灰除尘检查针眼

## 八、原子灰施工注意事项

施涂原子灰的作用是用原子灰的填平性消除被涂表面的凹陷、划痕等缺陷，操作时应注意以下事项：

1）施工前应将罐内的主剂调和均匀，底面黏度一致，以利于施涂和固化。固化剂要先打开管盖将空气挤出，然后拧上管盖，用手掌在管外揉搓使固化剂均匀。双组分原子灰固化剂比例要适当（100:1～3）、黏度适中。

2）施涂时不要反复施涂，以防卷边和表面封闭影响原子灰层的干燥。

3）在需要原子灰较厚的地方应分几次施涂。先全面薄刮，后填坑，溶剂型原子灰施涂不能超过0.5mm。

4）施涂原子灰时应轻按刮具，并沿刮具长度方向移动，按压力和角度根据施涂部位状况而定，如图4-43所示。

5）在施涂施工时，应根据需施涂部位的大小及相对位置选择相应的施涂方式。

6）快干硝基原子灰仅用来填平打磨后的粗灰或漆面。普通原子灰不能直接用在镀锌钢板上，只有专用的钣金原子灰才可以。

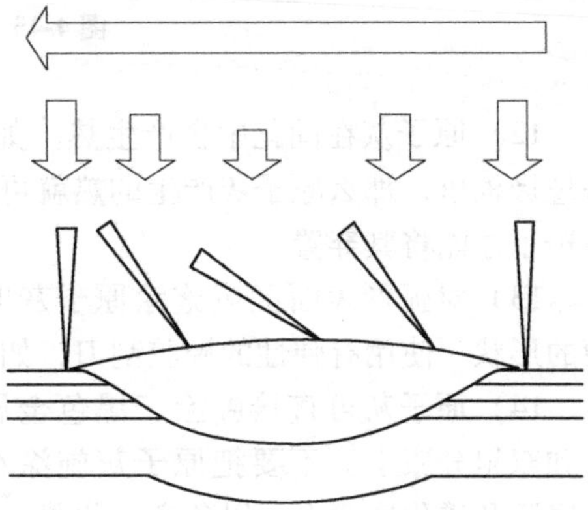

图4-43 原子灰施涂移动方向

7）如果刮刀在各道施涂中仅向一个方向移动，那么原子灰高点的中心将移动。如果发生这种情况，那么就很难打磨，所以刮刀在最后一道中必须反向移动，以便原子灰高点移回中央，如图4-44所示。

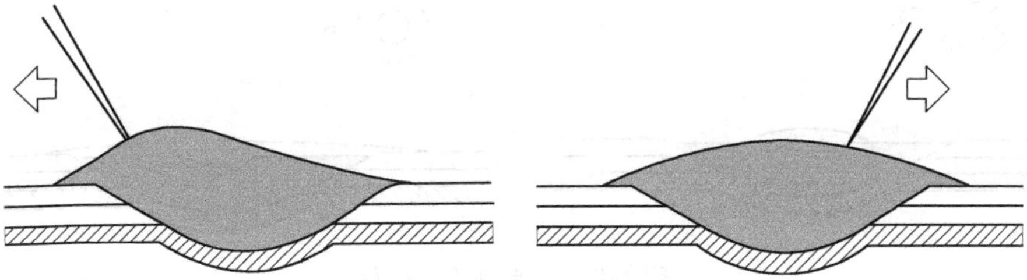

图4-44 原子灰的反向刮涂

8）如果在施涂原子灰中花费时间太多，那么原子灰可能在该道施涂完成前已固化，这时可能需要从头再来一次。一般说来，原子灰必须在混合以后3min以内施涂。

9）原子灰施涂在工件表面上的范围必须以在磨缘过程中所留下的打磨划痕为限。如果没有打磨划痕，那么原子灰就粘不牢，日后可能剥落。

10）当将原子灰留在刮刀上时，只能用刮刀的中间部分。如果刮刀的整个宽度范围全都用来舀原子灰，那么原子灰在施涂的过程中就会缓慢漏出，沿途产生台阶（刮刀印），如图4-45所示。

11）刮刀在使用以后，要立即用清洗稀释剂冲洗。如果原子灰干固在刮刀上，那么刮刀就不能再用了。

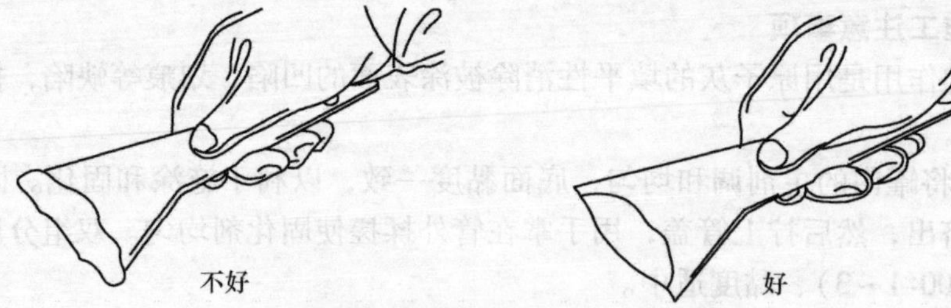


图 4-45　原子灰在刮刀上的位置

12）原子灰在固化中会产生热。如果遗留在调和板上的原子灰在施涂工作以后立即扔进垃圾桶里，那么原子灰产生的热就可能足以点燃易燃物品。因此，一定要确认原子灰已经凉透了才能将其弃置。

13）对弧形表面区域施涂原子灰时，应根据施涂面的形状，使用有弹性的橡胶刮刀，如图 4-46 所示。

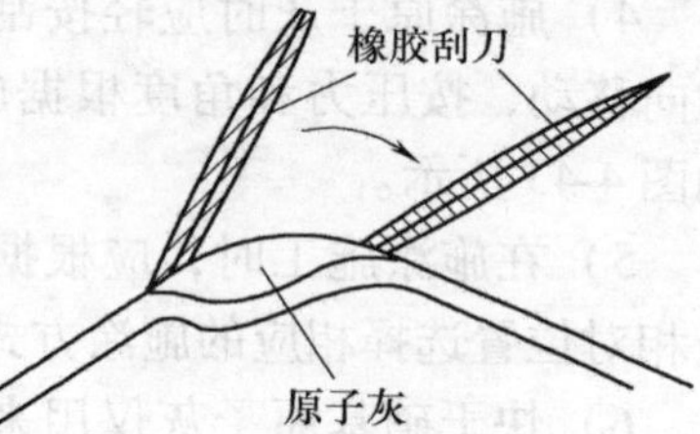


图 4-46　橡胶刮刀的使用

14）原子灰可直接施涂于黑色金属表面、高温烤漆和双组分漆上。不要把原子灰施涂在酚醛底漆、醇酸底漆和磷化底漆上，以免产生脱落、起泡现象。

15）原子灰施涂层间不需要涂底漆，第一层原子灰稍干即可重叠施涂第二层原子灰，不会发生面层封闭而使底层原子灰不干的现象。

16）重新施涂原子灰时，应施涂一薄层，以均匀地覆盖整个原子灰表面，因为如果只填低点，那么正常的表面将在打磨中被损坏，如图 4-47 所示。

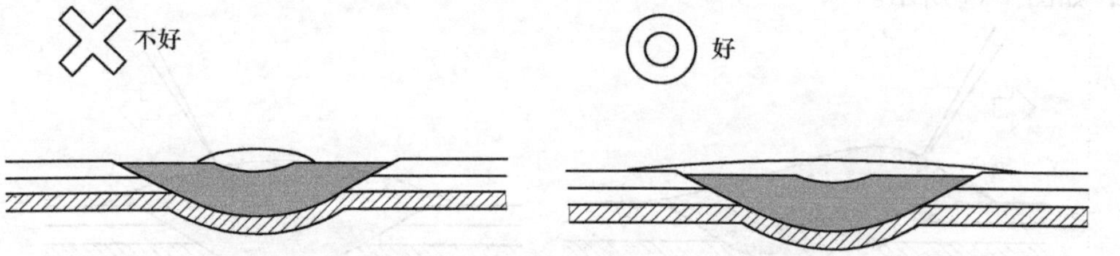


图 4-47　重新施涂原子灰

17）原子灰必须比原来的表面高。但是，最好只能略微高一点，因为如果太高了，那么在打磨过程中就要花许多时间和气力来消除多余的材料，如图 4-48 所示。

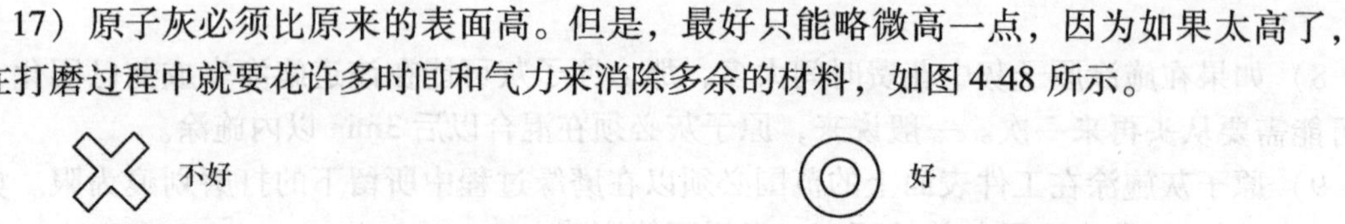


图 4-48　原子灰的施涂高度

18）打磨原子灰时，不要在周围的旧涂面上留下打磨痕迹，如图4-49所示。

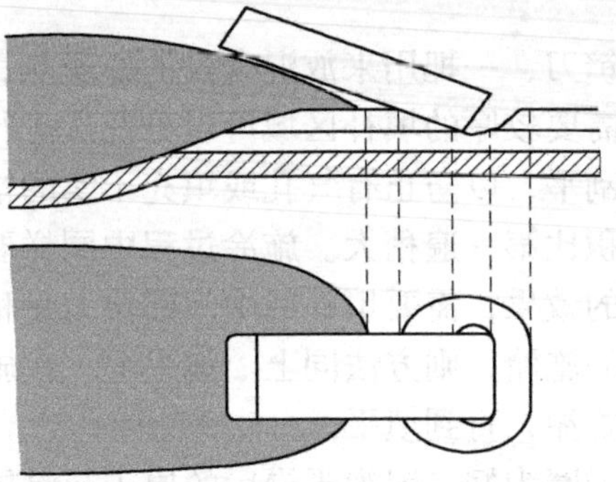

图4-49 在周围的旧涂层上留下打磨痕迹

## 总 结

原子灰是一种以颜料、填充料、树脂和催干剂调配而成的呈浆状的材料，用在预涂底漆的底材，以填平物体表面凹坑、焊接缝及擦伤、锈眼等缺陷，直至形成平整、光滑的表面。

对于不平整的表面或经过钣金处理后的金属板，需要使用原子灰进行填平工作。常用的聚酯原子灰具有良好的附着能力、填充性和弹性等，并具有一定的隔绝防腐能力。原子灰的施涂应在喷涂完底漆后进行，若需要填补的区域范围比较小，则在不影响其附着能力的基础上可以直接施涂于裸金属上。一般施工原子灰的厚度为2~3mm，不可过厚。

原子灰有很多品种，在施工时可以根据不同的情况合理选用。施工的底材对原子灰的附着力也有一定的影响，在填平施工时要根据不同的底材选用不同的原子灰，例如镀锌板及铝合金板材、不锈钢表面等不可直接施涂普通聚酯原子灰，只能使用合金原子灰，否则会造成附着力不良，如果要施涂普通原子灰，则必须首先喷涂隔绝底漆后方能达到理想的效果。磷化底材表面不能直接施涂原子灰，必须首先喷涂隔绝底漆后才能施工。

刮具的选择应根据施涂面的大小和形状而定，面大的用大刮板，面平的用钢刮具，面曲的用橡胶刮具。

聚酯原子灰通常使用过氧化物固化剂，其添加比例要严格遵照使用说明，不可随意添加或减少，而且混合一定要均匀。固化剂添加过量虽然可以促进干燥，但剩余的过氧化物会与其上的涂层发生氧化反应，引起面漆的脱色等；添加量过少会引起原子灰层干燥不彻底，在喷涂时出现咬底等现象。原子灰的颜色通常为灰白色或淡黄色，但固化剂的颜色通常为鲜艳的红色或黄色，在调配时两种颜色均匀地混合后即可进行施涂施工。

原子灰混合固化剂后，其活化寿命很短，只有5~7min（常温），在温度较高的季节，可施工时间会进一步缩短。因此，原子灰的调配和施工速度要快一些，在其活化时间内尽快施工完毕。在寒冷的季节气温低于5℃时，原子灰和固化剂的反应将减慢或停止，造成不易干燥。因此，应采用升高施工场所温度的方法来促进固化，或用红外线烤灯进行加热。但烘烤温度不可超过50℃，加热温度太高，则原子灰在干燥时会产生应力，容易造成开裂、脱落等。薄涂的区域的温度最低或化学反应最弱。因此，需确认薄涂的部位来判断原子灰固化的情况。

施涂原子灰时，用两把铲刀，一把用来放混合好的原子灰，另一把用来施涂。施涂时将原子灰刮在施涂区域，对于需要较厚的填补区域可以分几次进行填补，第一遍施涂的原子灰要薄，并用铲刀尽量压实、刮平，以防止有气孔或填充不实的情况产生。第一层干燥后可以直接施涂第二遍，施涂的面积比第一遍稍大。施涂过程中同样要压实、刮平，在两端部位压得要紧一些，以获得薄且平的效果，需要填补的中间部位力量稍稍放松，以获得良好的填补效果。如果需要进行更多次的施涂，则方法同上。如果上一次施涂得不平整，则可以等干燥后稍稍打磨并清洁后再继续施涂，直到填平。

原子灰干燥后的打磨以干磨为好，因为干燥后的原子灰涂层是一种多孔的组织，如果采用水磨的方法，则原子灰层会吸收大量的水分而很难完全挥发掉，对以后的涂装工作会造成很多困难。

原子灰的干磨可以使用P80～P240干磨砂纸配合偏心振动打磨头和手刨来进行，注意砂纸号要连续。若使用过粗的砂纸或运动轨迹过大的打磨头，则会留下明显的砂纸痕迹，影响其上面涂层的平整程度。打磨时应使原子灰涂层与原涂层以羽状边接合，不可留有台阶等填补痕迹。经过打磨后的涂层有时会存在小坑、小孔等缺陷，可以使用填眼灰进行填补，然后进行下一步的喷涂。

## 思考问题

**一、填空题**

1. 原子灰是涂料，所以也是由________、________、________和________等组成的。

2. 原子灰的种类很多，常用的有________、________、________、________、________等多种。

3. ________、________和________是施涂原子灰的主要手工工具。

**二、判断题**

1. 原子灰中的颜料以着色颜料为主要物质，配以少量的体质颜料。（ ）

2. 如果原子灰由于没盖紧导致溶剂蒸发了，可以向罐中倒入稀释剂进行稀释。（ ）

3. 混合聚酯原子灰时固化剂添加过量，虽然可以促进干燥，但剩余的过氧化物会对其上面的涂层发生氧化反应，引起面漆的脱色。（ ）

4. 如果使用红外线灯或干燥机来加热和干燥原子灰，一定要使原子灰的表面温度保持在80℃以下，以防止原子灰脱落或龟裂。（ ）

**三、简答题**

1. 原子灰施工的注意事项有哪些？

2. 原子灰的选用原则是什么？

3. 原子灰的调配步骤是什么？

4. 原子灰的施工流程是什么？

5. 原子灰的打磨流程是什么？

# 拓展提高

## 特殊表面原子灰的施涂

车身上有些部位形状比较特殊，需适当采取一定的措施才能更好地完成原子灰的填平工作，如车身上的冲压线、对缝和比较大的曲面等，要根据情况使用不同的方法。

1. 车身棱边的填充

在填充车门、后侧板和发动机罩等有明显棱边线的部件时，采用一般的施涂方法很难保留清晰的棱边线，应采用以棱边为分界线，分别对各个平面进行填充的方法来解决。

对具有棱角线的区域施涂原子灰，如图 4-50 所示。其流程为：沿棱角线贴上遮蔽胶带，盖住一侧，对另一侧施涂原子灰；待施涂的原子灰半干燥时，揭去遮蔽胶带；沿施涂过原子灰的棱角线贴上遮蔽胶带；对剩下的一侧施涂原子灰；待施涂的原子灰半干燥时，揭去遮蔽胶带。

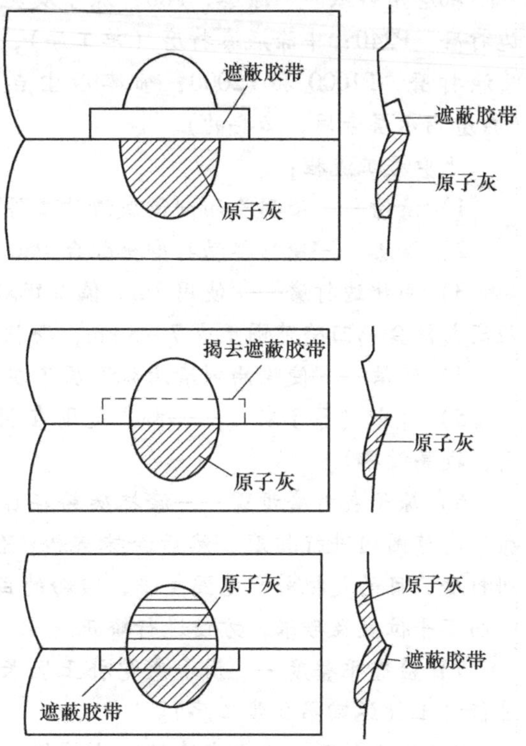


图 4-50　具有棱角线的区域施涂原子灰

2. 曲面上施涂原子灰

对于较大的曲面，一般采用分段施涂的方法，即将一个曲面分成若干个较小的平面，由一边向另一边施涂，用防护带分割平面，当第一个平面干固后，把将要施涂一侧的防护带取下，然后进行施涂，依次类推直到全部平面施涂完毕，干固后用打磨机或手工将平面之间的棱边打磨圆滑，即得到一个较平滑的曲面。

## 课外阅读

### 干磨流程

现今汽车修补工艺流程已经进入新时代，为提高质量、效率和降低成本，有必要大力推行干磨工艺。通常喷漆技工对干磨工艺会有一些疑问和忧虑，认为干磨技术困难，而且感觉水磨比干磨平整、效果好。但这些顾虑只是单方面基于技术层面的考虑，缺少对整体效率、质量和降低成本的考虑。

为了做好干磨工艺，必须要有一些条件配合：安全保护、工具和设备、打磨物料和喷漆技术员的干磨培训。

安全保护：帽子、防尘口罩、保护眼镜、棉手套、防溶剂手套和棉质工作服。

工具和设备：干磨工具车及吸尘桶，单动打磨机，3mm 和 5mm 双作用打磨机，吸尘手刨，吸尘软管，打磨机保护垫，红外线烤灯。

打磨物料：

干磨用手刨砂纸——原子灰打磨，P60、P80、P120 和 P180；中涂底漆打磨，P180、P240 和 P320。

机磨用砂纸——除漆，P80；原子灰施涂前羽状边打磨，P120；原子灰施涂后羽状边打磨，P240；中涂底漆打磨（单工序），P400；中涂底漆打磨（双工序），P500；旧漆喷涂打磨，P1000 和 P2000；喷漆后尘点打磨，P1500、P2000 和 P4000；研磨指示剂（打磨指示层专用，必要的）。

干磨施工流程：

1）清洁——使用除油剂彻底清洁工件。

2）除漆——使用单动打磨机配合 P80 干磨砂纸，除去旧漆至裸金属。

3）羽状边打磨——使用 7mm 偏心距双作用打磨机配合 P120 干磨砂纸打磨羽状边，距离与裸金属凹陷范围至少 7～8mm，羽状宽度至少 10mm。

4）清洁——使除油剂清洁施涂原子灰的位置。

5）补土（原子灰）——补土范围在羽状边范围内（使用红外线烘烤，加速固化时间，提高效率）。

6）原子灰打磨步骤——涂抹碳粉在原子灰上，使用干磨机配合 P80 干磨砂纸，在原子灰范围内进行粗磨，然后涂抹碳粉，使用吸尘手刨配合 P80、P120 和 P180 进行手刨打磨，目的是把补土范围整平，碳粉的目的是指导性工作，使打磨后原子灰容易显现凹凸不平位置及砂眼，方便进行矫正。

7）检查平整度——用手感觉补土区长及宽是否平整。如果修补区不平整，则可再进行补土（返回第 5 步工序）。

8）检查针孔——彻底清洁，吹掉修补区灰尘，如果有针孔，则用双组分的原子灰补土并重新使用 P120～P180 打磨。

9）打磨羽状边——用 5mm 双作用作偏心距打磨机配合 P180 和 P240 打磨砂纸打磨羽状边，不要打磨原子灰。

10）修补区周边范围打磨——使用 P320 干磨砂纸配合 3～5mm 双作用作偏心距打磨机及软垫，从羽状边至周边范围不少于 15mm 打磨面积，难以打磨位置使用海绵砂纸垫。

11）在贴遮蔽纸前清洁修补区周围，不要擦抹原子灰，避免原子吸收清洁剂产生喷涂后的溶剂气泡。

12）底漆喷涂遮蔽——使用遮蔽纸遮蔽无须喷涂的位置，整理软化边缘，避免喷涂底漆时产生胶带印。

13）喷涂双组分中涂底漆——均匀喷涂 3～4 层双组分中涂底漆，每层喷涂需闪干，修补区在 25℃ 以下，用红外线烤灯烘烤 3min（裸金属位置可先喷涂防腐底漆，加强粘附力及防腐性），不要过度喷涂到贴护边沿。

14）红外线烤灯烘烤固化（烘烤时间请参考技术资料）。

15）涂抹指示涂层。

16）手刨打磨中涂底漆——手刨打磨，打磨工序使用 P180、P240 和 P320，手刨打磨的目的是把底漆下的补土范围整平，每次转换打磨砂纸型号均使用指示涂层。

17）用手感觉修补表面是否平整——用手感觉修补的长和宽，如果不平整，则持续用手刨打磨直至平整。

18）清洁及涂抹指示层——确保没有灰尘在表面。

19）机器打磨中涂及其他区域——使用的3mm带有中间软垫的偏心距打磨机，P400单工序，P500双工序，难以打磨位置使用Abralon P500～P1000海绵砂纸垫，使用P1000～P2000海绵砂纸垫或百洁布打磨其他喷涂位置。

20）贴护——在贴遮蔽纸喷涂面漆前，清洁所有区域。

21）面漆喷涂——进入喷漆房，最后除油及粘尘，面漆喷涂。

# 学习任务三 遮 蔽

**知识点：**遮蔽材料的种类及其选用。

**能力点：**遮蔽边界的选择；遮蔽方法；遮蔽注意事项。

## 任务情境

一辆漆面受损的车辆在进行漆面修复涂装的过程中，需要进行去除旧漆膜打磨、羽状边打磨、原子灰打磨、中涂漆施涂、局部施涂、抛光等作业，由于车身板件外形尺寸、作业工具和作业要求的不同，在许多作业中为了对不需要打磨或喷涂的区域进行保护，或者使涂装产生预期的效果，需要采取遮蔽的措施。

## 任务分析

在对板件进行遮蔽之前，要了解有哪些遮蔽材料可以用来进行遮蔽，这些材料分别有哪些特性；其次，还要清楚此次遮蔽作业的目的是什么，也就是遮蔽方法的选择；同时，还要在遮蔽中注意一些操作要点，从而为汽车打磨、喷涂或抛光作业做好防护措施，使汽车涂装修复作业能更好地完成。

## 相关知识

### 一、遮蔽简介

遮蔽也叫作遮盖，遮蔽的目的是对不需要喷涂或打磨的表面及附件进行遮护，以防止漆面污染或打磨过度，从而保护窗边框、玻璃、轮胎和其他汽车件防止过喷，在打磨时对无需打磨的区域进行遮蔽可以防止对良好部位造成损伤等。遮蔽工作是在实施喷涂前所进行的重要工作，即防止喷涂过程中的污染，有时也用遮蔽的方法对施工区域进行隔离以便操作。

**二、遮蔽材料**

遮蔽所用的遮蔽材料主要有遮蔽纸、遮蔽胶带、防护罩、缝隙胶带和遮蔽薄膜等，各涂装设备生产厂商都有相应的产品可供选择，不可使用普通纸张和胶带等代替。

1. 遮蔽纸

遮蔽纸要求能够耐热、纤维紧密（不掉毛）、耐溶剂。汽车遮蔽专用遮蔽纸的一面为紧密的纸层，另一面涂有一层蜡质物质，这层物质与纸基结合非常紧密且耐热不溶化，抗溶剂性能优良，遮蔽纸及遮蔽纸架如图 4-51 所示。

而有些工厂在实际生产中使用报纸或其他纸张代替遮蔽纸进行遮蔽，虽然节约了部分成本，但在工作中往往会造成更大的损失。普通纸张或报纸在耐热程度和抗溶剂性等方面很差，而且沾染有油墨等物质，会对施喷表面造成一定的影响，尤其是吸收了大量的溶剂后会出现松散、纤维脱落等，严重的可能会使被遮蔽底层出现失光、咬起和溶痕等故障，脱落的纤维会造成喷涂表面出现脏点等，因此应严格禁止使用。

2. 遮蔽胶带

汽车用的遮蔽胶带必须能抗热和抗溶剂，而且其粘合胶应该在剥落以后不会粘在车身表面上。遮蔽胶带要求弹性小、耐热、耐溶剂、不掉胶、黏着性好且胶质所含溶剂成分低。专用遮蔽胶带多为纸基，在拉伸时变形小，胶面可耐溶剂，在喷涂时不会因为溶剂的影响而开胶，如图 4-52 所示。

**图 4-51　遮蔽纸及遮蔽纸架**

**图 4-52　遮蔽胶带**

在市场上种类繁多的遮蔽胶带中，必须按所进行的工作的类型来选用适合的遮蔽胶带，遮蔽胶带一般有两种分类方法。

（1）按耐热性分类

1）用于空气干燥的涂料。用于空气干燥的涂料与以硝基纤维为基础的涂料一起用。如果受热，则粘结剂将粘在车身上。

2）用于强制干燥的涂料。用于强制干燥的涂料与以氨基甲酸酯为基础的涂料一起用。

3）用于烤漆的涂料。用于烤漆的涂料与烤漆一起用。可以抵抗 130 ~ 140℃（226 ~ 284°F）的热。即使遮蔽胶带的抗热力受得住干燥温度，但是，如果涂层对溶剂的抵抗力弱，那么它可能会受到遮蔽胶带上粘结剂的溶剂的影响。这将在被遮蔽的表面上留下胶带的印子。

（2）按底材分类

1）纸质。纸质用于防止喷涂外逸粘到车身上，并将遮蔽纸固定。用于一般的区域。

2）塑料质。塑料质用于双色施涂及圆边界。

需要注意的是，不要用绝缘胶布或其他种类的普通胶带代替遮蔽胶带，如果使用不符合标准的胶带，则会给修补增添不必要的麻烦。如果遮蔽胶带弹性过大，那么在遮蔽时会出现拉伸变形，影响一些对棱边的遮蔽要求。如果遮蔽胶带耐热差，则在加温烘烤时会变形，甚至脱落破坏喷涂好的涂层；加热后胶质脱落很难清理，有时还会损伤涂膜。

3. 防护罩

防护罩（图4-53）用来遮蔽各种灯和轮胎。防护罩一般由耐热、耐溶剂橡胶制成。用防护罩遮蔽灯及轮胎要比用遮蔽纸和遮蔽胶带快捷、方便且便宜。

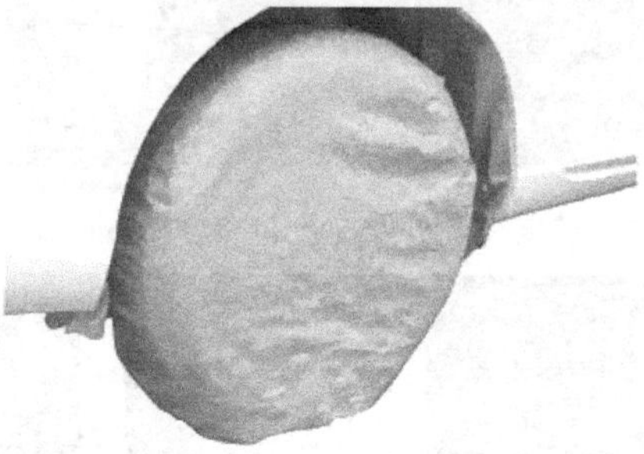

图4-53 防护罩

4. 缝隙胶带

另外，还有些特殊遮蔽产品，如缝隙胶带，如图4-54所示。缝隙胶带可以使工作简化，而且可以缩短重喷所需要的时间。缝隙胶带用聚氨酯泡沫体，并加入粘结剂而制成，因此简化了有缝隙区域的遮蔽。

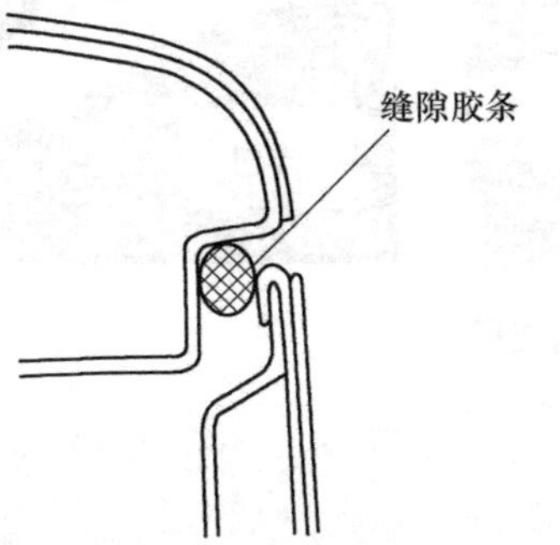


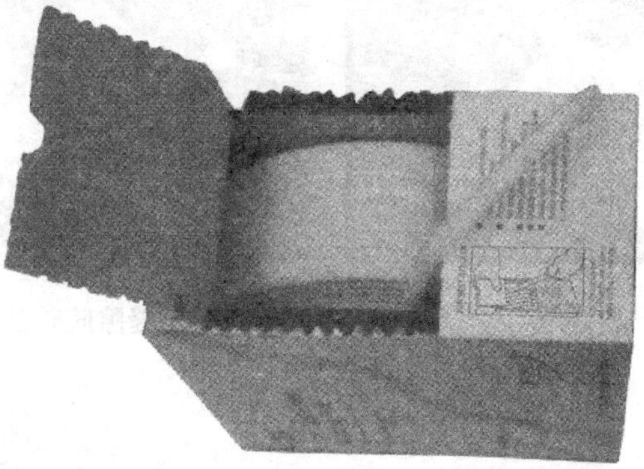

图4-54 缝隙胶带

缝隙胶带呈圆柱形，因此可以防止喷涂台阶，使涂装的表面很容易打磨。缝隙胶带主要用于密封门、发动机盖、行李箱缝以防过喷，从而使内部区域无须使用遮蔽纸、自粘、易于使用、不会留油漆尖边，如图4-55所示。

但是，如果缝隙胶带使用不当，则可能引起很大的问题。在使用的时候应保证缝隙胶带的粘贴位置合适，不能太靠外也不能太靠里，如图4-56所示。

5. 遮蔽薄膜

遮蔽薄膜可很快覆盖大面积，并且具有抗溶剂和油漆的特性；由很薄的乙烯材料制成，其宽度一般比遮蔽纸宽。因此，遮蔽薄膜特别适用于盖在工件表面周围大的表面上，防止喷涂外溢，如图4-57所示。

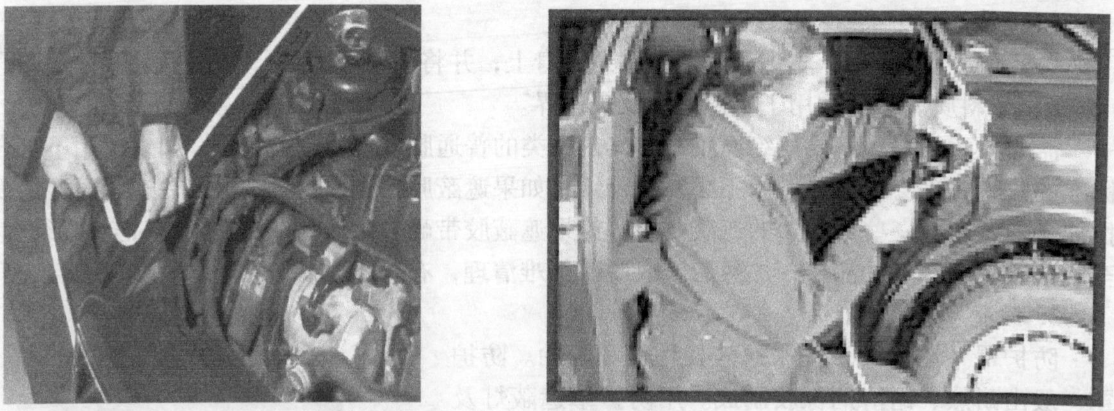

图 4-55 缝隙胶带的使用

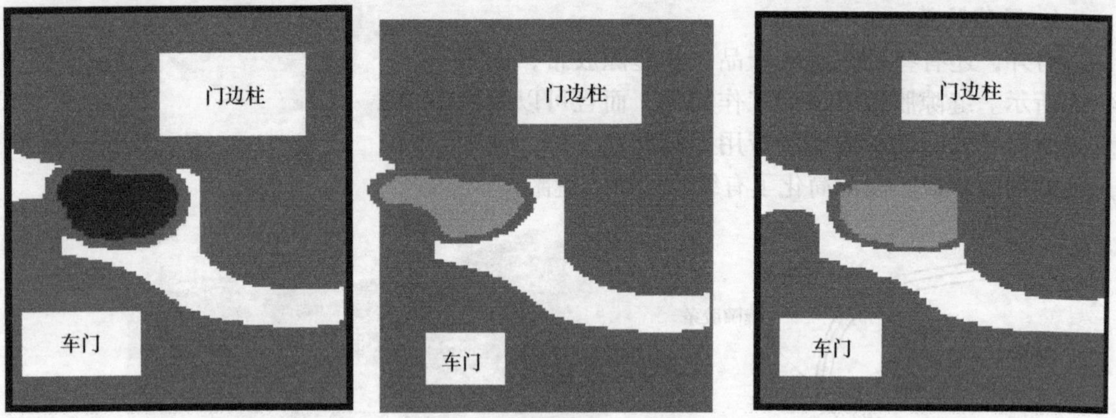


图 4-56 缝隙胶带的正确使用

图 4-57 遮蔽薄膜及其使用

## 任务实施

### 一、遮蔽方法

在遮蔽前需要将一些妨碍遮蔽而又无需喷涂的部件拆下，如门把手和收音机天线等。粘贴遮蔽胶带时一手拿住遮蔽胶带，同时另一只手进行导向和压紧，撕断遮蔽胶带时可用大拇指夹住遮蔽胶带，另一只手压住遮蔽胶带，迅速地向上撕，这样可以整齐地撕断遮蔽胶带而不会对已经遮蔽好的遮蔽胶带造成拉伸。遮蔽时，需要首先用遮蔽胶带沿遮蔽区域的边缘进行轮廓勾勒，然后将遮蔽纸粘贴在勾勒轮廓的胶带上，这样有利于保证遮蔽区域的整齐。当然具体部位的遮蔽还要根据具体情况有所改变，但是用最少的材料消耗完成工作是一成不变的。

在需要漆膜产生由厚到薄的过渡时，可以采用反向遮蔽的方法。所谓反向遮蔽，是指遮蔽纸在敷贴时里面朝外，用遮蔽胶带将遮蔽纸在修复范围外进行粘贴固定，然后将遮蔽纸进行翻折，并用遮蔽胶带进行固定，在翻折时注意一定要使翻折过的遮蔽纸产生一个圆弧状的折边，通过这个折边就可以使喷涂时的油漆产生一个过渡的效果，如图 4-58 所示。这种方法用于尽可能减小台阶，使边界不太引人注目。当处理小面积（如在进行点重喷）时，边界可以规定在一个给定的车身板内。

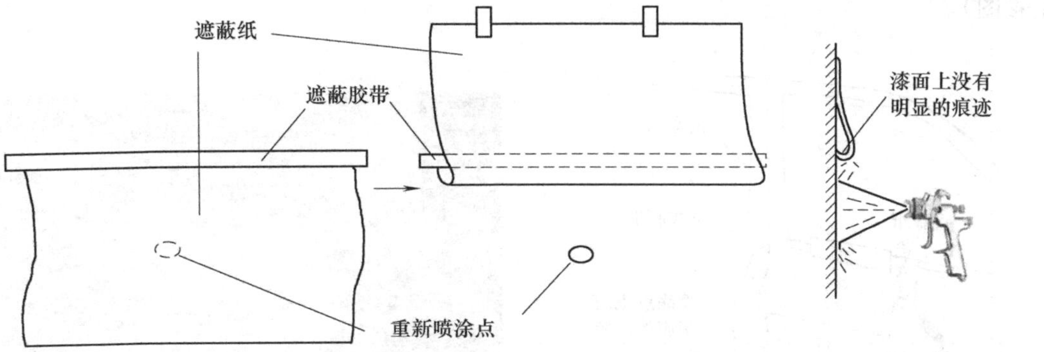


**图 4-58 反向遮蔽**

遮蔽时，不要将遮蔽胶带粘贴在需要喷涂的区域或未经清洁的表面，不能将遮蔽胶带粘贴在肮脏或潮湿的表面上，遮蔽胶带不能粘贴在密封橡胶上；应将遮蔽胶带尽量压紧遮蔽胶带的边缘，遇到曲面时可将遮蔽胶带的内侧弯曲或重叠。

## 二、遮蔽边界的选择

分隔重喷区与非重喷区的区域叫作边界。必须根据修理的范围及旧涂料的状况选择边界。

### 1. 板间缝隙上的边界

为了块重喷一块用螺栓安装的外板，必须在板间的缝隙上贴边界进行遮蔽。

### 2. 车身封闭剂（板缝）上的边界

后侧板件或其他焊接部件可能没有任何缝隙将它们与相邻板件分隔开。连接下后壁板和车门槛板的区域就是这种情况，因为这样的区域通常使用车身封闭剂，车身封闭剂部分可以用作边界。

提示：遮蔽胶带可以折成车身封闭剂的宽度，从而可以使边界处的台阶不太显眼。

### 3. 在特征线凸出部位上的边界

这个方法用于仅重喷板件的一部分，而不需扩展要重喷的区域。这个效果通常通过反向遮蔽达到，它使边界处的台阶尽量不显眼。

小心：要准确地沿特征线进行反向遮蔽。

### 4. 平面部分上的边界

当处理诸如点重喷中的小面积时，边界必须通过反向遮蔽限定在一块给定的车身板内。

三、遮蔽实例

1. 涂中涂底漆时的遮蔽

由于施喷中涂底漆所用的空气压力低于施喷面漆的空气压力（以尽可能减少喷涂外溢），所以工件表面的遮蔽工序比较简单。通常使用反向遮蔽法，以防止产生喷涂台阶，如图 4-59 所示。

2. 整板重涂时的遮蔽

为了进行整板重喷，翼子板或车门之类的板件必须单独遮蔽。如果板件有孔口（如供放装饰件用的孔或板件之间的缝隙），它们必须遮蔽，以防漆雾进入这些区域，如果覆盖孔口有困难，那么可以从里面遮蔽孔口，从而防止漆雾粘至内部部件上，如图 4-60 所示（参见彩图）。

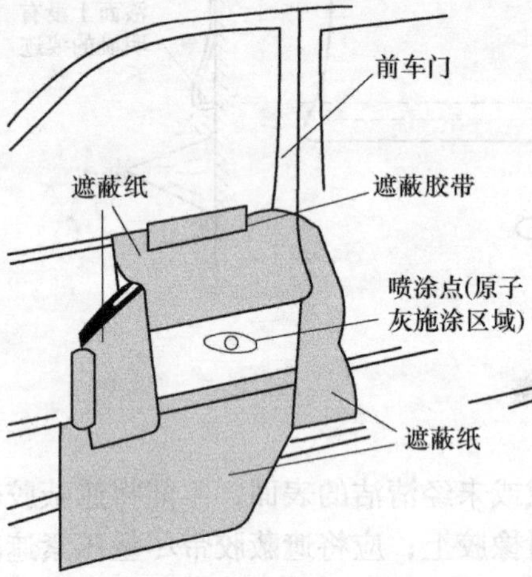


图 4-59　涂中涂底漆时的遮蔽

图 4-60　整板重涂时的遮蔽

下面以某车左后车门的遮护为例，介绍整板重涂时的遮蔽过程。

1）打开车门，在其内侧边缘贴上遮蔽胶带，使胶带适当伸出车门边缘，如图 4-61 所示。

2）关上车门，在车门外侧边缘，用另一段遮蔽胶带压住上述车门内侧边缘粘贴的遮蔽胶带的伸出部分。在车门上侧贴遮蔽胶带，并适当延伸出上边缘，用另一段遮蔽胶带压住其延伸部分，如图 4-62 所示。

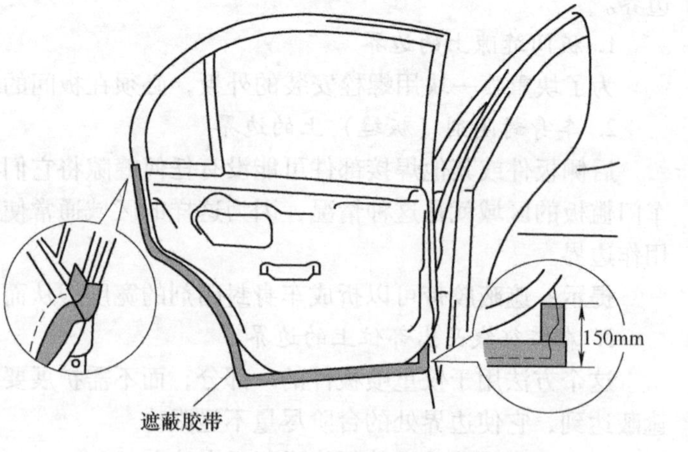


图 4-61　整板重涂时的遮蔽过程 1

3）打开前车门，以后车门的前凸缘沟槽为边界贴遮蔽胶带，顶侧使用遮蔽纸盖住门框，如图 4-63 所示。

4）对前车门内缘用遮蔽胶带及遮蔽纸进行遮护，如图 4-64 所示。前门底侧内缘遮护向前延伸约 300mm，前面后侧内缘应遮护住门框，并将遮蔽纸外翻后，关上前车门。

5）用塑料（乙烯）薄膜，遮盖汽车前半部、车顶、行李箱等部分，薄膜距左后门边缘约 200mm，如图 4-65 所示。

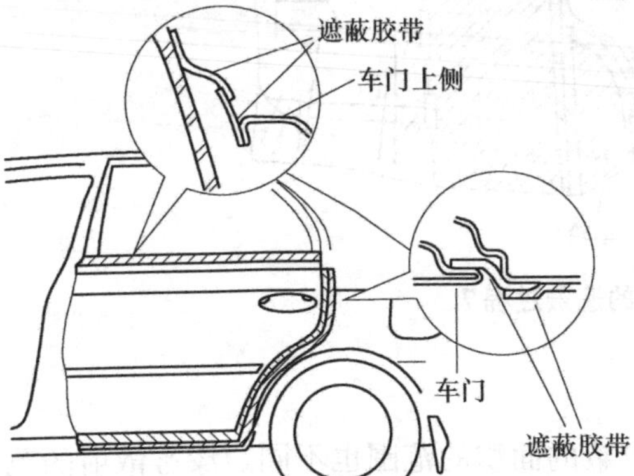


图 4-62 整板重涂时的遮蔽过程 2

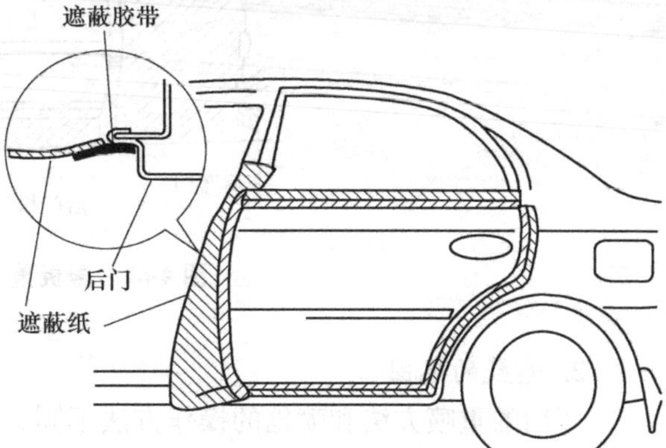


图 4-63 整板重涂时的遮蔽过程 3

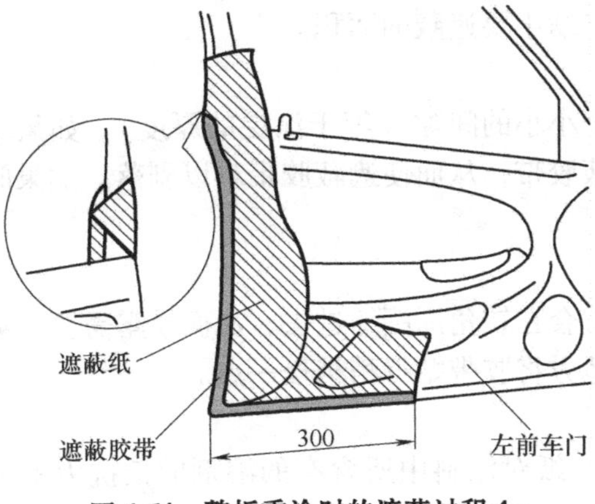


图 4-64 整板重涂时的遮蔽过程 4

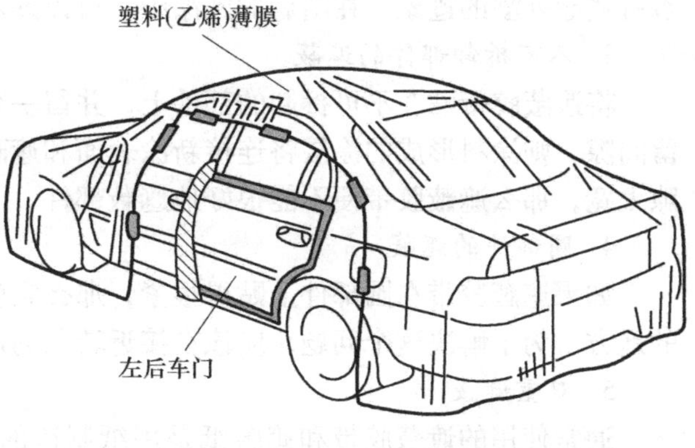


图 4-65 整板重涂时的遮蔽过程 5

6）用遮蔽胶带及遮蔽纸遮护左前车门、左后车门玻璃及左后侧钣金件，如图 4-66 所示。

7）用遮蔽胶带及遮蔽纸遮护左后车轮及左后车门槛板。遮护工作完成，如图 4-67 所示。

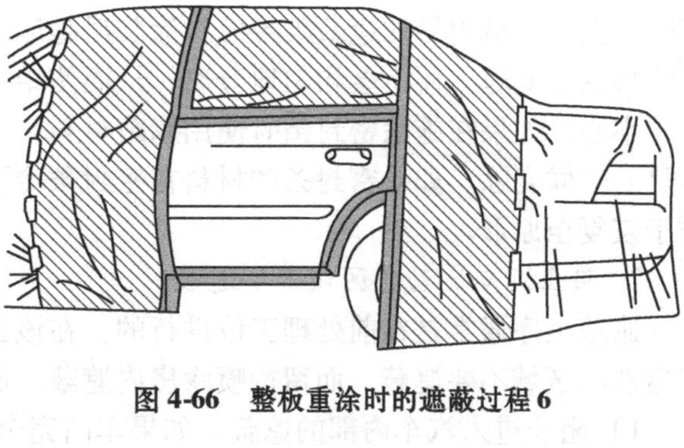

图 4-66 整板重涂时的遮蔽过程 6

## 四、遮蔽注意事项

### 1. 清洁和除油

在将车辆开上工作车位以前，先要清洗车辆。特别脏的部位要彻底清洗。用除油剂清洁要粘遮蔽胶带的地方，以防止在吹风或涂装时遮蔽胶带剥落。

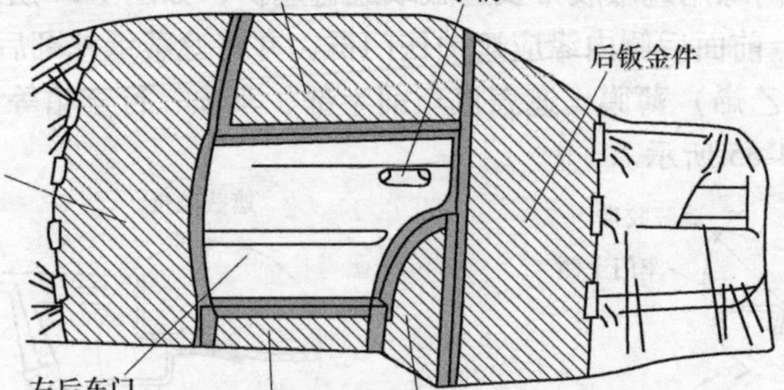


图 4-67　整板重涂时的遮蔽过程 7

2. 遮蔽的范围

所用的重喷方法和喷枪的操作方法不同，要遮蔽的面积的范围也不同。漆雾散射的范围因所进行的是点重喷还是块重喷而异。因此，必须恰当地遮蔽在每一种情况下的最小面积。

提示：在开始，最好使遮蔽面积略大于必须遮蔽的面积。在喷涂以后，查看遮蔽纸上是否有喷涂外溢的迹象。在随后的施涂中，可以逐步缩小要遮蔽的面积。

3. 不可拆卸部件的遮蔽

将遮蔽胶带贴在不可拆卸的部件上，并留一个小小的间隙（等于涂层的厚度）。如果不留间隙，则涂料形成的涂层将连接新涂表面和遮蔽胶带，从而使遮蔽胶带难以剥落。如果间隙太宽，那么遮蔽胶带便不能很好地遮蔽部件。

4. 圆部件的遮蔽

如果遮蔽胶带在圆部件上贴得很紧，那么它就会在转角周围缩进去，从而暴露需要遮蔽的地方。为了解决这个问题，应该在接近转角的地方将胶带贴得稍稍松一点。

5. 双重遮蔽

通常使用的遮蔽胶带和遮蔽纸是用纸制造的。纸对涂料中所含有的溶剂的抵抗力不很强。因此，在涂料易于聚积的地方（如板边、沿特征线或要涂厚涂料的区域），贴双层遮蔽胶带和纸，可以防止涂料透入遮蔽材料。

6. 剥除遮蔽材料

一般说来，遮蔽材料应该在抛光后去除，原因是保护周围的面积在抛光中不受抛光剂的影响。但是，沿边界的遮蔽胶带应在涂装后趁涂层还是软的时候小心地取下。这是因为，一旦涂料变干变脆，便不会均匀地分离，从而使结果不理想。

小心：如果在施涂密封条时使用遮蔽材料，则遮蔽材料必须在密封条刚干以后，趁其还是热的时候剥除。如果密封条的材料在密封条冷了以后才剥除，那么密封条就会变形，并且难于恢复至原形。

7. 阻止汽车运动的区域不要遮蔽

遮蔽工序通常是在前处理工位进行的。在该工序完成以后，车子便开入喷漆房。阻止汽车运动的区域不要遮蔽，而留待喷漆房内遮蔽。例如：

1）阻止进入汽车内部的遮蔽。如果车门完全遮蔽，那么汽车便无法开动。

2）运动部件周围的遮蔽。例如：轮胎，当遮蔽汽车的外面时，一定不要让遮蔽材料太长，而且要保证汽车轮胎不会压到。

## 总　　结

遮蔽工作是在实施喷涂之前所进行的重要工作，即用遮蔽材料将所有不需喷涂的部位或部件进行遮蔽，防止喷涂过程中的污染；有时，也用遮蔽的方法对施工区域进行隔离，以便操作。例如：在打磨时对无需打磨的区域进行遮蔽可以防止对良好部位的损伤等。

遮蔽所用的遮蔽材料主要有遮蔽纸、遮蔽薄膜、遮蔽胶带以及各种防护罩等。遮蔽纸要求能够耐热、纤维紧密（不掉毛）、耐溶剂，不可使用普通纸张和胶带等代替。防护罩用来遮蔽各种灯和轮胎。缝隙胶带是一种遮蔽材料，用于在发动机罩或车门处防止涂料透入缝隙。

戴合适的个人防护用品，进行如下作业：①确定必须遮护的区域和遮护位置的大小；②剪裁出适当大小的遮蔽纸及遮蔽胶带；③对车辆先内后外进行遮护；④对不需要喷涂的区域进行遮护。撕开遮蔽胶带，定位遮蔽纸，将遮蔽胶带一半粘在遮蔽纸上，一半粘在车身上。小面积修补喷涂通常使用反向遮护，以避免喷涂后产生明显的喷涂边界或台阶。

遮蔽操作注意事项：车身必须彻底干净才能使用遮蔽纸，否则遮蔽胶带会粘贴不牢。车间空气必须干燥、流动，否则胶带可能无法粘紧玻璃或镀铬部件。橡胶密封条必须涂抹一层清漆才能使胶带粘牢。遇到曲面时，可将防护带的内侧边缘重叠，以适应弯曲需要。遮蔽完成后，检查是否有过度与不足。遮蔽时，不要将遮蔽胶带粘贴在需要喷涂的区域或未经清洁的表面，不能将遮蔽胶带粘贴在肮脏或潮湿的表面上，应将遮蔽胶带尽量压紧遮蔽胶带的边缘。

## 思考问题

**一、填空题**

1. 遮蔽所用的遮蔽材料主要有：________、________、________、________、________等。

2. 专用遮蔽胶带多为________基，在拉伸时变形小，胶面可耐溶剂，在喷涂时不会因为溶剂的影响而开胶。

**二、判断题**

1. 在实际生产中使用报纸或其他纸张可以代替遮蔽纸进行遮蔽，可以节约成本。（　　）

2. 汽车用的遮蔽胶带必须能抗热和抗溶剂，而且其粘合胶应该在剥落以后不会粘在车身表面上。（　　）

3. 车身必须彻底干净才能使用遮蔽纸，否则遮蔽胶带粘贴不牢。（　　）

**三、简答题**

1. 如何进行反向遮蔽？

2. 如何选择遮蔽边界？

3. 遮蔽的注意事项有哪些？

# 学习任务四　中涂漆施工

**知识点：** 中涂漆的特性；中涂漆的作用；中涂漆的种类。

**能力点：** 中涂漆的施工程序；中涂漆的喷涂施工；中涂漆的干燥与修整；中涂漆的打磨。

## 任务情境

对于经过正确底漆施工和原子灰施工的汽车车身部件，在进行面漆施涂前，为了能够增加面漆层与其下面涂层的附着力；填充微小的划痕、小坑等，提高漆面平整度；及为了起到隔离封闭作用，防止渗色发生；以及为了保证面漆涂层具有一定的弹性、韧性，提高面漆的丰满程度，一般应实施正确的中涂漆层的施工作业。本任务沿着以下流程进行：清洁→遮护→中涂施工→干燥与修整→打磨。

## 任务分析

原子灰施工表面出现的针眼，虽能经过填眼灰进行填补，但由于填眼灰干燥后的收缩，会在表面留下凹凸不平点。尽管经过手工精打磨操作，也难以满足喷涂面漆的需要。另外，原子灰表面打磨后会留下细小的砂纸痕，对于面漆要求高的轿车来说，也不适合直接喷涂面漆。此时，一般需要施涂中涂漆。本任务要求能够正确叙述中涂漆层的作用、类型；知道中涂漆层施工的安全注意事项；正确描述中涂漆层的选配与调制要求；正确完成一个典型车身部件的中涂漆层施工过程。

## 相关知识

### 一、中涂漆简介

中涂漆层是在底漆层与面漆层之间的涂层，也称为中涂底漆、二道底漆等，俗称二道浆。

普通载货汽车、农用车辆等对涂装的装饰性等要求并不是很高，因此在底漆上直接喷涂面漆；在涂装修理时，如果旧漆层比较良好，则可以不用喷涂中涂漆；但对于车辆外观装饰性要求很高的小轿车、豪华客车等，均要求必须喷涂中涂漆。在进行了原子灰填补的区域，由于原子灰对面漆涂层具有一定的吸收作用，会在面漆上留下明显的修补痕迹，所以需要喷涂中涂漆加以隔离封闭。

中涂漆都比较黏稠，涂膜也要厚一些，一道喷涂通常可以达到30～50μm。中涂漆多为灰色或白色等易于被遮盖的颜色，但也有可调色中涂漆，用于进一步提高面漆的遮盖力和装饰性。中涂漆在选用时要与底漆、原子灰或旧涂层的类型相匹配，否则会出现咬底、起皮的现象。

## 二、中涂漆的特性和作用

中涂漆层作为面漆层与底漆层、原子灰层、旧涂层之间的媒介层，必须具有对以上各涂层的良好配套性。当前汽车上使用的面漆、底漆和原子灰品种繁多，性能各异，正确选择中涂漆层不仅关系到合理使用涂料、发挥中涂漆层的品质，还关系到节约面漆、降低成本、方便施工以及提高面漆质量等一系列问题。另外，中涂底漆的施工方法和条件，如漆膜厚度、干燥条件、喷涂技术、稀释剂选用、涂料黏度、施工设备、施工环境和原子灰作业的质量等，都会影响中涂底漆涂装后的质量，进而影响面涂层的质量。因此，在进行涂装施工中必须重视中涂漆层的作用，重视中涂漆层的施工工艺。

### 1. 中涂漆的特性

中涂漆应具有以下特性：

1）足够的填平性，能消除被涂底漆表面的划痕、打磨痕迹和微小孔洞、小眼等缺陷。

2）与底漆层、原子灰层、旧涂层和面漆层有良好的配套性，能够同时为底漆层和面漆层提供良好的附着力。

3）打磨性能良好，不粘砂纸，在打磨后能得到平整、光滑的表面（现在有许多品牌漆中都有免磨中涂漆，靠其本身的展平性得到平整光滑的表面）。

4）干燥后的中涂漆层硬度适中，有良好的耐水性，湿磨后表面平整、光滑，无起皱、脱皮等，局部漆层边缘平滑性好，无接口痕迹。

5）有良好的隔离性能，防止底漆层、原子灰层、旧涂层中的不良物质向面漆层渗出而污染漆膜表面，破坏面漆层的装饰性；同时，能阻止面漆层的溶剂渗透到底漆层、原子灰层、旧涂层中，不被面漆的溶剂所咬起。

6）能提供给面漆层一个吸附性一致的涂面，同时由于其本身具有良好的防渗透性，可以提高面漆的光泽度，因此可以极大地提高面漆的装饰性。

7）中涂漆层应具有良好的施工性能，如温度适应性、干燥迅速、施工容易等。

8）具有良好的韧性和弹性，抗石击性良好。

### 2. 中涂漆层的作用

中涂底漆在涂层组合中是在面漆下的涂层，主要起到增强涂层间的附着力的作用，同时还起到加强底涂层的封闭性和填充细微痕迹的作用，因此中涂底漆要有一定的附着力、耐溶剂性及填充性，以保证为面漆提供一个完美的施工表面，并突出面漆的装饰性。其主要作用有：

1）增强涂层间的附着力。

2）填补微小划痕、凹凸不平，平整表面。

3）隔离封闭作用，防止面漆涂料溶剂浸透产生渗色。

4）保证面漆涂层具有一定的弹性和韧性，以提高面漆的丰满程度。

## 三、中涂底漆的种类

中涂底漆的种类根据组分分为单组分和双组分；根据树脂种类分为环氧、硝基和双组分丙烯酸聚氨酯等。

### 1. 环氧中涂底漆

氨基固化的双组分环氧底漆一般是底涂、中涂漆二合一的底漆。该涂料用于涂有底漆或原子灰层的涂面上，对底层附着力好并有填平原子灰层砂孔、砂痕的能力，有防止面漆的光泽被底涂层吸附的作用。

2. 硝基中涂底漆

硝基底漆干燥迅速、易于打磨，经打磨后表面平整、光滑，适合用于中涂底漆。硝基中涂底漆的使用方法及注意事项：

1）硝基底漆含颜料较多、易沉淀，使用时应彻底搅拌均匀，其黏度用硝基稀释剂调整。

2）工作黏度以15~20s（涂-4杯，20℃）为宜。由于固体含量较低，一般需要喷3道以上。

3）硝基底漆在常温下表干10min，实干1h，具体产品请参照供应商提供的参数。

4）可与各种硝基面漆以及双组分丙烯酸聚氨酯面漆配套使用。

3. 双组分丙烯酸聚氨酯中涂底漆

双组分丙烯酸聚氨酯面漆的固化剂为异氰酸酯，一般小面积修补直接用于黑色金属或磷化底漆、环氧底漆等表面。其附着力、耐水性、耐热性、耐化学性很好，而且干燥快，打磨性及对面漆的保光性都非常好，因此在汽车修补涂装行业有着广泛的应用。

双组分丙烯酸聚氨酯中涂底漆的使用方法和注意事项：

1）一般以喷涂为主，也可刷涂或滚涂。

2）直接用于金属表面时，材质必须经过处理，处于无水、无油、无酸碱、无机械杂质、无灰尘的状态。

3）严格按照供应商的要求配比，搅拌均匀后方可使用，并在使用时效内用完。干燥温度一般为60℃（指金属表面温度），时间为30~35min，具体情况参照供应商要求。

4. 可调色中涂漆

如果要喷涂的面漆遮盖能力比较差但底材颜色比较深，则需要喷涂可调色中涂漆。例如有些塑料保险杠本身为黑色，在修补喷涂颜色比较浅、遮盖力比较差的面漆时，如果按照平常的方法处理，喷涂上面漆后底材颜色有时会渗透出来使面漆的颜色发生变化，与其他金属表面的面漆颜色产生色差。此时，可以采用可调色中涂漆对底材进行遮盖，然后喷涂面漆。

可调色中涂漆即在中涂漆中加入适量的已经调色好的面漆或与面漆颜色相近的面漆色母来改变中涂的颜色，使中涂漆的颜色与面漆基本相同来增加面漆的遮盖力。中涂漆中加入颜色的量要根据面漆的遮盖力和底材的颜色不同对待。面漆遮盖力差、底材颜色深的情况下，色母加入量要多，面漆遮盖力比较好、底材颜色较浅的情况下色母加入量适当减少，但不要超过产品说明中规定的添加量。调色好的中涂漆作为一整份，按规定比例统一添加固化剂和稀释剂。其喷涂的方法基本与普通中涂漆一样。

可调色中涂漆是一种单独产品，并不是所有的中涂漆都可以进行调色处理。可调色中涂漆的漆基一般与配套使用的面漆漆基相同，只有如此才能实现在中涂漆中加入面漆色母进行适当的调色操作。

## 任务实施

### 一、中涂漆层的施工程序

在任务实施过程中，首先要正确掌握中涂漆层的施工程序，如图4-68所示。

### 二、喷涂施工

1. 涂料调制

中涂漆在调配以前需要经过较长时间的搅拌，因为其中的填料成分很多，沉淀比较严重，如果不经过充分的搅拌就进行调配，则容易造成涂膜过薄，使填充能力变差。现在常用

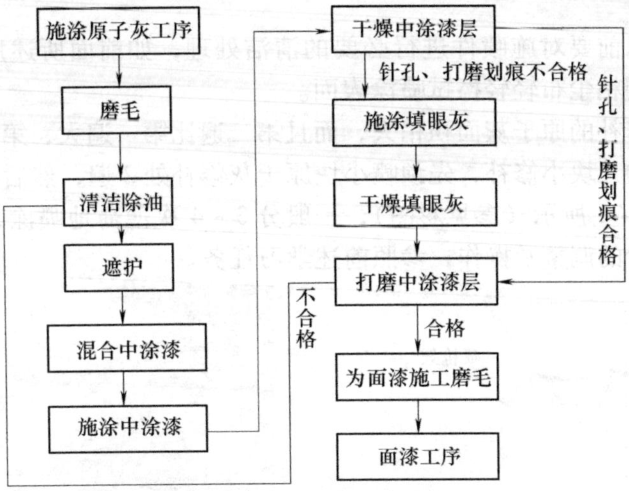


**图 4-68　中涂漆层的施工程序**

的中涂漆多为双组分，在调配时需要严格按照说明添加固化剂和稀释剂，不可随意改变添加量或以其他品牌的类似产品代替。调配好的涂料应在时效期内尽快使用。

如图 4-69 所示，参照供应商的要求配比，先将主剂加入调漆罐中，再按规定加入固化剂，充分搅拌均匀，再加入专用稀释剂，调节黏度至合适。根据温度的不同选择固化剂和稀释剂。

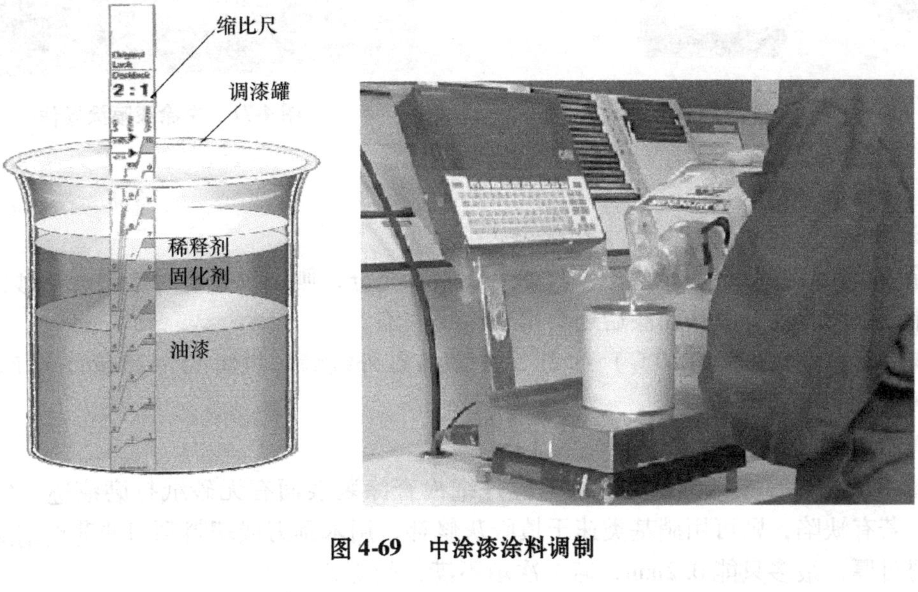


**图 4-69　中涂漆涂料调制**

2. 喷枪选择

由于中涂漆的施工黏度比较大，所以应选用口径大些的喷枪。一般喷枪的喷孔直径为上壶枪 1.6～1.8mm，下壶枪 1.8～2.0mm；喷枪压力为 250～350kPa，并参照涂料供应商要求；喷涂距离为 200mm 左右。搅拌涂料，并过滤，倒入喷枪，如图 4-70 所示。

3. 喷涂操作

在喷涂中涂漆以前要对施喷件进行必要的清洁处理，如前面所述用清洁剂首先进行清洁，喷涂之前还要用粘尘布轻轻擦拭喷涂表面。

喷涂面积应比修补的原子灰面积稍大，而且第二遍比第一遍大，第三遍比第二遍大，逐渐加大面积。相邻的几块小修补，先预喷小块原子灰修补处2遍，然后再整体喷涂2~3遍，联成一大块，如图4-71所示（参见彩图），一般分3~4次薄薄地喷涂，每道涂层间闪干至表面失光。对于喷枪的调整及操作，参照前述学习任务。

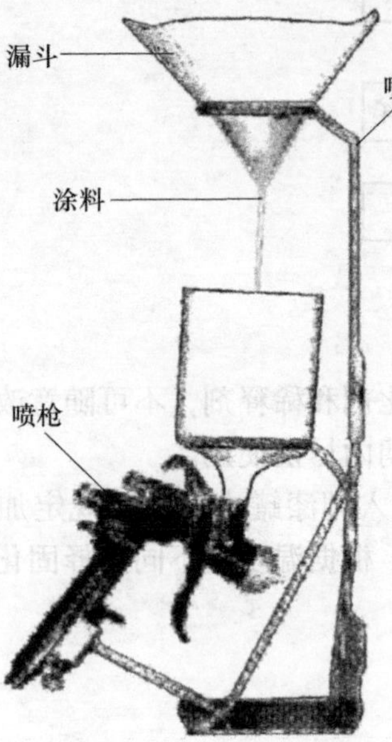


图4-70 涂料倒入喷枪

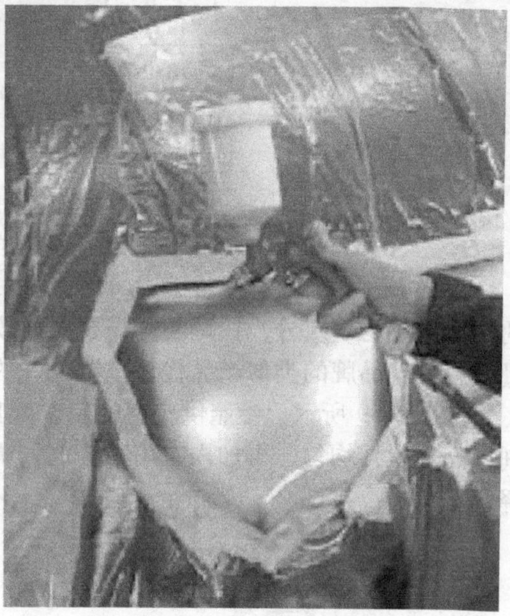

图4-71 中涂漆喷涂操作

## 三、干燥与修整

1. 干燥

中涂漆层在打磨前必须充分干燥。如果干燥不充分，则不仅打磨时涂料会粘砂纸，使打磨作业难以进行，而且喷涂面漆后还会出现涂膜缺陷。

干燥时间：空气干燥（20℃）约2h或中短波红外线烤灯烘烤15~20min，如图4-72所示（参见彩图）。

2. 修整

如图4-73所示，中涂漆层干燥后，应仔细检查涂装表面有无砂纸打磨痕迹、气孔及其他缺陷。若有缺陷，则可用硝基类速干填眼灰修补，用木刮刀或塑料刮刀薄薄地刮涂。不要一次填得过厚，最多只能0.2mm，若一次填不满，间隔5min再填。

## 四、中涂层的打磨

中涂层要打磨得非常光滑，表面不得留有粗糙的砂纸痕迹或其他的小坑或凸起等，因为中涂层上要喷涂的是整个涂层最关键的面漆层，任何微小的瑕疵都可能影响到整个涂层的装饰性等，所以要格外地仔细。

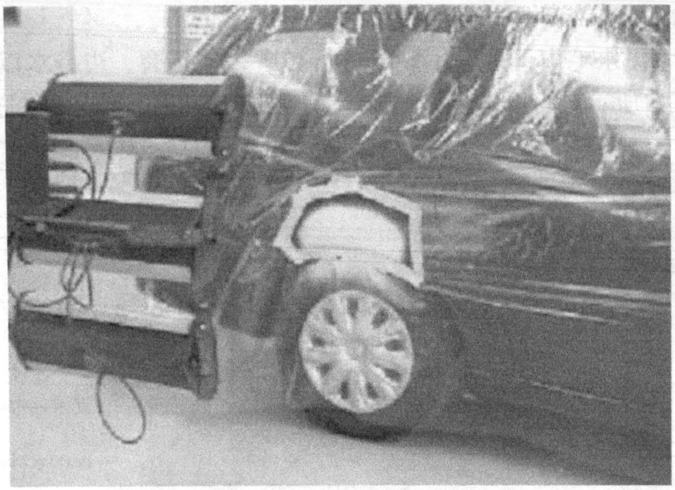

图 4-72　中涂漆的干燥

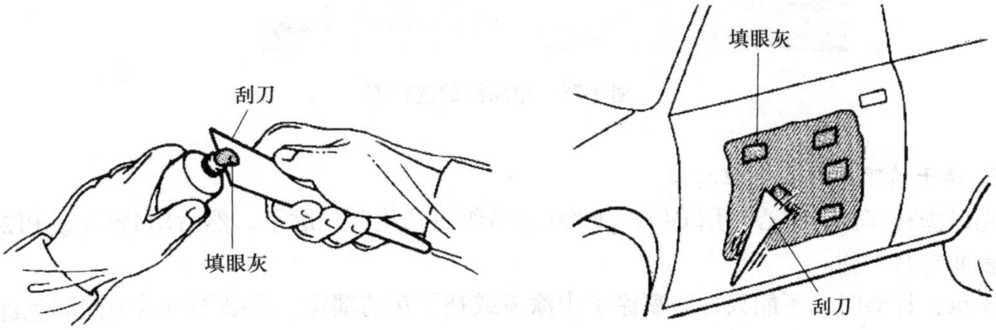


图 4-73　中涂漆的修整

1. 干打磨

用偏心距 3～5mm 的干磨机进行打磨时，安装打磨软垫。如果面漆为单工序面漆，则使用 P400 干磨砂纸；如果面漆为双工序面漆，则使用 P500 砂纸；如果用驳口技术，则用 P800 网纹砂纸或 P1000 精棉砂纸。在打磨时可使用炭粉等作为打磨指导层，打磨至指导层消失，即中涂漆纹理消失为止，但不能露底和磨穿。

注意：对弯角、边缘及不易打磨处的修饰，使用三维打磨材料（研磨绒等），手工对修补区域的边角、研磨机不易打磨的区域做细研磨修饰，如图 4-74 所示。

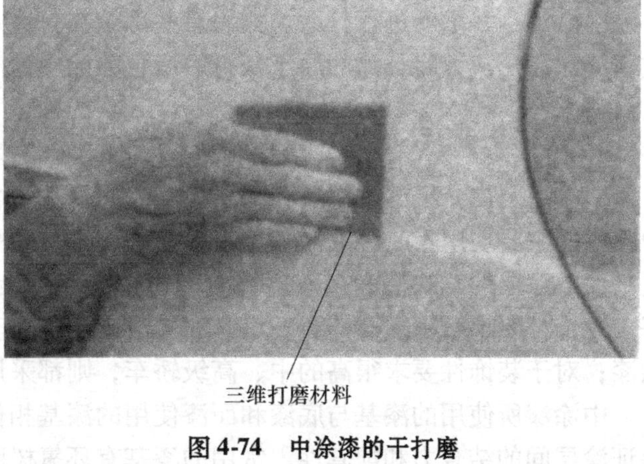


图 4-74　中涂漆的干打磨

2. 湿打磨

一般用 P600～P1200 水砂纸，面漆为素色漆时用 P600 水砂纸，面漆为金属闪光涂料时用 P1200 水砂纸。

打磨时，一手拿浸水毛巾，一手用砂纸进行打磨，边打磨、边挤水以防砂纸堵塞，影响打磨效果，如图 4-75 所示。打磨方向一般与车身轮廓线方向一致，在打磨时要及时用手检查打磨效果。

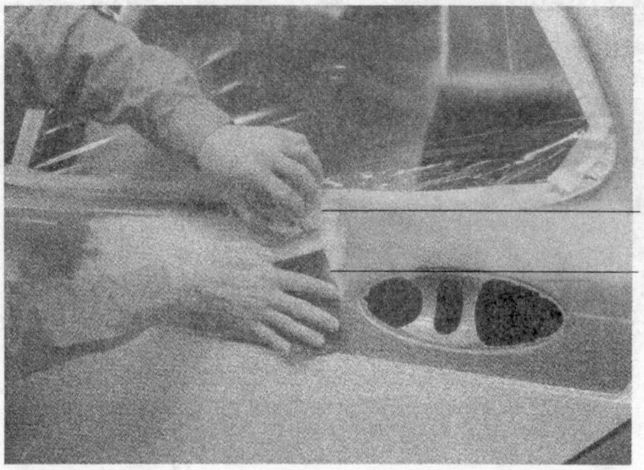


**图 4-75　中涂漆的湿打磨**

3. 速干填眼灰修补部位打磨

先以修补部位为中心，用 P400 ~ P800 水砂纸将凸出部位磨平，然后用 P800 或 P1200 将整个表面打磨平整。

注意：打磨时，不能只打磨喷涂了中涂漆或补了灰的部位，还必须对其周围颜色逐渐变化的区域用研磨膏进行打磨或用 P2000 砂纸打磨。

4. 收尾

若采用湿磨，则用清水冲洗干净后用红外线或热风加热器将表面除湿干燥；若采用干打磨，则用吸尘器和吹尘枪将粉尘彻底清洁干净。最后，仔细检查涂膜表面，不能遗漏未经打磨的部位。

中涂层在打磨时，应注意：如果在打磨过程中将中涂漆磨穿露出底漆或原子灰，则必须补喷中涂漆，并重新进行打磨；如果有些部位在打磨过程中出现凹陷、气孔等情况，则必须重新施涂原子灰，将补涂的原子灰打磨后再喷涂中涂漆，然后进行打磨。

## 总　　结

中涂漆是指介于底漆涂层和面漆涂层之间所用的涂料，也称为底漆喷灰，俗称二道浆。中涂漆的主要功用是改善被涂工件表面和底漆涂层的平整度，为面漆层创造良好的基础，以提高面漆涂层的鲜映性和丰满度，提高整个涂层的装饰性和抗石击性。对于表面平整度较好、装饰性要求又不太高的载货汽车和普通乘用大轿车，在制造和涂装修理时有时不采用中涂漆；对于装饰性要求很高的中、高级轿车，则都采用中涂漆。

中涂漆所使用的漆基与底漆和面漆使用的漆基相仿，并逐步由底向面过渡，这样有利于保证涂层间的结合力和配套性，常用的漆基有环氧树脂和聚氨酯树脂等。这些树脂所制成的中涂漆均为双组分低温固化，热固性，所得到的涂膜硬度适中，耐溶剂性能好，适宜与各种面漆配套使用。另外，也有可调色中涂漆，在中涂漆中可以适量加入面漆的色母（一般为10%左右）调配出与面漆基本相同的颜色，用于提高面漆的遮盖力，避免造成色差。这类可调色中涂漆的漆基一般都与面漆基本相同，在不同时不可加入面漆的色母调色。

中涂漆一般要喷涂2道，每道间隔时间5～10min（常温），全部喷涂完毕后，静置5～10min，然后按要求加温到适当温度并保持足够的时间，待完全干固后即可以进行打磨处理。

中涂层的干打磨一般使用P400～P600干磨砂纸配合$\phi$3mm偏心振动打磨头进行，使用打磨指导层对最后的打磨工作会有很大的帮助；也可使用P600～P1200水磨砂纸水磨。

## 思考问题

**一、填空题**

1. 中涂底漆的种类根据组分分为________和________；根据树脂种类分为________、________和双组分丙烯酸聚氨酯等。

2. 由于中涂漆的施工黏度比较大，所以应选用口径________些的喷枪。一般喷枪喷孔直径：上壶枪________mm，下壶枪________mm；喷枪压力：________Pa。

3. 中涂底漆的干燥时间：空气干燥（20℃）约____小时或中短波红外烤灯烘烤______min。

4. 干磨中涂底漆时如果面漆为单工序面漆，使用P______干磨砂纸；如果面漆为双工序面漆，使用P______砂纸；如果用驳口技术，用P______网纹砂纸或P______精棉砂纸。

**二、判断题**

1. 在进行了原子灰填补的区域，由于原子灰对面漆涂层具有一定的吸收作用，会在面漆上留下明显的修补痕迹，所以需要喷涂中涂漆加以隔离封闭。（ ）

2. 中涂漆都比较黏稠，涂膜也要厚一些，一道喷涂通常可以达到30～50μm。（ ）

3. 中涂漆多为灰色或黑色等易于被遮盖的颜色，但也有可调色中涂漆，用于进一步提高面漆的遮盖力和装饰性。（ ）

**三、简答题**

1. 中涂漆的特性和作用是什么？

2. 中涂漆的施工流程是什么？

3. 为什么要用可调色中涂漆？

## 拓展提高

### 影响喷漆质量的主要因素

喷漆是一项技术性工作，过去汽车喷涂以色漆（白、蓝、黑、红等单色以及相关复色等）为主，相对来讲对修补漆的喷涂要求不高。然而随着金属闪光漆以及珠光漆的迅速增长，甚至过去比较少见的浅色金属闪光漆也越来越多。随着汽车漆档次的越来越豪华，汽车修补漆的性能不断提高，对喷漆工的要求也提高了。例如：对喷涂浅色金属漆的施工稳定性、色差等质量控制都存在不同程度的难点，尤其是它的“视角闪色效应”（从正面、侧面观察其明度、色相以及彩度等的不相同）上比深色漆要敏感得多。因此，在喷涂浅色金属闪光漆时，更应该按照所采用的汽车修补漆的施工要求，严格地控制涂装条件及工艺。

总之，汽车漆喷涂时，不仅要认真选择所有的材料、施工工具，而且对施工环境（温度、湿度）的控制、冬夏季节稀释剂的选择以及喷枪的调整等都必须认真对待，如果忽视任何一个环节都可能造成灾难性的后果。

一般来说，影响喷漆质量的主要因素有：

1）黏度。黏度是液体分子间相互作用，并由此产生阻碍分子间相对运动能力的量度，也可以称其为液体流动阻力（内摩擦力）。通常所说漆料的稀与稠，实际上就是指其黏度的大小，溶剂、稀释剂及温度的变化对液体流动性都有影响。同样，也正是流动性决定漆料的雾化质量、在构件表面的流动性以及喷涂设备的类型。

制备漆料时，要严格按照油漆供应商提供的技术要求，用最适合修理车间的温度和条件的稀释剂，把油漆稀释至适当的黏度。否则，黏度过高将使表面粗糙不匀，产生针孔和气孔等缺陷；黏度过低会造成挂流、失光，使漆膜不丰满。因此，车身涂漆中应根据技术要求调整黏度，并养成使用黏度计进行测试的习惯。

稀释剂的用量与温度无关。温度较高时，稀释后的漆料实际黏度可能稍低一些，但被从喷枪喷到构件表面时的过程中，被稀释剂挥发较快抵消掉了。结果，油漆抵达被涂构件表面时的黏度正好适合。相反，室温较低时，稀释后的漆料黏度较高，但挥发慢，抵达构件表面时黏度正好。

2）温度。汽车漆喷涂和干燥时的温度对漆面的光洁影响很大，这里既指喷漆室的温度，也指构件的表面温度。把热漆喷涂到冷构件或把冷漆喷到热构件上，都会破坏流动性。稀释剂也应根据天气的冷暖来选用。

3）喷枪。要使喷漆获得平整光滑、厚薄均匀、光照如镜的漆面，除了涂料的品种、质量和被喷涂构件的底层基础外，更重要的是有丰富的喷涂经验和正确的操作技术。在用喷枪进行喷涂操作时，操作人员必须掌握好最基本的喷枪调整和基本的使用方法。

# 学习任务五 面漆的涂装

**知识点**：面漆的功能；面漆的选用；面漆的分类。
**能力点**：面漆的准备；整车涂装；局部修补涂装；清漆涂装。

## 任务情境

在中涂层喷涂并进行打磨修整后就可以进行面漆的涂装了。对一经过正确中涂层涂料施工的某一个典型车身部件，进行正确的面漆施工作业。一旦面漆涂层出现不可弥补的故障，必须将整个面涂层打磨重喷。

## 任务分析

底漆、原子灰等起对车身底材的修饰和防腐保护作用；中涂漆可以填平底漆或原子灰等表面的微小瑕疵，并可以衬托面漆涂层，使得面漆涂层显得更加丰满；涂装表面的光泽度、鲜映性和良好的装饰性等都由面漆层来提供，整个涂装工作的好坏都由面漆来体现，因此面漆喷涂是整个涂装工作最关键的工序。通过本任务的学习能够正确叙述面漆的功能；能够正确进行面漆的喷涂施工；正确完成一个典型车身部件的面漆喷涂过程。

## 相关知识

### 一、面漆简介

所谓面漆，并不是一个独立的油漆品种，而是相对于底漆而言，涂装于被涂物面的最上层的涂料。在涂装时，应首先用底漆打底，再用面漆罩面。面漆的主要作用是对被涂物体提供防护作用的同时，提高被涂物面的装饰作用。一种优良的面漆必须具备相当高的保护性能和装饰性能，使被涂物体在一定使用寿命的时间内，以颜色的光泽条件来衡量是否能保持它的装饰效果。

汽车车身面漆是车辆最外层的涂层，它是车辆外观装饰及防腐的直接反映，一般都希望汽车涂层具有极好的光泽度。光泽的优劣除与汽车车身外形设计、车身加工的外表精度有关以外（如一般感觉圆弧面或凸出面的光泽较平面要好），还与选用的涂料与表面涂层的配套工艺有关。必须进行精心的涂装设计和具备良好的涂装环境条件，才能使表面涂层有优良的装饰性。同时，汽车涂装属于高级保护性涂装，所得的面漆涂膜必须具有优良的耐腐蚀性、耐候性和耐崩裂性。

### 二、面漆的功能和选用

1. 面漆的功能

面漆是指涂于物体最外层的漆膜，起着装饰、标识和保护底材的作用。面漆是涂层组合中唯一可见的部分，给人直观第一印象。色彩合理搭配能美化环境，调节人们精神生活；颜色可以作为识别标志，使繁忙的都市交通井然有序，特种车辆专用颜色和标志一目了然。另外，面漆还直接与各种气候条件（如雨、阳光、雪、寒冷、酷暑等）及有害物质（如酸、碱、盐、二氧化碳、硫化氢）接触，是阻挡这些侵蚀的第一层，配合底漆起到对底材的保护作用。当然，不同的汽车涂层质量因等级要求及使用环境等因素，面漆装饰性和保护性也会各有侧重，如轿车对装饰性要求高；而装载油料、酸、碱化学物品的载货汽车，对面漆耐油、耐酸、耐碱等化学性的要求很高，而将装饰性放到第二位。由此，为适应各种需要，涂料工业也生产出各种性能的面漆。

涂层的保护功能实际上也是多元化的，若单靠底漆来承担，是不能满足当今保护底材的质量要求的。不管是如何优良的涂层，都会遭受潮湿和化学品的侵蚀，涂层总是存在着渗水、渗氧、渗离子的致命弱点，金属发生腐蚀只是时间问题。为了延长涂层的保护功能，除选择优良的涂料外，一般不采用单一涂层，而是选择底漆、中涂层、面漆的复合涂层，进行层层把关，使每层都发挥各自的防护功能。面漆的保护功能不仅是配合底漆对底材进行保护，清漆层也保护金属漆层。例如：酸雨落在车身上会与颜色中的金属发生反应，使其变色、变暗、形成点蚀，既损害面漆层的装饰性，又失去保护性，而清漆层能有效防止此类侵蚀。

2. 面漆的选用

在选用汽车面漆时应从以下几个方面考虑：

1）外观色彩鲜艳、丰满。

2）硬度和抗崩裂性好。

3）耐候性、抗光化性好，是选择的重要标准之一。

4）耐湿热和防腐蚀性。

5）耐化学品性。

6）修补应与原车面漆相匹配。

7）施工性能（重涂性和修补性）。

**三、面漆的分类**

面漆在汽车涂层修补中使用得最多，起着装饰与保护的双重作用。面漆的分类方法很多，按颜色效果可分为素色漆和金属漆；按成膜物质的种类可分为硝基漆、醇酸漆和丙烯酸漆等；按固化机理可分为溶剂挥发型、氧化固化型和热固化型、双组分型和催化固化型；按施工工序可分为单工序、双工序和三工序等。而每一种分类方法互相的界线不是绝对的，可以相互交叉，如图4-76所示。

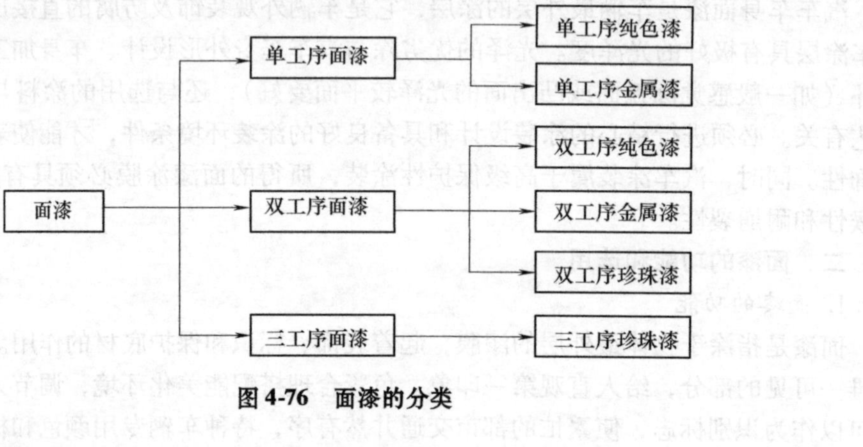


**图4-76　面漆的分类**

1. 按施工工序可分

按施工工序可分为单工序、双工序和三工序等。

（1）单工序面漆　单工序面漆是指喷涂同一种涂料即形成完整的面漆层的喷涂系统，如图4-77所示。单工序素色面漆喷涂完成后，面漆层即具有良好的光泽，一般不用再喷涂罩光清漆，因此称为“单工序”。

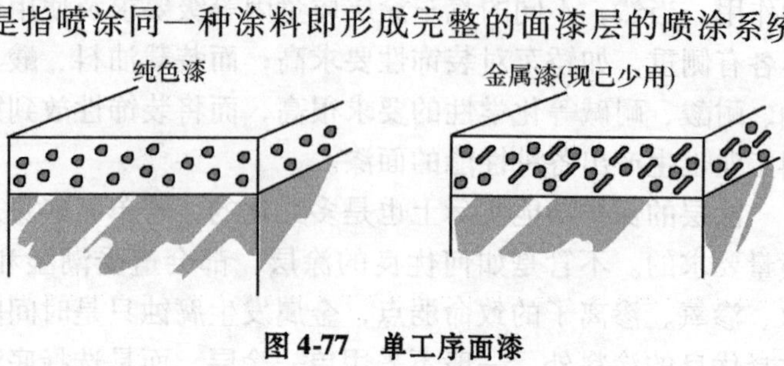


**图4-77　单工序面漆**

（2）双工序面漆　双工序面漆是指喷涂两种不同的涂料才能

形成完整的面涂层的喷涂系统，通常是先喷涂色漆，然后喷涂罩光清漆，两种涂层结合在一起才能形成有质量保证的完整的面漆层，如图 4-78 所示。

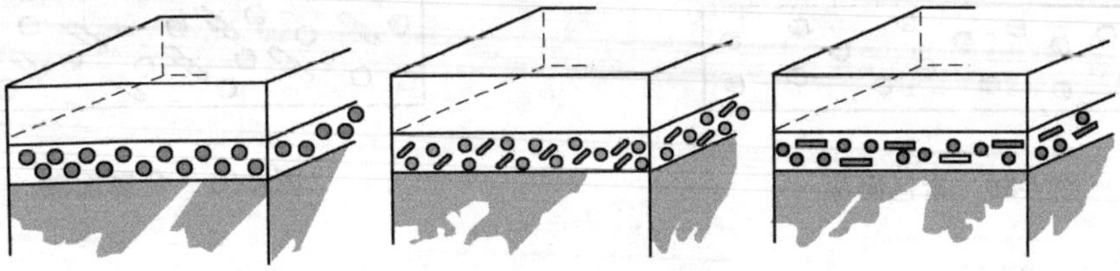


图 4-78 双工序面漆

由两道以上的喷涂工序完成的面漆称为多工序面漆或多涂层面漆。金属面漆中银粉漆的喷涂为典型的双工序喷涂。双工序面漆即先喷一层有颜色的面漆，在其上面再喷涂一层无色透明且具有很高光泽的罩光清漆来增加光泽度和保护底下的有色面漆，因这种面漆的喷涂是由两道工序——有色面漆和罩光清漆组成，所以称为“双工序”。

(3) 三工序面漆 三工序则更为复杂，如三工序珍珠漆通常是先喷一层打底色漆，然后喷一层珍珠漆，最后喷罩光清漆，三个涂层结合才能形成完整的面涂层。金属面漆中的珍珠漆情况又比较特殊，珍珠漆中所含的云母颗粒通透性很高，因此遮盖能力极差，在喷涂时需要先喷一层与底色漆颜色相近或相同的色漆底提高遮盖能力，然后喷涂珍珠漆，珍珠漆上再喷涂罩光清漆。这种面漆用三道喷涂工序完成，所以称为“三工序”。一般单工序面漆的颜色比较单调，而三工序面漆的效果比较丰富，但工序越多，施工及修补越复杂，如图 4-79 所示。

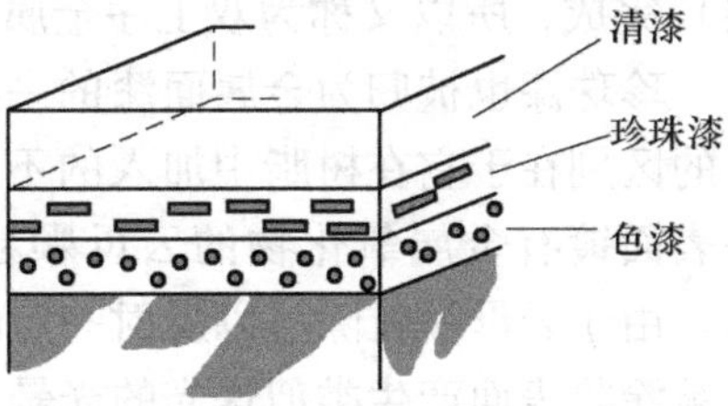


图 4-79 三工序面漆

2. 按颜色效果分

现在，汽车修补用面漆主要有素色面漆和金属面漆两大类型。

(1) 素色面漆 素色面漆俗称磁漆或纯色漆，是将各种颜色的着色颜料研磨得非常细小，均匀地分散在树脂基料中而制成各种颜色的油漆，如图 4-80 所示。素色漆本身在涂装后即具备良好的光泽度和鲜映性，涂膜厚度在达到 50μm 后即可完全显现色调。素色漆随着色颜料的不同也具有不同的遮盖力，遮盖能力比较强的颜料会使涂膜在日光照射时光线只能穿透 20μm 左右，就被反射出来；而遮盖能力较弱的颜料往往需要比较厚的膜厚才能完全遮盖底层。因为素色面漆本身就具有良好的光泽和鲜映性，所以在喷涂完毕后整个面漆层即告完成，所以又称为单工序纯色漆。

(2) 金属面漆 金属面漆具有不同的名称，如银粉漆、金属闪光漆、星粉漆、宝石漆等，不论何种名称，基本上都是以金属粉颗粒（以铝粉颗粒最为普遍）和普通着色颜料加入到树脂基料中而制成，如图 4-81 所示。自金属面漆问世以来，在汽车涂装上使用的比例越来越大，已经成为汽车修补作业时的主要项目。但因为其性质特殊，所以在调色及喷涂施工等方面要比素色面漆困难许多。在修补过程中，除调色需要一定的准确性外，还需要喷涂技巧的适当配合，金属面漆才能在汽车修补作业上发挥完美的效果。

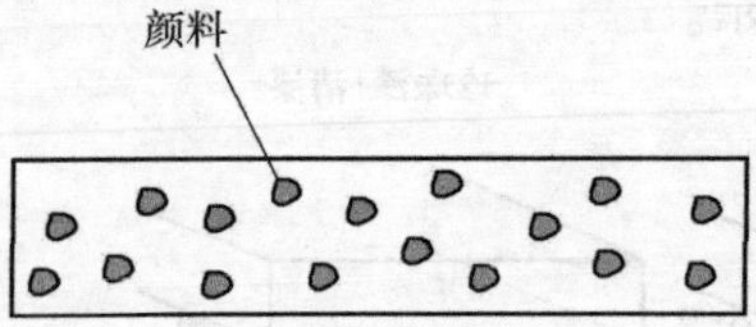


图 4-80　素色面漆

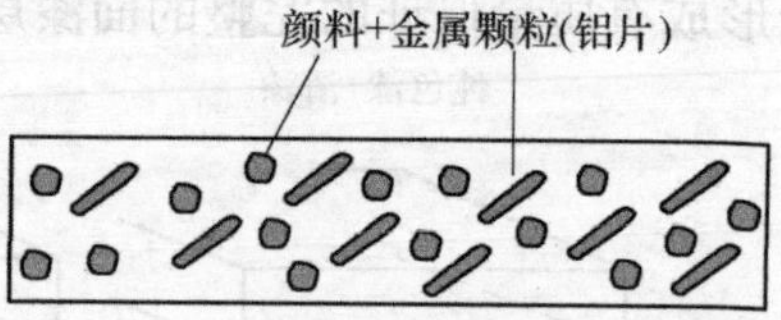


图 4-81　金属面漆

金属面漆中的着色颜料比一般素色面漆为少，若不加入金属粉颗粒，则光线会直接穿透涂膜而达底层，涂膜的遮盖力就不能完全发挥。金属粉同其他的颜料颗粒一样能反射光线，正是由于金属粉的大量存在，使金属面漆的遮盖能力比一般素色面漆要高，通常喷涂 20～30μm 的膜厚即可完全遮盖底层。涂膜中金属粉的排列并不是有序的，所以对光线的反射角度不同，造成金属漆本身的无光效果，因此必须在金属漆上面再喷涂罩光清漆后才能显现出光泽度和鲜映性，其金属闪光效果才能充分发挥。由于金属面漆必须由两步工序（金属漆层和清漆层）完成，所以又称为双工序金属漆。

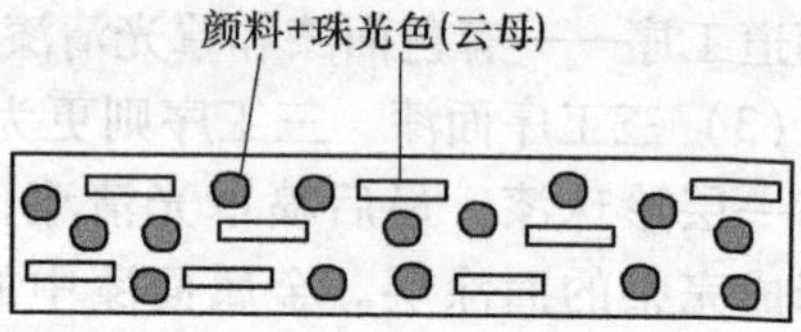


图 4-82　珍珠漆

珍珠漆也被归为金属面漆的一类，与普通金属漆的区别在于它在树脂中加入的不是铝粉颗粒，而是表面镀有金属氧化物的云母颗粒，如图 4-82 所示。由于云母颗粒除可以反射一定的光线外还可以投射和折射部分光线，所以这种面漆可以使被涂物表面产生类似珠光的光晕，有的还可以产生从不同的角度观察得到不同的色相的特殊效果。

珍珠色漆的种类大致可以分为干扰型和不干扰型两种。干扰型珍珠色即云母反射、折射和投射的光线相互干扰，可出现奇异的光晕。不干扰型珍珠色漆一般为高光泽不透明漆，主要用于调色。干扰型云母颗粒一般为半透明状，即在云母颗粒上薄薄地镀上一层氧化钛，镀层的薄厚程度决定了光线折射后的颜色效果，如图 4-83 所示。例如纯闪珍珠，微粒钛颜料呈半透明状，有些正面反射的光为黄色，而侧面散乱光为蓝色；又如银状云母，是在一般纯闪珍珠的云母微粒表面再薄薄地镀一层银，该种珍珠色偏光性强，可以得到立体性金属光泽，在微弱光线下也可以发出悦目的光泽。

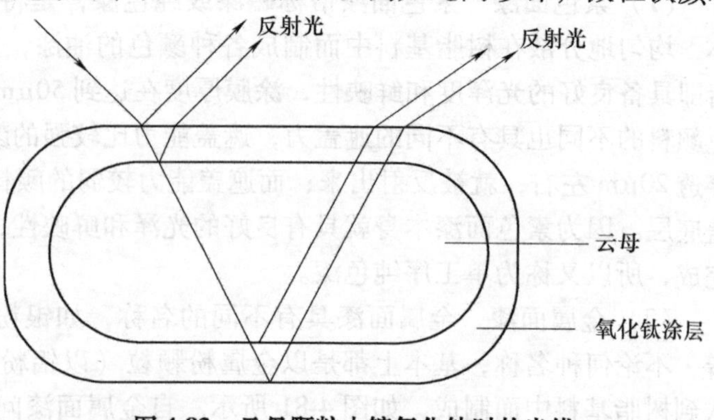


图 4-83　云母颗粒上镀氧化钛时的光线

不干扰型珍珠色的云母多镀有不透明的金属氧化物（如氧化铁、氧化铬等），会使其变为不透明色，通常这种珍珠色多与普通的色母进行混合调色而不单独使用。

珍珠色面漆也同普通金属面漆一样需要在色漆层上再喷涂罩光清漆层来提高光泽度和鲜映性，同时来体现珍珠色特有的光晕效果。因为珍珠色面漆的遮盖能力非常差，在喷涂时多需要首先做一层与面漆颜色相同或相似的底色漆来提高面漆的遮盖力，然后喷涂珍珠面漆，珍珠面漆之后还要喷涂清漆，所以该种面漆也称为三工序珍珠漆，如图 4-84 所示。

3. 按成膜物质分

(1) 硝基漆（硝基纤维素涂料）

它属于溶剂挥发型涂料，其施工性能良好，有一定的装饰性；但保色性、保光性、丰满度以及耐汽油性均差，并易磨损、老化、失光、粉化迅速。

组成：硝基纤维素和不干性醇酸树脂。

特点：施工方便，适应性强，涂层均匀、干燥快，易打磨，但耐候性差，涂层易发黄。

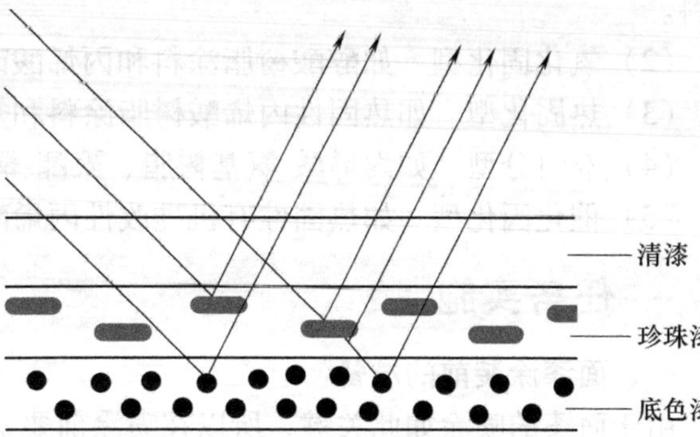


图 4-84　三工序珍珠漆

(2) 醇酸树脂

组成：醇酸树脂为主要成膜物质，可刷涂、喷涂、自干和低温烘烤。

特点：属于氧化聚合性干燥，不宜粉化，退色，保光性好，涂层坚韧结实，耐摩擦，耐矿物油，醇类溶剂好，采用烘烤则耐水，耐油性大大提高，与硝基、过氧乙烯涂料配套性好，但在其上涂挥发漆需完全干燥后喷涂，否则会起皱或咬底，但干燥慢，打磨耐水性差，适用于要求不高的场合。

(3) 丙烯酸树脂漆

组成：丙烯酸聚氨酯是最好的双组分涂料，是氰基便携式聚合物与含有异氰基丙烯酸类聚合物的催化剂按一定比例调配而成。

特点：快干，耐候性、保光、保色性能良好，涂层的物理力学性能和耐介质性优良，室温固化，可抛光。特别适合汽车修补施工，已成为汽车修补涂料的主要漆种，但毒性较大。

(4) 聚氨酯类

组成：组分一为多异氰酸酯聚合物，组分二为含氰基丙烯酸树脂颜料、助剂，聚氨酯溶剂组合而成。

特点：涂层丰满，光泽、机械强度及耐候性好，低温性能、施工性能等优于其他涂料，是当今汽车维修涂料中应用最多的涂料之一。

(5) 过氯乙烯漆

组成：过氯乙烯为主要成膜物质，为改善其性能，通常为其他树脂配合使用。

特点：过氯乙烯对酸碱具有良好的耐腐蚀性，且对盐水、海水、油、醇类也有很好的防腐蚀性。保光、保色、耐候性、耐低温性均好于硝基漆和醇酸漆。但耐热性差，80～90℃时便开始分解，使涂层颜色变深，韧性丧失而脆裂。

(6) 氨基树脂漆

组成：以氨基树脂和醇酸树脂为主要成膜物质的一种涂料。

特点：具有两种树脂的优点，是一种优质的热固性汽车面漆，一般采用烘烤干燥，从而增强涂层的附着力和耐水性、硬度、涂层外观光亮丰满，颜色鲜艳，涂层坚韧、附着力好，机械强度高，耐候性、抗粉性、耐水性、耐磨性、绝缘性好。

4. 按固化机理分

（1）溶剂挥发型　如硝基纤维素涂料、热塑性丙烯酸树脂涂料和改性的丙烯酸树脂涂料。

（2）氧化固化型　如醇酸树脂涂料和丙烯酸改性醇酸树脂涂料。

（3）热固化型　如热固性丙烯酸树脂涂料和热固性环氧树脂涂料。

（4）双组分型　如丙烯酸-氨基树脂、聚酯-聚氨酸树脂和丙烯酸-环氧树脂涂料。

（5）催化固化型　如热固性有机硅改性丙烯酸树脂和过氧化物固化丙烯酸树脂。

## 任务实施

### 一、面漆涂装前的准备

由于面漆的喷涂如此关键，所以在喷涂前要认真检查底涂层（中涂层以下），不能带有任何的瑕疵，因为这些微小的瑕疵在喷涂完面漆之后，在面漆光泽度的影响下会变得非常明显。对需要喷涂面漆的准备工作包括以下几项：

1）全面检查各部位的底漆层，是否已经平滑。同时，用铲刀清除残留原子灰和其他污物，并打磨光滑，彻底清洗干净。然后，用压缩空气吹除一切灰尘，晾干，如图 4-85 所示（参见彩图）。潮湿或不干净的表面，遮盖胶带是粘贴不上去的。底漆层或中涂层要进行完全的打磨。用 P400 或更细一些的干磨砂纸将底漆或中涂漆打磨到表面光滑的程度，不要留有桔皮和干喷造成的漆雾等并尽量不要留有砂纸的打磨痕迹，这些将影响面漆的流平效果。底漆或面漆打磨得越光滑，面漆涂层的平整和光亮程度越好。

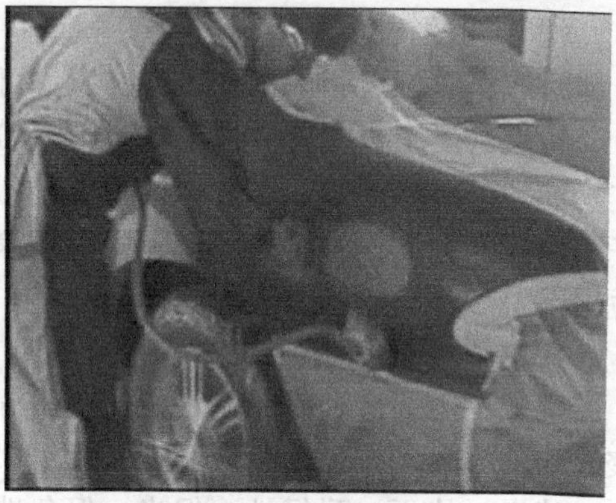

图 4-85　吹除灰尘

2）若底涂层上有划痕、小的凹坑等，则必须用原子灰进行填补的区域，应选用填眼灰或极细的细灰进行填补，干燥后打磨。若用原子灰填补的面积比较大，则为防止原子灰对面漆的吸收，必须用中涂漆进行封闭。

3）如果在打磨时不小心将底层磨穿而露出了金属底，则因为金属底是平整的，所以不必刮涂原子灰，但必须薄喷一层环氧底漆以保证底材的防腐能力。如果底涂层为底漆加中涂的双涂层，则在底漆干燥之后还要喷涂一些中涂漆。等修补的部位完全干燥之后，用细砂纸进行磨平，必须使打磨部位与未修补的部分完全平顺地结合，否则会在面漆上出现地图纹。

图 4-86　喷涂前遮盖

4）对不需要喷涂的部位进行适当的遮盖，防止面漆的漆雾落到不喷涂的部位，如图 4-86 所示（参见彩图）。遮盖是面漆喷涂前准备工作中很重要的一步，它的作用是防止漆雾喷到不该喷到的地方。常规的基本遮盖材料是遮盖纸和胶带。遮盖纸的宽度从7~91cm不等，其耐湿强度好，可在烘房中安全使用，并可防止溶剂渗透（切勿用旧报纸，旧报纸不但不能遮盖，而且还会使面漆染上颜色。由于旧报纸含有的印刷油墨会溶于油漆溶剂中，以致会渗入下面的面漆）。遮盖纸和胶带可按需要铺贴在不需要喷涂的部位，贴胶带时要用力压，让它在汽车表面上粘牢，否则油漆会流进胶带。特别是使用双色漆时，如果颜色分界线不在装饰嵌条下，则必须把胶带的边缘压紧、贴牢。不好贴胶带的部位，如车轮，可用遮盖罩罩上（遮盖罩有塑料轮胎罩、车身罩、底盘罩和前后车灯罩等），纸边上的胶带要与嵌条上的胶带相重叠，上面的那张要与下面那张重叠，如果需要，则把纸上有褶的地方折起来并贴上胶带，以防灰尘和飞漆渗入。喷涂水平表面（如发动机罩和行李箱）时，要用两层遮盖纸，以防渗色或溶剂使面漆倒光。防止渗色的另一个方法是反贴，即把胶带贴在遮盖纸的反面，并吹入少许空气，使遮盖纸稍稍离开汽车表面。

5）在将要喷涂之前，用清洁剂清洁喷涂表面上可能留有的油渍、汗渍和蜡点等，如图4-87所示（参见彩图）。为保证干净，最好连续清洁两遍。然后用粘尘布擦拭喷涂表面，使喷涂表面不留有灰尘颗粒。清洁工作应在喷漆房内进行，清洁完毕后要最好马上进行喷涂工作，防止二次污染。

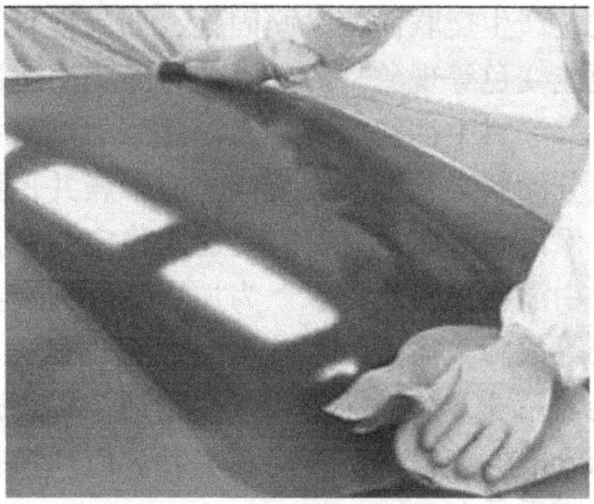

图4-87 清洁喷涂表面

6）必须根据车主的要求调配好相应的色漆料。如果是斑点修补，则首先要根据汽车生产厂家的漆码获得原色，以减少修补漆配方与原汽车生产厂家所用的面漆配方的差异。最好把色卡与汽车本身的颜色对比一下。如果车主需要将整车重喷，则首先确定原漆的类型。

## 二、面漆的准备

### 1. 面漆的混合与搅拌

已经准备好的面漆在喷涂以前必须经过充分的搅拌，使各种颜料和添加剂充分地混合均匀，这是保证面漆涂膜质量很重要的工作。

需要喷涂的面漆因为颜色的需要，很少有使用某一种纯色母直接喷涂的，绝大多数面漆都是由多种色母混合而呈现出需要的颜色。色漆中各种颜料的质量一般比树脂要大得多，一些常用颜料的质量能达到涂料中液体部分质量的7~8倍。由于颜料比较重，它们会缓慢地下沉，造成涂料中树脂与颜料不能均匀、分散地混合，尤其是在涂料中加入了稀释剂和固化剂等更多的液体成分之后，这种趋势会更加明显。另外，由于各种颜料的质量也是不同的，比较重的颜料有白色（通常是白垩）、铬黄、铬橙、铬绿以及红色或黄色等铁的氧化物，比较轻一些的颜料有炭黑和靛蓝等。比较重的颜料和比较轻的颜料相混合得到需要的颜色，在喷涂时如果未加充分的搅拌，则会造成颜色混合不匀，某些地方颜色过深或某些地方颜色过浅等涂膜故障。例如：用白色母和蓝色母按一定的量均匀混合会呈现出湖蓝色，但如果静置一会儿，由于白色颜料较重会下沉于蓝色颜料的下方，此时油漆呈现的颜色要更加蓝一些。

颜料的沉淀现象不只存在于未喷之前，在喷涂到喷涂表面后涂膜干燥的过程中仍然在沉淀，因此有时会出现刚刚喷涂完毕和涂膜干燥之后喷涂表面有色差。同一辆汽车的平面和立面由于空间方向不同，颜料沉淀后造成的色差也不同。仍以湖蓝色为例，喷涂在平面上的涂膜在干燥后要比喷涂在立面上的涂膜显得更加蓝一些。由于这些原因，在喷涂之前一定要充分搅动面漆，使颜料分散均匀。

一般来说，出厂的面漆黏度通常很高，目的在于减慢沉淀的速度，因此在使用时除了先充分搅拌均匀外，还要稀释到适合喷枪雾化的黏度（喷漆黏度的测定可用涂-4 黏度计测定）。稀释后的漆料通常用漏斗过滤，装饰性要求高的涂料品种应用孔径在 0.08mm 以上的漏斗滤网过滤，也可采取先粗后细的二次过滤方法，以提高过滤速度。

2. 添加剂的使用

涂料中往往需要加入稀释剂、固化剂和催干剂等一些添加剂，这些添加剂混合到涂料当中后必须经搅拌均匀后才能充分发挥它们的作用。例如：固化剂能与涂料中的树脂发生化学反应产生交联而使涂膜固化，如果搅拌不均匀，则会造成部分涂膜由于固化剂过量而出现脆硬或变色等现象，另外一部分涂膜由于固化剂量不够而造成干燥不彻底、涂膜过软等。

涂料中往往需要加入一些添加剂来提高涂膜的性能，改善或适应喷涂环境等。例如：双组分涂料必须加入固化剂才能干燥并保证良好的质量。为调节喷涂黏度，需要加入稀释剂。为保证喷涂质量，有时要加入稳定剂来消除颜料沉淀而造成的色差。为防止出现白雾，硝基漆中需要加入化白水。为加快醇酸树脂型涂料的干燥时间，需要加入催干剂。为防止出现鱼眼等故障，需要加入流平剂（走珠水）等。这些添加剂有些是在喷涂之前就要加入并搅拌均匀后才开始喷涂的，如固化剂、稀释剂和催干剂等。有些则是在喷涂当中出现了问题需要加入的，如化白水和走珠水等。应严格按照说明进行操作，这样才能保证良好的使用效果和涂膜质量。

（1）稀释剂的使用　稀释剂在涂装工作中是非常重要的添加剂，在使用稀释剂时需要注意根据施工条件和施工对象合理地选用不同的品种。例如：若施工环境温度比较高（35℃以上）或施工的对象面积比较大，则需要使用慢干型稀释剂或极慢干稀释剂，以利于涂膜的流平和新涂层接口部位的融合；相反，在温度低（15℃以下）或修补面积比较小时，应选用快干型稀释剂，以避免流挂的产生和加快干燥速度。

稀释剂的主要作用是调节涂料的黏度，以利于涂装工作和保证涂膜厚度的均匀。因此，稀释剂和固化剂的使用量必须按照涂料的标准要求来添加，有其固定的比例。这种固定的比例有的是用体积比，有的是用重量比。用体积比来衡量添加量时，需要使用专用的比例尺配合直桶状容器来进行添加；使用重量比来衡量添加量时，需要使用电子秤来进行称重。无论使用哪种添加的衡量方式，都要必须严格控制添加量，如图 4-88 所示。

图 4-88　添加稀释剂

按照涂料的操作说明加入固化剂和稀释剂后，涂料基本上都会达到要求的喷涂黏度。如果添加过量，则会引起涂膜表面失光等故障，尤其是清漆层。使用黏度杯可以进行比较精确的黏度测定。涂-4 黏度测量杯（4 号黏度杯）是测量黏度时比较通用的工具，如图 4-89 所示。一般面漆的喷涂黏度在 16～20s 之间比较好，以 18s 左右最为适宜，既能保证有适合的膜厚，又能有良好的流平性。

（2）固化剂的添加 双组分涂料必须加入固化剂才能干燥，并保证涂膜具有优良的硬度、韧性等机械性能。不同种类的涂料，由于使用的树脂不同，所用的固化剂化学成分也不同，必须按照涂料的要求配套使用，切不可任意添加。不同厂家、不同品牌的涂料和固化剂，通常情况下不可穿插使用。例如：聚酯树脂类涂料使用过氧化物固化剂；环氧树脂类涂料使用氨基化合物固化剂；丙烯酸类、聚氨酯类和丙烯酸聚胺酯类双组分涂料的固化剂中含有异氰酸酯的化合物等。

图 4-89 测量黏度

固化剂添加的量同这种涂料使用稀释剂一样，都有其固定的比例（用体积比或用重量比），需要严格按照规定添加，不可随意。如果添加的量过少，会导致成膜不良、涂膜过软等故障；如果添加的量过多，虽可提高涂膜的干燥速度，但过量的固化剂也会使涂膜变脆、失光或变色等。固化剂也同稀释剂一样分为慢干型、快干型和普通型等几种，用于配合不同干燥类型的稀释剂调节涂料的干燥速度，所以在选用时这个因素也应考虑在内。

固化剂也具有稀释涂料的作用，但切不可当作稀释剂使用。在涂料中加入固化剂后应进行搅拌，使固化剂与树脂分子均匀地分散。涂料在加入固化剂后即开始化学反应，产生交联固化作用。从加入固化剂并搅拌均匀到涂料结块固化仅需要几个小时的时间，称为活化寿命，所以加入固化剂的涂料应尽快使用，否则会因固化作用导致涂膜出现桔皮、颗粒等故障或因固化反应导致涂膜交联结块而无法喷涂。涂膜加入固化剂后的活化寿命受环境温度的影响很大，较高的环境温度会加速化学反应致使活化寿命变短。因此，在施工环境温度高时要随喷随调，尽量避免一次性在很多的涂料中加入固化剂，造成浪费。在环境温度比较低时，化学反应的速度会减慢，一般的涂料在温度低于5℃时化学反应基本停止，涂料基本不会干燥。因此，在施工环境温度比较低时要采取一定的措施，促进固化反应的进行。常见措施有：在加入固化剂并充分搅拌后静置比较长的时间，以使涂料充分地活化然后喷涂；或用热水对已经加入固化剂的涂料进行加温和保温等。

在使用固化剂时还要注意安全操作，尤其是含异氰酸酯的固化剂，因异氰酸酯极具活性，如果使用不当，会对人体造成危害。异氰酸酯可以同许多常见的物质发生反应，因此在使用、储存和处理的过程中要多加注意，尽量不使皮肤裸露部位接触到异氰酸酯，更不能使其进入眼睛、口腔和呼吸道，如果发生上述情况，则必须马上用大量的清水冲洗并请医生处理。

（3）其他添加剂 使用以防止涂膜故障为目的的添加剂时，应根据当时的情况结合产品说明进行添加。对于硝基涂料使用的化白水、醇酸基涂料使用的催干剂、在涂膜发生鱼眼故障时使用的走珠水等，往往需要视情酌量添加，需要有一定的实际操作经验。

很多涂料在制造过程中已经添加了颜料稳定剂，在正常使用过程中不需要额外添加。例如高固体成分的双组分涂料，因固体成分占有量很大（达70%以上），所以颜料的稳定性显得非常重要，在涂料生产罐装时都已加入了稳定剂。有些涂料的稳定剂是单独罐装的，例如银粉漆，在色母中就有颜色稳定剂这一项，在调色配方中也将稳定剂作为必须添加的成分而计算出了适当的添加量，在调色时只需按照规定的量加入即可。

**三、喷枪的选择和使用**

面漆的喷涂要根据面漆的黏度选择适当口径的喷枪，以 HVLP 重力式喷枪为例，以 $\phi1.3$mm ~ $\phi1.5$mm 口径比较适合，喷涂黏度较大的面漆使用大一点口径，喷涂黏度小的使用稍小的口径。

喷枪要用稀释剂清洗干净，在枪罐内加入少量的稀释剂，接上高压气管扳动扳机，以较大的气压使稀释剂喷出以清洁喷嘴部位，然后将剩余的稀释剂倒出。

将面漆加入枪罐时要用 P400 以上的过滤网过滤，过滤网可以滤掉面漆中的小颗粒和灰尘等，使喷涂的面漆更加均匀，如图 4-90 所示。有些喷枪中在漆罐与喷枪的导管部位安装有滤网，但是不要因为枪中有滤网就不过滤面漆，因为枪内滤网由于导管的通过面积很小，为保证供漆通常做得比较粗，在 P200 左右，只能过滤较大的颗粒，对于小一些的颗粒没有过滤作用，有时还会因阻塞而造成供漆困难，所以面漆必须要经过大滤网的过滤。

在喷涂面漆以前要对喷枪的气压、出漆量和喷幅等做仔细的调整，如图 4-91 所示。为保证喷涂质量，还应首先做喷涂试验，以确定合适的喷涂距离、走枪的速度和喷幅重叠程度等。进行喷涂试验时，要将扳机扳到最底端，按喷枪规定的喷涂距离，以正常的运枪速度（为 0.5 ~ 0.6m/s）用 50% 的喷幅重叠量喷涂一小条，然后观察漆膜的流平程度和有无喷涂缺陷，如果满意，即可进行正式喷涂；若不满意或有喷涂缺陷，则必须及时进行调整。正式喷涂时，应从被喷涂板材的上部开始，以均匀的运枪速度和喷幅重叠量依次向下直到喷涂完整个板材。因为喷漆间内的空气流动为自上而下，这样喷涂可以使漆雾向下扩散，对刚喷涂完毕的表面沾染较少，有利于保持涂膜的光滑和亮度。

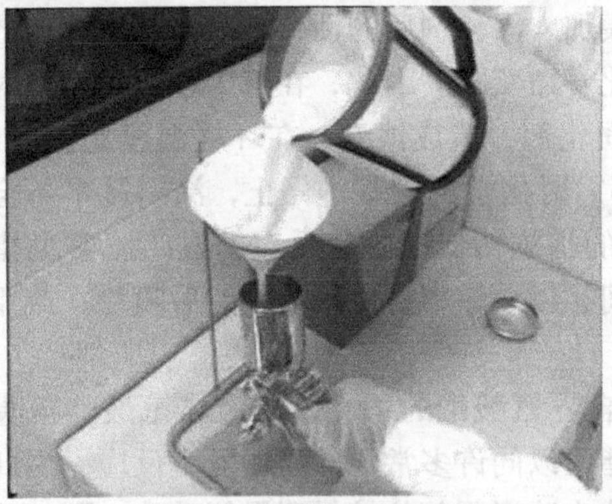

图 4-90　过滤网过滤面漆

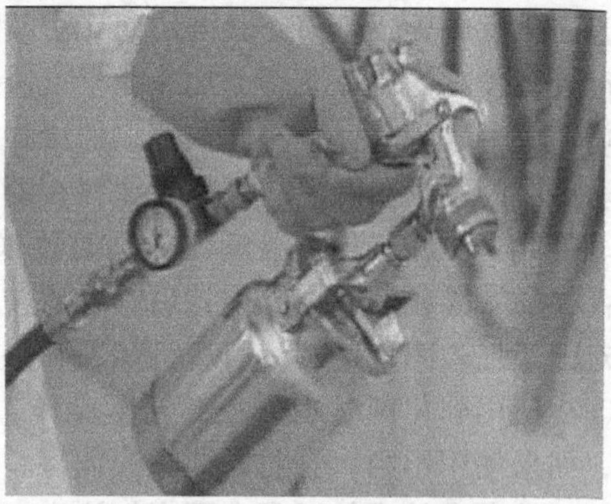

图 4-91　调整喷枪

喷涂时的起枪位置应从距离被喷涂表面 5 ~ 10cm 的地方开始。因为，若使用的是上壶枪，则在重力的作用下喷口处聚有较多的涂料，刚开始喷涂时会出漆较多且雾化程度不良；若使用的是下壶枪，则在刚开始喷涂时，涂料还没有被抽吸上来，出漆量比较少。从被喷表面的外面一段距离处开始喷涂，可以避免这些现象，保证喷涂质量。

如果被喷涂的板材面积比较小，则喷涂时应使喷枪移动到板材边缘以外 5 ~ 10cm 处停止，并原地重新起枪以一定的喷幅重叠量返回。

若被喷涂面积比较大，则在运枪时应双脚分开略宽于肩，在保持枪身稳定的情况下，以能够保证喷涂质量的最大喷涂长度为准，不可用移动脚步的方式延长喷涂长度，这样会造成运枪速度不匀，引起涂膜的膜厚不均或颜色有差异。

喷涂时，喷枪必须沿直线移动，不要出现偏斜，喷口距离被喷涂表面的距离要始终保持一定，运枪的速度和喷幅重叠量保持均匀，这样才能获得均匀的膜厚、遮盖能力和一致的颜色效果及流平效果。

有些喷涂表面不仅仅是大平面需要喷涂，有些边边角角等也需要喷涂。例如车门，不仅大面需要喷涂，周围的小边和门口也要喷涂才能使涂膜保持一致。对于这种情况，习惯上的做法是首先喷涂这些地方，然后进行大面积喷涂。这样做有一个缺点，即在喷涂边边角角等地方时会有大量的漆雾飞溅到需要喷涂的大表面上，影响已经处理过的待喷表面的平整程度，对大面喷涂时涂膜的流平不利。因此，在遇到这种情况时应首先对大面进行喷涂一层，在其表面未干时用比较小的气压和较小的喷幅对边边角角进行喷涂。这样，即使有少量漆雾飞到刚刚喷涂的表面，由于大面上的涂膜未干，很容易将漆雾混合，不会留下颗粒。大面上等第一层涂膜稍干后再喷涂第二道就不会受漆雾的影响了，边边角角等地方不喷涂第二道。

## 四、整车和整板的涂装

### 1. 喷涂程序

喷涂方法见单元三学习任务一中的“正确的喷枪操作”。

（1）整车涂装　对整车进行重新喷涂，因为无需做颜色的过渡，所以显得相对容易一些。整车喷涂时，如果是要对车身进行全面的从防腐到面层的涂层操作，则最好是将车上的其他总成和零部件包括车窗等统统拆卸下来，只留下一个车壳，这样有利于整体的防腐处理和提高面层的装饰性。

如果需要就车进行整车喷涂时（通常只进行面层操作时采用就车喷涂），则对遮盖要求比较高、无需喷涂或不能喷涂的地方一定要仔细地进行遮盖，如车窗、发动机舱内的设施、车厢内的内饰、车标及车身装饰、门把手、轮胎等都要遮盖。有些能够拆卸的零部件，如前照灯、示廓灯、散热器格栅和前、后保险杠等，应拆卸下来，喷涂完毕后再安装。

全车喷涂的顺序以各水平表面漆雾飞溅最少为原则，通常多用首先喷涂车顶，然后喷涂车后部，围绕车身一圈最后在车后部完成接缝的方法来喷涂。如果由两个操作人员共同完成整车的喷涂工作，那么效果会好一些，可以达到没有接口痕迹，但在喷涂金属面漆（尤其是珍珠面漆）时最好由一个人操作，不同的操作手法可能会引起颜色的差异。

对于整车喷涂的路线没有一个硬性规定或规则，同时有许多不同的喷涂程序方案，每个操作人员也有自己的操作思路，但有一个原则是一致的，即如何防止喷涂时产生的漆尘落到已喷涂的涂面上，以及喷涂时保持底材的湿润度。目前，汽车维修企业使用下降式（空气由房顶进入，由地槽排出）通风喷漆房较为普遍，如何使汽车的三个水平面（车顶、前盖和后盖）获得最佳的湿润度，以及喷涂中间添加涂料后尽可能避免再喷涂时漆尘飞扬到邻近已涂的涂面，可见喷涂程序的正确运用对喷涂获得最佳效果是极为重要的。

1）喷涂车顶（图4-92）。在车顶从风窗玻璃到后窗之间，首先从靠近操作人员的车顶边缘乘客侧面前门一侧开始，采用带状涂装法进行喷涂，喷枪与车顶表面距离为15～20cm，从左到右，再从右到左逐步向车顶中心线移动，每层喷幅重叠1/2～2/3。喷雾流尽可能与被涂面垂直，直到喷涂面超过车顶中心线后，操作人员移向驾驶人一侧，自车顶中心线

（接前喷涂面边缘）从左到右，再从右到左逐步向车顶边缘靠近操作人员车身的一侧移动。

2）喷涂驾驶室一侧前门（图4-93）。从左到右，再从右到左带状喷涂，垂直由上逐步向下移动，直至全部覆盖。接着喷涂相邻的前翼子板，从左到右，再从右到左带状喷涂，垂直由上逐步向下移动，直至全部覆盖。

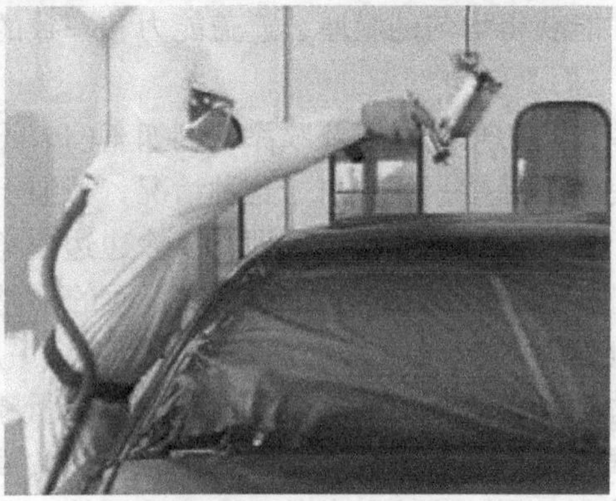

图4-92　喷涂车顶

图4-93　喷涂驾驶室一侧前门

3）喷涂发动机前盖。首先操作人员站在车的前部喷涂前盖的前部折口面，然后操作人员站在驾驶人一侧的前翼子板一边，从靠近翼子板的前盖边缘开始，如图4-94a所示，喷枪从左（前盖前部）到右（前盖靠近风窗玻璃处）移动，再从右到左采用带状喷涂法逐步向前盖中心线移动，直到喷涂面超过前盖中心线后，操作人员移向另一边（乘客一侧），喷枪沿前盖中心线（接前喷涂面边缘）从左到右移动，再从右到左逐步向乘客一侧的前盖边缘移动，直至前盖平面被全部覆盖，如图4-94b所示。

a)　　b)

图4-94　喷涂发动机前盖

4）喷涂车身右侧的前翼子板、右前门、右后门和右后翼子板，如图4-95所示。

5）喷涂后盖。采用带状喷涂法沿后窗玻璃的底边喷一道，由于后盖长度较前盖短，操作人员可站在车后部，沿后窗玻璃的底边从左向右，再从右向左，由后窗玻璃一端逐步向后（操作人员身边）移动，每层喷幅重叠1/2～2/3，直至覆盖整个后盖。

6）喷涂驾驶室一侧的后翼子门和后门。在喷涂后门时应把前门打开，防止漆尘飞扬到已略干的前门涂面，避免产生粗粒现象。

（2）整板涂装　整板涂装的程序请参见汽车修补涂装设备和工具中正确的喷枪操作。

2. 单工序面漆的喷涂

在汽车修补涂装中常用的单工序面漆主要为双组分纯色漆。

（1）喷涂方法　按说明书规定比例混合油漆和固化剂，静置 5～10min 后喷涂，若喷涂黏度需要调节，则应添加配套的稀释剂，施工黏度宜调节至 18～21s（涂-4 杯，20℃），应选用与喷涂环境温度相适应的快干或慢干型稀释剂。

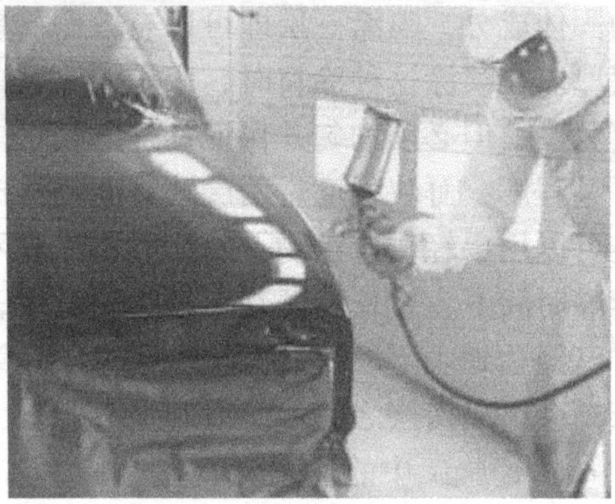

图 4-95　喷涂车身右侧

双组分涂料一般喷 2 层即可达到质量要求的厚度。若颜色遮盖力较差，则需喷 3～4 层，直到全部覆盖。

在全车整喷施工中，应该用中涂底漆封闭全车，以防止新、旧漆膜间的不配套问题，并可提供良好的耐久性。若在全车整喷施工中采用局部喷涂底漆于修补面上，则要充分确定旧漆膜的性质，保证全车旧漆膜与新喷涂料不会发生咬底、失光和起皱等问题。若表面是局部喷涂中涂底漆的情况，则应在第一层面漆喷涂前，首先对局部喷涂中涂底漆的涂面先薄喷一层，减少中途底漆与旧涂面之间的色差，为以后的全车覆盖打下基础。

第一层喷涂时以中等湿度薄薄地喷涂一层，检查涂面情况以确认有无缩孔，如图 4-96 所示。一般被涂面如果有油、蜡，则会导致第一层喷涂后立即出现缩孔；若底层涂面与新喷涂料不配套，则也会立即产生咬底、开裂等现象。这时，应立即停止施工，采取相应的补救措施或返工。双组分涂料在施工时，发生缩孔的情况较为多见，这主要是由于涂料中的异氰酸酯对油、蜡、水的敏感性极强。若在次要部位有轻微、少量的缩孔，则可待溶剂挥发且一部分涂面略干后，分 2～3 次雾喷缩孔部位，第二层喷涂时缩孔会消失。若在主要涂面或缩孔分布面积广，则应停止施工，干燥后视具体情况用砂纸打磨或刮涂原子灰，然后重新喷涂。出现轻微缩孔时，可在底漆或面漆中加入少量抗鱼眼水来解决，但是根本的解决方法是做好底材的表面预处理。

图 4-96　第一层喷涂

第一层喷涂后，若无任何不良情况，则应静置片刻才喷第二层，静置时间视环境温度和涂料品种而略有长短，一般待涂面不沾尘时是喷涂第二层涂料的最佳时机，具体掌握尺度可用手指轻轻抚摩用胶带封闭部分的漆膜，若湿漆膜已不沾手，则即可喷涂第二层。一般第二层喷涂后喷涂工作即结束，此层喷涂要求涂面光滑、光亮，无流痕、桔皮。因此，在配制涂料时，黏度应比第一层涂料略微降低，喷枪移动速度也略慢，喷涂压力可适当提高，使漆尘粒雾化得更细，以取得满意的光滑涂面。

面漆涂膜的厚度一般要求在50μm左右，过薄会使涂膜显得干涩、不够丰满，装饰效果比较差；过厚容易出现开裂等涂膜故障。现在常用的高固体分双组分素色面漆由于具有较高的固体成分，喷涂一层即可以有较厚的膜厚和良好的遮盖能力，喷涂两层就可以达到所需的膜厚。在喷涂这种涂料时，应按照涂料的说明来操作，通常第一层喷涂要采用薄喷，涂膜不要太厚，但必须均匀并保证良好的流平。第二层喷涂得厚一些，以保证足够的膜厚和良好的平整程度、鲜映程度。两层喷涂间隔的时间以第一层稍干即可，一般为常温下10min左右，也可以用手轻触遮盖物上的涂膜，涂料不沾到手指上的程度就可以喷涂第二层。两层喷涂的间隔时间不宜过长，尤其是炎热的夏季，高固体分涂料中可挥发成分少、干燥快，如果第一层已经达到表干的程度再喷涂第二层，第二层中所含的溶剂成分不能很好地溶解第一层的表面，会造成两层之间不能很好地溶合。

（2）施工中的注意事项

1）双组分涂料用多少配多少，现配现用，已配制好的涂料要在供应商提供的使用时间内用完。

2）拉开前门喷涂后门时，前门内侧要求用专用的遮蔽纸加胶带封闭好，以防喷涂时产生的漆尘飞进车内造成污染。

3）在喷涂车顶和前盖由边缘向中心移动时，注意工作服不要触及边缘已涂部位，以免造成不必要的返工。

4）遮盖纸应在喷涂后立即小心去除，注意手和工作服不要触及未干的涂面。若是强制干燥，则应在涂面还是温湿的时间及时去除；若漆膜完全干透，则胶带较难去除，容易留下粘结斑点，漆膜可能会沿胶带被揭起。

5）双组分涂料中的异氰酸酯漆尘对人体有害，喷涂时要在通风良好的环境下进行，并做好个人安全防护，如穿喷漆服、戴防毒面具等。

6）喷涂完毕后应立即清洗喷涂工具，以免胶结。

7）双组分涂料喷涂后可自干，也可低温烘烤强制干燥，一般在20℃时经16h后（隔夜）可投入使用，60℃（金属温度）时经30min烘烤冷却后可投入使用，但彻底固化则需一周时间，具体产品严格参照供应商的要求。

3. 双工序面漆的喷涂

（1）双工序纯色色底的喷涂　双工序面漆以金属漆居多，也有纯素色的。颜色漆层一般为单组分型，喷涂后表面光泽度很低或没有光泽，且对大气中的有害物质抵抗能力很差，因此必须喷涂罩光清漆。罩光清漆为双组分型，固化后具有极高的光泽度和对外界有害物质的抵抗性，能够很好地突出底层的颜色和金属效果，对底层色漆还具有极好的保护性，两种涂膜共同组成面漆层，具有极好的装饰性和光泽度。

图4-97　双工序纯色底漆的喷涂

底色漆层的喷涂如果是纯色的，则在喷涂时只要按照正常的喷涂手法进行喷涂，注意保证颜色和遮盖能力的均匀性即可，如图4-97所示（参见彩图）。根据色漆的遮盖能力决定喷涂的层数，以完全显现出颜色为准，现在常用的高固体成分色漆一般喷涂2道或3道就可达到要求。

双工序面漆的色底涂料（也包括银粉漆和珍珠漆）一般要加入比较多的稀释剂，通常达到50%，施工黏度很低，容易造成涂膜厚度和颜色的不均匀，因此在喷涂时更要格外注意喷枪口径的选择和出漆量、喷幅宽度的调整。喷涂时每道的间隔时间一般比较短，只要等到涂膜中的溶剂成分挥发到涂膜表面完全失光即可进行下一道的喷涂，不必等完全干燥。

（2）双工序金属色漆底的喷涂　喷涂金属漆色底时，因为金属漆中含有铝粉（银粉）等金属颗粒，这些金属颗粒在喷涂到施喷表面后的排列状况对颜色的影响非常大，所以在喷涂时需要格外注意颜色的均匀和正、侧光情况下的颜色变化。在调金属漆时，要注意：稀释剂的用量要按照使用说明严格操作，不可随意改变；金属漆通常需要加入银粉调理剂来控制金属颗粒的排列，银粉调理剂的用量是按照所调金属漆的量按比例添加的，在调色的配方中有细致的规定，不允许随意添加；金属漆在喷涂时必须经过充分的搅拌，防止金属颗粒沉淀而造成施喷表面颜色的差异；过滤金属漆的滤网细度要根据银粉颗粒的大小来决定；喷枪中的小滤网可以拆下不用，防止一旦阻塞造成涂膜故障。

金属漆正确的操作方法是“两实一干”的3道喷涂。“两实”即先用正常的喷涂手法对施喷表面喷涂两道，不可过湿或过干，目的是获得均匀的颜色和遮盖力。两道实喷涂膜中的银粉颗粒排列是比较有序的，颜色和金属颗粒的反光效果都比较正常。为进一步提高面漆的金属效果还要对实喷表面进行一次雾喷，即“一干”。雾喷即使用较大的喷涂气压和略远的喷涂距离并以较快的喷涂速度喷涂。这样可以使涂料中的溶剂成分在到达施喷表面之前就大部分挥发掉，能够喷到施喷表面的是重一些的银粉颗粒和少量的颜料颗粒。这些银粉颗粒均匀地喷洒在施喷表面，由于表面干燥，所以排列比较凌乱，可以大大地提高其金属闪光效果。

喷涂金属色漆时，每道喷涂所需间隔的时间以涂膜中的溶剂成分挥发达到表面全部失光的程度即可。喷涂清漆也同样，等最后一道色漆表面失光即可进行喷涂。但要注意，要等待涂膜自行干燥，不要用吹气枪或喷枪对施喷表面进行吹干的方法加速其干燥，因为自然干燥可以给金属颗粒更多的排列时间，吹干会影响金属颗粒的排列，造成起云。

（3）双工序金属漆喷涂时的要点

1）喷涂前对被涂面的准备及对喷涂环境、工具、设备的检查和要求参照双组分纯色漆。

2）喷涂前对金属漆要搅拌均匀，按涂料规定比例加入稀释剂，一般把涂料黏度调整到15～17s（涂-4杯，20℃）过滤后再喷涂。使用慢干型固化剂和稀释剂要谨慎。

3）金属漆一般喷涂2～3层，以全部均匀遮盖为准，中等湿度均匀喷涂。金属粒子易沉于喷枪罐底，每次加料都要注意搅拌均匀，在喷涂中也要不时地晃动喷枪，以防止银粉粒子沉淀。

4）最后一层喷涂可适当降低涂料黏度，略提高喷涂气压，薄而均匀地喷涂，以利于银粉粒子分布均匀和提高涂面闪光度。

以上数据仅供参考，具体产品请参照供应商的要求。

4. 三工序珍珠漆喷涂

三工序珍珠漆需喷涂三种不同类型的油漆纯底色漆、纯珍珠漆和清漆，称为三工序珍珠喷涂，各工序油漆调配比例参照油漆供应商资料。

珍珠型色漆是金属漆的一个特殊的品种，喷涂方法与喷涂其他金属漆色底基本相同，只是需要先打一层与珍珠色漆颜色相同或相近的色底。色底一般都由双工序的纯色色母来调配，喷涂的方法也与喷涂双工序纯色底相同，一般喷涂2层或3层即可。在色底喷涂完最后一层且表面失光后即可继续喷涂珍珠层，珍珠层最后一层表面失光后即可喷涂清漆。珍珠层喷涂的道数越多，颜色会越深，喷涂几道需根据涂料的使用说明或颜色配方的规定执行。

因经过多层纯色漆及纯珍珠喷涂后，漆膜厚度增加，从而使溶剂挥发减慢，因此喷涂清漆的静置时间延长，确保珍珠漆干燥30~60min，而且视天气温度决定，如天气冷则干燥时间更长。

**五、局部修补涂装**

局部修补即对车身的某一局部进行涂装修理，大多数需要进行涂装修理的车辆都属于这种情况。局部修补时最重要的是使修补区域的颜色与未修补区域的颜色一致，表面流平效果相同，为达到这个目的，在底材处理和喷涂时需要采用一定的技术措施。

*1. 局部修补底材的处理*

局部修补时要根据车身损伤的情况对底材进行必要的处理。如果需要修理的地方为车辆撞击所留下的凹陷、褶皱等，则需要进行钣金处理或用原子灰进行填平。在刮涂原子灰之前要对底材进行打磨来清除表面杂质和提高粘附能力，对于经过大面积的钣金操作的裸金属板还要首先喷涂磷化底漆和环氧底漆等防腐处理，等干燥后再打磨。原子灰的刮涂区域以能够填平表面为准，尽量控制在最小的范围，防止扩大最终的修补面积。

原子灰的上层应该喷涂一层中涂层对底材进行封闭，防止原子灰对面漆的吸收而出现地图纹等面层缺陷。如果需要修补的部位仅仅是轻微的划伤，没有伤到金属板材且没有引起板材的平整程度变化，此时一般不需要用原子灰，只要对修补区域进行必要的打磨后喷涂中涂层即可。

在进行面漆的局部喷涂修补时，应采用反向贴护法来对不需喷涂的表面进行贴护，以圆弧面对着需要喷涂的方向，而且圆弧尽量要大些，这样进行贴护可以保证喷涂的区域与未喷涂区域的良好过渡，不会出现台阶。

*2. 面漆的调色*

面漆颜色的确定需根据修理车辆的情况来定，如果维修车辆没有经过涂装修理，还是完好的出厂涂层，则只要根据车辆提供的漆号，通过查阅涂料生产厂商提供的配方来调配就可以了。若查找不到原厂漆号或维修车辆需要重喷的部位在以前就进行过涂装修理，则要用涂料生产厂商提供的色卡来进行比对，从中选出颜色最为接近的来确定配方进行调配，用这种方法调配面漆往往需要进行人工颜色微调。

金属漆在进行比色时要从不同的角度进行观察，一般要看正面、侧面90°和侧面180°三种方位角度下颜色的变化，以最为接近的为准。珍珠面漆的色底则必须按照原车漆号，通过查阅配方来调配，否则会引起珍珠面漆颜色上较大的差异。

在修补用的面漆调色好以后，不能马上进行修补喷涂，一定要首先喷涂样板，这一点在金属漆的局部修补时尤为重要。喷涂样板的目的：一是用于颜色的对比；二是为确定在修补喷涂时的喷涂手法，先做一定的试验。

喷涂样板时要多准备几块，以不同的喷涂手法进行喷涂，记录下喷涂时的喷涂气压、运枪速度、重叠程度、枪口远近以及涂膜的干湿程度等。样板喷涂完后与需要修补区域周围良好的旧漆层进行对比，看哪一块样板的颜色、光亮程度和表面纹理最为接近，在喷涂时就采用什么喷涂手法。喷涂样板还有利于确定驳口区域（新旧漆层的接口）的大小，对保证颜色的过渡有很大的帮助。用样板进行比色要等完全干燥后才能进行，因为涂膜在没有干燥前，内部的颜料颗粒会有沉淀、上浮等现象，在干燥后才能确定其最终的颜色。金属漆比色的样板要喷涂清漆并等完全干燥后进行。

3. 单工序素色面漆的局部喷涂

单工序素色面漆在调色时要求的准确程度相对较高，但要达到完全相同几乎是不可能的，为了在修补之后使修补部位与其周围的未修补部位达到视觉上颜色无差异，在喷涂修补时需要使颜色有一个逐渐过渡的区域，让颜色逐渐变化。喷涂颜色过渡的驳口区域一般要采用“挑枪”的方法，即在喷涂时以肘部为轴，或摆动腕部，使喷枪对喷涂表面的喷涂距离发生圆弧形的变化，对需要修补的区域距离近一些，喷涂比较实，而对驳口区域距离逐渐变远，漆雾逐渐变淡，这样驳口区域将形成一个逐渐过渡的颜色变化区域，最终与周围未修补的区域相融合。

驳口部位的过渡也可以采用其他的方法来实现，例如采用许多的短行程，从中心部位向外喷涂。采用这种方法喷涂时，需要逐渐扩大每一次的喷涂范围，以便能和上一次稍有重叠。每一次喷涂时都要适当地调整喷枪的气压和喷幅，使之逐渐变小，以达到喷雾逐渐变淡的目的，有时还要根据情况适当改变出漆量。

在用这些方法对驳口部位进行必要的修饰后，通常要用驳口水对整个驳口区域均匀地喷涂一遍。驳口水是一种极慢干的稀释剂，它可以保持驳口区域在很长的时间内的湿润状态，更有利于颜色的过渡，同时可使底层的良好旧漆膜轻微溶解，与新漆膜具有良好的结合能力。

驳口区域的大小没有具体的规定，以颜色逐渐变化到视觉上感觉不到明显的差别为好。通常颜色调得越准确，所需逐渐变化的驳口区域越小；反之，则需要比较大的驳口区域才能进行弥补。

在喷涂以前需要对估计的驳口区域进行打磨以增强涂膜的附着能力，打磨要采用很细的砂纸（干磨 P1000 以上）或用研磨颗粒比较粗的专门研磨驳口区域的驳口蜡进行，驳口区域要打磨得大一些，为可能加大的驳口区域做准备，即使驳口没有扩大，由于打磨痕迹很小也很容易在抛光时抛掉。

小的局部喷涂，一般不要扩大到临近的板材，只对损伤的部位及其周围做小范围的修补即可，驳口尽量控制得小一些，如图 4-98 所示。如果被喷涂表面上有诸如车身板冲压线等特殊的部位，则在颜色能够充分融合的情况下尽量使驳口区域不超过冲压线，并以冲压线作为驳口的终止位置，这样可以避免在颜

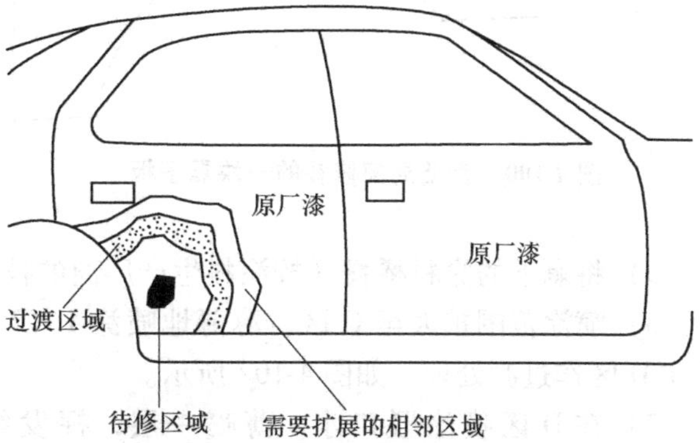


**图 4-98 板件的驳口过渡区域**

色和涂膜纹理等方面出现明显的变化。

如果是整板需要喷涂修补或需要修补的部位在紧邻车身其他板件的接缝处，则为防止在车身接缝处产生明显的颜色差异，通常要将驳口区域扩大到相邻的板件以求得颜色的统一，如图4-99所示。在这种情况下，驳口终止的位置首先需要考虑的因素并不是颜色的一致性，而是在什么部位终止才能最大限度地隐藏驳口，不留修补痕迹。因为整板的面积比较大，有足够的颜色过渡空间，但如果在比较大的平面上做出驳口，则会影响整个平面的整体流平效果，驳口区域毕竟是用雾喷的方法来完成的，流平效果要差一些。在整板上做驳口一般选择有特征线（如车身板的冲压线、车身上的装饰条等）或车身形体过渡到面积比较小的地方来结束，这样的部位会使驳口不明显。

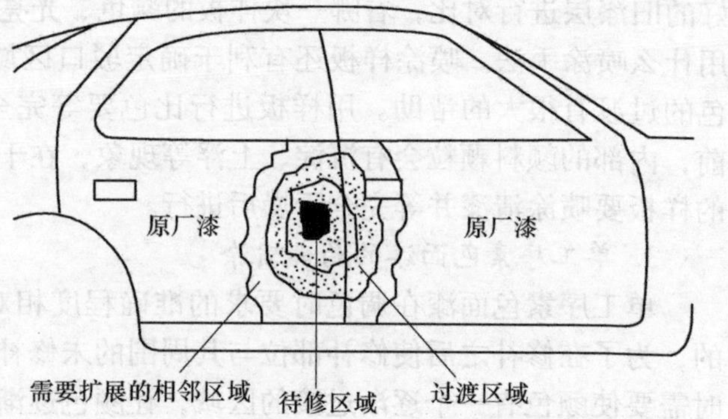


**图4-99　相邻板件处的驳口过渡区域**

下面以翼子板的局部修补为例进行介绍，图4-100所示为需要局部修补的一块翼子板，A区域为修补区域，修补流程如下：

1）经过正确的底材处理、底漆和中涂漆施工处理之后，对施涂了中涂漆的部位使用P500砂纸进行打磨处理，并从A区域扩展到B区域。并用研磨膏或P2000砂纸打磨C区和D区，直至消去漆面的光亮度。

2）用脱脂剂清洁整个表面，除去粉尘、油渍和蜡质等污垢，再用粘尘布清除涂装表面可能存在的细小粉尘。

3）将经过正确调色的涂料按照配比进行调配，装入喷枪的涂料罐，调整喷枪（压力为250kPa，喷幅约为15cm，漆流量为1/3开度）。

4）先在A区薄薄地喷涂一层，然后喷涂扩展到B区，如图4-101所示。

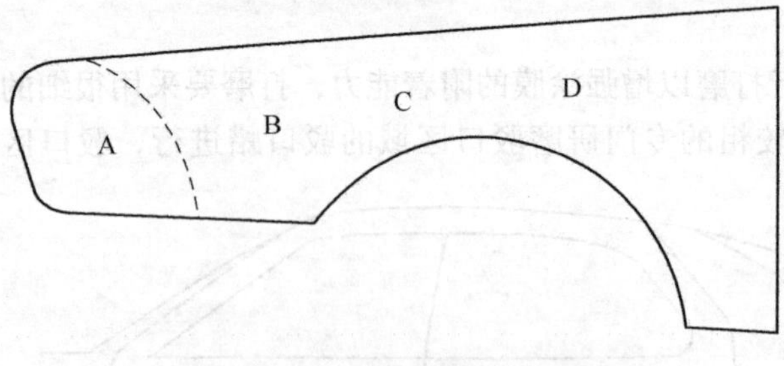


**图4-100　需要局部修补的一块翼子板**

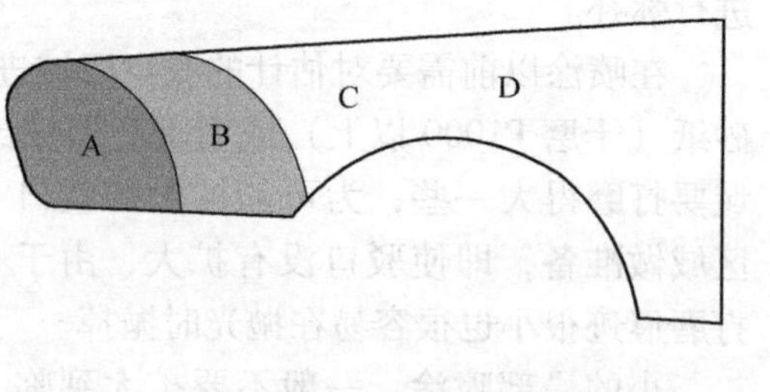


**图4-101　翼子板单工序面漆局部修补喷涂1**

5）将剩下的涂料稀释（按涂料生产厂商的技术要求调配）。

6）喷涂范围扩大至C区，薄薄地喷涂1～2层。喷涂压力和漆流量相应地调小一些，并在D区作过渡处理，如图4-102所示。

7）在D区喷涂驳口水，薄喷一层，挥发约15s，再喷涂最后一薄层，如图4-103所示。

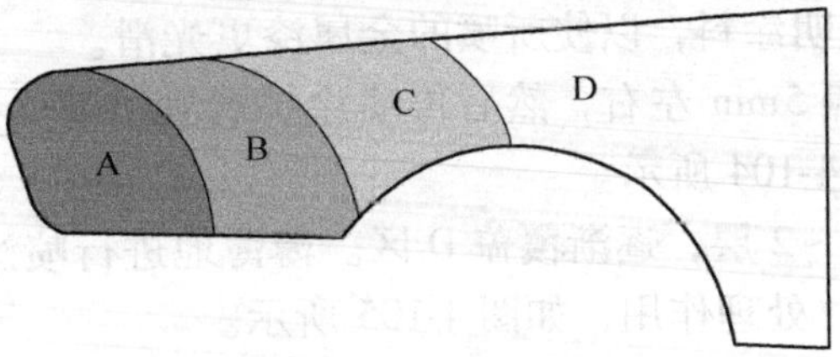


图 4-102 翼子板单工序面漆局部修补喷涂 2

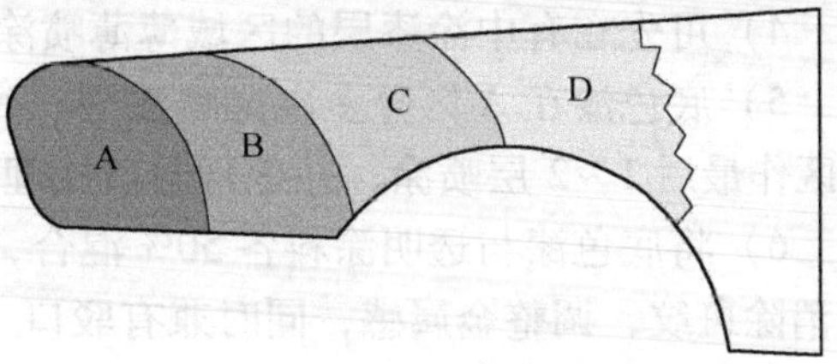


图 4-103 翼子板单工序面漆局部修补喷涂 3

4. 多工序面漆的局部喷涂

多工序面漆的局部喷涂如果是纯色底，则与单工序面漆的局部喷涂方法一样，纯色底的颜色过渡到与未修补部位融合即可，驳口部位可以控制得比较小。如果是金属漆色底的局部修补，则一般需要比较大的驳口区域才能将颜色过渡到视觉上没有差异的程度，驳口区域往往要比纯色底或单工序面漆扩大一倍以上。

喷涂银粉色底时，需要特别注意的一个问题是会产生“黑圈”现象，即在修补部位与未修补部位的结合处出现一圈颜色较深的痕迹，使修补区域非常明显。黑圈的产生主要是由于修补部位通常喷得比较湿，银粉颗粒排列比较有序，而结合部位由于比较干燥，银粉颗粒不能很好地排列，在光线折射下会显得颜色有明显的变化。

黑圈现象是可以消除的，在喷涂银粉色底以前，先取少量调配好的清漆加入 9 倍的清漆稀释剂搅匀后薄喷一遍需要修补的区域，喷涂的面积要大于需要修补的面积，这样可以使被修补区域形成一层湿润无色的底，然后进行银粉色底的喷涂修补。因为清漆干燥得比较慢，所以修补区域边缘飞溅的银粉颗粒可以在比较湿的环境下得到充分的排列，即可消除黑圈现象。消除黑圈有时也可以用挑枪的方法来实现，但效果通常不好且需要一定的技巧。

珍珠漆色底在修补喷涂时是最困难的，很难达到颜色上的统一。因此，对珍珠漆色底的喷涂除严格按照喷涂说明操作以外，往往需要更大的颜色过渡区域才能达到视觉上的一致，有时甚至需要对车身的整个一面来进行过渡喷涂。

双工序面漆在喷涂清漆层时，因为清漆的光泽度很高，面层稍有瑕疵都会显露出来，所以一般对所修补的部位整板喷涂清漆以求得统一的流平效果，不做驳口，如果必须要做驳口，则应选择不易察觉的地方来做，而且驳口尽量细小。

有些原厂双工序涂层的清漆层中也含有少量的金属漆，目的是在清漆中也能产生闪光效果以提高面层的立体装饰效果，在修补这样的清漆层时要按照配方中所要求的金属色漆添加量来操作，不要随意添加，否则会造成色差而且很难补救。

下面还以一块需要局部进行双工序面漆修补喷涂的翼子板为例进行介绍，A 区域为修补区域（施涂中涂漆层区域），如图 4-100 所示。

1）对施涂了中涂漆的部位使用 P500 砂纸进行打磨处理，并从 A 区域扩展到 B 区域。并用研磨膏或 P2000 砂纸打磨 C 区和 D 区，直至消去漆面的光亮度。

2）用脱脂剂清洁整个表面，除去粉尘、油渍和蜡质等污垢，再用粘尘布清除涂装表面可能存在的细小粉尘。

3）将经过调色的底色涂料按照配比进行调配，装入喷枪的涂料罐，调整喷枪（压力约 250kPa，喷幅约为 15cm，漆流量为 1/3 开度）。

4）可先在有中涂漆层的区域薄薄喷涂一层透明涂料，以使所喷的金属漆更光滑。

5）底色漆在A区分多次薄喷涂层，每层间隔5min左右，然后再喷涂扩展到B区。在C区作最后1~2层喷涂，并进行驳口处理，如图4-104所示。

6）将底色漆与透明涂料各50%混合，喷涂1~2层，逐渐覆盖D区。薄薄地进行喷涂，以消除斑纹，调整金属感，同时兼有驳口（晕色）处理作用，如图4-105所示。

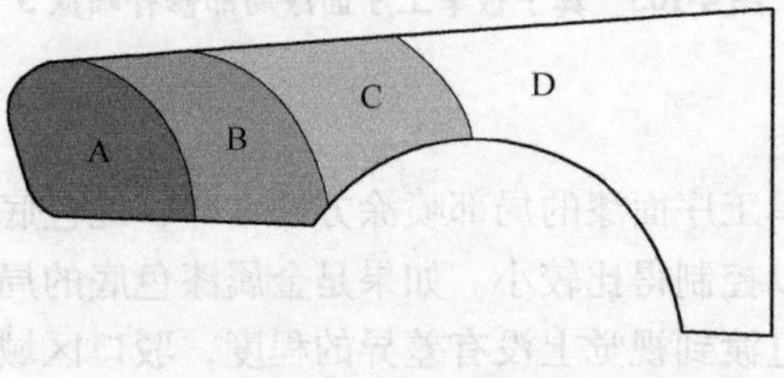


图4-104　翼子板多工序面漆局部修补喷涂1

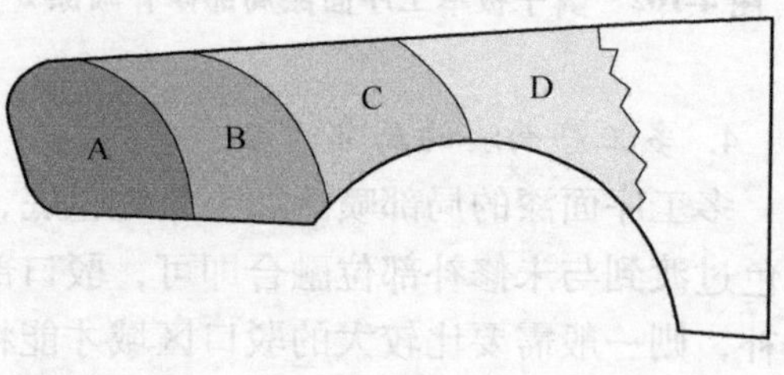


图4-105　翼子板多工序面漆局部修补喷涂2

7）静置15~20min，用粘尘布除去飞漆及尘灰。

8）喷涂1~2层罩光清漆，覆盖整个区域。可在D区喷涂界限外喷涂驳口水，以溶解过多的漆雾，挥发15s左右，薄喷最后一层，如图4-106所示。

## 六、清漆喷涂和清除贴护

### 1. 清漆喷涂

在底色涂层喷涂完毕后，同样的只要等到涂膜表面完全失光即可喷涂清漆，不必等色底涂膜完全干燥。清漆一般喷涂两道，膜厚在40~60μm，喷涂手法同单工序面漆相同，如图4-107所示（参见彩图）。清漆中稀释剂的用量要控制在10%以内，有时也可以不加稀释剂，因为如果稀释剂添加过多，则容易引起清漆层表面失光，致使整个面漆层的光泽度不够。

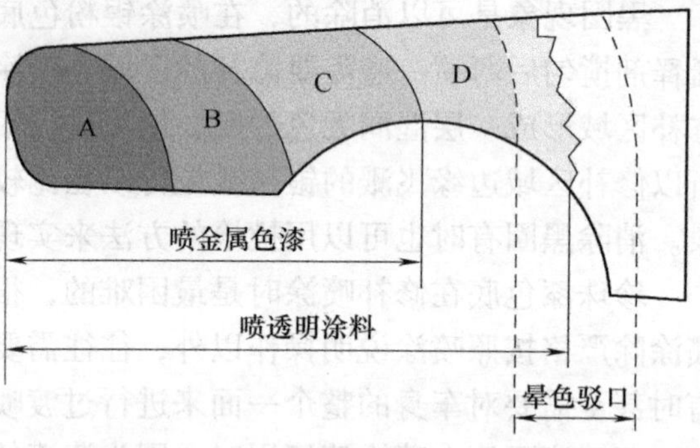


图4-106　翼子板多工序面漆局部修补喷涂3

清漆的作用是保护底色漆、银粉漆和珍珠漆，防止氧化，抗紫外线及提高光泽度，使车体显出艳丽色泽。喷涂过程为：

1）喷涂前配备安全措施，如供气面罩和防溶剂手套。

2）喷涂清漆前需使用粘尘布清洁喷漆位置漆尘，避免漆尘停留在表面，增加抛光劳动量。

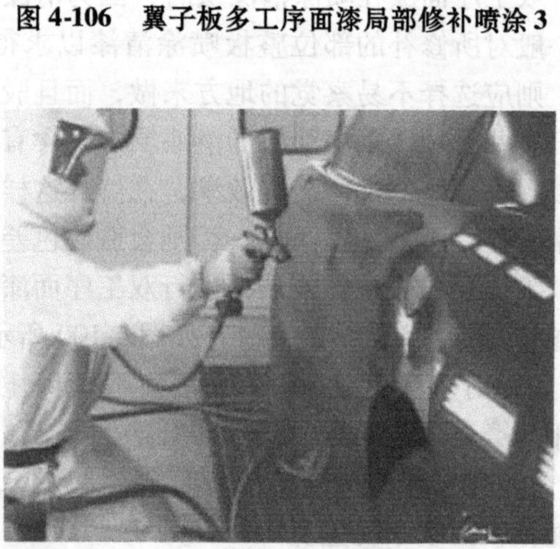

图4-107　清漆喷涂

3）喷涂2~3层清漆，喷枪距离及气压为20cm及200~230kPa，每层喷涂间隔时间需要5~10min或用手感觉边缘位置是否表面干燥。然后喷涂第二、三道清漆。

4）清漆喷涂完成后，需静置时间5～10min，待清漆溶剂挥发后即可进行烘烤干燥。

2. 清除贴护

喷涂工作完毕之后，封闭不喷涂部位的胶带和贴护纸的作用就已经完成，可以清除掉了，如图4-108所示（参见彩图）。清除贴护的工作不要等到加温烘干以后进行，因为加温后胶带上的胶质会溶解，与被粘贴表面结合得非常牢固，很难清除，而且会在被黏贴物上留下黏性的杂质。如果被贴护表面是良好的旧漆层，则由于胶中溶剂的作用还会留下永久性的痕迹，除非进行抛光处理，否则将去除不掉；涂膜完全干燥后清除胶带还会引起胶带周围涂膜的剥落，造成不必要的修饰工作等。

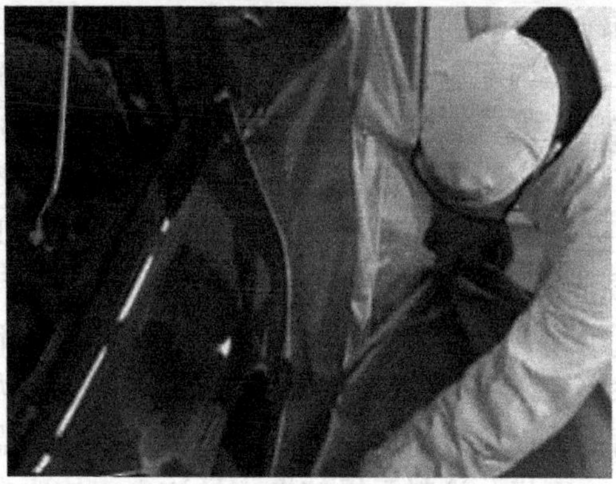

图4-108 清除贴护

贴护的清除工作应在喷涂完毕之后，静置20min左右的时间，待涂膜稍稍干燥后即可。静置20min左右的时间也有利于涂膜中溶剂的挥发，避免喷涂完毕后直接加温烘烤所造成的涂膜热痱等故障。

清除工作应从涂层的边缘部位开始，决不能从胶带中央穿过涂层揭开胶带。揭除动作应仔细、缓慢，并且使胶带呈锐角均匀地离开表面。清除时要注意不要碰到刚刚喷涂过的地方，还应防止宽松的衣服蹭伤喷涂表面，因为这些表面尚未干透，碰到后会引起损伤，造成额外的工作。

## 总　　结

面漆的涂装必须使被修补部位的面漆涂层无论在颜色、光泽度还是在表面流平效果等方面，都要与未修补的部位相同或相似，经过修补的区域必须达到不留修补的痕迹，否则会影响面漆的装饰效果。

单工序素色面漆喷涂完成后，面漆层即具有良好的光泽，一般不用再喷涂罩光清漆，所以称为单工序。由两道以上的喷涂工序完成的面漆称为多工序面漆或多涂层面漆。金属面漆中银粉漆的喷涂即典型的双工序喷涂。

双工序面漆即先喷一层有颜色的面漆，在其上面再喷涂一层无色透明且具有很高光泽度的罩光清漆来增加光泽度和保护底下的有色面漆，因这种面漆的喷涂是由两道工序——有色面漆和罩光清漆组成，所以称为双工序。金属面漆中的珍珠漆情况又比较特殊，珍珠漆中所含的云母颗粒通透性很高，所以遮盖能力极差，在喷涂时需要先喷一层与底色漆颜色相近或相同的色漆底提高遮盖能力，然后喷涂珍珠漆，珍珠漆上再喷涂罩光清漆。这种面漆用三道喷涂工序完成。喷涂金属漆时还要注意运枪的速度、喷枪的距离、喷幅的重叠程度等必须均匀，喷涂气压要保持稳定，否则会由于有的地方较湿，有的地方较干，造成起云故障（俗称喷花）。喷花的表面颜色深浅不一，在喷涂完清漆后更加明显，是金属漆喷涂绝对不能出现的。

面漆的修补喷涂必须根据原涂层选择正确的用料，对所修补的区域要进行准确的调色，根据所修补区域的特点采用相应的喷涂手法和处理措施等才能达到无痕修补的目的。按照原车面漆层的状况、需要修补的面积以及位置，一般将修补喷涂分为局部修补喷涂和整车喷涂。

在调配色漆时必须充分搅拌，使所有沉淀的颜料搅拌起来混入漆液中。不同颜料的密度差异很大，有些颜料密度高达漆液的 7 ~ 8 倍，因此它总是沉淀，无法始终保持悬浮状态；有些则轻而不易沉淀，所以必须充分搅拌均匀，以免造成色差。

汽车车体表面已完成中涂底漆的基础工作，达到平整光滑且无缺陷，表面轮廓外形线清楚准确，用 P400 ~ P500 砂纸干磨后，符合涂装允许的粗糙度，不涂漆部分应小心用专用遮蔽纸加胶带封闭。被涂底材要用专用除油剂进行脱脂、除蜡，用粘尘布轻擦整个被涂面以清除浮尘，在擦抹过程中粘尘布不要使太大力压在涂面上，否则粘尘布上的黏性清漆会粘到涂面上，面漆喷涂后在涂面上会产生类似麻点的缩孔。

双组分涂料干燥较慢，易沾尘，故要求施工环境清洁，喷涂工作要在有排风设备的喷漆房内进行。固化剂异氰酸酯对水、油敏感性极强，要求空气压缩机能提供纯净而干燥的压缩空气。喷枪喷出的喷雾流要均匀，注意选用合适口径的喷枪，过大的口径会造成出漆量大，而使被涂面的漆膜产生流挂和桔皮。要用专用过滤网在喷涂前对涂料进行过滤，确保喷涂后的漆膜上无肉眼可见的颗粒。

整车修补涂装是修补施工中最有代表性、最为全面的涂装工艺。它的关键是要保持有湿边，同时应尽量减少水平表面上的飞漆，以防止漆雾沉积到已干的部位而造成砂状表面。

## 思考问题

**一、填空题**

1. 面漆的分类方法很多，按颜色效果可分为________、________；按成膜物质种类可分________、________和________等；按固化机理可分________、________和________、和催化固化型；按施工工序可分________、________和________等。

2. 双组分涂料必须加入________才能干燥并保证良好的质量。

3. ________的主要作用是用来调节涂料的黏度以利于涂装工作和保证涂膜厚度的均匀。

**二、判断题**

1. 颜料的沉淀现象不只存在于未喷之前，在喷涂到喷涂表面后涂膜干燥的过程中仍然在沉淀，所以有时会出现刚刚喷涂完毕和涂膜干燥之后喷涂表面有色差。（　）

2. 一般来说，出厂的面漆黏度通常很高，目的在于减慢沉淀的速度，因此在使用时除了先充分搅拌均匀后，要稀释到适合喷枪雾化的黏度。（　）

3. 固化剂也具有稀释涂料的作用，故可当作稀释剂使用。（　）

**三、简答题**

1. 面漆的功能有哪些？如何选用？

2. 如何进行局部修补涂装？

3. 面漆的涂装前准备工作有哪些？

4. 如何正确使用添加剂？

5. 整车的喷涂程序是什么？

6. 单工序、双工序和三工序面漆的涂装方法是什么？

## 拓展提高

### 影响金属色漆颜色的因素

金属漆在喷涂时要避免喷得过湿或过干。过湿的涂膜颜色比较深，金属效果差，这主要是由于涂膜表面的溶剂成分较多，挥发慢，金属颗粒有比较长的时间沉淀，所以排列比较规则，大量的颜料颗粒会上浮，如图 4-109 所示。这样喷出来的漆膜从正面观察会显得颜色深，而从侧面观察时由于金属的反光效果，会显得颜色略浅；喷涂时，出漆量过大、喷涂距离太近、喷幅重叠量太多、运枪速度太慢等都会造成上述的现象。

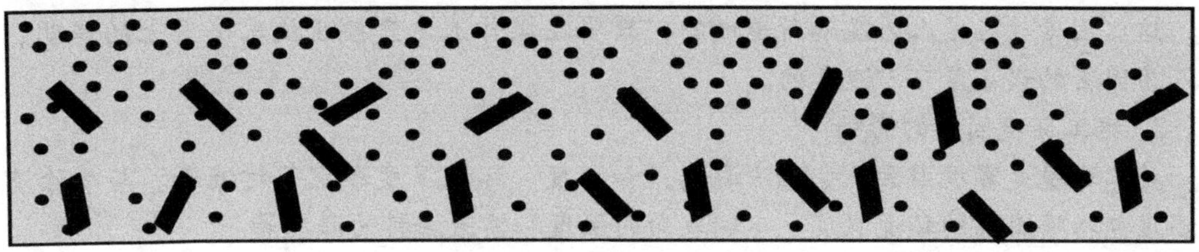

**图 4-109　过湿的涂膜**

如果表面喷得过干，情况则相反，由于施喷表面比较干燥，银粉颗粒的沉淀时间短，所以排列无序，杂乱无章，对光线的反射效果强。同时，由于喷涂到施喷表面上的颜料较少，所以会显得颜色浅。干喷的漆膜从正面观察颜色要浅一些，而从侧面观察颜色要深些，如图 4-110 所示。

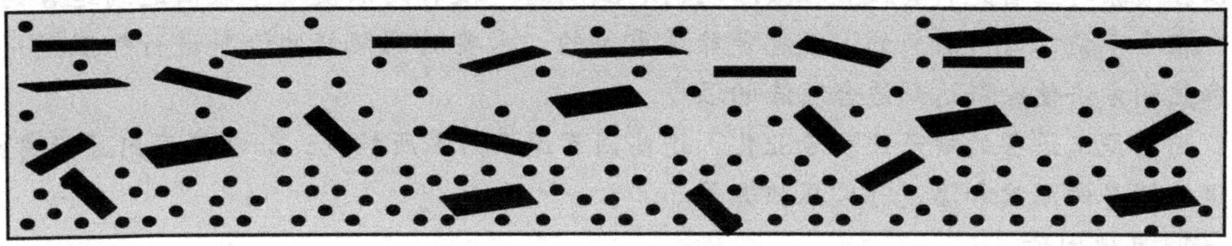

**图 4-110　过干的涂膜**

除喷涂手法造成金属色漆颜色的变化以外，喷涂时的环境、设备情况等也会造成颜色的变化，喷涂金属漆时还要注意运枪的速度、喷枪的距离、喷幅的重叠程度等必须均匀，喷涂气压要保持稳定，否则会由于有的地方较湿，有的地方较干，造成起云故障（俗称喷花）。喷花的表面颜色深浅不一，在喷涂完清漆后更加明显，是金属漆喷涂不允许出现的。

## 课 外 阅 读

### 影响颜色的因素

由于汽车修补施工的特点，决定了其必须使用手工喷涂。因为人手操作的随意性，所以油漆的颜色会出现色差。此外，施工环境也能明显造成喷涂后的色差。一般经验而言，深颜色的金属漆受到的影响小，浅颜色的金属漆受到的影响大，实色漆基本上不会受到影响。下面将影响颜色的因素归纳如下：

1. 个人喷涂习惯的影响

手工喷涂的效果受很多个人习惯所制约，如走枪快慢、枪距远近、喷涂遍数、流量调节、闪干时间和漆膜厚薄等都会对最后的颜色产生影响。对于大多数色漆而言，这些因素会造成颜色的深浅不一。究其原因，主要是因为银粉分布不同所造成的。

2. 其余人为操作因素的影响

除了上述人为习惯造成的影响外，另外一些手工操作上的因素也会对颜色造成影响，如稀释剂配比、稀释剂类型、喷枪口径、气压调节和枪幅（扇面）调节等。

这些因素往往是人为疏忽所造成的，只要在操作上注意按照技术手册上的说明，这些人为因素的误差是可以避免的。

3. 施工环境因素的影响

施工环境是客观因素，也无法避免，如温度、环境湿度和空气对流等。与喷涂有关的温度包括喷漆间的环境温度、车辆表面的温度和喷涂涂料的温度等。

喷漆间的环境温度一般以20～25℃最为合适。在寒冷的冬季，由于开动循环风后进入喷漆间内的多为寒冷的空气，此时需要加热喷漆间的温度（按动开关，烤漆房均具备自动调整房内气温的功能）；夏季温房内温度与外界基本相同，此时一般通过选用较慢干的稀释剂和固化剂适当调整涂料的干燥速度来适应。

需要喷涂的车辆如果在喷涂之前放置在寒冷的室外，车身表面需要喷涂的地方温度会很低，直接喷涂会造成溶剂的挥发速度减慢，引起颜色的协调和硬化等方面的问题，所以在喷涂时应首先将其放置在喷漆间内加温烘烤一段时间以使喷涂表面达到适合的温度。在冬季施工时，涂料的温度也是非常重要的，需要对调配好的涂料进行保温或用热水加热的方法使涂料达到适合喷涂的温度。

随着施工设备的规范化和专业化，这些因素逐渐为人所控制，如在烤房内进行喷涂，可调节烤房的温度和湿度、风压状况等。

4. 其他因素

除了上面所说的这些，还有一个不为人所注意的因素：色母颜料的比重。因为这种轻重的区别，对各种颜料在油漆流平、闪干的过程中的分布有重要的影响。白色母是最明显的例子，有大量白色母使用的实色漆在湿漆状态下颜色又浅又亮，喷涂后烤干颜色不但鲜艳多了，而且还会变暗。

另一个有比较明显影响的是蓝色。蓝色母是最轻的一类色母，也最容易受施工条件的影响。根据施工的不同，实际喷涂后的蓝色有可能出现由偏红到偏绿的各种差异色。就经验而言，喷涂手法偏薄、干得快，颜色容易浮现出红色；喷涂手法偏重、干得慢，颜色容易发绿。

综上所述，利用手工喷涂的修补漆在颜色的重现性上面是相当弱的。可以说，即使是同一罐油漆、同一把喷枪、同一个人，只要在不同的时间喷涂，都有可能得到不同的结果。这是不可避免的缺点。但从另一方面来讲，也可以转化为优点，那就是施工人员的灵活掌握，利用喷涂方式的改变从而达到微调颜色的目的。

# 学习任务六　涂膜缺陷的检查和修整

**知识点：** 涂膜质量的检测；喷涂过程中产生的漆膜缺陷及其防治方法；涂装后产生的漆膜破坏状态及其防治方法。

**能力点：** 抛光打蜡工艺；涂膜的修整。

## 任务情境

某车辆在进行完汽车修补涂装后，为了确定涂膜的质量，同时检测在涂装过程中有无漆膜缺陷以及对产生的缺陷进行正确的防治和处理。汽车维修企业也可为客户提供如何防护涂装后产生漆膜破坏的建议，为涂装后的车辆进行抛光打蜡处理，从而使涂装后的车辆更亮丽，取得更好的客户满意度。

## 任务分析

喷涂过程中常会由于种种原因在面漆表面造成一些微小的故障，如流挂、个别的涂膜颗粒（脏点）、微小划擦痕迹和凹坑等，影响装饰性，因此必须进行检测和修整。本任务主要介绍常见涂装缺陷的种类及其成因和补救措施、方法，通过本任务的学习应能够正确判别涂膜的各种常见缺陷，分析成因，并能加以解决。

## 相关知识

### 一、涂膜质量的检测

涂膜质量的检测是取得优异的汽车涂装效果的重要保证。做好涂装质量检验工作不仅是给用户的汽车涂层提供满意的外观装饰效果、优异的抗腐蚀性和耐久性，同时也是对企业负责，推动企业发展的有力保证。因此，在涂装工作之前一定要做好各项准备工作，必要时要进行喷涂样板测试等，以确保涂装的质量，节约时间和操作成本。

1. 涂膜的附着力检测

涂膜的附着力是指涂膜与被涂物面之间的结合力，用它表示涂膜与被涂物之间的结合牢固程度。要真正测得涂膜的附着力是比较困难的，目前只能以间接的手段来测定，往往测得的结果除附着力外还包括一些其他的综合性能，而在硬度、冲击强度、柔韧性试验中，也可以间接地反映出涂膜的附着力。

目前，测定涂膜的附着力常采用两种方法，即综合测定法和剥落测定法。综合测定法包括栅格法、交叉划痕法和画圆法；剥落测定法包括扭开法和拉开法。根据 GB 1720—1979 规定，广大企业普遍使用综合测定法中的画圆法来测定涂膜的附着力，所得的结果也被广泛认同。

画圆法即用附着力测定仪在喷涂样板上按圆滚线划出一圈一圈的划痕，然后查看划痕范围的涂膜完整程度来进行评定。

测定方法：待喷涂样板彻底干燥后，在恒温、恒湿条件下测定。测量时，首先调整划针的回转半径，直至与标准回转半径5.25mm的圆滚线相同为止。将样板放在试验台上并固定，在荷重盘上酌加砝码，使转针的尖接触到涂膜并能划至金属层。按顺时针方向均匀摇转摇柄，转速以80～100r/min为宜，圆滚线划痕标准图长为（7.5±0.5）cm。取出样板，用毛刷清除漆屑，以四倍放大镜观察划痕并做出评定。

评定的方法：以样板上划痕的上侧为检查的目标，依次标出七个部位，相应地将其附着能力分为七个等级，按顺序检查涂膜的完好程度。例如：部位1涂膜完好，附着力评为1级；部位2、3、4、5、6均有不同程度的脱落，依次评为2、3、4、5、6等级；部位7脱落最多，评为7级。测试的结果以至少两块测试样板的结果一致为准。这种方法用来做不同涂料或不同底材的附着力比较测试较为常用。

在没有测试仪器的情况下，可以使用一种比较简便易行的方法进行附着力测试，方法如下：在完全干燥的样板上，取不同的部位，分别用锋利的刀片或划针在1$cm^2$范围内划横10条、竖10条划至金属层的直线，将这一小面积划分为若干个1mm见方的小方格，然后用黏度较大的塑料胶带粘贴在这些小方格上，用力撕下胶带，观察涂膜的剥落现象，从而评定涂膜的附着能力，如图4-111所示。这种方法由于局限性比较大，所以只作为参考用，不能作为评判的标准。但由于该方法简便易行，所以在涂装车间进行简单测试时经常采用。

2. 涂膜柔韧性的检测

涂膜的柔韧性又称为弹性或弯曲性，是指涂于一定规格金属板上的涂膜能够经受的最大弯曲程度（最小弯曲直径），即涂膜经过一定程度的弯曲后而不发生破坏的性能，用弯曲直径（mm）表示。测试时必须使用柔韧性测定器，将喷涂样板在不同直径的轴棒上弯曲，直至弯曲后不引起涂膜破坏的最小轴棒为止，最小轴棒的直径即表示该涂膜的柔韧性数值。

3. 涂膜的耐冲击强度检测

涂膜的耐冲击强度是指涂膜能承受外来冲击而不损坏的程度。根据GB 1732—1979《涂膜的耐冲击测定法》规定，以钢锤的重力与其落于涂膜样板上而不引起破坏的最大高度的乘积（N·cm）来表示。

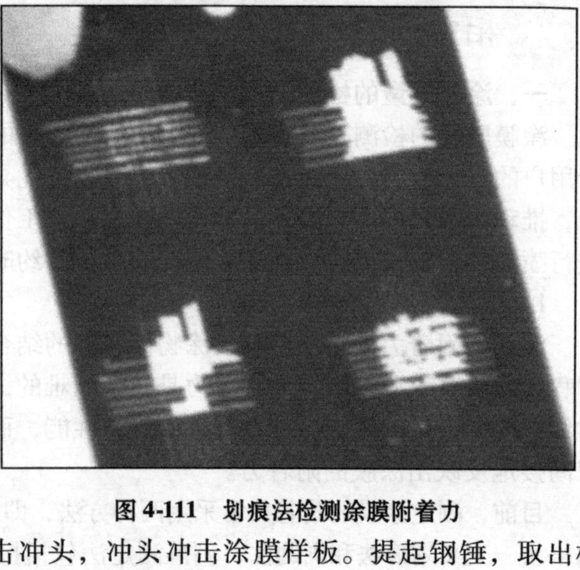

图4-111 划痕法检测涂膜附着力

测试方法：按国标规定，待测试样板涂膜彻底干燥后在恒温、恒湿条件下进行。涂膜向上，将样板放置在试验器下部的铁砧上。样板承受冲击的部分距边缘不少于15mm。钢锤控制在一定的高度（通常为涂料产品标准规定的高度），按压控制按钮，钢锤自由下落并冲击冲头，冲头冲击涂膜样板。提起钢锤，取出样板，用四倍放大镜观察涂膜有无裂纹、皱纹和剥落等破坏现象。

4. 涂膜硬度的检测

涂膜硬度是指涂膜彻底干燥后具有的坚实性，即涂膜表面对作用于其上面的另一个硬度较大的物体所表现的阻力。这个阻力可以通过一定重量的负荷作用在比较小的接触面积上，测定涂膜抵抗变形的能力来表现出来。它是表现涂膜机械强度的重要指标之一。

对于涂膜硬度还有一种比较简便的方法，使用铅笔来测定其硬度值。测试用的铅笔质量要求有保证，各级笔芯的硬度要有明显且均匀的差异，准备铅笔一套，如图4-112所示（参见彩图），从6H到6B共13支。

从最软的铅笔开始，保持铅笔与测试样板呈45°角，由后向前推进，如图4-113所示，如果笔芯划破涂膜，则说明涂膜的硬度比该铅笔的硬度低一号。这种方法因使用简便而被广泛采用，但因铅笔的生产制造存在很大的差异，所以仅可以作一般比较和简单检测使用，不能作为标准。

图4-112 检测涂膜硬度用的铅笔

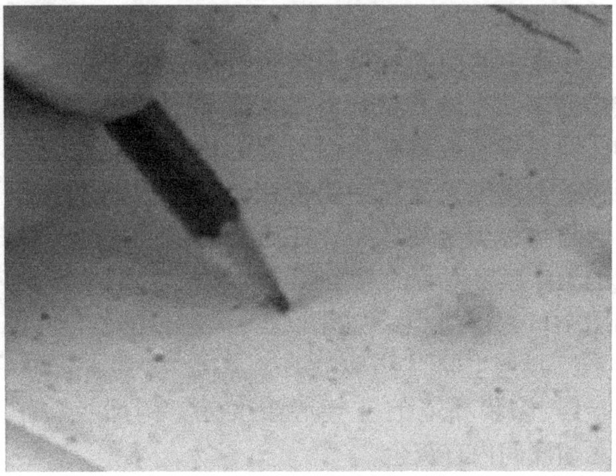

图4-113 用铅笔测试样板硬度

5. 涂膜光泽度的检测

所谓涂膜光泽度，是指涂膜表面把投射其上的光线朝向一个方向反射出去的能力。涂膜表面如果平整光滑，那么光线向一个方向反射的能力就强，涂膜越亮，其光泽度好，反之就差。涂膜表面反射光的强弱不但取决于涂膜表面的平滑或粗糙程度，还取决于涂膜表面对投射光的反射量和透过量的多少。

在同一涂层表面，以不同入射角投入的光会出现不同的反光强度，因此在测量光泽度时，不管是目测还是采用仪器，都必须首先确定光的入射角。我国规定采用的标准入射角为45°。一般光泽的大小均是相对的比较值，即光泽计附有一块高光泽标准样板（黑玻璃），规定该标准样板的光泽为100%，与被测定的涂膜的样板进行比较，用百分比表示。

光电光泽计的原理是将一定角度的光投射于被测涂膜样板上，通过透镜反射，并用光电池将反射光强度转化为电能，在通过精密的检流计测定。用该测定值与同样条件下光泽计内附的标准板所反射的光量值进行比较，其比值的百分数即被测样板的光泽度。

进行光泽度检测时需要同时测量不同的几点（不少于三个点）以进行综合评定。每测定五块标准板后，应校对一次，标准板宜用专用镜头纸或柔软绒布擦拭，以避免损伤镜面。

6. 涂膜厚度的检测

涂膜的厚度检测目前常采用两种方法，一种是利用千分尺来进行测量，这种方法不能直接测得被涂车辆的膜厚，只能测量喷涂样板。将喷涂样板遮盖后进行喷涂，待干燥后用千分尺分别测量未喷涂部位的厚度与喷涂部位的厚度，两者之差即膜厚。

对于被涂车辆车身上的膜厚，通常采用磁性测厚仪测定。用磁性测厚仪测量膜厚也有缺点，它只能测量钢铁等导磁金属表面的涂膜厚度，对于不导磁物体则无法测量；若汽车车身表面经过多次修复或涂有很厚的原子灰层，则会影响导磁，从而导致不能测量。

使用磁性测厚仪测量时，首先要进行归零处理，即取出探头，插入仪器的插座上，选用一块与被测物底材相同的材料，擦洗干净，把探头放在底板上按下电钮，再按下磁心。当磁心跳开时，如果指针不在“0”位，则必须调整调零电位器使其归零，调零后即可进行测量。取距样板边缘不小于1cm的被涂物面上的几个点进行测量。将探头放在被测涂膜上按下电钮，再按下磁心，使之与被测涂膜完全吸合，此时表盘上的指针缓慢下降，待磁心跳开，指针稳定时即可读出涂膜的厚度值。取测量各点厚度的算术平均值作为被测涂膜的平均厚度值。

## 二、喷涂过程中产生的漆膜缺陷及其防治方法

涂装过程（含涂装后不久）中产生的漆膜缺陷，一般与被涂物表面的状态、选用的涂料、涂装方法及操作、涂装工艺及设备和涂装环境等因素有关。现将汽车涂装过程中常见的漆膜缺陷及其防治方法介绍如下：

1. 颗粒

漆膜中的凸起物呈颗粒状分布在整个或局部表面上的现象。由混入涂料中的异物、涂料变质或过喷涂而引起的称为涂料颗粒；金属闪光涂料中铝粉在涂面造成的凸起异物称为金属颗粒；在涂装时或刚完成的湿漆膜上附着的灰尘或异物称为尘埃，如图4-114所示（参见彩图）。

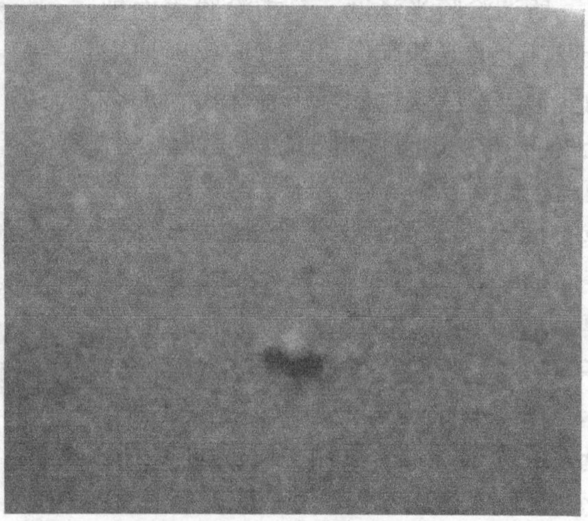

图4-114 颗粒

（1）产生原因

1）涂装环境的空气清洁度差，调漆室、喷漆间内有灰尘。

2）施喷件表面不清洁。例如：打磨后施喷件内外没有彻底清洁；选用质量较差的棉布做清洁，而棉布的纤维物留在施喷件上。

3）施工操作人员工作服、手套等材料掉纤维。

4）易沉淀的涂料未充分搅拌或过滤。

5）涂料变质，如漆基析出或反粗、颜料分散不佳或产生凝聚、有机颜料析出、闪光色漆的漆基中铝粉分散不良等。

6）喷漆间内温度过高或溶剂挥发太快。

7）漆雾过多（干喷涂），涂料的黏度过高。

8）输漆系统中用的泵不合适，喷漆间压力不平衡，压缩空气没有过滤或过滤时不充分。

（2）防治方法

1）调漆室、喷漆间内的空气除尘要充分，确保涂装环境洁净。

2）施喷件表面应清洁，如用黏性擦布擦净或用压缩空气吹净喷涂表面上静电吸附的尘埃。

3）操作人员要穿戴不掉纤维的工作服及手套。

4）供气管路上要安装有过滤器。

5）不使用变质或分散不良的涂料。

6）调整喷漆间内的温度，添加高沸点溶剂。

7）注意喷涂顺序，注意喷漆间内的风速，调整油漆黏度。

8）推荐使用柱塞泵，调整压缩空气的压力。

2. 流挂

喷涂在施喷件垂直面上的涂料向下流动，使漆膜产生不均一的条纹和流痕的现象，根据流痕的形状可分为下沉、流挂、流淌等，如图 4-115 所示（参见彩图）。

下沉是指涂装完毕到干燥期间涂层局部垂流，产生厚度不均匀的半圆状、冰瘤状、波状等的现象；流挂是指在采用浸、淋、喷、刷等涂装方法的场合，涂料在被涂物的垂直面和边缘附近积流后，照原样固化并牢固附着的现象；流淌是指被涂物垂直表面漆膜大面积的流挂现象。

图 4-115　流挂

（1）产生原因

1）所用溶剂挥发过慢或与涂料不配套。

2）一次喷涂过厚，喷涂操作不当，喷幅重叠过多，或喷涂距离和角度不正确。

3）涂料黏度偏低。

4）喷涂时环境温度过低或周围空气中的溶剂含量过高。

5）涂料中含有密度大的颜料（如硫酸钡）。

6）在光滑的被涂物或漆膜上喷涂新漆时，也容易发生垂流。

7）各涂层之间的相隔时间太短。

8）喷枪的喷嘴直径过大。

（2）防治方法

1）正确选择溶剂，注意溶剂的溶解能力和挥发速度。

2）提高喷涂操作的熟练程度，喷涂均匀，注意喷枪与喷涂表面的距离和角度，一次不宜喷涂太厚（一般控制在 20μm 左右为宜）。

3）严格控制涂料的施工黏度和温度。

4）喷枪的喷嘴直径应适当。

5）调整涂料配方或添加阻流剂。

6）在喷涂前要预先打磨。

3. 气泡

气泡是指涂膜的一部分从漆面或底漆层浮起，且其内部充满着液体或气体，直径为1～5mm或呈大块浮起。搅拌引起的气泡或由溶剂蒸发产生的气泡，在涂装成膜过程中未消失而残留在漆膜中，统称为气泡。由底材或漆面所吸收含有水分、溶剂或气体，使漆面在干燥（尤其是烘干）过程中呈泡状鼓起的缺陷，分别称为水气泡、溶剂气泡或空气泡，如图4-116所示（参见彩图）。

（1）产生原因

1）溶剂挥发快，涂料的黏度偏高。

2）烘干时加热速度过快，晾干时间过短。

3）施喷件的表面（填料、裸露金属等）未进行充分的清洁；漆面中含有（或残留有）溶剂、水分或空气。

4）搅拌混入涂料中的气体未释放尽就喷涂。

5）当喷涂面漆后，工件长时间存放于潮湿环境中而形成潮湿效应。

6）施喷件的温度过高，从而加速了正常干燥相隔时间。

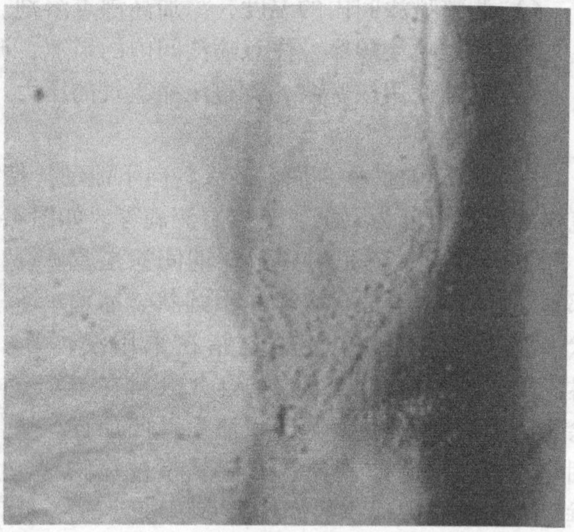

图4-116　气泡

7）被涂面有油、汗液、指纹、盐碱、打磨灰等亲水物质存在。

8）清洗被涂面的最后一道水含有杂质离子。

9）使用环境高温、高湿或梅雨季节。

10）所用涂料的耐水、耐潮性差。

11）涂膜得不到充分干燥、固化。

（2）防治方法

1）使用指定溶剂，黏度应按涂装方法选择，不宜偏高。

2）漆面烘干时升温不宜过急。

3）施喷件表面应干燥、清洁，上面不能残留有水分和溶剂。

4）添加醇类溶剂或消泡剂。

5）喷涂面漆后，工件应放置在干燥的环境中。

6）降低施喷件的温度，使其温度略高于喷涂环境温度。

7）被涂面应清洁，决不允许有亲水物质，尤其是水溶性盐碱残存。

8）漆前最后一道水应用去离子水。

9）涂膜应干透。

10）使用耐水优良性涂料。

4. 缩孔、抽缩、鱼眼

受施喷件表面存在的（或混入涂料中的）异物（如蜡、油或硅酮等）的影响，涂料不能均匀附着，进而产生收缩而露出施喷件表面。由于产生的原因及现象有较大的差别，露底面积大的且不规则的称为抽缩；呈圆形（直径多为0.1～2mm）的称为缩孔；在圆孔内有颗粒的称为鱼眼。这种缺陷产生在刚涂装完的湿漆膜上，有时在烘干后才发现，如图4-117所示（参见彩图）。

（1）产生原因

1）所用涂料的表面张力偏高，流平性差，释放气泡性差，本身对缩孔的敏感性差。

2）调漆工具及设备不洁净，使有害异物（有些是肉眼看不见的）混入涂料中。

3）被涂物表面不干净，有脂肪、油、蜡、肥皂和硅酮等异物附着。

4）涂装车间中空气不清洁，有油雾、漆雾和蜡雾等。

5）涂装工具、工作服和手套不干净。

（2）防治方法

1）在选用涂料时，要注意涂料对缩孔的敏感性。

2）在喷漆间，无论是设备、工具还是生产用辅助材料等，绝对不能带有对涂料有害的物质，尤其是硅酮。使用前要进行试验检查。

3）应确保压缩空气清洁，无油、无水。

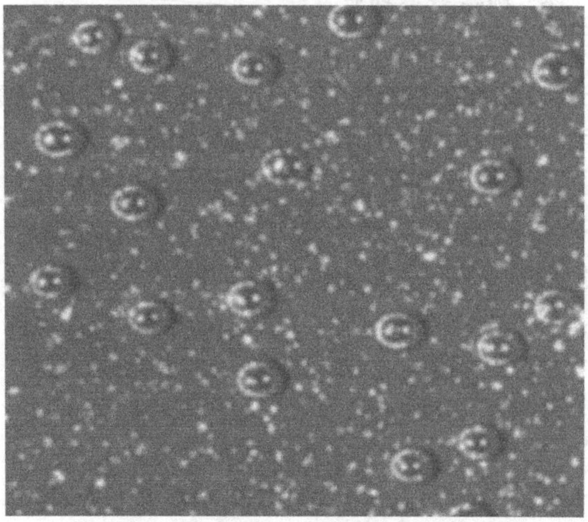

**图4-117 鱼眼（放大100倍）**

4）确保涂装环境清洁，空气中应无灰尘、油雾和漆雾等漂浮。

5）严禁用手、脏抹布和脏手套接触被涂物表面，确保被涂物表面的清洁。

6）在旧涂层上喷漆时，应用砂纸充分打磨，并擦拭干净。

5. 云斑（银粉不匀）

云斑是指在喷涂金属银粉漆面时，因喷涂的厚度不均匀、施工方法不当和所用溶剂与涂料不配套而引起的银粉分布不匀、定向不匀，导致漆膜外观颜色不均匀的现象。这种缺陷常发生在喷涂大面积的金属银粉漆面时，如图4-118所示（参见彩图）。

（1）产生原因

1）涂料配方不当（如银粉含量偏低、溶剂的密度大、树脂的分子量低等）。

2）喷涂时涂料黏度过低或过高。

3）涂层过厚或膜厚不均匀，雾化差，喷涂操作不熟练。

4）喷涂银粉漆与清漆采用“湿碰湿”工艺时，中间相隔时间过短。

5）喷涂环境温度低。

**图4-118 云斑（银粉不匀）**

6）涂层受湿空气或潮湿天气影响。

（2）防治方法

1）改进涂料配方，使用油漆厂指定的溶剂。

2）选用合适的喷涂黏度。

3）提高喷涂操作者的熟练程度，采用专业喷涂工具。

4）采用“湿碰湿”工艺时，中间相隔时间要足够。

5）将喷涂时的环境温度调节到合适的范围内。

6. 砂纸打磨划痕

砂纸打磨划痕是指喷涂面漆和干燥后仍能清楚地看到大量呈凹槽状印记的现象。这是由于在喷涂面漆之前的砂纸打磨痕迹，且影响涂层外观（光泽度、平滑度、丰满度和鲜映性），如图 4-119 所示（参见彩图）。

a)　　b)

图 4-119　砂纸打磨划痕

（1）产生原因

1）所选用的打磨砂纸太粗或质量差。

2）底漆层未干透（或未冷却）就打磨。

3）施喷件表面状态不良，有极深的锉刀纹和打磨纹。

4）喷涂厚度不足。

（2）防治方法

1）应按工艺要求选用打磨砂纸。在打磨填料及底漆时，最好先施涂一层指导层，待涂层干固后，使用较细砂纸作彻底打磨。

2）待底漆层干透和冷却至室温后再打磨。

3）对于要求较高的场合，以干打磨代替湿打磨。

4）提高施喷件表面的质量。

5）提高喷涂的漆膜厚度。

7. 咬起

喷涂面漆后底漆（或旧漆层）被咬起脱离而产生皱纹、胀起、起泡等现象称为咬起。喷涂含强溶剂涂料（如硝基漆）时，易产生这种现象。咬起一般还容易发生在新喷的面漆层与旧漆层的驳口处或经填补原子灰的中间漆上，如图4-120所示（参见彩图）。

（1）产生原因

1）底漆层未干透就涂下一层。

2）涂料不配套，底漆层的耐溶剂性差或面漆中含有能溶胀底涂层的强溶剂。

3）底漆层喷涂太厚。

（2）防治方法

1）底漆层干透后再涂面漆。

2）改变涂料体系，另选用合适的底漆。

3）在易产生咬起的涂层上，应先在底涂层上薄薄地喷涂一层面漆，待稍干后再喷涂。

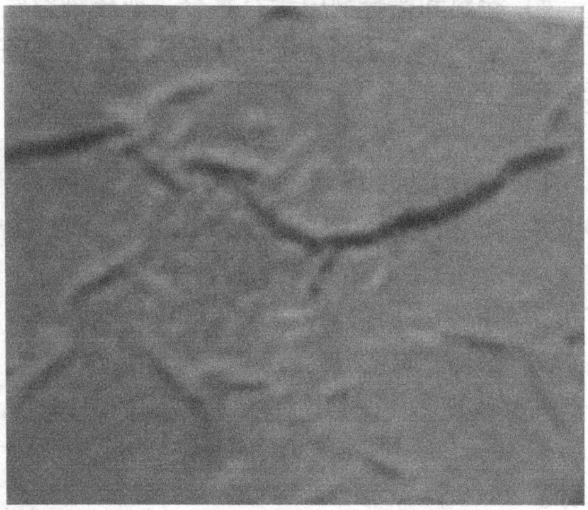

图4-120 咬起

8. 桔皮

桔皮是指在喷涂时不能形成平滑的干漆膜面，而成桔皮状的凹凸现象。凹凸度约为3μm，如图4-121所示（参见彩图）。

（1）产生原因

1）涂料黏度大，流平性差。

2）压缩空气压力低，导致雾化不良。

3）喷涂时使用干喷式施喷。

4）施喷件和空气的温度偏高，喷漆间内风速过大，溶剂挥发过快。

5）晾干时间短，喷涂厚度不足。

6）喷涂时喷枪与施喷件表面距离较远。

（2）防治方法

1）选用合适的溶剂，添加流平剂或挥发较慢的高沸点有机溶剂，以改善涂料的流平性。

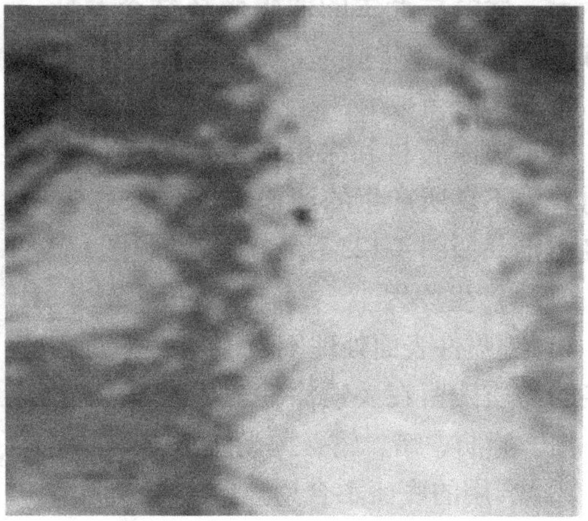

图4-121 桔皮

2）选择合适的压缩空气压力，选择出漆量和雾化性能好的喷涂工具，使涂料达到良好的雾化。

3）一次喷涂到规定厚度（控制到不流挂的程度），适当延长晾干时间，不宜过早进入烤房烘干。

4）施喷件温度应冷却到30℃以下，喷漆间内的温度应保持在20℃左右。

5）调整喷枪与喷涂表面的距离。

9. 白化、发白

白化、发白是指涂装过程中和刚涂装完毕的涂层表面呈乳白色，产生似云那样的变白失光现象。这种缺陷多发生在涂装挥发性涂料的场合，严重时完全失光，如图4-122所示（参见彩图）。

（1）产生原因

1）喷漆间的湿度太高。

2）所用有机溶剂的沸点低，而且挥发太快，会使漆膜过快冷却，发生水汽凝结现象。

3）喷漆间内环境温度过高或施喷件的温度过低。

4）涂料和稀释剂中含有水分，或压缩空气中含有水分。

5）溶剂和稀释剂的选用及配比不合适，晾干过程中溶剂挥发过快，造成树脂在涂层中析出而变白。

（2）防治方法

1）喷漆间的环境温度最好控制在20℃左右，相对湿度不高于70%。

2）选用沸点较高和挥发速度较低的有机溶剂，如添加防潮剂。

3）涂装前先将施喷件在喷漆间内放置一段时间或加热，使其比环境温度略高。

4）防止通过溶剂和压缩空气带入水分。

5）防止树脂在成膜过程中析出。

图 4-122 白化、发白

**三、涂装后产生的漆膜破坏状态及防治方法**

1. 粘接不牢

由于喷涂底材和涂层或涂层与涂层之间附着力不良所产生的漆面剥落现象称为粘接不牢，如图 4-123 所示（参见彩图）。

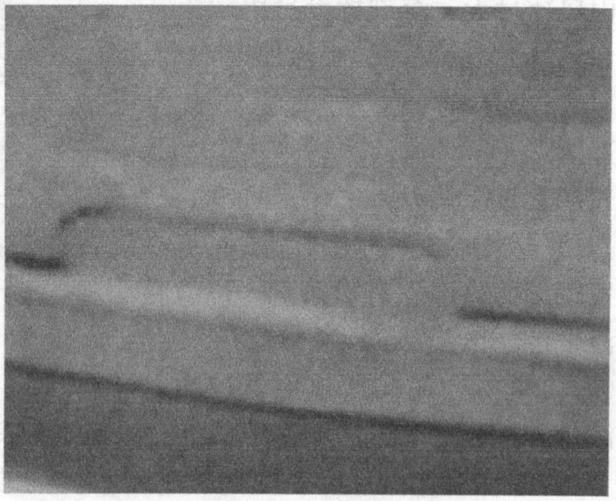

图 4-123 粘接不牢

（1）产生原因

1）施喷件表面处理不当，有一些影响粘接的物质残留在要喷涂的表面上（如硅酮、油、脂肪、蜡、锈、抛光残留物等）。

2）选用的底漆不合适。

3）施喷件表面打磨不充分或未进行打磨。

4）喷涂底漆或面漆时使用干喷或面漆喷涂太厚。

5）喷涂金属银粉漆时，涂层与涂层之间的相隔时间太短或油漆调配太浓。

6）喷涂时底材表面温度太高或太低。

（2）防治方法

1）打磨时要充分。

2）彻底清洁欲喷涂的区域。

3）在有可能发生粘接不牢的施喷件（如铝和塑料）上应遵照制造商的指示，正确使用底漆，该底漆应有充分的漆膜厚度。

4）避免喷涂时使用干喷式。

5）按推荐的黏度喷涂。

6）在喷涂每道涂层之间要有充分的挥发时间。

2. 褪色、粉化

褪色、粉化是指在使用过程中，漆膜的颜色变浅的现象，如图 4-124 所示（参见彩图）。

（1）产生原因

1）受日光、化学品和大气污染等的作用，使颜色减退。

2）受热、紫外线的作用使树脂变质。

3）所选用涂料（或漆中所含颜料）的耐候性差或不适用于户外。

（2）防治方法

1）根据使用环境选用耐候性优良的涂料。

2）选用不褪色的涂料。

图 4-124　褪色、粉化

3. 裂缝、开裂

裂缝、开裂是指在油漆表面上出现有向不同方向扩展的不同长度和宽度的裂纹的现象。根据裂缝的形态（大小、深度和宽度）可分为发状裂纹、浅裂纹、龟裂、鳄鱼皮裂纹和玻璃裂纹几种，如图 4-125 所示（参见彩图）。

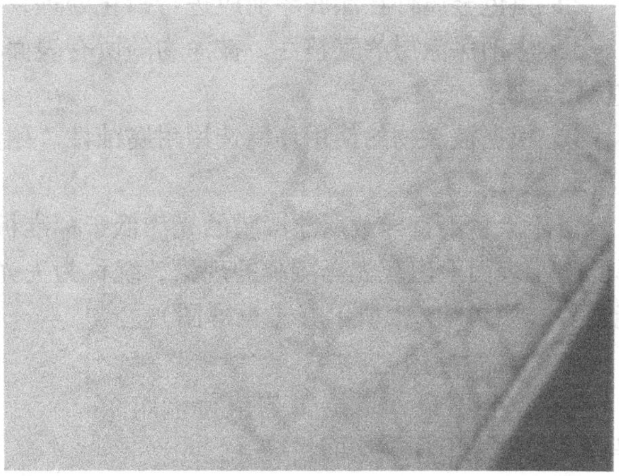

图 4-125　裂纹、开裂

（1）产生原因

1）主要原因是涂层经受不住冷热、干湿或侵蚀液体的交替变化。

2）涂料在使用前未搅拌均匀。

3）涂层配套不适当，如底漆层膜比面漆层漆膜软。

4）面漆层涂得过厚，且耐寒性（或耐温变性）不佳。

5）底涂层未干透就涂面漆。

6）所用面漆的耐候性差。

7）涂层老化。

（2）防治方法

1）通过试验解决涂层的配套性问题，一般使底层漆膜和面层漆膜的硬度、伸缩性接近。

2）耐寒性差的漆膜（尤其是自干型漆膜，如硝基漆）不应涂得过厚，应按工艺要求严格控制。

3）中涂层干透后方能涂面漆。

4）选用耐候性、耐温变性优良的面漆。

5）应尽可能避免将被涂件早期暴露在严寒之中。

4. 生锈、锈蚀

锈蚀是指金属表面产生的氧化物和氢氧化物。作为漆膜弊病的生锈系指漆膜下出现红丝和透过漆膜的锈点（斑），前者称为丝状腐蚀，后者称为疤形腐蚀，如图4-126所示（参见彩图）。

（1）产生原因

1）被涂面的表面质量差，如有锈未除净就涂漆。

2）漆前表面处理质量差，如磷化处理不完全或磷化膜与涂层配套不佳。

3）涂层不完整，有针孔、漏涂等缺陷，如点焊缝中未涂到漆易淌黄锈。

4）所用涂料的耐腐蚀性差。

5）使用环境差，如高温高湿、有腐蚀介质（酸、碱、盐等）的侵蚀。

（2）防治方法

1）涂漆前被涂面一定要清洁，绝不允许带锈涂漆。

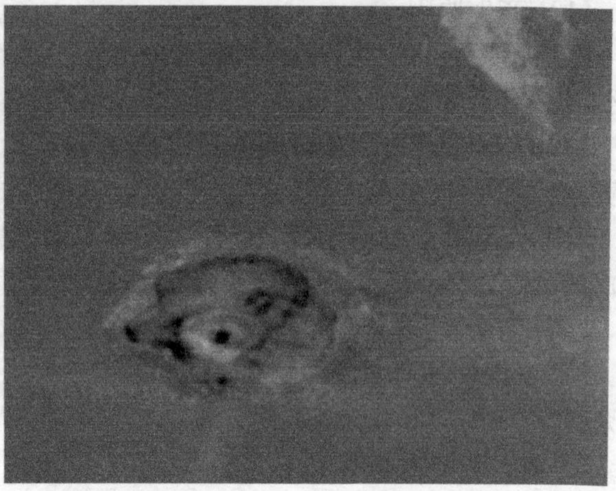

图4-126 生锈、锈蚀

2）黑色金属件在涂底漆前应进行磷化处理，并应与所用涂层有良好的配套性。

3）应确保涂层的完整性，被涂物的所有表面（包括焊缝）都应涂到漆。焊缝和搭接缝应涂密封胶。

4）根据被涂物的使用环境选用耐腐蚀性、耐潮湿优良的涂料，如环氧粉末涂料等。

5. 失光

由于涂料不良导致所涂漆膜的光泽低于标准板光泽的现象，以及在使用过程中最初在光泽的漆膜表面上出现光泽减少的现象，统称为失光。后一种失光，有时是可逆的，借助抛光能消除，如图4-127所示（参见彩图）。

（1）产生原因

1）涂装不良，未按工艺执行，如涂得过薄、过烘干和被涂面粗糙等。

2）所选用涂料的耐候性差。

3）漆膜（尤其是挥发干燥型涂料）干燥收缩造成。

4）阳光照射、水汽（高温高湿）作用和腐蚀气体的沾污。

（2）防治方法

1）严格工艺要求或按油漆厂推荐的涂料施工条件进行涂装。

2）按被涂物的使用条件，选用耐候

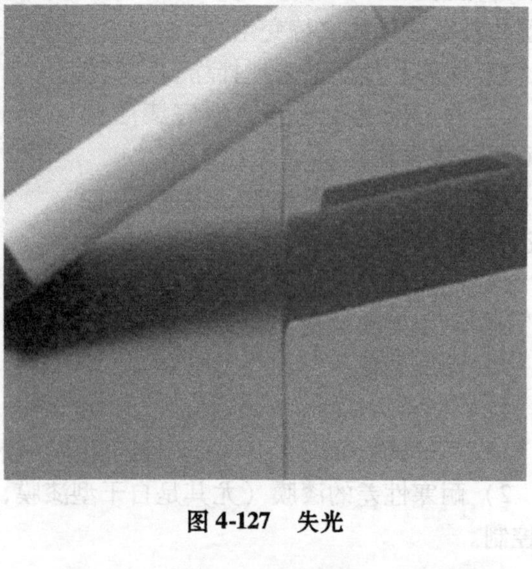

图4-127 失光

性优良的涂料。

3）如果所用涂料有抛光性，则进行抛光即可恢复光泽。

## 任务实施

### 一、抛光打蜡工艺

要得到高质量的涂面，除了涂料本身质量及正确的施工方法，掌握正确的抛光打蜡工艺是增加漆膜美观的重要一环。抛光剂、车蜡的种类很多，性能各异，只有根据涂面状况和使用环境来正确选用抛光剂和车蜡，才能取得最佳效果。

1. 常用的抛光剂和车蜡的类型

（1）抛光剂的类型　抛光所使用的材料主要由大小均匀的细微砂粒组成，其形态有粉末状、软膏状（不流动）和稀泥浆状（流动）。根据组成有纯微细砂粒粉末；有硅藻土、矿物油、蜡、乳化剂、溶剂混合而成的软膏；有微细砂粒与蜡、硅氧烷、溶剂组成的混合液，以及不断涌现的含还原剂、去污剂、釉剂，而不含蜡、硅氧烷的新型高质量抛光剂。按抛光剂材料颗粒大小大致可分为粗、中等细度、超微粒子。

（2）含研磨剂蜡　该蜡为黏稠的乳状物，内含抛光剂和蜡，具有抛光和上蜡的双重功能，可消除漆膜表面泛色、轻微划痕及抛光后产生的光环，是一种抛光、上蜡二合一的用品，既可作为抛光使用，也可作为上蜡使用。此产品虽有上蜡的效果，但保持时间不长，一般应再涂一层高质量的蜡。该品种简化抛光、上蜡的多道工序，适用于车辆上光，不能用于重新喷涂部位的抛光处理，以防新喷湿膜上产生缩孔。

2. 抛光工艺

抛光主要是为了增加漆膜的光泽度与平滑度，消除涂面的粗粒、轻微流痕、泛白、桔皮、细微砂纸痕迹、划痕、泛色层等漆膜表面细小的缺陷。抛光处理既适用于旧涂面翻新，也适用于新喷涂面及修补施工的修饰，如图 4-128 所示。

图 4-128　抛光工艺

汽车是一种室外交通工具，长年受到阳光、风沙、雨雪、温差等不良环境的影响。目前化工工业的飞速发展，使涂面接触化学品的概率增大，涂面受到的侵蚀程度既复杂又严重。光靠简单的水洗不能将其消除，而要进行翻新抛光处理，通过摩擦和抛光的作用来消除涂面的缺陷。抛光盘配合抛光剂与涂面摩擦，去除涂面的老化层和细微擦痕，使涂面变得光滑、亮丽。

溶剂挥发型面漆（硝基面漆）在干燥后涂膜表面会失光，通常需要进行表面抛光处理来恢复其光泽。现在通常使用丙烯酸基或丙烯酸聚氨酯型的双组分面漆虽然表面具有高度的光泽，但由于喷涂环境的影响，喷涂表面有时也会产生大量的脏点，或是由于局部修补需要使修补部位与原涂层消除光泽上的差异或色差，往往也需要进行整板抛光处理。

（1）整车抛光工艺　整车抛光既有旧车涂面翻新抛光，也有新喷涂面抛光。新喷涂面应在漆膜实干后进行，挥发性涂料在喷涂后 8～16h 进行，双组分涂料应在喷涂后，经过

60℃（金属温度为准）烤干35min，待表面温度冷却后，手指压表面而没有产生手指印或风干36h进行抛光（但不建议风干）。

一般采用二次抛光处理法效果较好。在抛光前若是旧车涂面，则应用水将车身表面的泥沙冲洗干净，以防在抛光时损坏涂面。

1）第一次抛光。首先用半弹性垫块衬P1500水砂纸后再用P2000和P4000海绵砂纸，轻轻地把流痕、凸点、粗粒、轻微划痕打磨平整，再按顺序将全车打磨一遍，使涂面达到无光程度，注意不要磨穿漆膜层，如图4-129所示。清洗涂面并擦净、干燥后，用布块将全能抛光剂均匀地涂于涂面，机械抛光应将抛光机的转速调至1000～1500r/min为宜，将抛光机的羊毛垫平放在涂面上，然后均衡地向下施加压力，如图4-130所示。从车顶开始抛光，在涂面上有规律地沿水平方向来回研磨，研磨面积不宜过大，要一个块面一个块面地进行，每一块面长为60～80cm，宽为40～50cm，涂面逐渐呈现平滑与光泽，即可用干净的抹布把涂面上的多余抛光剂擦净。若发现某部位涂面还不能达到质量要求，则可重复研磨直至达到质量要求。研磨时要特别注意折口、棱角及高出底材的造型涂面，这些部位的漆膜相对较薄，研磨时触及机会较多，要特别注意不要磨穿漆膜，平面部位较圆弧面不易出光泽，应适当增加研磨次数。

**图4-129　用半弹性垫块打磨**

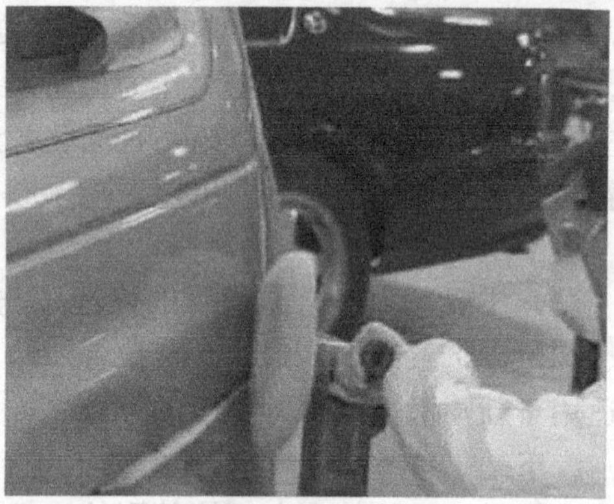

**图4-130　第一次抛光**

2）第二次抛光。当整车涂面用全能抛光剂完成后，涂面的流痕、粗粒、划痕、海绵砂纸打磨痕迹会全部消除，但有时会有一些极其细小的丝痕或光环，为了确保涂面更平滑、光亮，则需用釉质抛光剂进行第二次抛光，如图4-131所示。用干净的软布擦净前道抛光残留物，摇匀釉质抛光剂，用软布或海绵将其均匀涂于漆膜表面，用手工或机械方法抛光，机械抛光应将海绵盘转速保持在1000～1500r/min，抛光时应按一定方向有序进行。不要用羊毛盘进行第二抛光。手工抛光时应水平直线运动进行抛光，直到涂面擦亮即可，最后无论是机械抛光还是手工抛光都应用干净的软布擦净涂面。经釉质抛光剂抛光后，涂面亮度高、丰满度好，

**图4-131　第二次抛光**

保持时间可达1年。

（2）修补涂装施工中的局部抛光　根据局部抛光所起的作用可分为喷涂前修补部位外围旧漆膜抛光和喷涂后局部抛光。

1）喷涂前修补部位外围旧漆膜抛光。可采用手工或机械方法，因修补涂装部位外围抛光面积一般不会太大，所以手工处理较为普遍，使用抛光剂时应选用不含蜡、硅氧烷的粗抛光剂。抛光时倒少许于软布上，用力在修补涂装部位外围旧漆膜上来回研磨，去除旧漆膜表面的氧化层、泛色层和蜡等一般清洁剂不易擦净的脏物，为修补涂装工作创造一个很好地被涂面，抛光处理的面积尽可能宽一些，一般遵循处理面宜大不宜小，以给修补涂装时留出足够的伸缩余地。

2）喷涂后局部抛光。应在漆膜完全干燥后，使用细度抛光剂或超细抛光剂。采用手工或机械处理方法，倒少量抛光剂于软布上，在修补涂装部位四周接口处，按修补涂装部位向旧涂面部位单一方向抛光，如图4-132所示。抛光力度不宜过大，抛光程度不宜过深，防止产生补涂边缘线形痕迹，涂面达到柔和程度即可。

3. 打蜡工艺

汽车漆膜经过抛光后，一般均需在其表面打蜡，蜡质在漆膜表面干燥后会形成一层薄的保护膜，该保护膜可以反射阳光中的紫外线，降低对漆膜的破坏。蜡质的光滑度能有效防止水分子对漆膜的渗透并具有抗污能力，蜡膜有一定的硬度，可减轻划伤漆膜的程度，蜡膜的光泽能提高漆膜的光泽度和丰满度，弥补抛光处理后的不足。

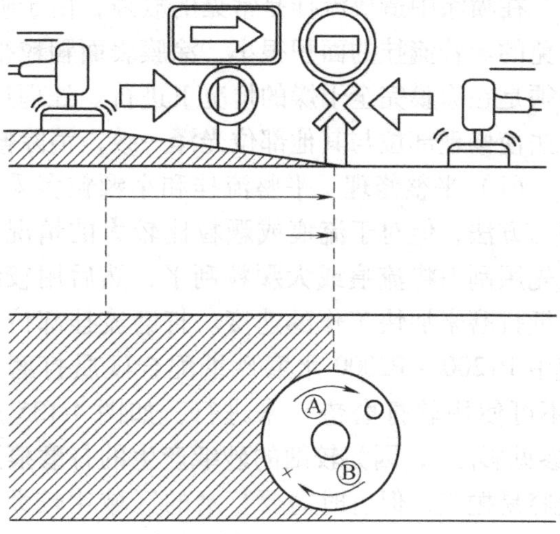

图4-132　抛光方向

（1）打蜡前对涂面及施工环境的要求

1）旧车漆膜保护性打蜡1~2个月打蜡一次，也可3~4月打蜡一次，这主要根据使用情况而定，一般可通过目测感觉或用手触摸涂面有发涩感，即需进行打蜡。

2）旧车涂面沾有灰尘、泥沙和旧蜡，打蜡前应使用专用清洗液清洗干净，防止泥沙在上蜡时划伤涂面，旧蜡会使局部新蜡膜附着不牢。

3）若旧车漆膜已氧化、泛色或有划痕，清除后才能打蜡。

4）新喷涂膜表面的流痕、桔皮、粗粒和划痕，应通过研磨和抛光处理后才能打蜡。

（2）机械打蜡　机械打蜡时使用轨道抛光机，如图4-133所示，其椭圆形轨迹旋转及双手扶把紧贴机体的中心立轴，效率高、质量好，不易产生划痕。打蜡时将液体蜡摇匀后画圈似地倒在打蜡盘面上，每次以0.5$m^2$的面积顺序打匀，直至打完全车。待蜡凝固后，将干净、无杂质的全棉抛蜡盘套装在打蜡机上，开机后调节转速并控制在1000r/min，然后将打蜡机抛光盘套轻轻地平放在涂面上，进行横向与竖向覆盖式抛光，直至涂面亮丽为止。

（3）手工打蜡　若是乳状蜡，则应将其摇匀，然后倒少许于海绵或软布上，涂蜡时以大拇指和小拇指夹住海绵，以手掌和其他三个手指按住海绵，每次涂蜡以0.5$m^2$的面积为宜，力度均匀地按旋律式顺序擦试，如图4-134所示。从前到后、从左到右，蜡膜要涂得薄而均匀，根据每种车蜡的说明，稍候用干净的软布擦净即可。

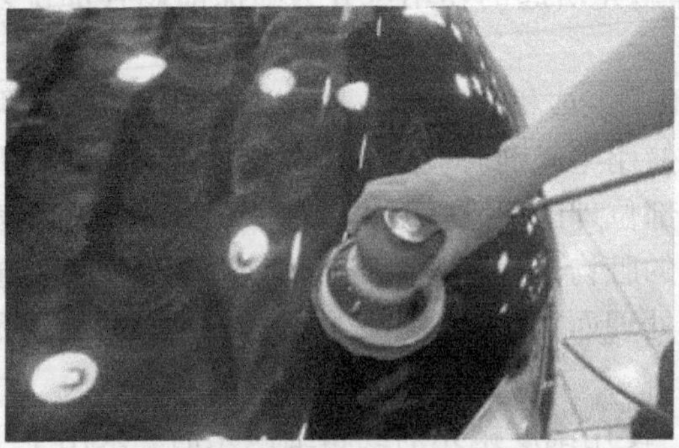

图 4-133　机械打蜡

图 4-134　手工打蜡

## 二、涂膜的修整

### 1. 流挂和涂膜颗粒的处理

在喷涂中造成流挂是常见的故障，由于喷涂环境的影响，在涂膜表面有颗粒等也是不可避免的。若流挂的面积很小，涂膜表面颗粒很少，则可以用单独修理的方法进行处理，修理必须是在涂膜完全干燥的情况下进行。处理过程为首先平整流挂或颗粒部位，然后用抛光的方法使修理部位与其他部位光泽一致，消除修理痕迹。

（1）平整修理　平整流挂和小颗粒多采用打磨的方法，但对于流痕或颗粒比较大的情况，往往先用刮刀将流痕或大颗粒刮平，然后用较细的砂纸打磨来加快工作的速度。打磨流挂部位一般使用 P1200 ~ P2000 水磨砂纸配合硬质打磨垫块（不可使用软打磨垫）来进行，如图 4-135 所示（参见彩图），因为较细的砂纸产生的打磨痕迹比较容易抛光，但有时需要打磨的区域比较大，为提高效率可以先用较粗的砂纸（如 P800 ~ P1000）先打磨一遍，待基本完成后再逐级用细一级的砂纸打磨，直到打磨痕迹可用抛光的方法消除为止，注意不要跨级使用砂纸。

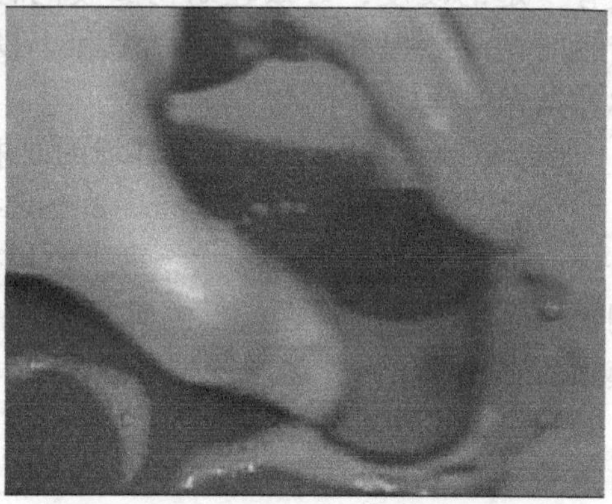

图 4-135　平整修理

打磨时为防止磨到周围无需打磨的部位，可以用贴护胶带对无需打磨的区域进行贴护。打磨的手法应使打磨垫块尽量平行于面漆涂膜，手法要轻一些，用水先将水砂纸润湿，然后在打磨区域上洒一些肥皂水，这样可以充分润滑打磨表面，且不至于产生太大的砂纸痕迹。打磨时要非常仔细，经常用胶质刮水片刮除打磨区域的水渍来观察打磨的程度，只要流挂部位消除并与周围涂膜齐平即可，千万不要磨穿或使漆膜过薄，要给抛光留出余量，并保证抛光后仍有足够的膜厚。对于边角等涂膜比较薄且极易磨穿的地方，尤其要小心。

对于颗粒等小范围的打磨，一般使用小型打磨块配合 P1500 ~ P2000 水磨砂纸来进行。国外有些涂装工具公司一般专门为这项工作配有小磨头及其配套砂纸，如德国费斯拖工具公司即专门配有这种小型设备，国内的涂装工作人员一般使用砂纸包裹麻将牌来进行，效果很好。打磨时同打磨流挂一样，必须沿涂膜水平运动并用肥皂水润滑。如图 4-136 所示。如果颗粒过大或流痕凸出部位非常明显，则可以先用刮刀刮除，然后用上述的打磨方法进行打磨。用刮刀刮除工作效率比较高，但操作上要求一定的技巧，刮削时刀刃应略向上方倾斜，不可切削过量。

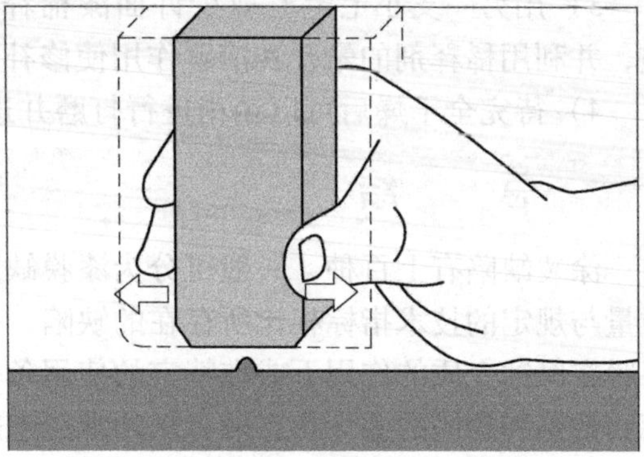

**图 4-136　用小磨头打磨颗粒**

（2）局部抛光　经过平整修理和打磨的区域必须进行抛光，对小范围修补区域一般使用手工抛光的方法即可，也可用机械抛光来提高效率。

手工抛光的材料一般使用法兰绒，因法兰绒质地较厚且多为毛或棉质，非常适合抛光用。抛光时，用法兰绒布蘸上少许抛光粗蜡或中粗蜡，用力对打磨区域擦拭以消除打磨痕迹，运动轨迹以无序为好，尽量不要留下磨削的痕迹。待砂纸痕迹基本消除并具有一定的光泽后，将抛光区域和抛光布清理干净，不要留下粗蜡痕迹，然后换用抛光细蜡再次进行细致的抛光。

对于新漆面而言，未抛光的区域即具备耀眼的光泽，经过抛光的部位光泽虽然没有减弱，但已经变得比较柔和，像珠光一样悦目，因此往往会造成两个区域有明显的差异甚至有色差。所以，用细蜡抛光的面积要大于修理区域 3～5 倍，使修补区域与未修补区域无明显的差异。最后，用上光蜡对整板进行上光即可。

用抛光机进行局部抛光同上述用手工抛光的基本步骤相同。首先将中粗抛光蜡（由于用机械进行局部抛光，用中粗蜡即可）涂抹于修理区域，选用小型海绵抛光轮以较低的转速对修理区域进行研磨抛光，待修理区域基本消除打磨痕迹并显现出光泽后，逐渐提高转速并扩大抛光区域到修理区域的 3～5 倍，然后换用较大的抛光轮，用细蜡对整板进行抛光、上光一体操作，消除光泽和颜色的差异。

2. 涂膜凹陷的修理

在面漆喷涂完毕后，涂膜上常常会有个别因喷涂表面清洁不净，留有油渍和汗渍等造成涂膜张力变化而形成的小凹坑（鱼眼），或是清除贴护时造成的小范围涂膜剥落等现象，对这些地方进行补漆操作时若缺陷位置不明显，则一般不需要用喷枪，使用小毛笔或牙签等对凹陷部位进行填补就可以了。但是，如果缺陷部位非常明显或所处位置是车辆极需要涂膜完美的地方，如小轿车的发动机盖或翼子板等，则一般多需要采用点修补的方法（使用小型修补喷枪进行小局部喷涂）来修理。

用牙签或小毛笔填补凹陷最好在涂膜未干时操作，如果涂膜已经干燥，则会造成填补部位附着不良和颜色的差异。具体操作如下：

1）若面漆漆膜已经基本干燥，则需要用清洁剂对需要填补的区域进行清洁。如有必要可用 P800 以上的细砂纸进行简单打磨，但打磨区域切不可过大，只起提高附着能力的作用即可，然后用清洁剂清洁干净。

2）用牙签或小毛笔蘸上少许面漆（为保证没有色差，最好用富余的面漆。若为双组分涂料，则必须添加固化剂)，并迅速地滴到故障部位（鱼眼）或描绘于需要填补的部位。

3）用另一支小毛笔蘸取少许面漆稀释剂涂抹在修饰部位，以使修饰部位变得较为平整，并利用稀释剂的晕开和溶解作用使修补部位与其周围相融合。

4）待完全干燥后可以稍稍进行打磨并进行抛光处理，方法同流挂及颗粒的修理。

## 总　结

涂装缺陷有上百种，一般可分为漆膜缺陷和漆膜的破坏状态。所谓漆膜缺陷是指漆膜的质量与规定的技术指标相比所存在的缺陷，一般产生于涂装过程。所谓漆膜的破坏状态是指漆膜在腐蚀介质的作用下或在特定的使用条件下产生的综合性能变化的外观表现。由于某些漆膜缺陷和漆膜的破坏状态两者从外观形态来看非常相似，也都是涂装过程中涂装工艺控制不当所形成的，但两者产生的原因及其防治方法有很大差别，所以必须分类清楚，才能有效地防治。

全车喷涂面漆或部分喷涂面漆，涂装过程中产生各种缺陷，如流痕、粗粒、桔皮、发白、失光、丰满度差，以及局部喷涂时飞溅于旧涂面的漆尘和新旧漆膜交界处的痕迹均可通过抛光处理得到及时的纠正。

何时进行抛光效果最好，具体要看使用的是何种涂料以及干燥的温度等条件，参考涂料的使用资料可以比较好地进行掌握，一般在涂膜干燥程度为90%时是抛光处理最好的时机，丙烯酸型双组分面漆一般在常温下干燥2~3天左右最适合抛光。如果抛光时涂膜还是比较软的，其中仍有较多的溶剂需要挥发，这样只能获得暂时的光泽，当剩余溶剂挥发时，面漆表面会褪色失光；若等面漆完全干燥后再抛光，则由于双组分面漆的硬度很高，会造成打磨和抛光的困难，增加劳动强度并可能影响涂膜的光泽和装饰性。

## 思考问题

**一、填空题**

1. 测定涂膜的附着力常采用两种方法，即________和________。

2. 涂装过程（含涂装后不久）中产生的漆膜缺陷，一般与被涂物表面的状态、选用的涂料、________及________、________及________和________等因素有关。

3. 被涂物表面不干净，有脂肪、油、蜡、肥皂、硅酮等异物附着时会产生________。

**二、判断题**

1. 一次喷涂过厚，喷涂操作不当，喷幅重叠过多会造成涂膜光泽度不良。（　）

2. 烘干时加热速度过快，晾干时间过短会产生气泡。（　）

3. 平整流挂和小颗粒多采用打磨的方法，但对于流痕或颗粒比较大的情况下，往往先用刮刀将流痕或大颗粒刮平，然后再用较细的砂纸打磨来加快工作的速度。（　）

**三、简答题**

1. 涂膜质量的检测有哪些？如何进行？

2. 喷涂过程中产生的漆膜缺陷有哪些？防治方法有哪些？

3. 涂装后产生的漆膜破坏状态有哪些？防治方法有哪些？

4. 如何进行抛光？

5. 如何进行打蜡？

6. 如何进行涂膜的修整?

## 拓展提高

### 汽车漆面的护理美容和翻新美容

1. 漆面护理美容

漆面护理美容是指汽车在正常使用中进行护理，保护漆膜而使漆面光泽持久，避免粗糙失去弹性和光泽。

汽车漆膜护理美容的施工工艺:

1）首先用中性清洁液清洗车身各部油污与脏点。

2）用中号抛光机及细海绵配合水溶性漆膜保护蜡，将漆膜保护蜡涂于海绵球的表面，用中、低速 900 ~1600r/min 均匀涂抹在车身表面。封闭 10min 后改用羊毛球进行抛光，除去表面浮蜡。

2. 漆面翻新美容

漆面翻新美容是指受污染的漆面造成粗糙失光，无需喷漆，经过翻新美容后就能达到原来的效果。

在日常的使用中，汽车油漆表面由于长时间未作任何漆膜保护，以及受空气中的有害气体、紫外光照射、酸雨、鸟粪等侵蚀和汽车在高速行驶中与空气摩擦产生的静电，将有害气体的分子和灰尘吸附粘接于车身油漆表面而形成一种氧化膜，使车身颜色变暗、不鲜艳，同时严重影响上蜡质量。

汽车漆面翻新美容的施工工艺:

1）首先，确认没有严重的刮伤后要对车身表面用清洁液彻底清洗。选用电动细磨机或气动细磨机配合专用超软连接垫和超软型尼龙细砂网，以中、低速将氧化膜除掉后用快干清洁剂清洁。

2）去掉氧化膜的车身，用抛光机和粗海绵球配水溶性抛光粗蜡，将抛光蜡涂于海绵球表面，以中速 1600r/min 抛光。

3）在将水溶性抛光细蜡加少许水分均匀涂抹在需抛光部位，改用羊毛球，抛光机选中、高速 1900 ~2200r/min 将砂纸纹抛掉使光泽产生。在抛光过程中，应尽量使羊毛保持湿润，以防止过热损伤漆面。

4）最后进行上光封闭保护，用水溶性漆膜上光保护蜡和细海绵球将蜡均匀地涂在车身表面，10min 后用洁净的羊毛球抛光。

### 课 外 阅 读

汽车面漆的镜面处理

如果用砂纸与粗蜡的方式来抛光漆面，是很难使车漆达到镜面效果的。因此，对汽车漆面的镜面处理必须使用汽车漆护理材料。目前一般采用的是抛光剂。

其实，抛光剂也是研磨剂，是一种含颗粒更细的摩擦材料的研磨剂。抛光剂按摩擦材料颗粒或功效的大小分为微抛、中抛和深抛三种。微抛是用于去除极轻微的漆损伤，一般是指刚刚发生的（几天内）环境污染及酸性侵蚀（鸟粪和落叶等），但这类的轻微损伤目前可使用含抛光剂的蜡来取代微抛；中抛和深抛主要是用来处理不同程度的发丝划痕。另外，中抛对透明漆的效果更好些，而深抛则对普通漆来得更快。

一般来说，就所含的摩擦材料来看，抛光剂与还原剂是同一类别的材料，但两者的主要区别是还原剂含上光材料（上光剂或蜡），而抛光剂不含上光材料。含不含上光材料，对汽车漆产生能否“镜面效果”是很重要的。

使汽车漆的光泽度提高，以达到“镜面效果”而进行抛光的途径主要有：

1）靠研磨和摩擦材料的力量，硬性地把细微划痕去掉。

2）靠蜡的功效，抛光到一定程度后靠蜡的光泽来弥补抛光的缺陷。

3）靠化学反应，即靠抛光机转速的调整而使抛光剂产生的化学反应。

前两种方法初学者使用得较多。主要原因是初学者对抛光机的转速、抛光头的材料（全毛材料、混纺材料、海绵材料及全棉材料等）、对漆的结构及对抛光剂的功效之间的关系了解不够，经验不足，但这种光是虚光，它达不到最终的镜面效果，光泽也没有深度。而且它的保持时间很短，因为它的光泽不是来自漆，而是来自后期涂的蜡。再好的蜡，充其量也只能发2~3个月的光。蜡的光没了，汽车漆的光也没有了。

因此，真正能产生良好镜面效果的方法应为第三种，即用抛光机转速带来的热量使汽车漆与抛光剂之间产生一种化学反应来消除细微划痕，让汽车漆显示出它的车身光泽，然后施涂上光蜡让汽车锦上添花。汽车漆越亮，蜡的光泽也就保持得越长。但在运用此种方法时，其难度和技巧是要摸索出何种漆、用何种抛光剂配何种抛光头、使用何种速度、给予多大压力、机器应来回走几遍等。这需不断地试验与实践，才能真正掌握汽车漆面的镜面处理技巧与艺术，达到理想的镜面效果。

# 参考文献


[1] 陈纪民. 汽车涂装技术 [M]. 北京：人民交通出版社，2009.

[2] 周长庚，李贞芳. 汽车涂装技术 [M]. 北京：科学出版社，2007.

[3] 宋东方. 汽车涂装技术 [M]. 北京：化学工业出版社，2011.

[4] 杨志勇. 汽车涂装技术 [M]. 北京：北京理工大学出版社，2005.